读书笔记

持
阮籍《五言八十二首》
与参
陈寿《三国志》、臧荣绪《晋书》、
陈伯君《阮籍集校注》

《忧思吟》通解

诗亦史也，寓司马父子三朝喋血，
史已逝矣，恸一代名贤掷笔尽哀。

三马同槽之名贤悲歌

忧思吟

[三国·魏] 阮 籍 —— 撰
蔡乃中 ———— 译述

上海文艺出版社

献　辞

陈伯君先生：

在您遗著《阮籍集校注》序文的最后一行里，是这样写的：
"我不敢说我的解释已接近于揭穿一些谜底，……
我希望我是在这个工程上加上了一撮土。"

在您撒手尘寰五十年后，
您的后学，谨在您的灵前欣慰相告：
我接过了您亲手打造的金钥匙。
启开了尘封一千七百余年的大门，
见到了阮籍诗中的谜底。

先生，您安息吧。

蔡乃中　鞠躬
二〇一九年清明节

目 录

引首	1
序一	3
序二	4
千载古诗迷　剖译决其疑	6
调查研究　《昭明文选》所录"咏怀"十七章考	27

卷之一　"三马同槽"梦谶之一	1
历史资讯　司马懿诈病诛曹爽　"三马同槽"第一出	3
第一章　夜中不能寐	6
第二章　二妃游江滨	16
第三章　嘉树下成蹊	23
第四章　天马出西北	31
第五章　平生少年时	36
第六章　昔闻东陵瓜	41
第七章　炎暑唯兹夏	45
第八章　灼灼西颓日	50
第九章　步出上东门	57
第十章　北里多奇舞	64
第十一章　湛湛长江水	70
卷之一（第一章——第十一章）写作年月和时政背景列表	78

卷外曲　一章	79
第十二章　昔日繁华子	81

卷之二　"三马同槽"梦谶之二	87
小引	89

历史资讯　阴柔沉稳司马师	92
第十三章　登高临四野	94
第十四章　开秋肇凉气	100
第十五章　昔年十四五	105
历史资讯　司马师靖宫黜帝　"三马同槽"第二出	111
第十六章　徘徊蓬池上（正）	114
第十七章　独坐空堂上（副）	123
"卷之二"内容梳理	128
历史资讯　司马师盛气训天子	130
有启　关于"第十四章"诗旨重新阐释的启事	132
卷之二（第十二章——第十七章）　写作年月及政局背景列表	134

卷外曲　杂诗三章	135
第十八章　悬车在西南	137
第十九章　西方有佳人	145
第二十章（原二十三）　东南有射山	149

卷之三　阮籍的一桩私人事件	153
小引	155
第二十一章（原二十）　杨朱泣歧路	164
第二十二章（原二十一）　于心怀寸阴	179
第二十三章（原二十二）　夏后乘灵舆	185
第二十四章　殷忧令志结	191
第二十五章　拔剑临白刃	195
第二十六章　朝登洪坡颠	199
第二十七章　周郑天下交	204
第二十八章　若木耀西海	209
第二十九章　昔余游大梁（正）	214

第三十章（原三十一） 驾言发魏都（副）	222
第三十一章（原三十二） 朝阳不再盛（甲）	226
第三十二章（原三十五） 世务何缤纷（乙）	231
第三十三章（原四十） 混元生两仪（丙）	236
第三十四章（原四十一） 天网弥四野（丁）	242
卷之三 卷末十四章应为之诗序	248
第三十五章（原三十三） 一日复一夕（前）	249
第三十六章（原三十四） 一日复一朝（后）	254
第三十七章（原三十） 驱车出门去	258
第三十八章（原七十） 有悲则有情	265
第三十九章（原三十六） 谁言万事艰	270
第四十章（原三十七） 嘉时在今晨	276
第四十一章（原三十八） 炎光延万里	279
第四十二章（原三十九） 壮士何慷慨	284
第四十三章（原四十二） 王业须良辅	289
第四十四章（原四十三） 鸿鹄相随飞	296
卷之三（第十八章——第四十四章）原作顺序探索列表	301

卷之四·前 "三马同槽"梦谶之三（前） 303

小引 305

历史资讯 少帝曹髦与司马昭的初次较量 307

历史资讯 魏少君太极东堂讲业 309

历史资讯 夏少康与汉高祖优劣辩 310

第四十五章（原四十四） 俦物终始殊	313
第四十六章（原四十五） 幽兰不可佩	318
第四十七章（原四十六） 莺鸠飞桑榆	324
第四十八章（原四十七） 生命辰安在	330
第四十九章（原四十八） 鸣鸠嬉庭树	334

第五十章（原四十九）	步游三衢旁	338
第五十一章（原五十）	清露为凝霜	342
第五十二章（原五十一）	丹心失恩泽	346
第五十三章（原五十二）	十日出旸谷	352
第五十四章（原五十三）	自然有成理（前）	358
第五十五章（原五十九）	河上有丈人（后）	362
第五十六章（原五十四）	夸谈快愤懑	366
第五十七章（原五十五）	人言愿延年	372
第五十八章（原五十六）	贵贱在天命（一）	385
第五十九章（原五十七）	惊风振四野（二）	391
第六十章（原五十八）	危冠切浮云（三）	399
第六十一章（原六十）	儒者通六艺（四）	404
第六十二章（原六十一）	少年学击剑（五）	409
卷之四·前（第四十五章——第六十二章）写作顺序还原列表		414

卷之四·后　"三马同槽"梦谶之三（后）　　415

小引　　417

第六十三章（原六十二）	平昼整衣冠	419
第六十四章（原六十三）	多虑令志散	423
第六十五章（原六十四）	朝出上东门	426
第六十六章（原六十五）	王子十五年	431
第六十七章（原六十六）	寒门不可出	436
第六十八章（原六十七）	洪生资制度	444
第六十九章（原六十八）	北临乾昧溪	449

前七章诗梳理　　454

第七十章（原六十九）	人知结交易	456
（原七十）（已移往"卷之三"第三十八章）		461
（原七十一）（已移往"卷之四·后"第八十一章）		462

第七十一章（原七十二）　修途驰轩车	463
第七十二章（原七十三）　横术有奇士	468
第七十三章（原七十四）　猗欤上世士	471
历史资讯　司马昭机变鸩小同	476
第七十四章（原七十五）　梁东有芳草（前）	478
第七十五章（原七十六）　秋驾安可学（后）	483
第七十六章（原七十七）　咄嗟行至老	488
第七十七章（原七十八）　昔有神仙氏	492
历史资讯　少年天子玉碎壶侧　"三马同槽"第三出	497
第七十八章（原七十九）　林中有奇鸟（一）	500
第七十九章（原八十）　出门望佳人（二）	505
第八十章（原八十一）　昔有神仙者（三）	510
第八十一章（原七十一）　木槿荣丘墓（四）	513
第八十二章　墓前荧荧者（五）	522
历史资讯　《晋书》小摘二则	527
卷之四·后（第六十三章——第八十二章）写作顺序还原列表	529
跋　尾	531
阮籍及《忧思吟》写作年表	533
附：晋书卷四十九　阮籍传	534
调查研究	537
书尾赘语	541
有纪六章	546

引 首

序一

阮籍的五言《忧思吟》（习称"咏怀"）八十二章，累坏了一千七百年来多少文士、学者，至今犹不得其解。多半是方法有问题。

开门要钥匙，解谜要方法。钥匙对了锁孔，门就开了。还原得阮籍生活年月，得知其生存背景，谜底就出现了。

徘徊门外，不得其内。仓颉造字，天也雨血。

阮公曰："世无英雄，遂使孺子成名。"

侥幸，侥幸！

蔡乃中　二〇一八年　临肆土楼

序二

疫中有闲，重新对阮籍《忧思吟》一书作了一些调整。

这次调整，重点是为了诠释诗意、诗旨，重新组织了全书格局，于阮诗原文的译述，除了个别用语修饰外，基本未曾改动。

阮诗本身的文字，其实在古人著作中是少有的简淡素朴，前人誉之曰"高古"，犹"隔"一层焉。王阮亭把他和陶潜并称，深有见地。唯陶诗更蕴冲和自然之恬淡，阮诗则倾于清峻也。一般地说，古今读者，若不故作高深，自欺欺人，是很容易通读的，造成近二千年来无人能懂的原因是不知其所云者何也，不知其咏于何时？咏之何事也？即不明其作诗之历史背景也。故笔者这次之调整，专意抟合阮诗与当时时政背景的关系。

阮诗八十二章，前后跨历十二年之久，始自司马懿兵变诛爽，迄于司马昭诛杀少天子曹髦，历懿、师、昭父子三朝，其中除少数几首略述个人情事外，其余皆因不堪典午一家背弃儒纲，簒乱朝政，严重颠覆了阮籍所习之儒学价值观而发之为诗焉。

由兹，笔者乃以典午（司马二字之异称）三朝为历史坐标，将阮诗厘为数卷，逐一对应三马分别主政时各人的侵曹大事：

卷之一乃司马懿主政时所为之诗；

卷之二乃司马师主政时所为之诗；

更将司马昭初临时一桩与曹马政事无关的阮籍私人事件专厘为卷之三以别其他。其卷末"原三十六"至"原四十三"，纪阮马私晤，直至为诗谢恩，文意直贯，不容或断焉。

卷之四乃司马昭主政时所为之诗；全卷自"原四十四"至"原八十二"共三十八章。其卷首尽纪曹髦东堂讲业之事。虽史称讲业乃师所命，但少帝与群臣辩难商诘，尽在昭公辅政之时，阮籍为使文意连绵，乃用心安排诗序，故意交互时日。笔者会得阮公经营苦心乃决然厘为卷之四（上、下），以彰阮籍用心焉。笔者后人，岂敢掠美；专此奉告，诗序先后，基本未动。请诸君审察之。

相应的"历史资讯"择要钞附。

全书格局设想以史为经，以阮诗八十二章为纬，以曹操一梦"三马食槽"为图景，织成一幅长达十二年的魏晋之变的历史长卷。并以阮诗第一首诗中语"忧思独伤心"约为《忧思吟》书题焉。

蔡乃中　二〇二〇年六月

千载古诗迷　剖译决其疑*

　　——谜，值不值破？
　　——谜，能不能破？
　　——谜底，是什么？

　　在中国文学史上，有一件千古奇事，那就是东汉末年，三国时代，魏晋之间，阮籍所写的八十二章五言诗作，写成已历一千七百六十年，居然至今云山雾沼，众说纷纭，莫衷一是，令人浩叹。

阮籍的诗　在中世纪文学史上地位很高

　　那八十二章五言诗，死后留在阮籍的故乡陈留老宅，《晋书》作者臧荣绪称之"陈留八十余篇"。《昭明文选》选臣将其最前面的十七篇辑入集中《诗·咏怀》栏，后遂以"阮籍五言咏怀八十二章"名世。

　　《阮籍集校注》作者陈伯君先生介绍说："阮籍的文学，在中国中古时代文学史上的地位是很高的。尤其是他的咏怀诗，后来的人对它都一致推崇，有的说是凌驾他的前人而直承曹子建，更有人说是凌驾曹子建而直承楚骚、汉赋，也有人说唐朝的李太白就是直接承着他。"

　　　钟嵘曰：晋步兵阮籍，其源出于《小雅》。雕虫之功，而《咏怀》之作，可以淘性灵，发幽思。言在耳目之内，情寄八荒之表。洋洋乎会于《风·雅》，使人忘其鄙近。自致远大。颇多感慨之词，厥旨渊放，归趣难求。颜延之注释，怯言其志。

---

* 陶渊明《拟古九首·之六》："稷下多谈士，指彼决吾疑。""万一不合意，永为世笑之。"

刘勰曰：嗣宗倜傥，故响逸而调远。又，阮旨遥深。

严羽曰：黄初之后，唯阮《咏怀》之作，极为高古，有建安风骨。

王阮亭曰：阮《咏怀》与陶诗，和服至处，皆五言之宗也。……步兵《咏怀》诸作，寄愁天上，埋愁地下，其胸次非复人世机轴。

沈德潜曰：陈伯玉力扫俳优，仰追曩哲，读"感遇"等章，何啻黄初、正始间也！张曲江、李供奉继起，风裁各异，原本阮公。

叶燮曰：然吾犹谓子昂古诗，尚蹈袭汉、魏蹊径，竟有全似阮籍《咏怀》之作，失自家体段。

李重华曰：西晋诗当以阮籍作主，潘、左辈辅之。

田雯曰：直至黄初之末，嗣宗《咏怀》一出，清峻遥深，研微入奥。《诗品》谓如剡溪雪夜，孤棹沿流，乘兴而来，兴尽而已，非好锻者所可方驾矣。

冯唯讷曰：籍咏怀八十余首，非必一时之作，盖平生感时触事，悲喜怫郁之情感寄焉，"厥旨渊放，归趣难求，""百代之下，难以情测，"知哉，昔人可谓知言矣。

陈沆曰：阮公凭临广武，啸傲苏门，远迹曹爽，洁身懿、师，其诗愤怀禅代，凭吊古今，盖仁人志士之发愤焉，岂直忧生之嗟而已哉？

王国维曰：五古之最工者，实推阮嗣宗、左太冲、郭景纯、陶渊明，而前此曹、刘，后此陈子昂、李太白不与焉。

陈伯君先生说：……这种诗随感而发，随意抒写，正好发泄他的满腔郁闷，充分表露了他的思想感情，也达到了他的文学天才和造诣的最高峰。

阮籍的诗　至今无人能解

除了以上选摘的一些赞语、评价以外，还有些读者觉得阮籍之诗，太为杂乱、玄远，简直不知所云：

李善引颜延之曰：阮籍在晋文代（指司马昭，实际上咏怀诗始于嘉平元年即公元二四九年，时系司马懿主政，其诗八十二章，历十二年，跨懿、师、昭父子三朝）常虑祸患，故发此咏耳。

李善引臧荣绪《晋书》云：阮籍为诗，初不苦思，率而使作，陈留八十余篇，此（指《昭明文选》）独取十七首，咏怀者，谓人情怀（咏怀两字，选臣意思是诗中描述了诗人心中所思，所萦怀的情绪。）籍于魏末晋之代，常虑祸患及已，故有此诗。多刺时人无故旧之情，逐势利而已。观其体趣，实为幽深，非夫作者，不能探测之。

陈祚明曰："阮公咏怀，千秋嘉叹，然未知其所'咏'是何'怀'也。详味其辞，杂言无绪。"

高静曰：咏怀诸篇，反复零乱，兴寄无端，和愉哀怨，杂集其中，令人莫求归趣，此其为阮公诗也，必求时事以实之，则凿矣。

潘德舆曰：其言廓而无稽，其意奥而不明，论其诗之义，则浸淫于隐怪。

庞垲曰：阮公咏怀诗赋至八十二首，未免过多，胸中安能有八十二种意志耶？故往往有复处，率处，参错处。

沈德潜曰：阮公咏怀，反复零乱，兴寄无端，和愉哀怨，傲诡不羁，读者莫求归趣，……笺释者必求时事以实之，则凿矣。

成倬云：（阮籍咏怀八十二首）正于不伦不类中，见其块磊发泄处。一首只作一首读，不必于其中求章法贯穿了。

陈伯君先生也说：这八十二章五言诗，虽千余年来，一直为人讽诵，但正如钟嵘所说"厥旨渊放，归趣难求"（《诗品》），是那么难于捉摸。"因此很不容易把它的真意一句一字地读懂。就是和他的时代比较接近，而本人又是很有成就的诗人，如颜延之、沈约诸人，也只能总说一句'忧生之嗟'。"

阮籍的诗，为什么造成这样的面目呢？不少人都为之圆说。

《晋书》云：阮籍为诗，初不苦思，率而使作。（主观说）

李善道：嗣宗身仕乱朝，常恐罹谤遇祸，因兹发咏，……虽志在刺讥，而文多隐避，百代之下，难以情测。（客观说）

由于难于捉摸，由于无人能懂，于是引起了很多混乱，人们的看法很不一致。试以第七章为例，诗共十句：

炎暑唯兹夏，三旬将欲移。芳树垂绿叶，青云自逶迤。
四时更代谢，日月递参差。徘徊空堂上，忉怛莫我知。
愿睹卒欢好，不见悲别离。

诗中内容本来十分简单，极其平常，前六句只是交代了写作时间，说是如今这个夏天随着日月穿梭，四时变化，现在只剩下最后一个月的三十天也要消失了；后面四句说，我独自徘徊在家中的空堂，有谁知我心中是多么的恐惧害怕，只希望今夏终于能太平度过，大家都依旧平平安安，不要发生悲惨分离的意外。

诗中用语，简白自然，此外亦别无他义，字面之解，人读人可，不会歧出。但人们会问：为什么诗中充满了惶惶不可终日的惊恐担忧之情呢？曰：这一年的大年初上，大将军曹爽兄弟，随着少帝曹芳西去高平陵祖庙家祭，归途的洛水浮桥已为司马懿长子司马师阻断，称太后有诏，命曹爽等交出兵权，可不究以往，仍回家享"以侯就弟"之奉。曹氏兄弟回家后，司马便从黄门处审出谋反诸情，遂尽夷三族。这件大案至今方才半年。虽说锋头已遏，最近却重又风起，令人莫测究竟，不知其由。阮籍遂为之忉怛不安，徘徊难已，将此情书之

于诗焉。

全诗就这么点事，但从陈伯君先生辑录的诸贤评述来看，七嘴八舌居然有十来种之多。

李善说：此诗讲**诗人年岁将老，恐被人进谗，遭斥**，故诗中说"愿睹卒欢好，不见悲别离。"

五臣张铣说：三旬，六月之旬，谓夏季的六月，仅剩三旬，很快将进入秋季了，这是比喻魏朝末年，**政权将交给晋朝了**。

五臣吕向说：阮诗中有句"青云自逶迤"，用到"**逶迤**"二字，见**魏政对众人尚有余德之恩在**。

五臣刘良说：阮诗中末句的"卒"字乃"终末"之意；"不见"是"不准备再见"；"别离"，比喻因晋篡魏而不得不别离也。

刘履说：这首诗是担心魏政将移给晋朝也，所以诗中说在炎暑之日，"光明的日子，只有这夏天了，如今三旬又要过去，**若秋冬一来，天下阴惨可知**"。不过，芳树之清荫犹在，可见朝中诸臣受魏恩者固有。但是**四季更代之势终是不可阻挡也**。其时众人都在为自己奔走门路，只有诗人在空堂上徘徊忧虑，篇末两句刘说是希望君臣和好，不至于篡夺而见别离的伤害。阮籍的忠爱恳切达到这样的炽热，真是令人悲哀。

闵齐华也说：此诗就是比喻**魏将被晋取代**。

蒋师爚说：李善认为"恐遭摈斥"，如果喻己，未免太低卑了。这是希望禅代以后魏朝的常道乡公也能有汉献帝逊位后的山阳公待遇，而不要遇到成济那样的莽徒，又坠入高贵乡公之噩运。

以下还有五人都着眼在诗中"三旬"两字上，设想更离奇、更精密。

据《三国志·魏书·卷四》曰："陈留王讳奂，字景明，武帝孙，燕王宇子也。甘露三年封安次县常道乡公。高贵乡公卒、公卿议立公。六月甲寅，入于洛阳，

见皇太后，是日即皇帝位于太极前殿"。有了这段史料，近人踊跃者众矣。

何焯曰："甘露五年六月甲寅，常道乡公立，改元景元，月之三日也，故曰三旬。"诗云"四时代谢，以比易代"。

陈沆曰："《魏志》：甘露五月六日甲寅，司马昭立常道乡公，改元景元在月之三日。故首云'炎暑唯兹夏，三旬将欲移'也。又以成功之去比运祚之移而曰：'原睹卒欢好，不见悲别离'，危其复为齐王、高贵乡公之续也。"

以下，张琦、陈祚明、曾国藩都略同此语。陈伯君先生谓，议者"有一史证，最易使人相信"。所言甚是。夫造作者以三日之微不计，略谓三旬之后，进入夏秋易代，此固众人能接受之言。但既将夏秋易代以拟高贵乡公、常道乡公二君之互易。常道乡公岂因命犯秋商，实辰未至，故众皆盼望，后君虽已登位，却欲强其执政在三旬之后？或高贵公帝运未终，人虽毕命，其帝位之更代尚在三旬之后耶？亟望谁人能为之一释焉。

其锲凿之言，皆不经如此。而书中所录前人如此荒唐难考之语，何止百十。诸贤之误，一般而言，大半出在两个原因：

第一个原因，他们大多秉持儒家观念，或者不自觉地，与书中主人公阮籍内心站在同一个立场，不加思索地以现任天子为本位。司马一家，居然欲夺曹家大宝，那当然是乱臣贼子无疑。且阮籍是竹林七贤之首，是民间自由派的领袖人物，风节自高，其口虽不臧否人物，却一定会委婉其辞，发诸于诗焉。这是想当然的揣测之词。

第二个原因，前之读者因诗意深隐，无一人能明白八十二章，各诗皆阮籍为时政不堪而鸣，既不知各诗与有关时段的政治案情有对应关系，便各自随意往自己记得的历史情节去凑泊了。

再如"第十章"前半诗云：

北里多奇舞，濮上有微音。

> 轻薄闲游子，俯仰乍浮沉。
> 捷径从狭路，僶俛趋荒淫。

本是讽曹芳荒政之时，社会上青楼狭邪之巷，竟成轻薄子们交通后宫之捷径（参见"第十章"笔者评述所引史料），但诸评家，不细究诗文，不审考年月，便各逞遐想之能，纷议曰：

吴淇曰：此即屈子所谓举世皆浊而我独清之意。

陈沆以为：此章刺当时党附权势者（即司马者）。

曾国藩曰：愚谓六句似讥邓飏、何晏之徒。

蒋师爚以为：是指魏少帝曹芳的。

黄侃以为："奇舞"、"微音"乃美听之乐，是阮籍自用以解忧者。

五个人便是五种见解，且皆无可调融者。何以？盖无人能拿出可以独佐自己的证据焉。笔者所见与蒋师爚略同，但证据从《三国志》等考得。

看来，要讲清阮籍的诗谜，唯一的办法是弄清八十二章各诗之大致写作年月。那么这样的工程，该如何着手呢？

八十二章原诗　　有无顺序之辨

对于有关诗作叠放的顺序状况，陈伯君先生也有他的揣测和圆说，别具一见，抄之如下：

> "阮籍的《咏怀》诗……千余年来，虽一直为人所讽诵，但正如钟嵘所说'厥旨渊放，归趣难求'（《诗品》），是那么难于捉摸。这些诗不是成于一时，也并非特意而作，只是随时抒感，后人在编辑这些篇章时，凭所得的一个概括的印象而加上了'咏怀'这个题目，因此很不容易把它的真意一句一字地读懂。就是和他的时代比较接近，而本人又是很有成就的诗人，如颜延之、沈约诸人，也只能总说一句是'忧生之嗟'。"

大家都知道文人身后遗著的散失、置乱都是有原因的，或遭兵乱，或遇天灾，或其人生前流寓他乡……但是阮籍无此厄运。他四十岁时，司马懿将他收为大将军府参军，不久升为从事中郎，历司马懿、师、昭父子三世。司马昭初任时，一度求为东平相，但十日即归。晚年闻步兵营厨人善酿，求为步兵校尉，死时五十四岁，卒于任上。高贵乡公举事前，还封为关内侯、散骑常待。历次政治运动，都未曾波及，从未遭过抄家之辱。他死后，著作存于陈留老宅。他的儿子和后辈也都业文从政，多少有点文名，且仕途平安。后辈既然知文，自不会对他家先祖遗著随意妄动。后人如有编辑整理，按例必有说明留下。如《昭明文选》中入选十七篇，虽无专门说明，后人从中也可得到若干信息，如"咏怀"之名即为《文选》一书，编辑时分类所冠。

以此，笔者认为，阮籍遗下的"咏怀"，即《忧思吟》八十二诗，虽无诗题及年月之纪，一定保留着阮籍生前存放的模样，基本上也就是他各诗写作的先后顺序。因此，我们有可能依其先后顺序，窥到他当初写作各诗的背景、原因、主旨等痕迹。

至于笔者对上述众人的指责、批评以及好心的圆说，都不能同意，因为这些说法既不合一般人的写作方法，也不合阮籍的身世遭遇。大家知道，所有为文者，不管写什么文体，其文中的文理文脉，即文意的叙述逻辑必定是有的。隐晦者有之，跳跃者有之，但是文中必有逻辑在焉，脉络在焉，线索在焉；创作必有思绪，如谱曲必有旋律，因此每篇诗章，决不会杂言无绪。试看《忧思吟》所有诗篇，或长或短，都是两句一韵，一韵到底，诗人既然对韵脚都这样认真，其造语用辞岂会乱来。怎么可能有"杂言无绪"，"反复零乱"。"廓而无稽"等毛病。

其次，关于诗篇的写作次序。既然诗人对每一诗都十分认真，那么若是遇见大事、要事，一章不能尽意，须多篇分咏。其前后之诗篇，当然有精细的分工，有慎重的设计安排，这是毋庸置疑的。大多对阮诗的批评者，或许因为心气浮躁，没有仔细揣摩诸诗文意，便信口乱说其诗零乱无序了。不过，连陈伯君先生也说，"阮籍的诗是那么难于捉摸。这些诗不是成于一时，也并非特意而作，只是随时抒感，后人在编辑这些篇章时，凭所得的一个概括的印象而加上

了'咏怀'这个题目,因此很不容易把它的真意一句一字地读懂,"真是遗憾!笔者当然理解陈伯君先生的善意,他是在努力为之说明。但是在学术研究中,善良的愿望没有什么意义。上面这段话里,说到其诗总名的来源,后文将专为介绍,先不另述。

其中最严重的是,他说了"后人在编辑这些篇章时",这样的话。那可太轻率、太武断了。陈先生似乎认为阮诗内容所以零乱,其中一部分原因是"后人编辑、整理造成的"。这番话可是要害人的,大家既然看到的不是阮籍所写《咏怀》诗的原貌,其中原有的写作顺序已经不在,那么后人当然只能把全部《咏怀》诗,当作是一叠谁也都可以重新再叠的诗稿了!(事实上已经有几个人在他们的研究中,这样做过了——参阅本书"卷之一·第十章""前贤评述"第三则,陈沆所为便是一例。)

想来,后人初见这叠诗稿时,虽文辞似解非解,但就其誊写模样,规矩格式,还可辨得诗稿纸上是一纸一诗,全部是八十二首诗,总算没有将前文、后文互叠,已是十分侥幸。否则后人但见长诗连卷,只有依稀从韵节处可辨,那就未免太可怕了。

如今各诗虽分章犹然,若听人说全部诗序已经过了"后人"的"编辑",那岂非阻断了他人想通解全诗的念头。所以笔者以为,这种没有根据的轻率话,千万说不得。害人害己,只因疏之失口而已。

陈伯君先生的遗箴

虽如此,使笔者深为钦佩的是,面对以上难题,陈伯君先生没有为之犹豫,更没有为之止步,反而激起了进而研究的兴趣,他说:"从此之后,阮籍《咏怀》诗的意旨成了一个'谜',谜底既然随阮籍之死而湮没,永远无法核对,然而有了这样好的'谜面',自然就不断有人去猜。"他不仅自己亲自辑就了全部诗、文、记、传,而且汇辑了以蒋师爚为基础的、黄节再续的,加上陈伯君先生自己再添的笺评,使之成为一部集民国初年之前学人研究阮籍著作大成的《阮籍集校注》一书以惠后学。其中最有价值的是,他研究的最后,不仅留给了我们明确的研究方向,而且其中还有两把是他认为可能用以开启谜底的

钥匙。

用一把钥匙就开启了全诗大门

陈伯君先生留下的是怎样的研究方向和两把钥匙呢？

研究方向。

他在《阮籍集校注》(序)中告诉我们说：阮籍的这些抒怀诗决不会无端兴起，"而必定有个端的。从当时的政事去探索他的这个端，当然是一条最可取的研究途径。"

第一把钥匙。

"对于魏明帝以至曹爽兄弟这班人的所作所为，不能无所臧否，必然在他的'咏怀'诗里得到反映。"

第二把钥匙。

他说："特别是高贵乡公这样一个'才同文思、武类太祖'（《三国志》注引《魏氏春秋》中钟会语）以夏少康自命的非常之主之横死，必然不能无动于衷，""应该在他的《咏怀》诗里（即本书《忧思吟》）得到反映。"

（这两把钥匙，实是开启阮诗八十二章的"前门"和"后门"的宝钥，真是了得！先生假史籍能知阮籍的心史所在，但面对阮文却不识阮诗的心旨所寄，读诗之难岂有若是哉！——笔者于书成后悟识）

后人本应仔细查找阮诗中诗人身历及其胸中深慨之事，与阮君生前所遇之社会变动中的历史大事，将两者相互映照，才能寻查出阮诗主咏者何？换句话说，阮诗八十二章，肯定是阮公生前所历重大事件刻骨铭心者的映像，而其真相本身，事之大者乃生存环境（即社会环境）之大变动，其事之小者，属家庭环境、身边亲友及个人所历之吉凶顺否，坎坷颠沛。这实在是了解古人诗咏内容的不二之法。

而我们读者也实际具备着基本的研究条件。不仅有陈寿所著之《三国志》和臧荣绪所著之《晋书》，而且还有时人所著《世说新语》等野史逸闻，更有陈伯君先生编就的"阮籍传记资料"，阮籍的生平年表。可以说伯君先生已备齐了研

究"阮诗五言八十二首"诗史权所需的粮草、武备、辎重。只待发起一场总攻，不幸年事已老，陨身于1969年那个艰难的年代，留下的《阮籍集校注》直到上世纪末才始得面世。但其时人才凋零，学业萎靡，后继乏力，竟难识伯君先生深心所用，又延宕了三数十年，始有蔡某一耄年残老，偶而窥见陈氏遗著，深悯伯君先生筚路蓝缕而未竟其事，有意足成，愿毕其全功焉。

于是，谨依陈先生所教，首先打开《咏怀》第一章开始恭读。不可否认，尽管开读最初几章，都未能找到诗文内容与有关历史纪述对应的联系。但是，这并不曾动摇笔者对陈伯君先生的信任，笔者坚定地相信他遗下的宝钥，一定会找到相应的锁孔，拿着他的钥匙，自第一章起，逐一将每诗的叙事、议论、咏叹，与曹爽集团被诛案相参照联想。直到"第十一章"果真可以明白地对上了！

"第十一章"原诗的前半部分，先袭用了屈原《招魂》篇末的歌辞，接着批评宋玉以淫辞误主；诗之末，又摭拾了《战国策》中一篇关于黄雀的寓言。查看诗后伯君先生辑录的诸家集评，诸贤一致认为这首诗是指述曹爽集团的，其中既有批评文士误国的特征，（盖曹爽集团中聚集了何晏等一大批文士，好事玄学清谈而无视民瘼国事的特点。）更有借黄雀寓言，指述当年蔡圣（灵）侯不以国家为重，驰骋乎高蔡之游，而曹爽集团正是灭亡于全体去高平陵出游而入伏遭诛的。

以下请参见该章"诸贤评述"一栏所录。

　　刘履曰：彼三楚固多秀士如宋玉之流，但以朝云荒淫之事导而进之，无有能匡辅之者。（又道：曹爽等赏玩）春华之芬芳可悦，至于"一遭祸变，则终身悔之将何及哉！"（所以诗中见到朱华之芳，高蔡之游和黄雀之诫三说。）

　　张凤翼道：蔡圣（灵）侯驰骋乎高蔡之中，而不知其见系。故云"相追寻"，言蹈其覆辙也。

　　何焯曰：此以蔡圣（灵）侯比曹爽。高蔡句，谓兄弟数出游也。

陈沆曰：高蔡句用谓曹爽兄弟数出宴游。黄雀逍遥，犹爽之不知为懿所图也。

方东树曰：此借楚王之荒淫无道将亡，以比今日之曹爽。

此诗全用《招魂》意，而阮公所处之时，情亦相准。

陈伯君先生更信心十足地说："此诗似当作于曹爽事败之后，故谓黄雀哀也。"又说诗中之事，若与指喻之事，"事事相类"，那就不能说是附会了。

既然曹爽集团覆灭的两大特征和原因都和诗中借古讽今的典实扣得这样紧，再加上特殊的纪念时间（清明节），那就完全有理由认定这"第十一章"诗是为纪念曹爽集团覆灭一周年而专作的。诗中所举一一，以古鉴今，今犹似昔。这就是阮籍写这章诗的缘由吧？其"第十一章"的文辞，从时间，从内容，从文思，从写作手法，我们不妨进一步明晰其诗旨和写作时间，当知此诗是曹爽集团被诛之周年祭也。纪念目的是：历史古训犹在，今人却视而不见，重蹈覆辙，令人悲哀，令人苦笑。教训深刻，却并无同情之意，这正是"第十一章"的诗旨。

"第十一章"诗破释了，从此我们可以堂堂正正宣称：上推"第一章"诗当作于上一年的仲春时分，约是曹爽集团被诛之后的三个月许，诗中夜深抚琴，清风入室，正是中原洛阳地区的物候特色。时嘉平元年，公元二四九年春日也。

一场逾时一千七百五十余年的悬案，中国诗坛上最大的一件诗谜，从此开启端倪；用阮籍的原诗来唱，便是"晨鸡鸣高树"，可以"命驾起旋归"了。

"第十一章"诗的创作旨意既明。那就无异为解破阮籍全诗打开了一个透亮的窗户。夫"第十一章"诗既为祭奠曹爽集团覆灭一周年而作。那么，前面十章诗也必与曹爽覆灭有关，推想阮籍出生四十年来，身历曹魏操、丕、叡三世，除十一岁上曾见汉献帝禅位于魏文帝曹丕一场不流血的更迭外。所见之惨，更

无甚于如今日司马懿同僚相残之凶桀若是者。其周年祭之诗,既然序在第十一章,则其前之十诗,其所咏内容,岂又能另咏于他哉!解诗的关键是如何去体察、理会阮籍是怎样将一腔血污满溢的忿狷之气易为众所共见之第一章至第十章诗作的,斯乃解诗之首务,绝对无法违避。

再细细体味前面十首诗,就诗中内容而言,似乎可分为两个诗群。

前一诗群,第一章至第五章,皆系阮籍对司马懿诛灭曹爽集团一事之喟叹、责问、惊恐、联想等辞,其上无不笼罩着典午诛爽的阴云。

后一诗群,第六章至第十一章。有四章皆记曹爽诛灭后,群小趋附典午,阮君失意,曹芳卖官等政坛时闻。第十一章乃今年曹爽周年之祭,已见前述。今将第十一章前各章之大要再略述如下,以发明阮氏之写作思路。

前一诗群　依事理主次序先后

第一诗群各诗,除第一章首唱喟叹,忧思独伤,未予指事外,其下皆从阮籍的儒学观出发,区别重要程度为先后,各有所述。

公元二四九年,本为正始十年。司马父子军变得手,经近三个月的清理后事,决定自四月起改为嘉平元年。从此取得了正史纪元地位,以掩盖他们的政变丑事,这件改元大事,可能触发了阮籍决意撰诗,以志司马虎狼之意。

《三国志·魏书》曰:嘉平元年春正月甲午(初七日),车驾谒高平陵,太傅司马宣王(懿)奏免大将军曹爽,爽兄弟中领军羲、武卫军训,散骑常侍彦官,以侯就弟(免去官职,仍以原爵居家)。戊戌(初十日),有司奏收黄门张当付廷尉(拘捕太监主事者张当付审),考实其辞,爽与谋不轨,又尚书丁谧、邓飏、何晏、司隶校尉毕轨、荆州刺史李胜、大司农桓范皆与交通奸谋,夷三族。

时间过去三个月了。对于司马家如此逆君诛僚的狂悖之行,阮籍既悲痛又愤恨,但典午(即"司马"二字之同义变文)一家大军在手,生杀由心,丁、邓、

何等众株连之广，京中名士一日减半，心中虽有千言万语，阮籍能说什么呢？敢说什么呢？三数月来，彳亍久久，终无所书。今夜又是月白风清，凝伫良久，写下了八句诗，依旧什么也不曾说："忧思独伤心"尔。

"第一章"诗作于去年孟夏之初，阮为久积于胸的悲愤所郁，籍此良夜，欲抒笔为咏，终因忧思百端，徘徊久之，无以为文。

"第二章"实乃诛爽后首咏之诗，所作当是阮籍思想上、价值观上最不堪接受者，在汉儒一统的天下，君为臣纲，是世界秩序的基础，曹马二臣均负先君之托，大背臣纲，明言必罹其祸，乃况以夫妻背盟为讽。

"第三章"云朝纲失纪，以暴易暴之后。嗣宗乃自问与司马新政当何以与处焉？其首先固有西山食薇之思也。但拟想当年伯齐之行，终于饿死首阳，自思不能受其苦况，遂止。

"第四章"总言感慨世事变化之骤，来之顷忽，变之迅异。

"第五章"乃前章副歌，赓言在世道变忽中，自身择路之慎忽，亦当负重大责任。

第二诗群　依时序发生别先后

初五章既把对司马政变的感叹唱罢，以下皆随时而吟，大多为朝政所见，感而有吟，各诗所记物候特点，皆依时令而现之，真乃确凿不易之证辞也。

"第六章"，时仲夏将临，甜瓜登市，触景生情，乃继前章曰，东陵侯种瓜全身便是审慎自处所致。

"第七章"，"盛暑唯兹夏，三旬将欲移"。这两句说，此夏只剩最后三十天了。是全书中最明确的写作日期。盛暑之中，又见阮公忉怛莫名，寝食不安，时曹爽集团被诛已半年矣。发生何事？史书未载，以意度之，或是政变后期，甄别漏网遗伙之为，一时杀戮又起。……言之不谬，甄别既毕，各衙门重又选用遗臣，阮籍本人亦复被征辟为大将军府参军，为撇清嫌疑，表示拥护新政权，他已经不能另有选择，只能俯从入朝。

"第八章"以寒鸟相依，入秋景象中，小兽互济为喻，讽嘲朝中小人磬折求官之丑。可见其时司马集团正在分配曹爽等诸人被诛后留下的官职。卑污之状，令人不堪；阮籍决定守身伏处，不去争抢。可见他已获辟召，但他在司马懿朝中也显然未获优遇，尚闲置一旁。

"第九章"中玄云重阴，凝霜盈袖，阮籍因有寒侵重冈之伤，鹍鸠哀音之唱，分明是及冬之交，乃发"素质游商声，凄怆伤我心"之倡矣。清党过后，政事稍平。阮因自身未见重用而伤之。

"第十章"叙年终岁暮之际，群小奔趋"捷径从狭路"，重金贿赂少帝左右，图买其明春首放之官职。其时少主曹芳已经长大，并且成礼、娶后。由于从小失教，曹马托孤两家，更故意纵其恶德，史载其好交往群小，秽乱后宫，径留群僚妻小入宿，再又屡改制度，随意卖爵鬻官；生性顽皮，常在宫廷以弓弩弹人为乐，在朝上弹伤司马师面目，以至后来司马师卒以目疮并裂而亡。诸种恶行，充斥史书。本章背景，史载甚详，但阮籍和史官一样，谨守儒学之训，为臣不言君非，诗中只说群小争趋，放过了事主之责。

"第十一章"，又见春到江南，一派江岸春景，清明节临也，是乃为曹爽集团覆灭周年之祭，已见前述。一年之间，司马懿政变后所行所为，阮籍所见、所闻、所思、所虑诸节，周述之详，无一漏焉；其各诗物候随序而变，亦一一循时而异，无所复沓。虽故曰为证，亦不过乃尔。是见诸诗之为，一一无不依时、依序而为之，若曰不喻为诗史，亦难告于世人也。

幸运之星一路照耀

何其幸也！笔者解开的非仅是前十一章的诗旨、诗意。

这十一章诗，既是阮籍被辟召后进入大将军府时初为参军之诗。诗中所记又恰是司马懿大将军晚年诛灭曹爽集团后，一统军权，独擅曹政之后的全部政事，也即《晋书》所谓曹操所梦"三马同食一槽"故事中"老马初食"的史事也。如此一石二鸟，诗史互证的幸运事，全让笔者一人独享，想起来都有点出乎意料。

十一章诗得到了史诗互证，扣定了诗中所记内容，其历史上限当在公元

二四九年（嘉平元年）春日，依次由春及夏至秋冬，迄于翌年"清明"也，这是一个榫卯合扣、严丝合缝的铁证。有此铁证，便如泊船系牢了锚碇，从此诗中所记诸事便再不能随风潮漂泊，由读者随意簸弄猜测妄解诗中出现的事情、人物、典实了，以前诸贤解诗之真妄，也从此有了可以甄别的基准。功败废立，有了共同认可的纪年之说。

笔者何幸，读诗仅十之一许，抬头已现北辰指引，不必再担心今后所行将愈谬愈远焉。

司马懿于公元二五一年病卒，司马师继大将军及太傅之位。师用心暗黑，城府极深，素擅善言伪饰，其军征有失，每每引为己过，若宅心仁厚，不欲罢先君旧臣者。而二五五年初，其寿春一役，一次便诛杀降卒十万余口，其残忍不测如斯。故阮籍于其时，谨避尤甚，在司马师主政期间，前后四年剔除所咏情诗一章，所为诗仅五章耳。五章之中，两章纪回乡途中所见，其余三章尽为零散什咏，一讽古人贪欲无厌，一记嫩凉夜游，一述读书无谓，若皆与时政无关者。

笔者幸有解破前十一章诗群的经验，坚不为诗文字面所蒙，强将司马师临政之间诛戮重臣大案和废皇后、黜天子、弑后父诸行与阮撰五诗映照比对，终于在车辙马迹之隙找到了史诗互证的证据。

这番经历，进一步证明了，只要扣准了史诗交会的时间节点，以阮籍的儒学教养，是不可能避而不咏眼前发生过的大背儒纲的悖逆大事者。

兹后尚有六十五章诗，全系阮籍在大将军府第三任主事司马昭手下时所撰，关于其经历的详尽细节，姑容往后再述。至于全书记事的最后一个时间节点，不妨先告诉诸位读者：

> 公元二六〇年，景元元年，（高贵乡公甘露五年五月卒，是年六月改元），阮籍五十一岁。六月甲寅，公卿议立常道乡公，同日，入于洛阳，见皇太后，即皇帝位于太极前殿，大赦，改年为景元元年。（见《三国志·魏书·三少帝纪第四》）。

至此，大将军府历二代三世，阮公闻见之"三马同槽"诸事，悉记于诗矣。

《忧思吟》全诗解开

笔者在考得前十一首诗的基础上，顺流而下，读尽全诗，隐封了一千六百年的诗谜，终于露出了它的真相，不知不觉也就跟随阮籍度过了他生命中最重要的年龄段。阮籍一生，虽正处三国混战时期，但未尝经历战时生活，"忧思吟"一集，整整写了一十二年，几乎记述了他在宦期间的全部经历，搁笔以后，再二年，他就去世了，卒年五十四岁。

从留下的各种记载看，阮籍一生过得十分平淡，虽然父亲死得早，家境不宽，但从小受儒学之教，少时便博览群书，为时贤称道。既长，世风所染，雅好老庄，遗下各种书体，论、传、赞、诔、辞赋、诗歌、书笺若干。其五言八十二首清简高古，最是为世所重。

籍三十三岁上，魏太尉蒋济闻而辟为尚书郎，以病免；五年后复被曹爽征召为参军，又以疾辞。公元二四九年（嘉平元年），司马懿独揽朝政以后，再辟其为大将军府参军，不能辞焉。从此为宦，时年四十岁。至公元二五九年前后，少帝曹髦将用事，罗致人才，封其为关内侯，徙散骑常侍。后闻步兵营厨善酿酒，求为步兵校尉，大将军昭许之。"遂纵酒昏酣，遗落世事。"

阮君从宦十四年，"恒游府内"，未见所事。唯其五言之咏，自公元二四九年起，时辍时续，前后共十二年之久。揣摩文意，八十二章除少数几章叙个人情事外，皆记典午一家，二代三世在朝之事，偏又不记三马勤勉朝政，南征北伐，有功社稷之劳；专注三午篡逆君上，诛戮臣僚之所为，其中委曲，另有别裁焉。

八十二章诗歌，共九百二十八句，四千六百九十字，诚中国诗坛古今第一专集，一部目睹十二年间三马所演三场宫廷政变的血污史。一部儒学价值观破碎的诗人伤心史。

为便于将诗中所咏内容和当时的历史事件相互对应，乃将八十二章诗歌厘为长卷中的四截。

卷之一　司马懿第一场军变及变后政事

有诗十一首。自"第一章"至"第十一章"，其政事背景自公元二四九年春末起，至翌年清明前后，正是一年左右。

其中前七首诗，总叙爽懿二戎，背君臣之宿盟，负先王之恩隆；乃慨世有难测之变，人有中途之穷；若效西山食薇，不免岭高霜浓；不若东陵种瓜，毕竟布衣可终。后四首，政事稍平，又见群小馨折，狭邪趋踵；黄雀未远，内外交通；叹覆巢犹存余痛，可怜兰径江枫！

卷之二　司马师第二场官变

先有一诗记阮籍私人情事不计外，叙本事者前后共五首。

正元元年一月，司马师密闻天子与后党谋以夏侯玄为辅政代师，师乃率先动手，尽捕诸逆，夷三族。阮虽身在事外，但见师所杀朝臣之多，不无感慨，为惧师性残忍，乃或托前秦旧事，或慨荣名无谓，有三诗隐记其事。天子以玄等之诛，深不自安。而师亦虑少帝屡有谋动，于同年九月奏太后废黜重立新帝。藉见师之所行，黜帝废后，尤胜乃父，毁纲事大，身为曹臣，不能不甘冒凶险，假左史成句入诗，佯为回乡途中杂咏二首。

卷之三　乃一段阮嗣宗助邻被祸的插曲

公元二五五年二月，司马师卒于许昌，司马昭继接辅政之位，昭与籍素友善，拘谨之状悉去，政静人闲之际，先有绮思一首（"第十八章"），赓有文艺小品二首，尽是闲时弄笔之为也（"第十九章"，"第二十章"）。

正事之纪乃是兹年秋冬，嗣宗偶应邻里之请，为其解姻戚谋财之危，事虽胜，竟为里中群小不容，意籍必有所图者。于是众情愤激，攻讦不已，必欲置籍于死地也。籍乃求救于昭，昭遣其子炎往抚，允为人后相助，并留下通讯方法，以告所需。籍得此管道，乃有其后二十余章之作。除絮述仰慕、思念、请救、洗诬等情因外，赓细诉私衷心曲，谓己素无荣宠之念；亦乏林泉之志，唯愿餐菊佩兰，修能为佐。尽坦其人前背后不肯擅露之心声。乃是这段插曲之最大价值。叵耐群小鼓噪，危情愈急，籍不得不为紧急求救诗致昭。昭为之弥平

风波，籍感激不尽，谨为谢恩诗七章之多。本卷共诗二十七章。

卷之四全系司马昭主政期间之事，所咏之多，几近全书一半，为便于阅读，特将它分为上、下两部分：

  卷之四（前） 少天子讲业惊群儒

  卷之四（后） 阮步兵断肠绝咏唱

  这是全诗中最后一大回目，也是最重要的一个回目。所记系司马昭任上，少天子曹髦东堂讲业初露头角，震惊朝野，直至其为理想目标以身殉志的全程，共诗三十八章。"第四十五章"至"第六十二章"为其"前"；"第六十三章"至"第八十二章"共二十章为"后"。

  "前"：有东堂讲业和阮籍母丧两个内容；其发生年月，乃是公元二五六年（甘露元年）及二五七年（甘露二年）两年内。

  "后"：因阮籍忠义两难，不得不郑重考量。终于作出了极艰难勉强的宁舍帝业，苟全身家之重大决定。其间更掺杂家中嫡庶夺产之争的苦恼，最后有少天子昧死举事、玉碎壶侧的悼诗五首，所及背景，尽是公元二五七年（甘露二年）冬至二六〇年（甘露五年）五月之事。

  曹髦既卒，恶谥不绝，籍悲痛不已，从兹掷笔，不复为诗。

  公元二六二年，冬，藉闻步兵校尉有缺，乃称营人善酿，厨有美酒三百斛，求为校尉，从此纵酒昏酣，遗落世事。

  翌年，公元二六三年（景元四年）冬卒，年五十四岁。

  行文至此，可说笔者已经完全地、圆满地完成了预设目标，不仅按伯君先生要求，尽力解清了全书每字每句的字义、句意，阐明了每首诗的诗义、诗旨。而且将八十二诗，分别段落，各各对应于典午三人的秉政时段。其时既确，其事乃明，其理自顺，从此文义显而文旨彰矣，人人皆可伸指而索也。此皆以诗映史、将史解诗之所得，故余书后有记曰："倚史为宗"。诚入山之径路，浮海之指南也。所倚之史仅两种。

一曰《三国志》，陈寿撰，裴松之注。

一曰《晋书》，臧荣绪撰。

史不能强凑乱引，必须对准关键的时间节点。笔者很幸运，初读至《第七章》便知道了该诗的写作时间，是在这一年夏季三月的最后一月之初，唯不知对应何年何事，故不敢遽从前贤所说。读到《第十一章》，从"招魂"一诗，终于同时找到了诗文和政事活动共同的时间节点。榫卯对合，从此俯仰前后，一一对应，无所不合矣。

书成重读，乃省得伯君先生遗下之两把金钥，其前一钥，乃"三马同槽（曹）"演义第一出"启幕"之总控，后一钥，乃"三马同槽"末一出"闭幕"的后门总钥，细读先生书中各章所言，时见舛讹频仍，不知何以能将全剧始末，扣得如此严密不移，真是神仙般的手段！令后学叹服无已。

阮籍《忧思吟》八十二章与魏晋之间"三马同槽"时政背景一览图

公元	
249 251	天子曹芳 卷之一　第一章至十一章 司马懿
254 255	天子曹芳 卷之二　第十二章至十七章 司马师
255 天子曹髦 卷之三　第十八章至四十四章 司马昭 255	
256 天子曹髦 卷之四（前）　第四十五章至六十二章 司马昭 258	
259 天子曹髦 卷之四（后）　第六十三章至八十二章 司马昭 260	

调查研究

《咏怀》之名僭之久也,乃昭明五臣之为。传称既久,似翳似蜕,终当化去,还其面目。

《昭明文选》所录"咏怀"十七章考

陈伯君先生指出:据臧荣绪《晋书》,阮籍所为八十余篇,名"陈留"。"咏怀"之名,疑为梁昭明太子萧统选录十七首时所加。《昭明文选》所录十七首诗,正好与笔者厘定的第一、二卷相合,纯属偶然,其先后排序殊异。于是当一述《昭明文选》中选录阮籍诗的情况。

在《昭明文选》的《卷二十三·诗·咏怀》载有选诗三种:依次为,阮籍著"咏怀诗"十七首,谢志连著"秋怀"一首,欧阳建著"临终诗"一首。

所选阮籍"咏怀诗"十七首,先后由五个序列组成:

第一组 其一、其二、其三、其十二;
第二组 其四、其十三、其十四;
第三组 其五、其六、其九、其十五、其十六;
第四组 其七、其八、其十七;
第五组 其十、其十一。

由此揣想,《文选》之辑,很可能是由五位选臣,议定各先在前二十首诗中分别选录;然后集中逻叠,弃其选重者,得十七首。

想来编采《昭明文选》的选臣们,在选录之前便讨论决定:既是选集,自不必全采;诗旨难明,难分优劣,不如迳于最初二十首中选采;但又发现

"十八"、"十九"、"二十"、"二十一"、"二十二"、"二十三"都十分难懂，难于向主编萧统太子阐说诗意，遂截止于十七首，不再别选。

佐臣们选录过程中，因不识诗旨，不知背景，看不出原稿存放中有着次序的排列；而阮籍的原稿中，既无标题，也无日期或页次，这些选臣们甚至不如后来的出版者，犹能着意保持阮籍遗诗的存放次序，名之曰："其一"、"其二"、"其三"……"其八十二"。他们带回录稿后，仅为编辑分类计，给阮诗加了一个分辑栏名，曰："咏怀"，便逻叠在一起了。因之造成了《昭明文选》中选辑的"咏怀"诗序排列，和陈留老家的阮稿排序不一。

《昭明文选》既成，其时尚无印刷术之发明，复制皆由人工缮抄，一书之抄，靡费无数，故大多文士所读阮诗，仅是《文选》所录之十七首。后来文士多被影响，故"咏怀"之名通行于世，八十二章全书之普及乃在印刷术遍及之后，故如颜延之、沈约及近人叶嘉莹等评述，仅限十七首以内，不可不察。

本书"第一、二卷"入编的十七章诗，恰与《昭明文选》中所录阮籍咏怀十七首偶同，纯属巧合，笔者考得各诗写作年代和历史事件背景后，乃将"卷之一"终毕于司马懿卒岁之时；"卷之二"厘定于司马师病卒之年。卷一、卷二中包括了阮籍所见司马懿、司马师两朝摄政时期中的两大政案，两次屠曹大行动，（有关司马家第三次屠曹案，另见"卷之四"。）故《晋书》谬称曹操晚年有"三马同槽"之梦焉。

本书原稿各诗皆无题名，《昭明文选》行世，其所选录的十七首，亦尚无题名或标名。

至于本书各章的标名，与今日通行诸书皆异，盖他书皆以为阮诗之作率而无绪，诸诗间无章次、线索存也。为检阅称谓之便，前人乃以客观之语，标于各章诗前，曰：此乃"其一"，此乃"其二"，此乃"其三"……而本书笔者既考得各章皆循序而写，循序而置，此乃阮公自为之顺序，故堂堂正正，迳标各章之名曰：第一章、第二章……至第八十二章也。唯书中有些诗章，显见阮氏有"误存"甚至故意"别存"之为，届时当别为订正，并将其错置的原因摘要给予说明。请读者留意焉。

卷之一

"三马同槽"梦谶之一

司马懿兵变主政　阮嗣宗应辟受召

第一章 至 第十一章

公元二四九年——公元二五〇年

（嘉平元年——嘉平二年）

历史资讯

司马懿诈病诛曹爽　"三马同槽"第一出

司马懿是魏国老臣，二十二岁便被曹操强召入仕，他忌惮曹操威重，不得不就也，操也对他颇有疑忌，但他既在任上，一直工作勤恳，大小亲临，尽职尽责。《晋书》说他：

> 勤以吏职，夜以忘寝，至于刍牧之间，悉皆临履，由是魏武意遂安。（《晋书·宣帝纪》）

他在刘备初取刘璋时，建议操乘备立足未稳，可发兵取之。操竟不听，还说漂亮话："人要知足，得陇焉能望蜀。"以后懿就谨慎小心，不主动出主意了。他不温不火，在操身边周旋二十年左右，我们只要想到曹操手下被害之众，如娄子伯、崔琰，再如孔融、祢衡、杨修，甚至荀彧，无人能得善终。可见司马懿之不易。

懿眼光尤远，操之丕、植二子争嗣，他坚定地站在心计甚深的曹丕一边。曹丕果然接了操位，继又受汉禅称帝。每与懿谋，辄有奇策，为曹丕信重，由是一路飙升：尚书、转督军、御史中丞、封安国乡候。黄初五年，曹丕领兵征吴，让司马懿转迁抚军，领兵五千，留镇许昌后方，"内镇百姓，外供军资"。临走时，对司马懿说，我一直为后方担心，"故以委卿。使吾无西顾之忧，不亦可乎！"及曹丕病重，懿和曹真、陈群，一起受命辅政。想当初曹操警告过曹丕，

"司马懿不是个屈身为臣之人，日后必会干预我家之事。"但曹丕与懿素来友善，总是护佑他。

待丕之子魏明帝曹睿临终，又将身后八岁幼子曹芳托诸大将军曹爽和太尉司马懿，并受遗诏辅少主。曹爽起初对司马懿也比较尊重，但是他好接交文人，如何晏、丁谧、邓飏等。这帮人可很有心计，总是想出主意，扩大曹爽的势力。不久丁谧就唆使曹爽去让曹芳下诏，将司马懿迁升为太傅，专门指导小皇帝，于是明迁升、暗抽梯。凡各部尚书奏事，便由曹爽独自先行处理了。好在统兵都督诸军事仍如旧。第二年吴将朱然来犯，包围了襄阳的樊城，司马懿出兵相拒，不一月就把吴敌打退。

不久，吴将诸葛恪又屯兵于皖，边鄙苦之，懿欲出击，议者多以为敌据守坚城，积存粮草，长途远攻其救必至，进退都难。翌年秋，懿率兵往击，大军才到舒城，诸葛恪便烧毁粮草，弃城而遁焉。司马懿再次用兵获胜，又获众誉，皇帝也亲在正月间往淮南劳军。

爽众看在眼里，便有尚书邓飏、李胜等想令曹爽建立功名，劝使率军征蜀。懿以为不可，不听。冬十一月，曹爽果无功而返。

政始六年秋八月，曹爽把中垒中坚营撤销，将原来两营官兵悉转至其弟中领军羲。懿认为这不合先帝旧制，禁之，未得认可。

政始七年，吴军又侵柤中，万余家百姓纷纷北渡沔河。司马懿认为沔南近吴，若百姓回去，必又引得吴军再犯，不如暂时留下。曹爽说，我们既不能在沔南修筑工事，却容留百姓，总不是长久之计；于是下令驱去百姓还沔南。吴将果然袭破柤中，损失兵卒万余。

政始八年，曹爽再用何晏、邓飏、丁谧之谋，将太后迁至永宁宫，以便专擅朝政。爽兄弟又亲自接管宫中禁兵，用人多是亲党，屡次改变制度，司马懿见这类事愈来愈多，渐渐意识到曹爽他们的目的，于是也作起了准备。

第二年三月黄门张当私自将宫中才人十一人偷送给曹爽做伎乐。曹爽与何晏又听说司马懿病得很深，就产生了废除小皇帝，贪侵祖业、社稷的非分之想。司马懿于是也在暗地准备对策。李胜调往荆州，懿赶快装衰病不堪之状，食粥，粥泼一身；持衣衣落，听调荆州，故以为调并州，更言之，又误听。胜回来告

诉曹爽："司马懿形神俱失，不足为虑矣。"曹爽等便不作防备了。

就在第二年，也就是在公元二四九年元月十日，趁着当时天子芳往高平陵出游，曹爽兄弟皆相随而去，于是司马懿窥准时机，立即动手了。他先向永宁宫奏报太后，要废掉曹爽，太后岂有不赞成的，取得了程序合法性后，接着便以迎天子为名，安排司马师领着部队屯于洛水浮桥上，坐等天子及爽归来。宣告已奏过太后，太后有敕，命"罢爽、羲、训三兄弟之职，大家可以原来的官侯之身，回各自府第，若是截留天子，就将军法从事"。羲不听，也不告知天子，而是在晚上派遣侍中许允、尚书陈泰求见司马懿，探听口气。懿严辞指责他们的过失，但说处分就到免官为止。陈泰回去就劝爽向天子报告。司马懿还派了爽相信的殿中校尉尹大目去说服爽，并且指着洛水起誓，曹爽有点心动了。当时大司农桓范曾劝曹爽说，天子在我们手中，我们可以天子名义召集各路兵马。曹爽不听，这时候桓范又援引古今之例，讲千万不能放弃兵权。曹爽却说："司马公无非就是要夺我权罢了，即使如此，吾以王侯之身还家，尚不失为富家翁。"桓范抚膺悲叹："就因为你这种幻想，我们都要灭族了！"

三天后有司劾查黄门张当，并查出曹爽、何晏等有叛逆之谋，就把曹爽兄弟，以及何晏、丁谧、邓飏、毕轨、李胜、桓范等连同余党，都一起杀了，并夷三族。

以上诸抄，当可见司马氏诛爽之前的若干政事，亦即《晋书》中所称"三马食槽"大戏第一场发动前的背景。其余诸情，将在"卷之二"司马师辅政任上，"卷之四"司马昭辅政任上另行抄奉。

第一章
夜中不能寐

忧思吟

阮籍　嗣宗

卷之一

第一章

夜中不能寐,起坐弹鸣琴。

薄帷鉴明月,①清风吹我襟。②

孤鸿号外野,翔鸟鸣北林。③

徘徊将何见,忧思独伤心。

【今译】

深夜里我无法入睡，
坐起身抚弄鸣琴。
明亮的月光正照着薄薄窗帷，
凉风吹拂我单薄的衣襟。

野地里传来了孤雁哀号，
北林的飞鸟也在那里悲鸣。
不停地徘徊你看见了什么？
深深的忧思，伤痛着我孤独的心。

【笺注】

"笺注"栏中的文字，基本上是陈伯君先生及其先师黄节先生所辑的历贤所积之劳作。本书为解开"咏怀"诗的谜底，不得不涉及与前人治学方法的对照和比较，所以一起站在同一个起步平台上是必要的。

当然，仅仅这样还是不够的，作为后人，也会斟酌调整添减一些材料。

① 帏，围也。帐幕。

② 襟，《释名》襟，禁也。交于前，所以禁御风寒也。《广韵》襟，袍襦前块也。

③ 北林，《秦风·晨风》，"鴥彼晨风，郁彼北林。未见君子，忧心钦钦，如何如何？忘我实多。"按，洛阳东北有北邙山，南临洛水。

【一千七百年来前贤评述】

本栏中的前贤评述，已经陈伯君先生选择，所选者大多具有普遍的代表性，所以不能不随"忧思"（原《咏怀》，下同）八十二章原诗一起同骈于此。目的当然是向读者推荐一并阅读，这里集中了前人对阮籍原诗研究所得的观点、论点以及各种学术意见。但此举不是供大家参考、借鉴，以资学习。笔者之意仅是立此存照，以供与本书中笔者所为的"今译"、"骈言"两部分内容作比较和

对照。

本书目的，除了还原阮籍其诗和阮籍其人的本来面目外，更想请大家比较一下两种治学方法，哪种更合理，更简单，更有效。这是笔者的一点不量力的奢想。

"一千七百年来前贤评述"中的评语后面，为图方便，也仿原书体例，作了些批注，用宋体字放在括弧内。要真正公允地作批点，使不负前贤，不负读者，也不负区区，在"卷之三"中我做了些实例。然而，大家会看到，工作量太大了，在下耄矣，在下眊矣，不能为矣，更不值为矣，但有些仍不得不加以批点，依时而行吧。区区尽力而为。

李善说：嗣宗（阮籍字）身仕乱朝，常恐罹谤遇祸，因兹发咏，故每有忧生之嗟。虽志在刺讥，而文多隐避，百代之下，难以情测；故粗明大意，略其幽旨也。

五臣注吕延济曰：夜中，喻昏乱。不能寐，言忧也。弹琴欲以慰其心。（陋儒之语）

吕向曰：孤鸿，喻贤臣孤独在外。号，痛声也。翔鸟鸷鸟，好回飞，以比权臣在近，则晋文王也。（一如吕延济）

刘履曰：此嗣宗剧忧世道之昏乱，无以自适，故托言夜半之时起坐而弹琴也。所谓薄帷照月，已见阴光之盛；而清风吹衿，则又寒气之渐也。况贤者在外，如孤鸿之哀号于野；而群邪之阿附权臣，亦犹众鸟回翔而鸣于阴背之林焉。是时魏室既衰，司马氏专政，故有是喻。其气象如此，我之徘徊不寐，复将何见耶？意谓错乱愈久，则所见殆有不可言者，是以忧思独深而至于伤心也。（陋儒之陋，多病于浅；此则病于过也。）

冯唯纳注，夜中喻昏乱，弹琴以自慰也。"外野"句注：贤者在外。"北林"句注：群邪附权。（穿凿如前）

闵齐华曰：旧注以夜中喻昏乱，孤鸿喻贤臣，翔鸟喻权臣，亦涉附会。

总恐罹谤祸,故预其忧思也。(人见人知)

何焯曰:按籍之忧思,所谓有甚于生者,注家何足以窥之。

陈祚明曰:翔鸟句,反"南枝"之意而用之,有所思也。(用心过度)。

方东树曰:此是八十一首发端,不过总言所以咏怀不能已于言之故。(提纲挈领,好!)

王闿运曰:八句而有长篇之气。起二句飘飘仙举,遂为千古名作。八十二首,佳处绝于名言,诵之终身而妙无尽。

陈伯君曰:黄侃先生谓颜、沈以后之解阮诗者。"类皆摭字以求事,改文以就已"实则尚有甚于此者。如吕延济解翔鸟,何从知其为"鸷"鸟?为欲曲解为刺司马昭,遂偷偷加入一"鸷"字。刘履解夜半,何从知其为"托言"?为欲曲解为忧世道之"昏乱",遂谓夜半非当时实境。读者不可不察。

【译余骈言】

先看前人是如何理解《第一章》的

在前一栏的集评中,陈伯君先生为我们汇辑了他本人在内,有代表性的共十位前贤的评述意见。为简明起见,笔者将之略加整理分为两类:

第一类,由于本诗是全书的第一章,所以评述中有四条是泛对全体而言的。

李善曰:《咏怀》之作的内容,大多是阮公对当时政治昏乱、生存艰难的叹喟("忧生之叹"),其写作目的是对社会政治现象进行叽嘲讽刺("志在刺讥"),但阮籍又怕横祸遭累,文中所指之事着意晦涩隐避,很难弄清文意,"百代之下,难以猜测"。最多只能粗晓大意,很难领略它诗中的文意和目的了。("粗明大意,略其幽旨"。)

何焯也说，阮公在诗中表述的忧思之深和创痛之伤，比活在其时的痛苦更甚，后来这些评述者，哓哓不已，他们对诗人的伤痛，究竟又理会多少呢？（"籍之忧思"，"有甚于生者，注家何足以窥之"。）

方东树直接指出，本诗既是八十二首发端，所以诗中并无多少议事内容，不过总体表达有言难说之意。（"总言所以咏怀不能已于言之故"。）

清人王闿运，以诗家法眼评《咏怀》首章说："诗仅八句，而有长篇之气。"意谓这首小诗构架宏阔，一气贯之，转折之间段落分明，不见斧凿之痕；又赞其起二句微臣哀世而悯怀天下，真儒之圣也，乃曰"起二句飘飘仙举，遂为千古名作"。迥非尘俗之辈可拟者。

第二类评述，虽然专就本诗而言，但所有指述，大多假阐述诗中所叙景物情状，多以比附时政，穿凿解释名物为务，评者们坚信阮籍之诗虽无正面的直接抨击时政之句，但其为诗用意，应该都是指斥司马集团的，于是：

五臣注吕延济曰："夜中"，喻昏乱；"不能寐"言忧也；"弹琴"，慰其心也。

吕向曰："孤鸿"，乃喻贤臣孤独在外；"号"痛苦之声也；"翔鸟"，鸷鸟也。

刘履说：阮籍作诗，因忧世道昏乱，故"托言夜半之时"。其时乱臣当道，王者之气不振，故诗中写薄帷所障犹见明月，乃写"阴光之盛"也；而清风吹襟，则是"寒气之渐也"；又说"孤鸿哀号于野"乃"贤者在外"之喻；而众鸟回翔鸣飞于北林，既云"北林"，即"阴背之林"焉，（谬，北林者，城中居民呼城北之林者，其林实乃向南受阳者。）那时"魏室既专政"。故此句喻为"群邪之阿附权臣"也。（句句比附穿凿，自以为得之，令人恶心。拙以为诗者，情语也，情由景生，诗中之景，先作景解，始得诗趣，否则类若庙中谶语，何异问卜。）

冯唯讷注，夜中喻昏乱，弹琴为自慰，"外野"喻贤者在外，"北林"句

注群邪附权。

闵齐华若总上言之,谓诗人"恐罹谤祸,故预其忧思也"。

陈伯君先生对这些附会之说,则极其不满,他引黄侃先生的话说,这类解诗者,都捡拾诗中个别用语,便去书堆中凑合某件史事,甚至更有改变了原文来敷衍自己杜撰的解说。("类皆摭字以求事,改文以就已"。)他甚至还说,有些曲解者,其行为之不堪,"尚有甚至于此者。"如吕延齐解翔鸟,何从知其为"鸷鸟"?为了栽到司马昭头上,这"鸷"鸟之"鸷",就是他偷偷加上去的。又如刘履说阮籍诗为了指述世道"昏乱",故意"托言夜半",他是从哪里知晓阮籍首句:"夜不能寐"的夜中不是实境所记,而是假托之言呢?伯君先生谨告读者云,凡此种种,我们面对这些附会之妄,是"不可不察"务须谨慎识别之。

陈祚明若另有所见,以为"翔鸟鸣北林",是反向地使用了古诗"越鸟巢南枝。胡马嘶北风"之意。按原诗本言,物各有性,不废故国之思。而阮籍却在诗中反咏翔鸟鸣向"北林",当是讽指魏末司马专政,群臣阿附,故而说其时越鸟不恋南枝,反而纷纷鸣向北林,以见世道沦丧之意。可见在实际态度上,陈祚明也是第二类的持论者。又古人作文,常以道德高论,助其声威,如"鸟巢南枝",避北风之夜侵也,马嘶北风,亦乃防北风入毛侵肤尔。岂存故土之思。

这第二类的评论者,上自阮籍死后一百多年的南朝颜延之、沈约,下至清末民初诸多学者,基本上都持同一立场、同一观点,一致地认为阮籍是魏末清流派"竹林七贤"之首,必然是司马集团的反对派,司马集团是当时天下儒子最为不齿的乱臣贼子,虽然懿是受明帝曹叡抚孤之托,但十年后杀了同僚曹爽集团,一统兵权,独揽朝政,奸邪之心毕现,谋位篡代是早晚之事。懿死传师,再传于昭,篡夺之意从无少息。少帝高贵乡公曹髦曾叹曰:"司马昭之心,路人皆知。"可谓人同此心,却又无可如何。所以阮籍以后的所有评论者,虽未曾读

懂阮诗所咏为何，却一致断定诗中必寄有阮籍反对和抨击司马氏的许多含义，成句尽管未见，其诗中的用词造语，必有深心在焉。故而仅仅是第一首诗，便有了上面的诸评，对于这种评述法，看不下去的岂止是黄侃老师和伯君先生二位；他们"摭字求事"之所为，根本罔顾诗文内容，违背了诗文创作的基本方法，所引之文，皆支离破碎，不知所谓。笔者认为，今日的所有读者，对之也都是不能接受认可的，笔者仅为存续文献计，录以存照。

笔者的解

今日笔者所为之"通解"，对上述诸评，姑置一侧，读者比较之后，信当自别是非。因为读过前面文字（书前语）的读者，已经明白笔者从陈伯君先生之教，在"第十一章"，考出了那是曹爽集团被诛周年祭之作，从而推知这"第一章"确是《忧思吟》全诗的第一首初创之作。而其他的所有读者、评述者并不知道此情，误以为这"第一章"也仅是阮籍一生中所写的任意一诗而已。所以他们不可能把此诗与司马懿刚刚诛灭曹爽集团才三数个月这个"时事背景"联系起来，不可能知道阮籍写此诗时刚从血污初停的恐怖环境中缓过神来的心理背景，将以合并起来统一设想思考。得知此事的只有笔者和读者诸君，无怪乎"前贤评述"中诸君之评如此玄虚，如此不着边际。

笔者本着朱熹夫子"就诗论诗"所训，一般而言，只做两件事。第一件乃是用比较流畅的书面语对原诗进行浅译。译时不仅力求一字一词对应不遗，而且更注重通过译文，表达全诗旨意所在；揭示前后文句起承转合的推演。凡原诗匠心所在，无不尽可能给予保持，以见原诗之本来面目，及原作者所想表达的创作目的和他使用的创作手法。笔者认为，若原诗面目既见，今日之读者便都可自行读到作者的诗义、诗境和诗旨，自行获得印象，独立作出自己的判断。

笔者所做的第二件工作，是提供《忧思吟》各诗的写作背景，据笔者所考，籍之为诗，除少数几章仅及自身私事外，都相应系之于当时的历史背景，且皆依原事件发生之先后时序而作，此外，《忧思吟》中别无风物人情之纪焉。

阮籍生于公元二一〇年，这本《忧思吟》诗集的第一章却写于公元二四九年，

其时阮籍已是四十岁了。这一年自元月开始，曹魏政权内部发生了激烈的火并。两位顾命大臣，一是大将军曹爽，一是太傅司马懿，他们都是十年前魏明帝临死时的托孤大臣。时幼主齐王曹芳，年方八岁。如今已长成十八岁的青年了。

十年前的魏明帝曹叡把幼帝交给了两位大臣照顾，从此埋下了曹马两大集团争权互斗的种子。大将军曹爽是个有心之人，虽然已经统领全国兵权，更将一大批有名的文人如南阳何晏、邓飏、李胜、丁谧、毕轨都任为腹心。他一开始便听从丁谧之谋，将司马懿升为太傅，专事辅导少帝。从此，所有朝廷政务就都由曹爽独擅了。司马懿窥得曹爽心思，后来也就装病不管。曹爽集团专权之后，不免胡闹起来，什么饮食车服拟于乘舆啊，什么尚方珍玩充牣其家呀，又私取先帝才人七八个，及将吏、师工、鼓吹、良家子女三十三人皆以为伎乐呀，诸多胡作非为都在司马懿意中。懿本人则一直装病麻痹曹爽，直到十年后的今春元月，少帝曹芳去高平陵祭庙，曹爽三兄弟及丁、何诸士尽皆随去。司马懿看准洛阳城中曹营高官尽出的大好时机，遂向太后申述曹爽集团的劣行罪状，建议废去曹爽兄弟兵权。拿到了太后诏书以后，就命其长子司马师屯兵于洛水浮桥，阻断归路，又命其次子司马昭守住两宫，然后遣人告曹爽曰：只要你们听从太后诏命，交出少帝和兵卒，都可以各自带爵回家。这是司马懿以曹爽诸人的家室为质，进行的挟制之术。曹爽本无将兵临阵之能，以为司马懿看上他的大将军兵权。如此形势，回家尚不失做一个富家翁，就各自回家去了。

三天后，司马懿在黄门张当处，审出爽等密议谋反诸事，就将曹爽兄弟及其僚属丁、何、邓、李等人一并诛杀，尽夷三族。株连之广，时称朝中名士，一时减半。

阮籍在两年前曾获曹爽征辟，籍以疾辞，屏于田里，未去赴任。这次大逮捕、大屠杀幸而获免，时人称其远识先机。而阮籍犹怵惕不已，知身处嫌疑之间，尚不知能否见宥于司马，三数月来，始终提心吊胆，夙夜难安。

"第一章"通解

本诗是阮籍第一次落笔写其忧思，从诗中描绘的夜景："清风吹我襟""孤鸿号外野"推测，当是洛阳地区春末夏初南雁北归之景，时在嘉平元年之四五月

间也。

　　就诗中所言，本来只能知其为春末夏初之时。其年代的断定，第一，是根据第十一章"集评"中诸贤提供的考证，该诗是为曹爽集团被诛一周年而作，由此倒推出本章之写作年月。（已见卷前"解谜"之所述。）

　　第二，史载这年四月，司马在兵变成功后，更换了年号，将原来的正始十年改为嘉平元年，以彰示政变的合法性。这个政治用意，极大地痛创了阮籍的儒学观，触发了阮籍的忧思之吟。

　　不过关于诗中的时间标称，有它当时的特殊性，具体讲，中国古代在汉族地区普遍采用月相为根据的阴历，其月称通常比今天通用的阳历要迟一个月左右。（每年阳历二月五日是固定的"立春"节气，也是阴历正月开始之时。）

　　其次，公元二二〇年，十月，汉帝禅位于魏王（魏文帝曹丕）是魏国肇始之年，为了符应祥瑞，不仅改元"黄初"元年（民谚"苍天当死，黄天当立"），而且还改了历，将以往的二月定为元月，故其物候诸象与今日阳历相差两个月左右，请读者留意。

　　全诗共八句，用最普通、最直白的赋体语言书写。劈头第一句"夜中不能寐"。可见这一句之前，阮公不知沉吟有千百遍，每每欲写又停，几经反复，以至夜入中宵，明月高照，抚琴而奏，不能竟曲。遂转而展纸拈笔，欲有所咏。犹不知所咏者何？终于无一语可以着纸，无一言可以抒之。所谓千回百折，欲哭无泪，欲诉无言者也。一时之间，竟然寻不到言语可以表达，近数月来沉积的惶恐、惊怖和伤感。那种无法形容的沉重压抑，无法述说的巨大冲击后的余悸，几乎堵得他不能正常呼吸。夜半起身，支窗而望，皓月当空，良夜何其！一派悲凉。徘徊何见，忧思满怀而已。

　　本诗的下半首，化用了曹植《杂诗·高台多悲风》诗意：

　　　　高台多悲风，朝日照北林。之子在万里，江湖迥且深。
　　　　方舟安可极，离思故难任。孤雁飞南游，过庭长哀吟。

> 翘思慕远人，愿欲托遗音。形影忽不见，翩翩伤我心。

从字面来看，三四句指室中所见，五六两句言窗外所闻。其实非为写景，乃假曹植诗造境以咏忧生之嗟尔。伤昔年故人，形影不见，徒闻孤雁零鸟、悲鸣不已。而最想说的，指陈世乱凶险的"江湖迥且深"却始终找不到机会表述。五百年后，唐代诗人杜甫，有怀李白，先后有《天末怀李白》《梦李白二首》，三复曹植诗意云："江湖秋水多""水深波浪阔""江湖多风波"，足其意焉。夫世乱伤旧之痛，历六七百年的历史，诗台灵泉，前后相溉，汇成渊薮，诚中华文化史上最深郁的一丛瑰葩也。

这真是一首出色的抒情诗，诗中既无褒贬所指，句中亦无悲喜之由，所谓至痛无言也。诗人三数月来遭受的莫名惊恐，难以抚慰的创痛却一一沁透纸背。王闿运先生说："八句而有长篇之气。"既然气蕴满纸，焉屑屑于托什而讽喻耶！诸评絮絮，颇为自得。

何焯曰："注家何足以窥之？"可谓至语。

第二章
二妃游江滨

第二章

二妃游江滨，①　逍遥顺风翔。

交甫怀环佩，婉娈有芬芳。

猗靡情欢爱，②　千载不相忘。

倾城迷下蔡。③　容好结中肠。

感激生忧思，④　萱草树兰房。⑤

膏沐为谁施，⑥　其雨怨朝阳。⑦

如何金石交，⑧　一旦更离伤。⑨

【今译】

佳人何来？江汉二妃，游于江滨，
凌波微步，逍遥容与，顺风飞翔。
公子请环佩，怀之当心房，
团娈复温婉，馨香若兰芳。

男欣女悦，浓情蜜意，无限欢爱，
指天为誓，千载万世，永不相忘。
倾国惑阳城，倾城迷下蔡，
容好结欢爱，缠绵绕中肠。

乐极生悲呵欢极则伤，
萱草荧荧，依旧静树在兰房；
从今以后，还能为谁描画梳妆？
这正是，心盼着时雨沛降，却迎来了晴空艳阳。

为什么信誓旦旦的金石之交，
一朝之间就变成分离之伤！

【笺注】

①《列仙传》："江妃二女者，不知何所人也。出游于江、汉之湄。逢郑交甫，见而悦之，不知其神人也；谓其仆曰：'我欲下请其佩'。……交甫曰：'愿请子之佩！'二女遂手解佩与交甫。交甫悦，受而怀之，中当心。……"

长江中游的汉口所在，乃是汉水与长江交汇之地，二水各有一女神司管。这样的传说几乎和欧洲的神话一样，每一条较重要的水流都有一位女神作为它的象征，而海洋则是男神所司。

② 猗靡。《子虚赋》中有"扶舆猗靡"之句。冯唯讷注："情意相倾尽也。"相倾尽，相互倾爱之极点也。又师古注曰："今人犹呼相扶掩，容养为猗靡。"相

扶掩，互相交持，以体相掩，即今谓抚摸和拥抱也。再，靡，美好。晋、陆士衡《文赋》："或寄辞于瘁音，徒靡言而弗华。"猗，超常；猗靡，极度的美好。容养：容，包容，接纳；养，贮养奉养，指男女互爱，同居共栖。

③ 倾城迷下蔡。《登徒子好色赋》"臣东家之子……嫣然一笑，惑阳城迷下蔡。"阳城、下蔡，二县。

④ 感激。情绪激动感奋之谓。生忧，担心乐极生悲。思，语助词，无实义。《诗经·周南·汉广》："南有乔木，不可休思。汉有游女，不可求思。"

⑤ 萱草。百合科属，又名忘忧、鹿葱、宜男、金针花。多植于婚房，以祈宜男。

⑥ 膏沐。膏，动词，以油脂涂抹；沐，洗发。《毛诗·卫风·伯兮》："岂无膏沐，谁适为容。"

⑦ 其雨句。《毛诗·卫风·伯兮》：原是一首女子思念丈夫在外为国征战之诗。共四节，文曰：

伯兮朅兮，邦之桀兮。伯也执殳，为王前驱。
自伯之东，首如飞蓬。岂无膏沐？谁适为容！
其雨其雨，杲杲出日。愿言思伯，甘心首疾！
焉得谖草（即萱草），言树之背，愿言思伯，使我心痗。

除了第一节，阮籍将"伯兮"中的思妇之伤，都用在第三节诗里了。

⑧ 金石交。金石：铜和石，都是坚硬之物，喻盟誓的坚固、牢靠。今古之作，亦继此传统，或勒石树碑，或铸器纪铭，以期永久。

⑨ 更离伤。更：变更，变成，变成分离的创痛。（上言金石交，取其坚固也，今遇分离之碎裂，实出意外也。）

【一千七百年来前贤评述】

这首诗是《咏怀》第二首之作，集评的诸贤，都是初及阮诗，对诗文有许多设想，故评议甚多，但每个评者，都不曾考查此诗之写作时间，都将诗中故事随意搬演，故皆散漫不经。

五臣张铣曰：言美貌倾人之城，迷惑下蔡之邑，由此容貌美好结人心肠；皆谓晋文王初有辅政之心，为美行佐主，有如此者。后遂专权而欲篡位，使我感激生忧思。（第一章，五臣张铣未尝有言，此章急欲见之焉。）

这第一个张铣，便是典型之例：他说晋文王（司马昭）"初有辅政之心……后遂专权而篡位。"短短两句话，便尽见其信口之陋。

首先，时间不对。须知，这是《咏怀》第二章诗，其写作时间是曹爽集团诛灭之后的四、五个月，其时尚是司马懿执政，大将军之位因是夺之于曹爽之手，司马懿死后，其职由长子司马师袭代，要待司马师死后，方传之于其弟司马昭，司马昭若有辅政之心佐主，尚须待六年之后。这是评述人不明本诗写作时间所致。

六年之后，若晋文王司马昭仍有辅政之心，也与史实不符。其时少主曹芳初废，由高贵乡公曹髦继任大宝，高贵乡公年仅十五，却聪颖非凡，不仅胸怀壮志，而且深具谋略，临朝三月后，大将军司马师病卒，其弟司马昭往许昌发丧，少帝曹髦便传谕让他安心在许昌守灵，其所率大军可由尚书傅嘏领还京师，司马昭不听，用钟会和傅嘏之计，率军径还洛阳，曹髦自无可如何矣。只能顺水推舟，进位大将军加持中，都督中外诸军录尚书事，辅政，剑履上殿，司马昭固辞不受，而人臣备极之荣，则无以加矣。诸君见之否？臣主二人，初见之下，便各怀深心，背道而行。何来"初有辅政之心"呀？

李周翰曰："言臣主初为金石固交，一朝离伤，便如此也。"

刘履曰：初，司马昭以魏氏托任之重，亦自谓能尽忠于国，至是专权潜窃，欲行篡逆故嗣宗婉其辞以讽刺之。……所谓"文多隐避"者如此，亦不失古人"谲谏"之意矣。（其评若可自圆者。唯征之于史，其时司马懿尚在亲自执政焉。再，司马昭接任父兄所遗辅政及大将军之职，有无"尽忠于国"之思，实在难说，早在其父兄秉政之时司马家就已夺曹爽所领军挟重兵专朝政焉。其时，不曾篡权易姓，盖时机尚未成熟尔。）

蒋师爚曰：起六句喻宣（司马懿）景（司马师）专政已久，以二神

妃况之，明为幻等也。倾城二句，喻少帝又被迷之爽，但用晏等。以下喻司马氏终而成怨，有由然矣。神妃岂有怨者？司马氏亦岂待怨而后叛者？……除末一句"司马岂待怨而后叛者"外，皆罔顾史实。蒋谓，二妃指宣、景。事实上，宣帝（懿）在日，其权早为曹爽所夺，宣、景之当政，也从不预曹芳胡闹，一旦欲弃，乃假太后之命黜之也。蒋评言之仿佛，实不知所云。）

陈沆曰：夫九鼎神奸，必写其情状，小雅巷伯，必尽其形容……（曰：为诗之道，理当如此）典午（即司马二字之变文，马即地支中的午字，司意同典）父子阴谲险诈，奸而不雄，是以广武叹竖子之名，（广武当为司马而叹）咏怀多妾妇之况。（"阴谲险诈"，"不得不尔"，"奸而不雄"，"不雄"两字与司马三人不当，三国后期，天下之雄者，三人之外，更有谁可称！纯属衍文。何处所见？都是陈沆骈文强拟之言）嘲笑代其怒詈，比兴韬其刺讥。金石离伤，明翻云覆雨之易，丹青明誓，慨托孤寄命之难。……（陈氏为文，专昧组锦错绣，而不事认真指实。每次都要剥掉前二句的铺垫词，唯末句才达所述，也未必能达。）

黄侃曰：物之兴衰，情之起伏，唯妃匹之间为甚，故多托以为喻。言交甫见欺，虚怀环佩，而千载不忘；倾城见悦，至于蓬首，而终焉离隔；人情无定若此，虽复金石之交庸足赖乎。（黄侃所言之"交甫见欺"，乃《列仙传》之原文也，先生记之多而杂错焉。其所评既未达阮诗旨意，亦未及人情无定之本质。）

陈伯君曰：此诗前后两段成一对比。前者一经解佩，千载不忘；后者虽树之兰房，一旦离伤。谓为"刺交道不终"于义为近。（唯伯君先生语及诗意，可谓中的。但讲得太轻描淡写，不想此乃阮氏对曹马之斗首发之感慨，寄寓着至痛之伤在焉。）

吴淇曰："只是借交甫洛妃一事，写人生会少离多之意。"（吴评所用的方法，笔者所重，首先是就诗论诗，作者在诗中讲些什么？怎样讲的？

才得出应有的评价。其次既为之诗，也可领略其诗艺的特点和诗艺的价值。可惜吴湛此评太为疏失，一共才两句话，第一句搞错了人物，女主角原是江汉二妃，吴氏误为洛妃；第二句，此诗旨写人间背盟、背誓之普遍，吴氏误为"人生会少离多之意"，行文太随意了。）

王闿运曰："如何金石交，一旦更离伤。""言"如何"者，非独怨者之罪，君驭之亦失道。"（其思也深，其见也宽；然非诗中寓意。）

笔者以为：前贤诸评，不无所见，都可启人思考（如王闿运、陈伯君所评）。但此种评议，或许仅限于本书之第一时期。详容后说。

若是从评议的方法上讲，其程序当先弄通了诗中文字上讲些什么？才可议其主旨，然后才可回头一一指点某词、某句所指为何？如此方能得到可供进一步讨论的基础。如果一味任意选取零句只字，咏叹不绝，感慨良久，那都是观光客们的善意所为，很难进行互诘讨论，更难形成共识。故笔者于今重在语译，还原出阮籍当初之言。然后读者可据以知所评之语，有无失当。

【译余骈言】

阮籍的"第一章"，春夜有咏，诗中并无一语涉及曹爽之诛或文士被屠，他只是说了些夜不能寐，无意奏琴，当此月白风清，夜鸟鸣号之时，无端地忧思袭来，摧伤了我心。对于打算写一系列长诗的阮籍来说，第一章不及实事，完全可以理解。其实，三个月来，对这场残酷无比的曹爽被诛之事，其最恼怒、最痛心、最不理解的是高层官员弃信绝义，置先君之托不顾，弃抚孤之责于沟壑。为争权夺利，血溅宫门，诛杀同僚，危及朝廷。有万千言语欲责于典午，但无法说，也说不得。一朝文士，已亡其半，焉敢以卵击石，百般无奈，只能以夫妻背盟，隐君臣失信，同僚丧谊之变，乃成此"第二章"一曲人神悲欢之歌。

诗假江汉二妃同游起咏，隐见春汛未尽，伏汛早发，物序互催，触景兴怀所咏，乃知"第二章"之作，紧接"第一章"所为也。二诗连作，未尝少间焉。

诗的前三节都是四句一节。第一节出场人物，两句介绍女方，是江水和汉水之神，仙人也；两句介绍男方，虽是凡人，翩翩公子也。第三、四句"怀环佩"辞义未明，或喻君子自佩，方其如玉之润，或乃二妃赠物定情，交甫怀而宝之，中当心。

第二节四句，写男女双方都因对方人品俊美坠入情网，眷好之至。

第三节四句，说是物极必反，正在感情炽热之际，忽然面临分离之痛。诗中有三句化用了《诗经·卫风·伯兮》歌中成句，撕心裂肺，哀感动人。

第四节两句以"如何金石交，一旦更离伤"的警句作结。警告世人，如果至亲至爱的夫妇之盟都不可靠，那么因利害关系、因道义责任结成的社会约定，就更不可靠了。这才是本诗的主旨，阮籍经曹马之变，所感甚多，就其大者言，首不堪者乃昔日君臣关系，为封建秩序三纲之首，夫君臣托孤，是何等郑重大事？然十年不到，传绪幼主，竟然沦为摄政人质，挟主为重，重蹈汉献故事。然如此大事，关乎宗庙传承，碍乎曹马二姓利害，阮籍岂敢直书，乃乔以妃匹背盟，托言于神仙故事，这是他不能议论是非，遂借神仙故事，不得不侧击而为。

此乃阮籍初为忧思之作的第二诗也。时曹魏之朝，正处于国危时艰，搜捕缉亡之大恐怖之余，忽见此绮靡宛转，神人交欢之艳诗，实在令古今读者，一时皆张口咋舌，不知其何云，不仅不知诗旨何为，更不知其诗作于何时也。

诗旨隐晦，带来两方面的后果，第一是逃脱了官方和告密奸人的注意，达到了阮籍逃避追责、脱身政祸的目的，但同时也肇致后人，不知其所咏，乃至任意附会，乱攀古今的恶端。

方东树《昭昧詹言》谓此即"初既与予成言，后悔遁而有他"、"交不忠者怨长"之旨。颇具灼见。

第三章
嘉树下成蹊

> 第三章
>
> 嘉树下成蹊，东园桃与李。①
> 秋风吹飞藿，②零落从此始。
> 繁华有憔悴，堂上生荆杞。③
> 驱马舍之去，去上西山趾。④
> 一身不自保，何况恋妻子。
> 凝霜被野草，岁暮亦云已。

【今译】

花树下踩出了一条条小路,
正是东园内桃李盛开之时。

待秋风吹下那畦边豆叶,
凋败和零落便从此开始。
繁华之后,必有憔悴相继,
当年的华屋如今已堂生荆棘。

伯夷和叔齐,驱着马弃家而去,
仓仓惶惶来到了首阳山趾。
孑然一身犹且难于自保,
怎还能留恋妻女孺子。

遍地都是寒霜打蔫的枯草,
天色昏昏,此正是岁晚日暮之时。

【笺注】

① 这两句用的是汉代民谚。班固《汉书·李广传赞》谚曰:"桃李无言,下自成蹊。"蹊,小路。两句诗借用民谚,以喻伯夷叔齐当年为举国所重的盛况。

② 藿,豆叶也。秋天既至,豆荚结实,豆叶的光合作用已尽,便逐渐凋落,古人以为是秋风吹落的。

③ 荆杞。荆是荆棘,杞是枸杞,本为两种灌木。胡绍煐《文选笺证》说:此嗣宗误读《湛露》诗,"在彼杞棘",以为"杞棘"是一种草木,便借杞为棘以凑韵。(笔者曰,这二句乃曹植《箜篌引》:"生存华屋处,零落成山丘"化用而来。东汉末年,瓦器仅用以储物、盛水,砖瓦未曾普及,宅居多蓬顶泥地,室中以席铺地,坐卧起居,苇席易朽烂,一旦无人居住,室外草籽便随风吹入,不一二年,室中便杂草丛生焉。"零落成山丘",荒败成野外荒丛也。)

④ 西山趾。趾,山足也。李善曰:西山即首阳山,夷、齐所居。言欲隐之以避世祸。第六十五章(原六十四)云:"朝出上东门,遥望首阳基。"是出东门而回首所望也,其实首阳山在城之正北,北邙之主峰也。

【一千七百年来前贤评述】

五臣吕延济曰:言晋(臣者流)当魏盛时则尽忠,及微弱则凌之,使魏室零落自此始也。

五臣张铣曰:荆杞喻奸臣。言因魏室凌迟,奸臣是生;奸臣则晋文王也。(所喻更远。)

吕向曰:此乃籍忧生之词也。

刘履曰:此言魏室全盛之时,则贤才皆愿禄仕其朝,譬犹东园桃李,春玩其华,夏取其实,而往来者众,其下自成蹊也。及乎权奸潜窃,则贤者退散,亦犹秋风一起而草木零落,繁华者于是而憔悴矣,甚至荆生于堂,则朝廷所用之人从可知焉。当是时,唯脱身远遁,去从夷齐于西山,尚恐不能自保,何况恋妻子乎?(刘云,此诗旨在写魏衰则贤才远遁。)

陈沆曰:司马懿尽录魏王公置于邺,嘉树零落,繁华憔悴,皆宗枝剪除之喻也。不然去何必于西山?身何至于不保?岂非周粟之耻义形于色者乎?而不蹈叔夜非薄汤武之祸,则比兴殊于指斥也。(重聚曹魏后人,乃曹爽首创,典午承之。末二句言阮诗以比兴为隐避之辞,嵇康难忍则施指斥也。)

何焯曰:何、邓之流,始荣终悴,不如逃之,何室家之足累哉!西山字隐然寓意。此诗旨趣灼然,略无隐避。而当时得全者,以其志于自全避祸,非若叔夜之非薄汤武,指斥逆贼也。(何云:兹乃何邓之流所咏,旨在逃亡,避祸。所言甚属无谓,史载何、邓、丁乃爽党核心成员已尽夷三族无多遁逃焉。)

沈德潜曰:一结见否终则倾,有去之恐不速意。

吴湛曰：此诗惧晋之将代魏也。……去之西山，欲效伯夷之节也。文特危切，其当叔夜见（杀）之后乎？（按嵇康被害，在阮籍死前一年，尚在此诗写后十二年左右。）

方东树曰：此以桃李比曹爽，言荣华不久将为司马氏所灭……"驱马"以下始入自己，言欲上西山以避之，即"乱邦不居"之义；……此疑初辞曹爽辟时，故用"西山"，言不食其粟也。（方以为此乃阮籍初辞爽辟时之作，乃未明诗意之乱语也。）

王闿运曰："嘉树下成蹊，东园桃与李"言己为曹爽所辟，"秋风吹飞藿，零落从此始"，言爽败亡也，"繁华有憔悴，堂上生荆杞"，讥恋栈豆也，凝霜被野草，岁暮亦云已，凄然（四）顾，悲凉无际！

陈伯君曰：去上西山，只是隐居之意，不必附会夷齐之事，若如方东树言不应曹爽之辟，为义不食周粟，似是谓阮籍忠于汉矣！（陈说未当，两年前正是曹爽飞扬跋扈之时，阮籍的儒学教养，也看不上爽党专擅之恶，阮之从懿，是在爽被诛之后，具有或从或诛的裹挟性质，不得不尔。）

又曰：此时只言繁华易尽，欲求自保，或有感于曹爽、何、邓等之败而发，但意亦至此而止，不必更多曲解（不必更多曲解，所论甚是，但引意当应照顾全诗，不能顾此失彼，见下文笔者概述。）

陈祚明曰：忠爱缠绵，哀音萧瑟。又曰：此悲魏社将墟，矢心长往，亦不欲宗周也。自非然者，去何取于西山？身何至于不保？嘉树零落，荆杞罗堂，是何所指？（陈祚明之问，是一种正确的学问研究之风，不能以一句诗、两句诗，附会上某事，便作一种解释。既然欲比附某事，则诗中所云当大部与之吻合，否则阮君何必写多余的诗句，杂凑其中！）

【译余骈言】

笔者把全部集评都抄在前面，是让读者先看一看历来研究者们是如何理解

并评述本诗的。看来大致意见都是一致的，认为诗中所写是阮籍生当乱世，为全身避祸，有意上西山效夷齐之隐。其他的个别意见则更等而下之，姑存其所见吧。

夫身处魏晋之际，天下混乱，主幼臣悍，大权旁落，屡见不鲜也。献帝禅位，曹魏代之，魏传三代，曹爽、司马二虎环伺，其势至危。自公元二三九年（景初三年）齐王曹芳即位，年方八岁，曹明帝临终即将幼子交曹爽、司马懿两人抚孤，曹马之斗也就正式揭开大幕。十年后，公元二四九年（嘉平元年），司马一举将曹爽集团尽皆诛灭，从此司马家军政双挑，独揽朝政至司马炎正式登基（公元二六五年），一十六年间，"三马食槽（曹）"，各有手段。

之前十年，曹爽弄权，屡改制度，十年后，正始十年，即嘉平元年（公元二四九年）司马懿趁曹爽兄弟随幼主全体出游，猝然发难。接着便查出与黄门张当等有谋逆之情，按，非谓张当与曹爽，必无苟合之情，夫若"一朝拿下"怎会"查不出"（？！）无有谋逆情者！（一笑）便一鼓拿下，尽夷三族。从此曹家全部兵权都落入司马囊中。一时追捕党祸之烈，朝野噤声，人皆自危。在这种背景下，很多研究者都以为本诗写的就是阮籍独上西山之事，这在前面"前贤评述"中都一一抄举了。

但是如果本诗记述的是阮籍仿夷齐上西山故事，则诗中某些句子就令人费解了。第六句"堂上生荆杞"，阮籍从未有弃屋出逃，在外良久，至堂生荆棘之事，再如第九、第十句说"一身不自保，何况恋妻子"似乎是已经在逃之语。这些明明白白的表述都非阮公曾经之事，大多研究者却故意睁着眼绕了过去，以逞其放言之快。这样的本领，笔者以为，不宜奢张，但也考证不出阮籍在危急之际有过上西山的避隐之举；甚至考不出阮籍因追捕甚急，有过弃屋舍妻之危。相反，我们见到的是司马懿正是诛爽之后不久，就征召阮籍为大将军府参军的。细细想来，司马这一举动倒是有合理性在，盖曹爽后期虽也曾召辟过阮籍，阮籍当时托病"屏于田里"，并未赴职，在司马看来，这明显是阮籍与何、邓等主流文人不同，颇不愿与曹爽合作。对司马而言这属于政治正确，其人可取。而且史载大屠杀后"名士减半"，这一场变乱之后，可用的文人变得比较少了，阮

籍恰恰是文名之著者，其时更属凤毛麟角矣。一个新政权，总归少不了要有名士妆点吧，此乃可取之二。故爽案了结，没半年就辟召了阮籍。阮籍其时已无法推辞，而且从束手待毙变成到大将军府任职，那是个多大的变化，想想也是很难不去的。但是既去之后，就不可能同时唱出"驱马舍之去，去上西山趾"的歌了。所以说，把这首诗解成是阮君独上西山的自述是不合理的，哪怕是拟想的林泉之游，也是不可能的。欲上西山尽管可能是阮籍当时首先发生过的念头之一，典午主政以后，阮籍直接面临的第一问题，是要不要与新政府合作？如何与之合作？伯夷在前，效之否？但阮籍虽然思考过效伯齐之为，却并未有过践行的行为。

我们记得，上一章的寓言诗，阮籍是借江妃二女与郑交甫的恋爱故事来讲所寓之意。如果亲爱如夫妻的金石之盟都不可信，世上所有的君臣之托、朋友之交、同道之好，有什么理由可以相信呢？那么，这一首诗就像是一首叙事诗了，诗中的"零落"之词，是阮籍虚拟的文学语言，应是阮籍在想象当年伯夷叔齐逃往西山之事。我们且把这个设想代入《史记·伯夷列传》中，会不产生任何牴牾之情？曰：并不。

> 伯夷、叔齐，孤竹君之二子也，……闻西伯昌善养老，曰："盍往归焉。"及至，西伯卒，武王载木主，号为文王，东伐纣。伯夷、叔齐叩马而谏曰："父死不葬，爰及干戈，可谓孝乎？以臣弑君，可谓仁乎？"左右欲兵之。太公曰："此义人也。"扶而去之。武王已平殷乱，天下宗周，而伯夷、叔齐耻之，义不食周粟。隐于首阳山，采薇而食之。及饿且死，作歌。其辞曰："登彼西山兮，采其薇矣。以暴易暴兮，不知其非矣。神农、虞、夏忽焉没兮，我安适归矣？于嗟徂兮，命之衰矣！"遂饿死于首阳山。由此观之，怨耶非耶？

本诗共十二句，故事若在拟写夷、齐二人进谏失败，得罪了武王，仓皇出逃的过程。则：

第一节二句，写出逃之前的夷、齐本是有名的孝子，人望甚高。故首联云："嘉树下成蹊，东园桃与李"。

第二节四句，乃阮公设想伯齐二人出逃之因和出逃之始。两人因武王东征而谏之。咎由自招，武王怒起，如西风之动矣，"秋风吹飞藿，零落从此始"，非以写景，西风之动有其因也，鼻息甫动，"豆藿飞矣"。夷、齐以孝闻名，名虽著，不自量力，不知身份，"繁华有憔悴"，至理矣。孝贤之名，虽动闻乡里，武王之志，掩有天下也。以穴鼠之微，欲撩虎须，狂妄之念生处，二人繁华消歇，憔悴生焉。"零落从此始"。武王者东征总司令也，大王一怒，伏尸百万，何况眼前是两个老头来羞辱我，顿时脸色一沉，尚未言语，左右即欲兵之。吓得二贤屁滚尿流落荒而去。后二句曰："驱马舍之去"，匆忙间丢了旧居，直上西山，"去上西山趾"。

最后一节是临行仓皇，一身难保，何恋乎妻女孺子。"一身不自保，何况恋妻子"！二人蜷缩西山，于霜天凛夜之中，"凝霜被野草，岁暮亦云已"冻饿且死。

可见，这篇故事纯是阮籍虚构的拟想。看来在司马懿诛爽之后，阮籍有过多种设想。作为饱读儒家经典的学子，效西山食薇，是第一种儒学、人臣熟知的榜样。但是阮籍幸而未曾临此窘境，他也不必膺此贤名了。

笔者解诗，只能以诗中提到的内容，且以诗中文字，也就是阮君自己在诗中的文句，为唯一内容，唯一依据，且务求每字的意义都有着落，不跳脱，不遗漏，不前后自诘、互悖，以作者之语，明作者之旨，不敢有其他也。

如果对此诗的写作，考得其写作年月，诗中之意与时政大事，有无关系？是否由于某些政治变动，挑战了阮籍的价值观，表达其见解、议论，那当然是必须对之研究甄别的，陈伯君先生不是告诉我们吗？

"阮籍的这些抒怀诗，决不会无端兴起，而必定是有个端的。从当时的政事去探索他的这个端，当然是一条最可取的研究途径。"

如今笔者在译诗之余，打算对阮籍的诗进行通解，还真找不到其他办法呢。

还有，一位阮诗的最早研究者之一，唐时李善先生引颜延之的话，也一直在告诫我们："嗣宗身处乱朝，常恐罹谤遇祸，因发兹咏……虽志在刺讥，而文多隐避；百代之下，难以情测。"他说，在阮籍那时，其所处时代之凶险、黑暗，

使诗人虽然想指责、讽刺那时的社会现象和朝政行为（"志在刺讥"），但是他将不得不使用隐曲、晦涩、借喻、指代、讳避等安全手段来保护自己，因此他的诗中不可能直指其事、直名其人，何况李善先生说，他那个时候，已离阮籍生时相距百代，（如今是快两个千年了）尘封的历史残迹，经过岁月的蒸发和浣洗，还能留多少？李先生警告我们：怕是"难以情测"了。

谢谢他反向的提醒，看来除了有限的史料外，第二件辅助手段便是以"情"相测，以"情"揣度了。尽管是"难"得很，但毕竟也是一种有用的、可依靠的手段，只是我们必须得非常谨慎地推测。推测，推有基础，测有证据。那就必能逐步前行，接近真相。在诗经、楚辞、吴歌中后人都领略和体会过它们的魅力，那因为我们都是同一土地的族裔，各种知识、见解、风俗和活法都会有些变化，但人的情感是相通的，思想是可以理解的，环境是可以设想的。而最重要的是，今天的逻辑学、心理学和刑侦学、考古学（两种相通的都是从后存求前身的专门学科）都有了长足的进步，这些都是我们沟通人情的手段。人情，说到底，无非是外界环境对我们个体，刺激后所产生的思维的综合反应，看起来是行为，实际上支配的是思想，故我们的行为，也无不表达着我们的人之情。

我，有些想法了，也有点儿信心了。

第四章
天马出西北

> 第四章
>
> 天马出西北，① 由来从东道。
>
> 春秋非有托，富贵焉常保。
>
> 清露被皋兰，② 凝霜沾野草。
>
> 朝为美少年，夕暮成丑老。
>
> 自非王子晋，③ 谁能常美好。

【今译】

汗血的宝马本出自遥远的西北，
却被商队牵上了向东的大道。
春秋寿夭尚不知向哪里托付，
荣华富贵又怎能长自永保？

水边的芷兰正沐泽着良夜清露，
忽然间凉露凝霜，蔫成了一地枯草。

朝晨，是一个容貌姣好的青春年少，
及晚，已成了头童齿缺的疴偻丑老。
我们都不是寿长千载的仙家王乔，
谁又能像他般朱颜常好。

【笺注】

① 天马。《汉书·武帝纪》，（太初）四年春，贰师将军（李）广利斩大宛王首，获汗血马来，作西极天马之歌。应劭曰：大宛旧有天马种，蹋石汗血，汗从前肩髆出，如血，号一日千里。

② 皋。水边淤地。

③ 王子晋。《列仙传》曰：王子晋（乔）者，周灵王太子晋也。好吹笙，作凤凰鸣。游伊洛之间，道士浮丘公接以上嵩山。（三十余年）后，于缑山乘白鹤驻山头，举手谢时人，数日而去。

【一千七百年来前贤评述】

沈约曰：春秋相待，若环之无端，天道常也。譬如天马，当出西北，忽由东南，况富之与贫，贵之于贱，易至乎！（所解甚是。）

五臣刘良曰：言天马来自西北，从于东道，此万事不定。（所解也是。）

吕向曰：春露秋霜，互以相代。言霜凝岁暮，野草当尽，我值今日，身亦固然；此乃籍忧生之词也。（也是。）

李周翰曰：王子晋，古仙人，以喻贞正之士。言世人逐时兴衰，非有长生者也。（言不及义。）

刘履曰：此嗣宗见世变不常而警。夫居势位，享宠禄者之不可久持也。言天马本出西北而忽来由此东道矣；人之寿命本非有托，而贵富之在身者，岂能常保耶？此诗之本旨也。（是也。）

冯唯纳曰：此篇警居势位者之不可久恃也。（也是。）

张琦曰："此与上章同旨。"天马二句，喻司马有必兴之势。春秋更代，魏祚将移，不能常保矣，霜露摧残，自甘丑老，不惜与时乖左也。（其时曹爽方诛，说司马必兴，似乎言之过早。）

陈祚明曰：此首最不易解。如后半所咏明序易迁，年寿难保，后人感伤者往往及之。使果是此旨，则起句"天马"之喻将何所寄！细绎"春秋"句符会全章，盖言每生所托各有时地；若违时失地，岂望荣华？如天马虽来，北风之思自切。今我生不辰，与世乖左，摧藏霜露，丑老自甘，何期富贵哉！（世上最难为之事，曰：作茧自缚，又曰善钻牛角。此皆先生自招矣。又先生代阮籍哀叹：我生不辰与世乖左，摧藏霜露，丑老自甘，何期富贵哉。皆一厢情愿，设想之辞，何妨姑存。）

蒋师爚曰：此言万事不定，势利无常，置君如奕，朝美而夕丑之矣。（以上大致不差。）必三少帝如王子晋之无恋于人间，司马乃安之也。（呜呼，蒋君之思亦何陋也！夫司马又何惮乎三少帝者，日日玩弄于股掌之间者也。其暂置大宝而不夺者，时司马方肇其端，余子环伺，诸王萌动者屡矣，若径自登极，无异卧炭而烤，曹阿瞒固不取者也，典午一家，何必甘冒自炙之险。）

方东树曰：言世间万事无常，以兴盛衰之不常。"春秋"取代谢义。"清露"二句即"履霜坚冰"意。此与前诗之"桃李"皆言其危亡在即，决几之言也。而此首尤隐，止"富贵"一句露。

一首明明很简单，很浅白的小诗，除了第一联起得突兀，偏有如许人说如许多话，令人不可思议。此辈皆阮籍殁后近两千年间之学者也。想嗣宗在世，常时默焉终日，不发一语，今吾知之矣。

【译余骈言】

这是一首讽喻诗，列举四件事物，以见世上多不测之虞。诗中每两句一事一喻。最后寄厚望于仙界，愿得长生永寿之福。

先以天马事为兴。此作文之道也。起得突兀不凡，乃引人眼目。（"天马出西北，由来从东道"）于文义并无深意。但咏天马本在西北，无端见于东土。

第二联慨人寿难托，富贵乃其余焉。（"春秋非有托，富贵焉常保"）

第三联皋兰正滋露自得，忽焉被霜摧蔫，（"清露被皋兰，凝霜沾野草"）喻天灾人祸来之顷忽。这两句是本章的核心主旨，慨叹曹爽集团，兄弟联辔，横行当世，人莫奈何。一旦失势，骤然消殒，颓若腐草。

第四联甫为青春少年，蓦然已成濒死丑老。（"朝为美少年，夕暮成丑老"）叹世事变忽，疾似飘迅，青春亦不能长久也。

最后，寄愿仙界，冀一为仙人，永远美好。（"自非王子晋，谁能常美好"）此当然是不可能事，反衬世间无一事能长久美满。也许此中稍有自警之意。

这首诗的作意并不艰涩，但是其写作手法值得一提。此诗是诛爽案后的第四咏也。阮籍最先欲咏之两件大者，已诉诸前三章焉。何有兹言？试回看三章所述：

第一章愁思百结，欲咏而未之言也。

第二章阮籍于司马诛爽事，最不堪者，从传统儒学的世界观视之，乃其尽失臣纲，大背先君抚孤之托。唯不能言，乃拟之妃匹背盟云。绮语满纸者，故

张其辞，乱人耳目也。

第三章朝纲既坏，阮籍乃自省如何置身新政，这是他自身面临的第一大事，乃有伯齐远隐之思焉。设身拟想，踌躇良久，知不能效也。参见第八章阮君的最后选择。

二、三章咏罢，其头等大事已尽，虽未尝达意，但阮籍心理之郁塞略舒洩焉。

第一章以下诸诗，转入叹喟之议，所议诸情，固非无因而发，已非第二章关乎社稷之根本；也非第三章及乎此身后半世生计，处身之虑。皆属第二等者，于是诗中文艺之术见焉，略述一二，以为后文借鉴。

一、凡叙事欲隐避者，先以隐晦艰涩之语置于前，以阻避他人闲窥、本诗旨在慨叹天灾政祸之顷忽，如晴空霹雳，渺无先兆。乃以天马西来为肇，起句之天外飘落，出人意表。

二、凡诗中旨意所及，必以他物喻代。本诗旨在叹谓曹爽一党本皆朝中极品权贵，一旦横祸飞来，顷刻陨灭，却以人所常见之芳草被新霜为喻，不惊纹丝波澜。

三、欲言之意既达，必以它事障掩，以乱人视听，不欲人知诗文指向。故立即转咏人所共悲，人寿不永之痛，更继以追慕仙人王子晋之语，把诗中重心引向仙寿无望之憾。

全诗十句，分三节。先以二联导引；第二节，乃诗旨所在，仅一联而已。末节又二联，收束陂缓凌迟，不知所终。

第五章
平生少年时

> 第五章
>
> 平生少年时,轻薄好弦歌。
> 西游咸阳中,赵李相经过。①
> 娱乐未终极,白日忽蹉跎。
> 驰马复来归,反顾望三河。②
> 黄金百镒尽,③资用常苦多。④
> 北临太行道,⑤失路将如何?

【今译】

想起我糊里糊涂的少年时光，
也是个好声色的轻薄小哥。
慕游侠，曾西赴上都咸阳，
掷缠头，挥千金与赵李相过。

欢场之乐还未尽享，
大好时光便轻易蹉跎。
我驱着马又回转故乡，
回头遥望那列祖列宗的三河。

黄金百镒已挥霍殆尽，
日常的需用还要许许多多。
这么个南辕北辙没出息的小子，
他失足后的前途又将如何！

【笺注】

①"赵李"者。赵，《史记·货殖列传》："赵女郑姬，设形容，揳鸣琴，揄长袂，蹑利屣，目挑心招，出不远千里，不择老少者，奔富厚也。"李，李夫人；赵，赵飞燕。皆汉宫美人，代指女伎也。

②三河，《汉书》：高祖悉发关中兵，收三河士。韦昭曰：河东，河南，河内也。沈约曰：河南，河东，河北，秦之三川郡。嗣宗本陈留尉氏人，《通典》云：陈留，故司三川郡。则此云"反顾望三河"者，盖指故乡之陈留也。（望三河，羞见宗庙也。）

③一镒。二十四两。

④资用。高诱注：用，所资也。《易·乾》大哉乾元，万物资始。资，供给。用，耗用。《论语·颜渊》，哀公问于有若曰："年饥，用不足，如之何？"

⑤北临太行道。李善注引《战国策·魏策》曰：魏王欲攻邯郸，季梁闻之，

中道而返，衣焦不伸，头尘不浴，往见王曰：今者臣来，见人于太行，乃北面而持其驾告臣曰，我欲之楚。臣曰：之楚将奚为北面？曰：吾马良。臣曰：马虽良，非楚之道也。曰：吾用多。臣曰：（用）虽多，此非之楚路也。曰：吾（善）御。此数者愈善而离楚愈远耳。今王动欲成霸王，举欲信于天下。恃王国之大，兵之精锐而欲攻邯郸，以广地尊名，王之动愈数，而离王愈远耳。犹至楚而北行也。

这个往楚而向北的故事后人规之谓"南辕北辙"。又称"北辕适楚"，都是一个意思。

【一千七百年来前贤评述】

李善曰（黄侃注作颜曰）：少年之日，志好弦歌。及乎岁晚旋归，路少财尽，同乎太行之子，当如之何乎？

五臣吕向曰："晋文王河内人，故托言三河，言人轻薄之情。平生经过于魏都之中，及魏室衰薄，皆去而望晋。"（又硬扯上司马昭。）

刘履曰：此嗣宗自悔其失身也。言少时轻薄而好游乐，朋侪相与，未及终极而白日已暮，乃欲驱马来归，则资费既尽，无可如何。以喻初不自重，不审时而从仕。服事未几，魏室将亡，虽欲退休而无计，故篇末托言太行失路，以寓懊叹无穷之情焉。（得阮公诗意。）

陈沆曰：前四句述魏盛时。"白日忽蹉跎"明帝崩也。"望三河"寄怀周室也。太行道险，不可失足；天下势重，不可失权。财用虽多而易尽者，失路故也；国势虽强而易去者，失权故也。借己以喻国，故知穷途之哭，非关感遇也。（大言欺人，哓哓不休，不如此岂能副状元君之显荣。）

陈祚明曰："望三河"乃寄怀周室，因借用苏季子事，"吾谋不失用"也。失路之悲，徘徊念之，又非自况矣。（强作一解。）

方东树曰：此言为人之失与失路同。（拙译今语，以失足代失路，亦此意也。）疑是以己托讽曹爽不可荒淫失道，虽若裕如，而祸患忽来，虽悔失路，无如何也。……阮，陈留人，魏都邺，此言"望三河"、"反顾"，借指家国，双关语言之耳。（此说甚是，余译文从之。）义门辨非。此殆指邺都而隐避托言之也。

黄侃曰：少壮未有不老者也，娱乐未有常保者也，赀财未有不耗者也。黄金纵多，不若资用之多。若斯人者，其失路可立而待也。（感慨之语，抄以存之。）

【译余骈言】

读第四章、第五章诗，知阮公犹在反思曹爽之事。其中何、丁等人，依附曹爽，荣枯之变，日夕之间尔。此非仅上层权奸之为，自己慕荣趋利，难辞其咎也。

上一章"第四章"诗，尽言或然之事，以警世变之迅忽。此章乃另易其意，曰：世事变化更有必然之因者在焉。

这是一首"言过自承"的说理诗，阮素不言人非，故托诸有关阮君本人年青失足的自传故事。说自己年少轻狂，喜好声色，西走咸阳，大肆挥霍。蹉跎了光阴，耗尽了钱财，狼狈回家，愧对祖宗。他对自己的年青失足，深表羞惭悔恨。在《晋书》阮籍传记中，无此记载，其事真伪难辨。

说其真，诗叙甚详，反复婉转，自伤其失，若有其事焉。他少时也曾苦学，颇为乡里期望赞赏，稍有成就，西去咸阳，可能主要是为了游学和结识名士高贤，不料误入欢场，这是年轻人初入人世易犯之失。大贤马克思，少时也荒唐挥霍，其父又爱又恨；寒士卢梭，晚年著《忏悔录》一书，尽录年青孟浪事。古今中外皆然，无碍日后之声望。少年阮嗣宗亦然，能改就好，何足道哉！且夫阮君今日之所以侃侃而谈者，其失路之咎，早随烟逝，后更卓然为一代名贤，故直陈往事而无报也。

说其伪，不无为说理举例，甘冒言丑自承之意。不仅史书无纪，《世说》未

载。且史云其家居路南,南贫而北富,何来"黄金百镒欤?"

或问,此章写在诛爽之后,与前诗有何关联?

答曰:有之。上一章总言世上万事,每以不可思议之方式和速度转变,若有吾等运命全委客观变化之意;此章阮乃纠正前说之偏颇,谓人生在世固无力扭转世运之变,但身处危境,自己也不能毫不负责也。此言对陷入爽祸者,有微辞在焉。曹爽兄弟,意在窃政,罪在首责。何晏、邓飏、丁谧、毕规等沆瀣一气,簸扬上下,际此前后,其咎亦难辞也。司马昭称阮君从不臧否人物,因牵少时之荒唐以自责焉。

《忧思吟》中,嗣宗每多联翩之作,好以一正一副拟之,如第四章、第五章便是二诗相骈者,容下文见之再举示焉。

第六章
昔闻东陵瓜

> 第六章
>
> 昔闻东陵瓜，近在青门外。①
> 连畛距阡陌，子母相钩带。②
> 五色耀朝日，③嘉宾四面会。
> 膏火自煎熬，④多财为患害。
> 布衣可终身，宠禄岂足赖。

【今译】

昔闻秦朝东陵侯,
国破种瓜青门外。

瓜田翠叶连阡陌,
累累瓜儿紧相挨。
朝日辉耀炫五彩呀,
四方嘉宾纷纷来。

以膏消火火难消,
将财弥灾灾成害。
布衣藿食可以养天年呵,
荣宠爵禄岂能长依赖。

【笺注】

① 东陵侯。《史记·萧相国世家》:上已闻淮阴侯诛,使拜丞相何为相国;益封五千户,令卒五百人,一都尉为相国卫。诸君皆贺,召平独吊。召平者,故秦东陵侯,秦破为布衣,贫,种瓜于长安城东,瓜美,故世俗谓之东陵瓜,从召平以为名也。

青门。《汉书》霸城门,民间所谓青门也。《水经》渭水注:长安城十二门,东出北头第三门本名霸城门,民见门色青,又名青城门,或曰青绮门,亦曰青门。

② 畛,界也。距,至也,达也,通拒。子母,言瓜之大小悬殊。诗谓瓜蔓纵横,不以耕者所筑阡陌为限也。

③ 五色,《述异记》:吴桓王时,会稽生五色瓜。吴中有五色瓜充岁贡。

④ 膏火自煎。膏火,以油脂燃火,膏尽火灭。

【一千七百年来前贤评述】

沈约曰：当东陵侯侯服之时，多财爵贵，及种瓜青门，匹夫耳，实由善于其事，故以味美见称，连畛距陌，五色相照，非唯周身赡己，乃亦坐致嘉宾。夫得固易失，荣难久持，膏以明自煎，人以财兴累，布衣可以终身，岂宠禄之足赖哉。（沈约是评点阮诗的第一人，录以示其所见，所议皆诗中原话耳。）

刘履曰：嗣宗知魏亡有日，不乐久仕，思得如秦故侯种瓜于青门，则志愿毕矣；咏其事以自见。（此固诗之作意尔，未必嗣宗真欲从之。）

方东树曰：此言溺富贵将亡，不能如召平之犹能退保布衣也。

吴淇曰："近在东门"句妙。牛山之木，郊大国而来斧斤；东陵之瓜近东门而会宾客：言人不能高蹈远引而婴患害也。（别是一得。）

陈伯君曰：阮籍正因召平事而寄慨，意谓东陵五色之瓜，登于相国之盘，在朝日中晖曜，而相国之座上，嘉宾四面来会。然萧何虽宠禄有加，其于陈豨之反，不得不从召平之计，"悉以家私财佐军"；其后于韩信之反，又不得不从或客之计，"多买田地，贱贳贷以自污"，其汲汲防祸，心中之煎熬可知。顾犹不免"下廷尉，械系之数日"岂若召平之布衣可终身，而相国之宠禄岂足赖哉！（陈评从诗中召平身世，挖出萧何的故事，是为深细者，非无见地。）

【译余骈言】

上一章诗，笔者尝谓其旨在自省。人处乱世，大道衰微，险危日增，人微力弱，谁能扶之，故处其时者，只得战战兢兢，临深履薄，谨慎其行，冀可获免焉。

秦东陵侯召平，异人也，视见独远，知微杜渐。屡与或客等为相国萧何谋，何悉从之，然终不能免祸也。他自己种瓜自给，时以招待宾客，与世无争，安享余年。

本诗也是一首寓言诗，前面六句，阮籍见夏日甜瓜登市，思及东陵侯种瓜得全，而萧相国终至被祸，乃为此诗，其中影影绰绰，曹爽、何晏等在焉；后四句尽言多财、宠禄之害，唯布衣可以终身。诗简意赅，引人深思。籍经世乱，也有意效之；不能也，犹作诗警世。

诗咏东陵瓜，甜瓜登市所见，时已及夏也。时光忽忽，离"第一章"春夜之咏，已有时日，诗咏财多招害，布衣得全，乃终结党祸中全身之道者，见其时株连搜捕之情已过，世乱稍平矣。

第七章
炎暑唯兹夏

第七章

炎暑唯兹夏，三旬将欲移。

四时更代谢，日月递参差。

芳树垂绿叶，青云自逶迤。

徘徊空堂上，忉怛莫我知。①

愿睹卒欢好，②不见悲别离。

【今译】

炎炎暑热只在这夏季,
最后的三十天也即将过去。

青青的芳树低垂着绿叶,
蓝天上白云正徐徐卷舒。
一年四季便这样悄悄更代,
太阳和月亮也天天在交互升举。

我独个儿徘徊在空堂之上,
别让我知道又发生了什么新的惊怖。
但愿相爱的家人,都能长聚长安,
永不要遭遇生离死别的痛苦。

【笺注】

① 忉怛。忉,忧心貌。怛,悲惨也。
② 卒。终尽。

【一千七百年来前贤评述】

五臣张铣曰:三旬,谓六月三旬,将入于秋也。喻魏之末,权称于晋。吕向曰:逶迤喻魏尚有余德。别离,喻晋篡魏而别离也。(太为穿凿。)

黄节引刘履曰:此篇忧魏祚将移于晋,故托喻炎暑,阳明之时唯在兹夏,今三旬又欲垂尽。意谓若至秋冬,则凉冷而阴惨矣。且言芳树之清荫犹自远布,以见在朝诸臣受魏恩宠,固有不可忘者。然观其势犹四时之更代,日月之递驰,殆恐终不能遇耳。是时众人唯事奔竞,谁复顾虑?不致篡夺而有乖离之伤。其忠爱恳切至于如此,不亦悲哀。(阮籍此时离曹爽之诛,仅及半载,党变之祸未靖,此时少帝曹芳,正被司马懿假名护帝,

着意拱奉之时，岂有更魏之意见邪！唯忧日月之移不迅，已身未安，何在乎魏之更代。）

黄节引何焯曰：甘露五年六月甲寅，常道乡公立，改元景元，月之三日也，故曰三旬。四时代谢，以比易代。［非是，此正是曹芳坐朝之际（公元249年之夏），五年以后废黜曹芳，才有高贵乡公之继，十年后高贵乡公曹髦举事（公元260年）被戮，始有常道乡公之代，史事不明，随意攀牵，谬之千里矣！高贵乡公卒，常道乡公代之，事在本书"第八十二章"另有重要专咏。］

陈伯君评曰：何焯以常道乡公立于六月之三日，不三旬即为秋七月，因谓诗意以四时代谢比易代，似属有史证，最易使人相信。不知常道乡公之立，下距魏晋易代尚有五年。（说得好，三日之微，计之确确，五年之距，视若未见。此等察秋毫而不见乔木者，除扰人耳目外，毫无价值。按：请接读本章后文，须知此诗作时方老司马懿初次"食马"；以拥戴幼帝曹芳为名，令曹爽交出兵权，骗得军权后，以爽众有奸谋为名，诛杀殆尽，从此司马军政兼收，懿死传长子司马师，师遇曹众联合幼帝权臣多次谋动，便抢先动手，尽诛所异，并黜废幼帝，是为"二马之食"；师目疾病卒，传于昭，遇少帝曹髦举事，被昭戮死宫侧，另立常道乡公曹奂，直至昭死炎继，才有曹奂将帝位禅于司马炎之事，国号晋，炎称武帝，此乃公元二六五年之事，此皆评者未悉阮诗各章所成年月之困，笔者动笔之先，首明年月，详见前文"解谜"。此诗作时，实为公元二四九年六月初，距魏晋相代，尚有十六年之遥。）

陈沆曰：《魏志》：甘露五年六月甲寅，司马发诏立常道乡公，改元景元，在月之三日，故首云："炎暑唯兹夏，三旬将欲移"也。（何焯首创易代之说，黄生附之，陈生继之，踊跃之甚，不输巴渝巷间之风）

陈伯君曰：此诗末二句自觉突兀，阮籍时当夏将去，秋欲来之际，独坐空堂之上，不知心中忽然发生如何感触，有此二语，今亦无从推测矣。

（按，这才是正常的议论，惜乎先生无法知道此诗之确切日期，如果知道当时是公元二四九年，嘉平元年六月之初，距收曹爽兄弟，仅六个月不到，阮籍因曾被曹爽征辟，正惶惶不安焉，籍当时未从，或仍虑有人告其为爽党所幸者也。则伯君当知阮籍心中有何感触也。）

【译余骈言】

  这一首诗的内容最为平淡，最为简单，简单到几乎没有任何有意义的风景，任何有意味的事件，任何有深度的哲理至言，任何有启示的生存智慧。作者只是直接地从叙述时间开始："今年炎热夏季的最后三十天也将过去了！"（"炎暑唯兹夏，三旬将欲移。"）连将要过去的日子都作为可庆幸之事，拈出来念叨，可见诗人对送走长日的心情何等迫切，何等期盼！盖心存恐惧无时不在，惶惶不安，见诸文字也。如今，炎暑唯兹，三旬将移，不胜庆幸之。是的，三夏已过去了大半，竟然没有出现什么不幸的事情，但愿最后的三旬也可以平安度过，想到这里，诗人紧张的心情稍稍地舒松下来了，于是放眼观察一下四周的景色：绿树低垂其枝叶；白云在天空悠悠飘荡，（"芳树垂绿叶，青云自逶迤"。）毫无警兆。很好！他希望、他祝祷，四季便如此这般更谢吧。每天，每天，日月都平平常常地参差交替吧！（"四时更代谢，日月递参差。"）

  这首诗的前面六句，就是写了这些，写了诗人眼中的一无所见和心中的一无所想。这全部的一无所有正是诗人心中祈盼着的东西。通过这些诗句，我们看到了眼前正站着一个无所期望，无所念想，既不努力，也无追求，貌似安逸，若有所思，喃喃自语的一个木讷讷、痴呆呆的憔悴汉子。

  就在这位夫子喃喃自语之际，日月驰递，已到了傍晚时分，他回到空荡荡的堂屋之中，独个儿徘徊着，停不下脚步。（"徘徊空堂上"）同时心里正担忧：眼看这一天便又可以平安度过了。千万！千万！不要有人进来！让我知悉又发生了什么可怕的消息！（"忉怛莫我知"）——但愿世界上和和睦睦，平平安安都能长久持续，千万不要再出现家破人亡的悲剧！"愿睹卒欢好，不见悲别离。"

  可以想见，诗人此前曾经历了多少次耳闻目睹的极度惊恐，天天有人被捕，

夜夜传来低泣，虎吏过处，门不敲而惊心，皂隶未近，脸失色而噤声。昨日的权贵，今已械于大狱，日前的僚友，传其尽夷三族。家家惶恐，人人唯危。阮籍正在担忧，再下一时刻，厄运会降到谁的头上。

嘉平元年（公元二四九年）正月，司马懿率二子师及昭，收曹爽及其弟中领军羲，武卫军训，尚书何晏，邓飏、丁谧、司隶校尉毕轨，荆州刺史李胜、并司农桓范，皆下狱，劾以大逆不道，与黄门张当俱夷三族。同日斩戮，名士减半。阮籍时年四十岁，前年辞曹爽参军之辟。爽诛，时人服其远识。以上见《晋书》。

一日之间，"名士减半"。对全体的朝臣，起到了极其深刻有力的警戒作用。这一年正月用事，至本诗写成，已六月初了，半年将过。嗣宗犹整日延颈以待，不知下一刻将听到什么可怕的消息。在文学史上写人间惨酷之诗，何止千百，但如本诗之以平淡之笔，寓至疼之惨者，尚属少见。唯大文学家才能不依旁故事情实，直接对心头的深愁隐痛进行勾勒，笔愈淡而思愈深，思愈深而心弥痛。诗若当天夜深所记，或是事后追忆所为，身处大搜捕之侧，竟能为诗，竟能为此精确描述精神巨创之诗者，诚难能矣！

从诗的内容而言，从第四章起，诗人笔意似稍稍离开了这场政变的话题，这是正常的。本诗系第七章，却再一次以更严酷的形势出现，实不知其所由？时爽案未靖！是又一次的甄别"补课"？还是上焉者，又在玩新的花样？身在俎上，又能怎样呢？让我们悄悄避退，让阮君一人，独自个孤身兀坐，静静地，默数着更鼓，度过这平安的一夜吧！

第八章
灼灼西颓日

第八章

灼灼西颓日，① 余光照我衣。

回风吹四壁，寒鸟相因依。②

周周尚衔羽，蛩蛩亦念饥。③

如何当路子，磬折忘所归。④

岂为夸与名，憔悴使心悲。

宁与燕雀翔，不随黄鹄飞。⑤

黄鹄游四海，中路将安归？

【今译】

火热的太阳已经西下，
残存的余光还照着我单衣。

回旋的疾风扫荡四壁，
寒鸟们抱团儿相偎相依。
周周蛩蛩只是普通的禽兽，
它们或自怜毛羽，或患难相济。

为什么你们这些居官在位者，
终日躬腰取辱不知自鄙！
就为了这一点浮利虚誉，
憔悴得身心如此疲惫。

我宁愿与燕雀一起低翔，
也不会随黄鹄高举远飞。
黄鹄们将去远游四海，
一旦翅短力弱，中途不继，此身安归？

【笺注】

① 灼。《玉篇》热也，明也。

② 因依。因，乃"原因"之意。因回风吹壁，众鸟畏寒，因此互相依偎。

③ 周周。李善道：韩子曰：鸟有周周者，首重而屈尾，将欲饮于河则必颠，乃衔羽而饮之。（见《韩非子·说林》。）《庄子》曰：周周衔羽以济。

蛩：李善曰：《尔雅·释兽》曰：西方有比肩兽焉，与邛邛岠虚比，为邛邛岠虚啮甘草。即有难，邛邛岠虚负而走。五、六两句合并意译。

④ 李善曰：《孟子》：公孙丑问曰：夫子当路于齐，管晏之功可复许乎？綦毋邃曰：当仕路也。《尚书大传》曰：诸侯来受命周公，莫不磬折。

蔡注：磬。乐器，其形曲折，悬之横木，如人躬身状。夸，司马彪《庄子注》曰：夸，虚名也。

⑤《玉篇》，黄鹄，仙人所乘。《汉书·张良传》：戚夫人泣涕，上曰：为我楚舞，吾为若楚歌。歌曰："鸿鹄高飞，一举千里。羽翼以就，横及四海。"鹄，天鹅也。

【一千七百年来前贤评述】

沈约曰：天寒，即飞鸟走兽尚知相依，周周衔羽以免颠仆，蛩蛩负蟨以啮美草，而当路者知进趋不念暮归，所安者唯夸誉名，故致憔悴而心悲也。又曰：若斯人者，不念己之短翮，不随燕雀为侣而欲与黄鹄比游；黄鹄一举冲天，翱翔四海，短翮追而不逮，将安归乎？为其计者，宜与燕雀相随，不宜与黄鹄齐举。（从诗所述，得其大概。）

五臣张铣曰：颓日，喻魏也；尚有余德及人。回风喻晋武。四壁喻大臣。寒鸟，喻小臣也。吕向曰：周周蛩蛩以喻君臣相须而济，有晋不如此。李周翰曰：当路子，喻大臣也。皆磬折曲从以媚晋氏，而忘致君之道。刘良曰：此人皆夸大与名誉而致身趋附之地，使我憔悴而心悲。吕延济曰：燕雀喻奸佞，黄鹄喻贤才。言世人事与奸佞相济，其要安于爵禄，不能与贤才尽力于君而受其黜退也。（犹困于穿凿比附。）

刘履曰：此篇责群臣之附司马氏者，而因以自励也。言魏室虽微，尚皆被其恩宠，比之日虽西颓，而其余光犹灼灼然照我也。回风，寒鸟，以比司马僭逼之势既盛，犹有卑下小臣知附王室而不敢违者。且周周蛩蛩特禽兽耳，亦能饥渴相须，患难相济；如何当朝执政之臣人，其实憔悴而可悲也。末章所谓"燕雀"即上文寒鸟之属。"黄鹄"，以指司马晋公，言其旨大，必将一举冲天而游于四海。为今之计，宁辞尊而居卑，庶几韬晦以自全。若攀附高远，一遭篡夺之变，则我既为魏臣，岂忍复事于晋？此所以虑中路之无归也。史称："籍本有济世之志"，"朝议以其名高，欲尊宠之"，籍以"天下多故，名士少有全者"，"乃求为步兵校尉，纵酒昏酣，遗落世

事"，大概与此诗相合。然诗中微意，又岂史氏所能悉哉？（刘氏所述步兵校尉事，失于考时，随手攀附，妄也。阮君为本诗时初辟大将军府参军，职卑位微，故诗中有"宁与燕雀翔"之牢骚语。而求为步兵尉之事，乃十年以后被高贵乡公褒封后之事，胡乱串在一起，难与其言也。）

冯唯讷注：此篇责群臣之附司马氏而因以自励也。（曰：所见甚是。）

王夫之曰：荀彧空器之死，早已料尽。目光射远，手腕自为之飞舞。（先生所比过高，阮君昔无建树，今若不欲依懿，何以善处耶！）

何焯曰："灼灼西颓日"。喻魏室。又蒋师爚引何焯曰：君臣之义，无所逃于天地之间，岂独名污青史为可虑乎？末言己宁设身下位，不敢附司马氏取尊显也。（是。）

陈祚明曰：如徒笑磬折之为愚，思远引之自得，则周周二语托旨安归？又且憔悴云云，应讥当路磬折者定同燕雀之刺促，远引者可侪黄鹄之高超矣。故知篇中所云，别自有为。西日之颓，言魏将亡而余恩不泯也。回风之吹，言远虽哀而恩恋情长也。君臣之分，缠绵不解，情同比翼，忧乐共之。而当路者磬折权臣，都忘旧主，此是何心！我所立异于众，非以要名，特睹故君之憔悴，未免心悲，故宁甘燕雀之卑栖，不随黄鹄而肆志也。（忠爱之思，设想过甚，无史可征，阮籍被辟，虑前景未明，唯思自保而已。）

吴淇曰：此诗亦为晋将代魏而作也。（诸贤评诗，动辄以魏晋易代相拟，其实此时才头马试槽，曹马之替，犹在交手之初，整个曹魏易替，阿瞒先以明之，尚须待三马食罢，始能毕事，言之过急，把丰富的历史经过简单化了。）灼灼句以日之暮比魏祚之将革，余光句，魏与己尚有一线之义未绝；回风句以岁之暮比世乱；寒鸟句比君子相率而避世。……以燕雀比避世之士，黄鹄比晋。黄鹄之游四海，比晋遂有代魏之势。苟不随之则已耳，随之中路而不止，是贾充之流也；随之中路而止，亦荀彧之流也。故

随者必失归；失归者必在中路，是不可不早辨者。何也？大凡奸雄取天下，始必假仁假义，深藏厚貌，不唯天下之庸人随之，即豪杰之士亦所不免；而明哲之英，独能识之于谦恭下士之日，由其人之学问知所归也。所归者何？乃生人安身立命之处，真仁亦如是也。（大概在焉。）

曾国藩曰：陈沆以磬折忘归为讥党附司马氏者，未知然否？至谓末四句为阮公自命之词，鉴黄鹄之失路，宁燕雀以卑接，则深得本指矣。（是也。）

王闿运曰：灼灼西颓日一首，知爽不久，而辟己之知遇，不得不与周旋，如周周蛩蛩也。乃何晏、夏侯等专务夸名，则己不能从黄鹄飞矣。（夫子三句话，言三件事，首言日之西颓，犹爽不久，犹可；次言以周周蛩蛩况己之酬知遇之恩，则太离奇焉。末云何晏等昔日善夸言者，今何在哉！令人深思，包罗甚广。阮籍为诗，转折之间怎容得下如许评议！此岂阮诗所能？夫子难免有以巫为神之嫌。）

黄节曰：刘履、吴淇皆以末四句为嗣宗自谓，何焯从之，曰："末言己宁没身下位，不敢附司马氏取尊显也。"陈沆、曾国藩亦皆取之；则与沈约说异，沈归愚曰："为知进而不知退者言"，则仍以沈约之说为允。（两说皆可，前言切身，稍胜。）

又曰：曹植《箜篌引》曰："谦谦君子德，磬折欲何求？"《左传》："虽有丝麻，无弃菅蒯；虽有姬姜，无弃蕉萃。诗盖言易姓之际，当仕路者虽磬折忘归，而终不免于被弃之悲耳。"又曰："班婕妤《怨歌行》曰：弃捐箧笥中，恩情中道绝。"谓以此与蕉萃被弃意相近。（殊难苟同。）

陈伯君曰：解此诗者谓诗中某词为比喻××者更多，其说不一。至五臣张铣谓"颓日喻魏"（按阮籍五言咏怀诗八十余篇中其以一日中之晷刻起兴者不知凡几，如其一"夜中不能寐"。）"回风喻晋武（司马炎）"尤为不顾史实。按阮籍死年，尚是司马昭当政，至阮籍死之次年，司马炎始"贰副

相国事",再次一年,司马昭死,司马炎始以相国受魏禅。由此可见,尽有人随意曲解,以达其献媚统治者之目的矣。(评述者不考背景年月,难有不错者,先生亦然,彼此彼此。又,先生愤然曰:"有人随意曲解,以达其献媚统治者之目的矣。"余生也晚,不明先生何指?黄节之时,或有人以司马炎受禅,拟之汪伪贰臣者,借以指喻重庆政府领导全国,坚持抗日者。按此事在当时可谓通识,虽斯大林亦目蒋氏为抗日领导人,陈先生此书成于二十世纪六十年代,正在积极改造中,乃有斯语。亟愿一闻,盼读者明教之。)

【译余骈言】

这一首诗的第一节二句,点明了写作时间,("灼灼西颓日,余光照我衣。")其时已进入了仲秋之时,距上一首诗又过去三四个月了。司马清理曹爽徒党残余之案已经晏息,典午独大之势已是确立。但是由于曹爽集团的上层大多被杀,曹魏朝廷上空缺出许多官职,这些官职大多由司马懿集团的人控制着,因之形成了这一个时期特殊的政治生态。请读者诸君,试将第八章和以下的第九章、第十章连起来合读,就会知道,这三首诗实乃今年腊尽之前,年终红利争夺的物竞之象。

本诗似写在阮籍被征为大将军府参军,就职之后,他冷眼旁观,所见之群僚百态。全诗分四节,第一节二句,就写作时间的场景描写,为全诗之兴。

第二节四句,从西下的夕阳余光,写到自己衣着单薄,在回风吹壁的寒冷中,小鸟们正抱团取暖相聚。("回风吹四壁。寒鸟相因依。")接着写周周蛩蛩乃普通禽兽,犹能同类相济。("周周尚衔羽,蛩蛩亦念饥。")

第三节诗也四句,完全是对应着第二节写的,以禽兽之患难共济,形官场人员舞弄身手,卑躬屈膝,磬折忘归,媚上不止的丑态,("如何当路子,磬折忘所归。")他们为了争名夺利,劳累到可笑可悲之状。("岂为夸与名,憔悴使心悲。")斥责他们真禽兽之不如。

第四节阮籍见状,发出自己的感慨,并宣称吾素乏大志,身无所长,不敢高随黄鹄,宁共燕雀同飞。("宁与燕雀翔,不随黄鹄飞。")这种中庸之道,

以乏才自谦，实际上是阮籍对刚刚才得远祸的政治形势所作出的中庸选择，（"黄鹄游四海，中路将安归。"）诚不敢有上攀之念，以免遭不测之危。

总体而言，阮籍的选择可说是明智的，也是认真的。史载：文帝（司马昭）初欲为武帝（司马炎）求婚于籍，籍醉六十日，不得言而止，就是一件明证。这件事情发生在哪年呢？笔者推测，应当就发生在这一年的冬天腊月前，也就是在将写第十章之前。其理由是，时爽祸初平，司马集团大祸既除，年节将临，全家十分高兴。这一年秋冬，对司马家来说也是比较闲空而且是喜庆之年，是年冬，加懿以九锡之礼，朝会不拜。九锡是让掉了。第二年开春魏少帝又命司马在洛阳立家庙，增置家臣无数。懿因久病不朝，每有大事"天子亲幸第以咨访焉"，这是何等荣耀，何等威风尊显的礼遇！人臣无以加矣，当时司马家主要重心是接收曹爽遗产，整理军政人事。大事全由司马懿作主，他的主要助手是长子司马师，司马昭相对较闲。这一年过去，第二年起司马懿先有兖州刺史令狐愚，太尉王凌谋立楚王曹彪之逆，夏四月，司马懿率军亲征，杀了王凌和曹彪，将魏氏子孙尽置于邺，严加监守，防止他们再与外臣勾结。这次军务劳顿，虽结果顺利，但司马懿就此染病，到九月便病逝了。司马师接任之后又有曹家后宫发生剧变，继又镇东大将军毌丘俭等举兵为乱，一直军务倥偬，在第三年上师因创疾死于许昌。故对于司马家来说，关于司马炎最合适的议亲时机应是在这一年的冬天。而且这一年司马炎已十四岁，正好是最适合的议婚年龄。待司马昭执政，便四、五年过去了，那时司马炎已是进入成年，就古人而言，再议婚成礼就未免太晚了。

第九章
步出上东门

第九章

步出上东门，① 北望首阳岑。②

下有采薇士，③ 上有嘉树林。

寒风振山岗， 玄云起重阴。

良辰在何许，④ 凝霜沾衣襟。

鸣雁飞南征， 鹍鸠发哀音。⑤

素质游商声，⑥ 凄怆伤我心。

【今译】

徐步走出上东门，
北望瞧见首阳峰。
山下曾居采薇士，
山上松柏郁葱葱。

我命中的吉运良辰在哪里啊？
薄薄的衣衫已挡不住寒冷的霜冻。
呼啸的狂风撼动着山冈，
满天的乌云密密重重。

大雁南飞一路叫，
杜鹃之鸣声悲恸。
秋风回荡兮草木凋零，
凄凉和悲怆伤得我一阵阵心痛。

【笺注】

① 《初学记》卷二十四：洛阳有……中东门，上东门……

② 首阳山。《史记·伯夷列传》：武王已平殷乱，天下宗周，而伯夷、叔齐耻之，义不食周粟，隐于首阳山，采薇而食之，……遂饿死于首阳山。（河南旧志云：首阳山，指"邙山最高处，日出先照，故名"。）

③ 薇。《毛诗草木疏》云，山菜也。茎叶皆似小豆，蔓生，其味亦如小豆藿，可作羹，亦可生食。

④ 良辰。前贤都将它解作"太平盛世"之意，非。这里应解作阮籍自叹自己的转好运之时。辰，时，命运。从诗中前后文看，阮只是感叹身世而已，又，第四十七章，他还有"生命辰安在"，都是同一含义。诗句的原型，当假自《诗·小雅·小弁》，文曰："天之生我，我辰安在。"朱熹《诗集传》："无所归咎，则推之于天曰：岂我生时不善哉，何不祥至是也？"

⑤ 鶗鴂。《广韵》鶗鴂,子规也。

⑥ 素质游商声。此句译作草木凋零,是根据下文中沈约说的"风霜交至,凋陨非一"及其鶗鴂鸣而"众芳歇"之意译成。

【一千七百年来前贤评述】

沈约曰:夷齐尚不食周粟,况取之以不义者乎?(思之过远。)又曰:良辰何许,言世路险薄,非良辰也。风霜交至,凋陨非一,玄云重阴,多所拥蔽,是以寄言夷齐,望首阳而叹息。(不无此意。)又曰此鸟(鶗鴂)鸣则芳歇也。芬芳歇矣,所存者腐臭耳。(过矣。)又曰:致此凋素之质,由于商声用事秋时也。

五臣刘良曰:良辰谓和平也。"凝霜沾衣襟"以喻衰代,言和平之时今在何处,而使衰代及人。(舍近就远。)

张铣曰:"风振"、"玄阴"喻晋王专权而冒上。

吕向曰:"鸣雁飞征",喻贤臣远去,"鶗鴂哀音",喻邪臣谗佞。

李周翰曰:商声,秋之事也。草木凋素,由商声用事;国家衰弱,由奸佞执政;是用伤我心矣。(专致穿凿。)

刘履曰:此篇托言出望首阳,乃遥想当年伯夷叔齐采薇而隐此者,得其所矣。今我遭此风霜侵迫,阴云拥蔽之时,而贤者避去,如飞雁之南征,谗邪得志,如鶗鴂之先鸣者焉,远近所闻莫非若此,则我心之凄伤岂得已哉!夫夷齐之隐当商周革命之际,而嗣宗,以此兴叹,意亦远矣。(凿亦甚矣!)

闵齐华曰:"良辰在何许?"言世路之险,无良辰也。又曰:商声,秋声也。素质,草木凋落也,是感贤人凋谢也。(凿之令厌。)

邹思明曰:晋王专横,贤臣远去,邪臣谬佞,即"寒风"四句意。商声

发而草木凋素，权臣横而国家衰弱，安得不悲。（以上二评，都是在猜谜，以猜多为胜。无谓之甚。）

陈伯君曰：解"鸿雁飞南征"为贤人远去者，于史尚不足征。（当有此一言。）

陈沆曰：……（阮）触绪抒骚，烦忧命管，畏显题之祸，遂咏怀以统篇，杂沓无伦，萧条百感。其讽刺之会，差有时事可寻，至其低徊胸臆，怊怅性灵，君子道消，达人情重，或采薇长往，矫首阳之思，或拔剑捐躯，奋国殇之志，或揽义辔于云汉，手无斧柯，或盼同志于天涯，目穷蒙汜；但能比类属词，何殊百虑一致。（其末二句，改一字毕肖其文："但能比类属词，何惮百虑一致。"此君东摭西拾，罔顾文意，比词成文，乐不可支。如其举诗中两咏西山曰："或采薇长往，矫首阳之思"，以嗣宗之沉痛，拟其悠然逸兴，便是一例。）

王夫之曰："良辰在何许"以下四十字，字字有夷齐在，呼之欲出。虽然，如此评唱，犹恐阮公笑人。（夫子巨擘，真深于文，深于情者，其言唯谨，尤令人敬重。）

前评中诸贤所述，大多议之泛杂，不着边际而已。人人尽言时晋公专横，贤臣远去。但何以无人举述，时众藩举兵挟王讨司马者多矣，同为乘乱窃国的权臣也。晋公固专横，乱朝宜取重典也。其较齐王芳、明帝睿岂非贤之十倍！

【译余骈言】

这首诗中也涉及了伯夷叔齐的故事，但是它与"第三章"不同，"第三章"是阮籍以第一人称口气，设想夷齐自行仓皇出逃，避上西山之事，所以那首诗中有"骑马舍之去，去上西山趾"、"一身不自保，何况恋妻子"等两人与逃亡情况有关的设想。

阮籍的这首诗是紧接上一首诗的续篇。在"第八章"诗中，笔者推测，其时他已被司马懿收用了，因此他正在考虑，用哪一种态度与司马家相处与合作，

他不愿为了"夸与名"做一个"磐折忘所归"者，在司马集团中谋一个"当路子"的要职。他宣称"宁与燕雀翔，不随黄鹄飞"。

不过，他这些决定，也许还由另一种"现实背景促成"，在他宣称"宁与燕雀翔"时，实际上，他这时候也只能与燕雀共翔，他身为大将军僚属，不冷不热，无所建树，他对司马懿的背叛旧主、诛杀同僚，深不为然，自不愿腼颜相告当初辞爽之为。司马懿便没有重用他。须知他刚刚通过甄别，曾是曹爽旧人，不得不应司马之召，免招与新政不合作之嫌，自不能提出什么条件和不满。"宁与燕雀翔"之句，看似明智之举，实为无奈之行，话里充满了酸葡萄的意味。夫阮籍征辟一事，在司马懿，也仅仅是例行公事而已，公元二四九年，曹爽以参军一职征辟阮籍，籍以病辞，今清理旧账，首为甄别阮籍政治所向，仍仿曹爽旧例，以参军辟用，籍既不能辞，懿也无所厚薄，阮欲哭无泪，只能凄怆伤心。至于正式以一千石领中郎俸。最快也应在司马懿明春膺建庙殊荣后，其时首脑被荣，阖府共庆。普加一级，当是常例。

这一首诗，距上首诗的写作，过去了又有两三个月。上一首虽然回风吹壁，寒鸟相依，但颓日之温，犹灼灼然，多半是仲秋时分，而本诗的外景已经是"凝霜沾衣襟，寒风振山冈"的入冬景象，加上"玄云起重阴"，心情实在不好。

什么是真正造成"凄怆伤我心"的原因，阮在诗中讲得很清楚：我的"良辰在何许？"也就是说，来到司马门下，三五个月过去了，他的官职、他的待遇，依旧没有得到良好的安排；日与燕雀共栖，嘴巴上说此吾所愿，实际上是一万个不开心，不愿意，读了其后的第五十五章中"谁云玉石同，泪下不可禁"之叹，就可知阮君是很不愿意与下僚共事的。此外，大家也一定记得他最有名的以青白眼待不同之人的故事，估计他的同事关系，一定很僵。

这首诗共三节，十二句。

散步走出上东门时，见到了首阳山。想起山下曾有夷齐在此居住，话说到这里就刹住了，忍住了，没再说下去。（"步出上东门，北望首阳岑。"）他不能不咽下的一定是说不得的心声，将对他不利的感慨："唉！博什么虚名呀！逃

到山间只能以野菜为食，最后不是冻饿死了吗！"笔者从本诗前后诗境的贯串，觉得这才是他将出口的话，并没有污了他的令名，看低了他的政治操守，轻侮他的道德践行，想来要不多久，大家在"卷之三"就会看到，阮自己碰到过不去的坎时，就采取放下身段的办法，屈伸以效龙蛇，绝不冒残年冻馁之苦，（参见"卷之三"第三十六章）（读者诸君，真对不起大家，我让诸君提前失望了。）从上下文的语意联系而言也，可知他的意思是，夷齐二人逃亡西山，以野菜为食，固是不幸；（"下有采薇士，上有嘉树林。"）但我冷落至今，也未得良遇，不知我的命运何时能改变啊？

第二节、第三节，以一连八句的寒冬景象，象征他的处境凄怆，为之伤心。句中的景物，描绘得有声有色，情景交融。从诗艺来说，实属上佳！

大家一定还记得他在夏天里是怎样惶恐度日的，如今又作如此悲情之言。可知阮籍先生实在是一个不怎么样的人物，一旦日子过得稍为宽余，便比上嫌下起来，他唯一的优点和本领，"不道人姓氏而已"。他虽不主动迎合潮流建立功业，却又伤自己不被重视，令名不彰，看起来莫名其妙，其实他本就是个胆小怕事，又仰高嫌低，难胜实务的书生而已。

犹记在《晋书》中记述过一件让阮籍遗响千载的故事和名言是：（籍）尝登广武，观楚汉战处，叹曰："时无英雄，使竖子成名！"此外无前言后语，不知他是何时与何人同登广武战场的。

出言如尔！世人皆以为阮子别具才学、见识和抱负，乃发兹言者。故闻者莫不动容，后人读之，亦遐想无限。

但据笔者对阮籍留下的全部遗文、遗事披览，实并无一事一文可表明阮君曾有过文武经略之能和实际的思想准备以及才学准备。夫阮籍身处东汉三国之末，不仅吴蜀凋零，魏曹宫廷在明、芳两君的三十年治下，亦是荒唐失政已极，时正阮籍不惑之后的岁月，他先生除了守身如玉外，对当世之时机形势、大运走向、魏国兴衰，却并无一丝一毫之认识和建树。对司马集团在魏曹的意义，也无任何褒贬之及，有寸功之献。可见纯粹偶发之狂言耳！他那句外行话，可能本就并不包括他自己在内，后世所有的文学效果，也都是听众们自己虚幻出来的。笔者在此并无对阮公苛求其建寸功以自明之意，仅仅查找证据，应当

如何正确把握那句《晋书》中的"惊世之言"而已。原著（唐）房玄龄未曾细考，后人宜忖度其真相尔。

岂仅如此，总体而言，阮籍一方面站在儒学立场上谴责典午有负曹魏旧主抚孤之托，夺权诛爽。挟权欺主，理当远马洁行，一方面却又伤自己才学未被典午所重，日与燕雀为伍，真是莫名其妙！然而，这就是阮籍，而且是阮籍的一生所为。他既羡慕高官厚禄的荣华富贵，又留恋林下清流之高贤令誉。重裘与青衫并袭，儒名与私欲兼得，这就是阮籍一生的追求。谁说天道唯公，天公偏欲独私阮籍，又能如何！

但是就诗而言，应当说这一章诗艺颇佳，其下半章，颇存楚骚之遗音，哀而不伤，清郁有致。显示了阮籍的文学造诣和他的渊源所承。

第十章
北里多奇舞

第十章①

北里多奇舞,

濮上有微音。②

轻薄闲游子,

俯仰乍浮沉。③

捷径从狭路,

僶俛趋荒淫。④⑤

焉见王子乔。⑥乘云翔邓林。

独有延年术。可以慰我心。

【今译】

北里中多的是奇歌艳舞，
濮河上荡漾着靡靡低音。

那些轻狂放浪的闲游子弟，
朝朝暮暮在酒色间厮混。
升迁的捷径就在那狭邪小巷，
一个个争先恐后，寻春买欢、施媚献淫。

君不见，唯有那王子乔飘然遐举，
身御白云翱翔于郁郁邓林。
据闻他尤精于仙界的长生之术，
思及于兹，稍慰我郁闷的心灵。

【笺注】

① 《忧思吟》的原文并不分节，但是依文意，阮籍多是二韵四句，便换意另写，故通常作四句一节。但也有例外，如本章便是，毕竟应当按内容分节，不然便会被鲁迅讪笑，"只要数学家便可以了"。

② 北里，濮上。俞允文曰：北里，濮上，皆纣都近地。《史记·殷本纪》：帝纣于是使师涓作新淫声，北里之舞，靡靡之乐。《礼记》曰：桑间、濮上之音，亡国之音也。

③ 俯仰、沉浮。在古汉语中，这两个词的使用都很广泛。俯仰，直译就是低头和抬头。比喻一上一下。推而喻时间之短暂迅捷，若谓俯仰一世者。也有周旋、应付之义在。

沉浮，升降，随波逐流。《庄子·知北游》：天下莫不沉浮。

④ 捷径。近便之路。狭路，狭邪小巷，旧时专指烟花青楼所在。

⑤ 俛俛。努力，积极之谓。

⑥ 王子乔。古仙人也，或云周灵王太子王子晋（乔）入山，学道成仙。阮

籍于诗末特地点出王子乔之可敬，不然全诗不及曹芳之名，仅前六句，若咏朝中臣僚之丑然。即使本诗明点了以王乔为式，前贤评述中汇六贤所评，仍未见有一语中的者，呜呼！吾生不出，屈杀先生也！

【一千七百年来前贤评述】

李善曰："轻薄之辈，随俗浮沉，弃彼大道，好以狭路，不尊恬淡，竞赴荒淫，言可悲甚也。"（以诗中所写，作如此阐释，尚亦可以。）

刘履曰：俯仰、浮沉，趋时附势之态乍忽也。捷径，取便之私道。又曰：言北里之舞，濮上之音，皆作于亡国，以寓魏国将亡之意，轻薄游子，竞趋荒淫，以比小人之阿附权奸，不知所止。当此之时，所见率皆如此，岂有王子乔能超世绝俗，全身远害者哉！然其人已远，其法尚存，我虽未免罹乎世网，庶几托此得以外绝荣利，内保天真，有足慰我心耳。厥后嗣宗卒获令身终者以此，亦可谓善处乱世者矣。（不若李善简明。）

陈沆以此首并其十三、其八、其六、其六十七列为咏怀诗中，笺云：五章皆刺当时党附权势者，一则曰"捷径从狭路，僶俛趋荒淫"（其十），再则曰"李公悲东门，苏子狭三河"（其十三），三则曰"如何当路子，磬折忘所归"（其八），四则曰"膏火自煎熬，多财为祸害"（其六），五则曰"悼彼桑林子，涕下自交流"（其六十七），其意显矣。而自命则王乔邓林之驾，召平青陵之瓜，鉴黄鹄之失路，宁燕雀以卑栖。其志矖，其行芳，蝉蜕泥淖之中，高揖浮云之外，下视钟会、贾充辈，何足一哦哉！（陈沆若举本诗以刺党附权势者，尚不失一见。其余罗列排比，罔顾原义，不知所云，汇成一堆，谁能知其所谓，而自乐自嬉若是，不胜欣羡矣。）

蒋师爚曰：按《三国志·魏少帝芳纪》，何晏有"放郑声而弗听"之奏，司马师废帝，撰太后令亦云："不亲万机，日延倡优"，是必有闲游子导以荒淫歌舞者，故起便戒以亡国之音，"又结出好欢笙之王子乔"，其登仙亦何可遽信，只延年之术或有可采，欢淫则岂所以延年者！（蒋氏于兹能剔

开芫文，直指事主魏少帝曹芳，真是慧眼独具者。阮君苦心亦终不昧焉。按陈伯君先生《阮籍集校注》其《咏怀》诸诗后笺注，大多辑承黄节先生《阮步兵咏怀诗注》。黄节之注，又自承乃读蒋师爚东桥所得，非经重注者。是乃东桥之功亦大焉。宜其于诸评中，时有独见焉。）

曾国藩曰：陈沆谓此章讥党附司马者。愚谓前六句似讥邓飏、何晏之徒，后四句则自况之语，云虽不能避世高举，犹可全生远害耳。（皮相，犹自夸若是。）

吴淇曰：此即屈子所谓举世皆浊而我独清之意。第嗣宗至慎，口不臧否人物，故微婉其辞耳。闲游子当指当路子，人生乱时，苟非当路，安得闲游？彼轻薄之辈又何足挂齿哉？（闲游子之谓甚近诗意。）

黄侃曰：奇舞、微音，世之所用解忧者也，而片刻暂欢，未足排终身之积惨。必有王乔之寿，邓林之游，然后至乐不乏于身，大患不婴其虑矣。（先生有时亦浮谬若是。）

【译余骈言】

上面的"集评"中辑有蒋师爚的说法，有道此诗乃是指责魏天子芳的。陈伯君也赞同蒋的说法，不无见地也。这位魏少帝封齐王，名芳，他老子魏明帝临死时托孤于曹爽和司马懿两位大臣，那时候少帝芳才八岁，忽忽十年间他长大了，但从小失教。两个顾命大臣，曹爽是独秉朝纲，最是纵容他胡作非为，以便上下其手；司马懿看出曹爽的野心，更是托病不朝，少帝曹芳便在长期失教中进入青春期，愈加荒唐胡闹了。且看两则史料：

《三国志》（卷四·三少帝纪第四）曰：帝（曹芳）即位至于是岁，（公元254年，嘉平五年）郡国县道多所置省，俄复还复，不可胜记。

《三国志》（卷四·三少帝纪第四）又云："皇帝芳春秋已长，不亲万机，耽淫内宠，沉漫女德，日延娼优，纵其丑谑，迎六宫家人留止内房，毁人伦之叙，乱男女之节；恭孝日亏，悖傲滋甚。"

第一则说：五年来这位少帝，一直将县级和州级的行政级别，提高为省级行政地位。不久，又恢复原状。这样的事情多到数不清。为什么十来岁的少年天子要如此胡闹呢？原来小皇帝把州、县升级为省，目的是可以将那地方的官职升为省级，再卖给新的买主，再过几天，这样的把戏又来了。这可不是一州、一县的事，有不少地方都在同时进行如此荒唐的游戏。前面"第一章·译余骈言"中已介绍过其时两个顾命大臣，一个已经被杀，一个正好纵其恶德，造成臣僚百官，皆知"今上"的荒唐，大失政心、人心，为司马集团未来取代曹家政权预作准备。让朽烂的泥墙加速倾圮。

第二则史料说：正由于小皇帝在经营职官买卖敛取钱财，因此那些有钱的轻薄浪子都颠着屁股，往皇宫的后门里钻进钻出。为主上牵线引路"日延倡优"，每将青楼妓女介绍进宫，更有将宫中执事的眷属留宿寝止，完全不顾男女的操守、人伦应有的规矩。搞得乌烟瘴气，一塌糊涂。

此诗写在公元二四九年，即曹爽集团被诛那年的腊前时分。何以见得？因为年关将近，这是纳履趋进的最后时机，抓紧机会，送上厚礼，以博明春发布的第一批得官名单。曹爽被诛时的罪名之一是挟持少帝，故司马懿主政后自不宜即对魏主有约束的要求，曹爽除去以后，少帝更肆荒唐，于是就出现了本诗前半首中描写的状况，阮籍对之无奈又气愤，略其所指（封建臣纲的第一条就是为臣不得非君），采之作为当时的社会现象入诗。五年以后（嘉平六年十月）曹芳被司马师以太后名义，正式将其废掉，另立高贵乡公曹髦为帝，并改元为"正元"元年，阮籍震惊之余，又作诗第十六章、第十七章记其事焉，那是后话了。

这章诗，在字面上，所刺若在专事钻营的浮浪子弟，此是阮籍心存儒学之训，不敢直斥少帝曹芳的种种无赖行径和卖官之恶。史称曹芳并非明帝嫡出，时后宫秽乱，乃不欲明言。

本诗初二句，写季叶陵迟，世风淫靡，源自宫廷滥觞。

第二节四句，写轻薄子们，纷纷以青楼为捷径，钻营趋进，图谋官职。阮籍对之不胜愤慨。这一节是全诗重心，但他不能明斥少帝事主之为非播乱，发

其恶德，恶行。只能把怒火全部指向从犯身上。

第三节四句。因而特为提及以前世上的小皇中，曾有周太子王子晋者，居然学道成仙，并擅修龄之术，专为一节殿尾，明本诗所指乃今日之失德少帝也，专以映照今日少帝曹芳秽乱之丑。

第十一章
湛湛长江水

第十一章

湛湛长江水，上有枫树林。①
皋兰被径路，②青骊逝骎骎。③
远望令人悲，④春气感我心。
三楚多秀士，⑤朝云进荒淫。⑥
朱华振芬芳，⑦高蔡相追寻。⑧
一为黄雀哀，涕下谁能禁。

【今译】

湛湛深碧的长江水呵，
岸上是青青枫林。
芬芳的幽兰铺满小径，
黑骏马在上面骎骎疾行。

目极千里兮令人伤悲，
山河如此美丽，惹得我心里忧思难平。
都说三楚之地颇多才俊，
传世之作，却是些朝云暮雨，文靡辞淫。

春时将至，满地的红花散发淡淡的芳馨，
君侯们又会在蔡南的高陂上肆意地追逐欢情。
每一次想起黄雀为喻的训诫，
忍不住就悲从中来，泪下难禁。

【笺注】

① 王逸注：湛湛，水貌。枫，木名。言湛湛江水，浸润两岸，珍树猗猗，奇卉萋萋。

② 皋，泽也。被，覆也。径，路也。

③ 青骊，黑马也。《尔雅·释畜》周穆王八骏有盗骊。盗骊，窃骊也。窃，浅青色，骊，纯黑色。骎骎，马行疾貌。逝，去也，以喻去疾。

④《楚辞·招魂》曰：目极千里兮伤心。王逸注："言湖泽薄平，春时草短，望见千里，令人愁思而伤心也。"刘履曰：春气感心，言春气发动，鸟兽孳尾之时。

⑤ 三楚。《汉书注》曰：旧名江陵为南楚，吴为东楚，彭城为西楚。"秀士"谓秀茂之士，宋玉之流也。玉为《高唐赋》云：朝为行云，暮为行雨。

⑥ 荒淫。非荒政淫乐之谓，乃荒文淫辞之略称。荒文，荒唐之文，荒忽之

文,荒忽,《楚辞·九歌·湘夫人》:"荒忽兮远望,观流水兮潺湲。"荒忽,犹恍惚。淫辞,浮夸失实之辞。《孟子·公孙丑》上:"诐辞知其所蔽,淫辞知其所陷,邪辞知其所离,遁辞知其所穷。"

⑦ 朱华振芬芳。黄节曰,殆犹《高唐赋》所云,榛林郁盛,苑华覆盖,绿叶紫裹,丹茎白蒂也。《神女赋》:陈嘉辞而云对兮,吐芬芳其若兰。

⑧ 高蔡相追寻。《战国策·楚策四》:庄辛对曰:"鄢必危矣。王独不见夫黄雀俯啄白粒,仰栖茂树,鼓翅奋翼,自以为无患,与人不争也;不知夫公子王孙,左挟弹,右摄丸,以其颈为的,昼游乎茂树,夕调乎酸咸。夫黄雀其小者也,蔡圣侯因是已,南游乎高陂,北凌乎巫山,饮茹溪之流,食湘波之鱼,左抱幼妾,右拥嬖女,与之驰骋乎高蔡之中,而不以国家为事;不知夫子发方受命乎宣王,系已以朱丝而见之也。蔡圣侯之事其小者也,君王之事因是已。左州侯,右夏侯,辇从鄢陵君与寿陵君,饭封禄之粟而载方府之金,与之驰骋乎云梦之中,而不以天下国家为事,不知夫穰侯方受命乎秦王,填黾池之内,而投已黾塞之外。"襄王闻,颜色变,身体战栗。于是乃执圭授之为阳陵君。

【一千七百年来前贤评述】

  王臣李周翰曰:"讽荒淫之事进谏于君,言朝廷之士随风从流,无能如此。"刘良曰:"朱华喻荣盛。……言魏初荣盛,后如高蔡、黄雀之危,一念至此,泣涕不能禁止。"

  黄节引刘履曰:《通鉴》:正元元年,魏主芳幸平乐观,大将军司马师以其荒淫无度,亵近倡优,乃废为齐王,迁之河内,群臣送者皆为流涕。嗣宗此诗,其亦哀齐王之废乎!盖不敢直陈游幸平乐之事,乃借楚地而言夫江水之上,草木春荣,其乘青骊驰骋而去,使人远望而悲念者,正以春气之能动人心也。彼三楚固多秀士如宋玉之流,但以"朝云"荒淫之事导而进之,无有能匡辅之者,是其目前情赏虽如春华芬芳之可悦,至于一遭祸变,则终身悔之将何及哉!故以高蔡、黄雀之说终之,可谓明切矣。(正是。曹爽被诛,何、邓、丁诸士,司马师、曹芳,各有其咎,前文已详考,此

诗乃曹爽集团覆灭之周年祭也。）

邹思明曰："我心"以上，言感时而悲。下讥朝士随风从流，不能如宋玉、庄辛之讽谏。

吴淇曰：首二句兴起。皋兰比君子，被径路此处非其地，青骊比青春，"逝駸駸"：去之甚远，所以远望之而悲感。当世碌碌者勿论，即贤豪之士亦不肯引君当道，趁此明时明其政刑，而反进以荒淫，曾不一鉴覆辙，故为吟黄雀之诗，感高蔡之事，而悲伤无已时。（所述无当，前半诗极言江山故国之美，故下文继之于叹三楚秀才乏才滋祸。）

黄节引何焯曰：此篇以襄王比明帝，以蔡灵侯比曹爽。嗣宗爽之故吏，痛府主见灭，王室将移也。（离之不远，唯以爽为阮籍府主，谬也，阮君未必肯承。）

何焯又曰："朱华"句谓私取先帝才人为伎乐，"高蔡"句谓兄弟数出游也。又曰：此盖追叹明帝末路荒淫，朝无骨鲠之臣，遂启奸雄睥睨之心，驯致于亡国也。（凿矣。）

黄节引蒋师爚曰：按《曹爽传》有南阳何晏，邓飏、沛国丁谧。晏乃进之孙，飏乃禹后，《后汉书·何进传》：南阳宛人。《顾禹传》南阳新野人。是皆楚士，皆进自爽。（考之深。即非楚士，也难逃人谴。）

陈沆曰：枫林、皋兰、秀士、朝云，同为楚产，故首以起兴。楚襄王比明帝，蔡灵侯比曹爽。朱华，芬芳谓私取才人为伎乐，高蔡追寻谓兄弟数宴游。庄辛谏楚襄王，谓黄雀逍遥自得而不知公子挟弹随其后，犹爽之不知为懿所图也。（陈君之论，难得不掉文自赏，文技既敛，言义几合，甚有进益。）

张琦曰：此伤魏主芳以淫不能自振，致有黄雀之哀也。（此诗尚不指芳帝。）

黄节引陈祚明曰：此伤国无人焉，不能为君防害于未然，至祸已成而不可救也。

方东树曰：此借楚王之荒淫无道将亡，以比今日之曹爽，不知司马氏之同于攘侯，将以之调酸咸也。……三四乱象已成，而方驰骛为荒淫不已……当春而悲，无时不悲矣。所悲为何？悲彼相与荒淫耳。"朱华"正说荒淫。"高蔡"二句，借楚事为证。……此事，则……但指爽懿，非谓明帝也。此诗全用《招魂》意，而公所处之时，情事亦相准，盖自比灵均矣。（略近。）

王闿运曰："湛湛长江水，上有枫树林。皋兰被径路，青骊逝骙骙。"全取《离骚》词，先生误记。（此乃屈子《招魂》之文也，愈丽愈悲，使人神移。）

黄侃曰：祸福相伏，理若循环。以三楚之广，秀士之多，乃以肆侈为心，荒淫是效，则其覆败可以预期。黄雀之哀，焉能自已耶！（是也。）

【译余骈言】

"前贤评述"之末，陈伯君先生作按语曰：曹爽事与庄辛对楚襄王所言蔡圣（灵）侯之事何其相类！司马懿俨然一"子发"也。据《三国志·曹爽传》："南阳何晏、邓飏、李胜（后又出为荆州刺史）、沛国丁谧、东平毕轨咸有声名，进趣于时，明帝以其浮华，皆抑黜之，及爽秉政，乃复进叙，任为腹心。"又曰："晏，何进孙也，……少以才秀知名。"

何晏、邓飏、李胜，皆所谓三楚秀士也。《爽传》又云：

"爽饮食车服，拟于乘舆，尚方珍玩，充牣其家。妻妾盈后庭。又私取先帝才人七八人，及将吏、师工、鼓吹、良家子女三十三人，皆以为伎乐。诈作诏书，发才人五十七人送邺台，使先帝婕妤教习为伎。擅取太乐乐器、武库禁兵。作窟室，绮疏四周，数与晏等会其中，纵酒作乐。"

其荒淫可谓甚矣。《爽传》又云：

"十年正月，车驾朝高平陵，爽兄弟皆从，宣王（司马懿）部勒兵马，先据

武库，遂出屯洛水浮桥。……遂免爽兄弟（之官职），以候还第。……于是收爽、羲、训、晏、飏、谧、轨、胜、范、当等，皆伏诛，夷三族。"此可谓"高蔡追寻"、"黄雀哀也"。（黄雀哀，假螳螂捕蝉寓言，黄雀自恃聪明，终于丧命，讽曹爽一众在与典午争权中唯见眼前微利，难免卒于一旦。）

以爽事与蔡圣侯事相比，**不谓此诗为曹爽而发而不可得**。（在陈伯君先生原著中，这一句文字，便作黑体，以见其要，本文一仍其旧。）此诗当作于曹爽事败之后，故曰："一为黄雀哀"也。黄节谓何、蒋之说"事事附会"，若果"事事"相类，则不得谓之"附会矣"。至谓何、蒋解说"朱华"、"高蔡"二句尤无理，"朱华"句似谓当其盛时，"高蔡"句谓爽兄弟数俱出游，不知其何谓"无理"也？

陈伯君先生在他的书中"序"里，更进一步指出："他的忧思八十二首诗决不都是最后几年才写的。在以前更长一段时期内，对于魏明帝以至曹爽兄弟这班人的所作所为，也不能无所臧否。这些，也必然在他的诗里得到反映"。陈先生这段话，无异指出曹爽集团被诛的日期在史籍上是有明确记载的，只要找到相应的诗章，那么该诗的写作日期也便可以推定了。

笔者推测，本诗内容既曰招魂，那么这首诗当是诛爽一年之际所写的。也就是作于公元二五〇年春了，很可能是在清明前后。而他的第一首"咏怀"当作于上年之夏初。就这样，**一个近二千年的诗谜，总算可以找到它的写作发端时间了**。

现在，可以仔细看看这首诗的内容了。本诗分前后二部分：第一部分几乎全部是从屈原《招魂》的尾声之歌；"乱"（想来是混声合唱）中套下来改写成五言诗的，请看屈原的原作：

> 皋兰被径兮斯路渐，
> 湛湛江水兮上有枫，
> 目极千里兮伤春心，
> 魂兮归来哀江南。

而本诗的第一节是：

湛湛长江水，上有枫树林。
　　皋兰被径路，青骊逝骎骎。
　　远望令人悲，春气感我心。

（所缺末一句招魂主体，那就是第二段中的两位主角：多才的秀士和寻欢的君侯了。）

　　阮籍这样做，自然是有深意的。他不仅为第二部分作好铺垫，更在于明确地告诉读者，我这首诗也是一首"招魂"诗，我的主祭内容，就是曹爽集团覆灭一周年。

　　在诗第二部分中，他总结了曹爽集团覆灭的两大原因，各用二句诗表述。第一个原因"三楚多秀士，朝云进荒淫。"指出是文士误主。何晏等人是当时最重要的一些魏国文人，何晏不仅自视极高，在辅助曹爽期间也为爽出过不少政治计谋，如将司马懿明升暗降，封为太傅，使之远离朝政，让曹爽独揽朝纲。又如将太后迁往永宁宫，使她与少帝不易接触，可任由爽党播弄幼主，并乘机侵夺宫中财物，御用伎乐等。何晏他们谋取了朝中高位，却不理国是，以清谈为尚。所以阮籍借楚国文士宋玉为喻，说三楚之地，才俊虽多，却只会编些荒唐不经的故事，娱主误国（"三楚多秀士，朝云进荒淫"）。

　　第二个原因是曹爽集团的首脑们，窃夺了大权后，以为主幼妇弱，司马懿又衰病垂死，缺乏危机意识，只知文恬武嬉，不事朝政。"朱华振芬芳，高蔡相追寻"司马懿为麻痹他的政敌，故意装病，《晋书》中描述他装病之状，值得一读："（正始）九年（公元二四八年）春三月，"司马懿正偷偷准备着，其时，"爽之徒属亦颇疑帝（司马懿），会河南尹李胜将莅荆州，来侯帝。帝诈疾笃，使两婢侍，持衣衣落，指口言渴，婢进粥，帝不持杯饮，粥皆流出霑胸。胜曰：'众情谓明公旧风发动，何意尊体乃尔'！帝（司马懿）使声气才属，说：'年老枕疾，死在旦夕。君当屈并州，并州近胡，善为之备。恐不复相见，以子师、昭兄弟为托'。胜曰：'当还忝本州，非并州'。帝乃错乱其辞曰：'君方到并州？'胜复曰：'当忝荆州。'帝曰：'年老意荒，不解君言。今还本州，盛德壮烈，好建功勋！'胜告爽曰：'司马公尸居余气，形神已离，不足虑矣。'他日，又言曰：'太傅（司马懿）不可复济，令人怆然。'故爽等不复设备。"司马演技之佳，可谓名

忧难及!

曹爽集团之覆灭，本是迟早之事，但司马懿抓准了他们全体远游在外，而宅第家业在京，去留为难之际，乘机以家业为诱，劝释兵权，遂使曹爽入陷。故阮籍在诗中特地写了"高蔡相追寻"一句，影射曹爽之失与全体出游有关。

这一首诗之所以被绝大多数研究者认为与司马懿诛杀曹爽集团有关，是因为这个集团的首领曹爽，特别喜和文人相与。玄学家何晏等在他的集团中起着重要的作用。阮籍为抓住文人误主的特征，诗中特地以宋玉作《高唐赋》为例影射之。这个例子也许并不十分贴切，但是屈原的另一篇名作《招魂》却正好用上了。更重要的是阮籍此诗正好作于清明前后，特地点出了此诗周年祭的"招魂"含义。由此可见，之前的十章诗，尽皆是记述上一年司马懿诛杀曹爽兄弟后之种种情事及感慨焉。

就这样，在陈伯君先生的亲自指点下，试用了他遗下的第一把"金钥匙"，果然在阮籍《忧思吟》诗中找到了几乎人人公认是反映有关曹爽被诛一事的"第十一章"诗。

更加便宜的是，在最初若干诗作中，阮籍每每留下他写诗时有关节令气候的描绘，再结合各章诗的内容，上推下演，便大致得到了卷之一中各诗的相应写作时间。反过来说，由于写作时间相对清晰起来，也增强了后人进一步理解诗作内容的可能。

如果我们的理解能"就诗论诗"，紧紧跟随每诗的原文原意阐释，那么，破解阮籍五言忧思诗"千古之谜"的条件可以说全部具备了，没有理由见不到谜底的。但愿能毕成其事，得以告慰陈伯君先生于地下。

公元二五一年六月，司马懿病倒卧床，八月死，年七十三岁。其太傅兼大将军之职，就一并遗给了其长子司马师。司马懿之死，也就结束了曹阿瞒梦魇三马同槽的头马之食故事。本书卷之一便毕于兹。

卷之一（第一章——第十一章）
写作年月和时政背景列表

章次	公元	年号	朝廷主政	典午传承	首句	内容和物候背景	
	249年元月	嘉平元年	曹芳	司马懿	无诗	司马诛灭曹爽集团	
第一章	249年春	改元	曹芳	司马懿	夜中不能寐	写在曹爽集团被诛后三月许，首发之作。	司马懿诛爽后，见闻有思
第二章	249年春	嘉平元年			二妃游江滨	深痛金石之盟，言而无信，时春水方生。	
第三章	249年春				嘉树下成蹊	桃李正盛，想叔齐西山之隐，其行颇艰，乃休。	
第四章	249年春				天马出西北	咏诸事变化无常，人生难料也。	
第五章	249年春				平生少年时	世事固变化不测，自身亦当负责。	
第六章	249初夏				昔闻东陵瓜	甜瓜登市，东陵侯乃自处审慎，善处而免祸者。	
第七章	249仲夏				炎暑唯兹夏	爽案的最后甄别，不胜恐怖。兹夏唯三旬。	爽案过后，见闻有咏
第八章	249仲秋				灼灼西颓日	阮籍应辟，见群臣磬折以求，时方入秋。	
第九章	249深冬				步出上东门	阮未获优遇，伤良辰何在。凝霜沾衣，入冬矣。	
第十章	249岁暮				北里多奇舞	曹芳卖官敛钱，群小竞趋捷径。岁末胜景也。	
第十一章	250年春	嘉平二年清明			湛湛长江水	曹爽集团覆灭周年祭。	
	251年8月	嘉平三年	曹芳	司马懿卒	无诗		

卷外曲　一章

本章（第十二章）诗的内容与以下"第十三章"至"第十七章"（卷之二）诸事无关，赓与本书所记魏晋之间政事无关，纯系阮籍无聊之中的风月之吟。务请读者留意。

第十二章
昔日繁华子

第十二章

昔日繁华子，① 安陵与龙阳。②

夭夭桃李华，③ 灼灼有辉光。

悦怿若九春，④ 磬折似秋霜。⑤

流盼发姿媚，言笑吐芬芳。

携手等欢爱，宿昔同衣裳。

愿为双飞鸟，比翼共翱翔。⑥

丹青著明誓，⑦ 永世不相忘。

【今译】

当年最风光的嬖宠,
要数楚君的安陵与魏君的龙阳。

他们的美丽比得上春天的桃李,
柔美的肌肤隐隐泛着莹光。
怡悦迎人,就像风微香软的阳春,
柔便依顺,恰似芳草之被新霜。

一顾一盼,媚生秀发,
一言一笑,满室芬芳。
欢爱相携,胜似最亲密的爱侣,
寝宿与共,分什么谁的衾被衣裳。

真愿意化作双飞的鸟儿,
一同在天空中比翼翱翔。
丹青为铭,记下了我们的深情盟誓,
永生永世呵终不相忘。

【笺注】

① 繁华子,五臣吕延济曰:"繁华喻人美盛如春华之繁",也或当指美人声名之盛且繁也。犹后世之交际花也。

② 安陵、龙阳。战国时两个著名的男宠。安陵君缠,得幸于楚共王。江乙谓缠曰:"君无咫尺之地,骨肉之亲,处尊位,受厚禄,一国之众见君莫不敛衽而拜,抚委而服,何以也?"缠曰:"王过举以色,不然,无以至此。"江乙曰:"以财交者,财尽而交绝,以色交者,华落而爱渝。是以嬖色不避席,宠臣不避轩。今君擅楚国之势而无以自结于王,窃为君危之。"安陵君曰:"然则奈何?"江乙曰:"愿君必请从死,以身相殉,如是必长得重于楚国。"曰:"谨受令。"三年而弗言。

江乙复见曰:"臣所为君道,至今未效,君不用臣之计,臣请不敢复见矣。"安陵君曰:"不敢忘先生之言,未得间也。"于是楚王游于云梦,结驷千乘,旌旗蔽天,野火之起也若云霓,兕虎嗥之声若雷霆,有狂兕牂车(牂,通牂zang),依轮而至,王亲引弓而射,一发而殪。王抽旃旄而抑兕首,仰天而笑曰:"乐矣,今日之游也!寡人万岁千秋之后,谁与乐此矣?"安陵君泣数行下而进曰:"臣入则编席,出则陪乘。大王万岁千秋之后,愿得以身试黄泉,蓐蝼蚁,又何如得此乐而乐之。"王大悦,乃封坛为安陵君。(见《战国策·魏策四》。)

龙阳君得十余鱼而涕下,王曰:"有所不安乎?"对曰:"无。"王曰:"然则何为涕出?"对曰:"臣始得鱼,甚喜。后得益多,而又欲弃前之所得也。今以臣美丽而得为王拂枕席,今爵至人君,走人于庭,避人于途。四海之内,其美人甚多矣,闻臣之得幸于王,必褰裳而趋王,臣亦曩之所得鱼也,亦将弃矣,安得无涕出乎?"王乃布令:"敢言美人者族!"(同上书。)

③《毛诗·周南·桃夭》曰:"桃之夭夭,灼灼其华。"夭夭,其室壮也,灼灼,华之盛也。

④悦怿,《诗·邶风·静女》"说(悦)怿女美"。怿与泽古字通,荀子《礼论》:"悦豫婉泽。"泽,颜色润泽也。陈伯君曰:"悦怿"似仍从《诗》"悦怿女美"来。九春,春季为三个月,每一个月又为三旬也。

⑤磬折似秋霜。磬折,似磬之形折,(见第八章注)。秋霜,原注谓态度严肃。非,秋霜与九春对。秋霜何言馨折,乃知谓秋草之被霜也。

⑥比翼鸟。黄节引《尔雅·释地》曰:南方有比翼鸟,不比不飞,谓之鹣鹣。

⑦丹青。丹青者,朱砂与黑墨也。青,此处指黑色。《书·禹贡》"厥土青黎"。李白诗:《将进酒》"朝如青丝暮成雪"。谓以丹书于帛,以墨书于简,所以示信守也。

【一千七百年来前贤评述】

五臣吕延济曰:誓约如丹青分明,虽千载而不相忘也。言安陵、龙阳以色事楚魏之王,尚犹尽心如此;而晋文王蒙厚恩于魏,不能竭其股肱而

将行篡夺，籍恨之甚，故以刺也。（牵扯不能已。）

闵齐华曰：此借二人以色事主，始终不渝，以刺君之不择人也。

邹思明曰：此诗以私昵方道义，凡事君交友皆期于贞固，率是类也。（与前略异，但以龙阳之好，方诸道义，何其不伦！情好固天之所秉，道义乃后天学习所得，非生而好之，何以比类！）

黄节引何焯曰：此盖指贾充、钟会辈为贼臣用事者言之，谓尔斫丧公室，自诩佐命，不知行且自及也。（行且自及，固然。但与安陵、龙阳何涉。）

于光华又引何焯曰：结交不以正，如刘放、孙资之属是也。此首全以反言取意。（结交不正，遂云取其反义。能得何义耶？玄虚若是，令人失色。）

陈祚明曰：色衰则爱弛，财尽则交疏；国事日非，人怀异志矣。我则不然，永世不相忘，（然）所比愈下，使人不测。（所比者愈下，君犹能永世不相忘，真"令人不测矣"！因果相继，人智所积也，其因既变，其果必异，犹坚执固守，毋乃缘木求鱼、刻舟求剑之若。）

在《咏怀》全书集评中，已摘录陈祚明之评，曰：人之立身，各有怀抱，二端各见，歧路分趋（二端，指或殉物系情，或遗世冥惑）情见乎辞，存诚难饰。（阮籍）今既脱落荣华，好谈轻举，乃复惓怀亲爱，甚恋绸缪，非徒旨谬老庄，亦恐人迷詹尹。……世累人烦，此情未睹。（在诸评中，陈祚明之疑勿谓无见。是难得能持一点清醒之见者。但仍沉迷于假设的英雄观中，故终未能觉醒直视焉。）

【译余骈言】

这第十二章专叙历史上君王们的宠嬖之好，它不是一首讽喻规劝之诗，也不曾寄寓什么警世格言，实际上是借题发挥，夫子自道。亟言男宠之姣好，以寄其所思念之男友情好。看来曹爽一案过去了好几年了，社会秩序已经又复稳

定。阮籍此时也有心情叙起他自己的烟花风月了。阮籍本人是个双性恋者,其爱恋者男女都有,在本书八十二章中,涉及私人情事者,共有六章,其中属同性恋的有四章,在全书中,前后十二年,与全诗八十二章相比,不到百分之五,不可谓多矣。

本诗通篇全是叙阮君对所恋男宠之美丽、柔婉,以及两人欢娱之乐的称美,拟永世相好。诗中无一字赘及情好之外的内容,是一首完完全全的同性恋情诗。诗语直白,简单、幼稚,直言称赞回味娈童玉身之柔美芬芳。从不思及对方被恋的男友,究竟爱君为何?学问?道德?高位?多财?外美?说到底,仅取钱财而已。忘情至理智全失,在这件事情上,上智者失智而仅见其色,下愚者却略其老丑而谋诸于财,反具高明之智。深显人性之可悯,理智之不可靠。

在中国古代的文学中,以男女之好喻君臣之谊,其先肇自屈原芳草美人之说;汉时郑玄注《诗经》,又廓之于后妃之德,从此几乎成为古人的一种通常表述形式。而断袖、分桃之癖,在历史上某些时期,尤胜正常的异性恋。在当时社会,居然也视之若素,未见多议。魏晋之时,好道,好求仙,服药之盛与慕长生,置炉鼎,(采女性之精,以求长生者,术士称采用之女为"炉鼎",炼丹之炉也。)是密不可分的,原因和结果纠缠在一起,故术士大行,道教亦更益昌盛。

同性恋者,从今日科学观念言之,是某些人的生理基因变异所致,世界各国都有,中国亦然。魏晋之际,宫廷及豪门男性,崇尚长生服药,又专好修饰仪容,是同性恋盛行的明显标志,也是上层社会中性事糜烂的标志。历史上对此种行为批评甚多,是以事后之正人君子多讳言之。阮籍是传称中的竹林七贤之首,啸傲一世,后人回护更甚,许多人都有意不提此事。笔者则以为当正视其事,阮籍自己既不讳言,且著之于文,吾等后人亦当正确表达阮君之意,无为涂饰。且阮籍无论其是同性恋或双性恋者,都无碍于今人对其政治、道德、学术、诗艺成就的正确评价,更无碍于对其特殊的性取向作客观叙述。完整地表达阮籍其人是后来者的责任,在反映世俗社会对阮籍评价的同时,也便反映了那个社会的历史特征。再说,阮籍之"失",何止仅同性恋而已。作为一个社会人,他总是集合

着许多社会性，阮籍其人，不仅经历丰富，自省亦周，他与人有终日不与一言者，非仅避祸，亦内省而无言也。而其放达之行，狂诞之语，多是对陋儒而为。阮籍其人有自知之明，自耻之痛，更有其特立卓行，无愧于天地间的自省之德，率性之操，安须后世龌龊小儿为之膏沐哉！其余不一，容见后文。

第十二章，全诗十四句，除第一第二句假述史事外，其余十二句，一气呵成，文情并茂，极为华美，皆阮籍精心所构。其三、四两句状外貌，五、六句摹容止，七、八句叙言语神色，九、十句述床笫之欢，最后四句抒心愿，设盟誓。两情之好，唯永世不离，才惬所愿。其情若笃，其文意则简单空泛，非当事者，无可留意也。

值得注意的是此诗写作时间或在嘉平四年（公元252年）左右，时司马懿病卒，司马师接任大将军之位，司马集团大佬初换，司马师处事谨慎，雅不欲人知其能，每每息事宁人，故其时政令宽和；于是阮籍遐思油然生焉。其素有断袖之癖，乃假安陵、龙阳之名，将自己已往的情人情事入诗，聊寄所思尔。

忧思八十二章，在阮籍来说，发之于诗的只有一个主题，那就是曹马之斗，当悍臣压主，出现严重的有背儒学伦理的行为和事件时，阮的价值观受到了强大的冲击，他痛苦万分，没有可以与谈者，只能宣泄于诗。其已著"卷之一"诗，其实只记述了司马懿诛曹爽一案的后半政事。诗在第一章至第十一章。十一章之后司马懿染病卧床，朝中无人主持，政局弛和有隙存焉，阮籍乃偷着乐，写一点私人情事，能不体谅！

这样类似的主题变换，几乎是阮君的一种生存状态，看下去！后文尚有重演的故事。

卷之二

"三马同槽"梦谶之二
司马师黜逐朝廷天子　阮嗣宗隐法左史先范

第十三章 至 第十七章

元二五四年二月——公元二五四年十月

（嘉平六年）

小 引

两年以后，司马懿年迈宾天，遗位由其子司马师相继。司马师心计甚深，外宽而内阴。先，魏军武将屡屡用兵失利，他都揽在自己身上，责为己过，且每每善言过实，意示宽厚为务，不敢称罪先人之重臣也。实则他蛰伏鹰视，朝夕怵惕，时时警醒在焉。在司马父子交替之时，师之为政，多外作宽慢，时政呈现宽缓平和景象。

政宽时和之际，阮籍闲来无聊，情思动焉，乃有同性恋之为，作"第十二章"一首，假史之安陵、龙阳为咏。诗仅一章，依写作前后之序，缀于"卷之二"之前，故称"卷外曲"。卷中主题则为司马师主政时发动的两场宫廷政变。

仅五章之诗专列其为"卷之二"的理由

或曰，"卷之二"只收了五篇诗章，非但数量极少，难与它卷相匹；且五章诗作，除最后两章合咏一事外，皆每诗一意一咏；若无相关者，岂编者疏忽所致？

非也！将此五章之诗专厘为一卷，实由笔者读竟全书，反复审思后乃定，且看已经厘定之其他三卷：

"卷之一"，一章至十一章，所记尽为司马懿诛杀曹爽集团后诗人之种种震惊、愤慨及司马懿军变后朝中政治生态诸情。

"卷之三"，二十章至四十四章，所记为一件与朝政无关的阮籍私人事件。

（此卷另详。）

"卷之四"，四十五章至八十二章，所记乃高贵乡公曹髦初即帝位至被司马昭手下戮死宫外。此乃司马家族谋夺曹政的第三出。在阮籍于大将军府，任事十四年间，历司马懿、司马师、司马昭三世，其中懿、昭之行俱在，唯乏师之所为矣。司马师于辅政期间头等大事，当推嘉平六年二月及九月两次相继屠曹臣、黜天子，何以不见阮籍提及？史载：

（师）获知天子曹芳与中书令李丰、后父张缉、黄门监苏铄，永宁署令乐敦、冗从仆射刘宝贤等，谋以太常夏侯玄代师辅政。乃逮捕丰铄、玄、缉等皆夷三族。

天子深惧矣。师亦以天子芳已两度谋动，潜拟废立之。九月，密讽永宁太后下令："皇帝春秋已长，不亲万机，日近倡优，迎六宫家人留止内房，毁人伦之叙，乱男女之节，又为群小所迫，将危社稷，不可奉承宗庙。"师召群臣会议，流涕曰：（好一个"流涕"曰。杀也是他，哭也是他，唯大角色能演大人物，后日司马昭既亦诛戮曹髦，乃再演挥泪之剧，兄弟相继，家传所秘，令人击节。）"太后令如是，诸君其如王室何？"咸曰："明公当之于今，今日之事，唯命是从。"乃使使者持节卫送，舍河内之重门。（《晋书》卷二）

于是笔者疑焉。意阮籍深悉司马师伪善阴残之性，故其为诗深隐也。复将上述史事，强纳于五章诗中比照。因心存所疑，乃见车辙马迹，影影绰绰，若有之焉：

一、其中诛重臣、黜天子倾国大案，史载尝于这一年二月及九月分别进行；阮诗五章亦前三章、后二章分别咏纪，犹仍"卷之一"秋后之即目纪事之风也。

二、"第十三章"若专讽前人苏秦、李斯辈，已获高官犹贪求无已，实乃咎由自寻，求仁得仁者。考诸二月倒马一案主事者，亦皆朝中高官贪欲难饱，且恰有李、苏二姓在焉。

三、兹案上下互用，内外勾结，所因之殊，所罹之众，难以胜言。阮籍诗

"第十四章"乃以"多言焉所告，繁辞将谁诉？"讽咏之。笔者于"第十四章"另具"有启"一文于后，本文乃初读所撰，一仍其状。

四、虽然，阮籍犹不得不为夏侯玄之死专咏焉。非仅其才雄一时，卓然可观；更以其相似的少学经历，尤令人起惺惺相惜之情，乃更作"第十五章"，假自己少年经历况之。此种手法，犹似"第五章"手法也。

五、"第十六章"、"第十七章"两诗，貌若诗人记回乡途中旅事，实欲以《左传》中记事之文"是时鹑火中"移置于所咏焉。非仅时日相符，更隐示阮籍有效古史官之心，以严正之笔，实录司马师废黜少帝之大逆时日入诗焉。想来在阮籍心目中，少帝曹芳固有卖官鬻爵、秽乱宫廷之恶，是乃一人一己之恶也。岂若司马师以魏姓之臣，行废皇后、黜天子，无天、无君之恶。其恶乃毁纲常，败社稷，倾侧世道良知之恶焉。其毁坏儒家心中的社会秩序基石，颠覆儒家的价值准则，那是何等可怕之不世巨恶之事，诗人以一腔热血，面危以迎，秉笔直书，不亦壮哉！

有兹五者，应识五章所咏，确系阮籍专记司马师诛锄曹姓朝基之为。岂能仅以诗中文字字表之义，目为另散诗文焉？阮籍固因忌惮司马师手段凶残，不得不深隐其文，是亦有因焉。笔者既明其由，自当比属俦类，专为另辟一卷，以发阮籍志典午一门篡魏夺曹事于诗之志焉。

历史资讯

阴柔沉稳司马师

公元二四九年元月,司马懿率二子乘曹爽集团高官全体出游之际,截其归路,把他们全部扑杀了。然而,再两年之后,也就是公元二五一年(嘉平三年),司马懿毕竟拗不过上苍的旨意,也撒手西去了。身后之事,悉由司马师所继。

司马师是一个厉害角色,不将其稍作介绍,读者便不易明白《卷之二》所发生的一些故事。《晋书卷二·景帝》篇告诉我们:景皇帝讳师,字子元。宣帝(司马懿)长子也。他雅有风彩,沈毅大略。少流美誉,与夏侯玄、何晏齐名。晏常称曰:"唯几也能成天下之务,司马子元是也。"魏景初中,拜散骑常侍,累迁护军,为选用之法,举不越功,吏无私焉。宣穆皇后崩,居丧以至孝闻。

其先宣帝司马懿之将诛曹爽,深谋秘策,独与帝(司马师)潜划,文帝(司马昭)弗之知也。将发夕乃告之。既而使人觇之,师寝如常,而昭不能安席。晨会兵司马门,镇静内外,置阵甚整。宣帝曰:"此子竟可也。"初,帝阴养死士三千,散在人间,至是一朝而集,众莫知所出也。(笔者按,《晋书》作者房玄龄,乃忘前已志之事,魏明帝死前,在嘉福殿卧内曾目齐王(向懿)曰:"以后事相托……吾忍死待君,得相见,无所复恨矣。与大将军曹爽并受遗诏辅少主。及齐王即帝位,迁侍中、持节、都督中外诸军,录尚书事,与爽各统

兵三千人，共执朝政，更直殿中，乘舆入殿。"按，此乃三千军之由也。）诛爽后，以功封长平乡侯，食邑千户，寻加卫将军。及宣帝薨，议者咸云"伊尹既卒，伊陟嗣事"，天子命帝（司马师）以抚军大将军辅政。

魏嘉平四年春正月，迁大将军，加侍中、持节、都督中外诸军、录尚书事。命百官举贤才，明少长，恤穷独，理废滞。诸葛诞、毌丘俭、王昶、陈泰、胡遵都督四方，王基、州泰、邓艾、石苞典州郡，卢毓、李丰掌选举，傅嘏、虞松参计谋，钟会、夏侯玄、王肃、陈本、孟康、赵酆、张缉预朝议，四海倾注，朝野肃然。或有请改易制度者，帝曰："不识不知，顺帝之则"，诗人之美也。三祖典制，所宜遵奉；"自非军事，不得妄有改革"。

这真是一个沉稳老练的主儿，大权紧握，制度不变，不事一丝虚文，于是一切都平平稳稳进行着，表面看来，时平政和，什么也没有发生似的，阮籍无聊甚，于是情思萌矣，有第十二章之为也。

第十三章
登高临四野

卷之二

第十三章

登高临四野,北望青山阿。①

松柏翳冈岑,②飞鸟鸣相过。

感慨怀辛酸,怨毒常苦多。③

李公悲东门,④苏子狭三河。⑤

求仁自得仁,岂复叹咨嗟。⑥

【今译】

　　登高而眺，面临四野，
　　向北望去，深山中有一处坟窝。
　　黑沉沉的松柏，荫覆了大片山冈，
　　一群群飞鸟，鸣叫着盘旋而过。

　　那些辛酸的旧事，不能不令人感慨，
　　其中自找的怨恨苦恼也实在太多太多。

　　李斯临刑，才悲叹错过了昔日东门牵犬之乐。
　　苏秦求富贵，当年也看不上小小的三河。
　　求仁者得仁，终遂所愿，
　　又何须这般地反复叹息吁嗟？

【笺注】

　　① 阿，《尔雅·释地》：大陵曰阿。《古诗十九首》："出郭门北望，但见丘与坟。"李善注意到"北望青山阿"所见者为陈死人之坟墓，因而引起感慨也。北邙坟丛在洛阳城北。

　　② 松柏句，李善引仲长子《昌言》曰：古之葬，植松柏梧桐以识坟。黄节引《尔雅·释地》：山脊，冈。又，"山小而高，岑"。

　　③ 毒，怨恨、痛恨。怨之甚也。

　　④《史记·李斯列传》：李由（斯之长男）告归咸阳，李斯置酒于家，百官长皆前为寿，门庭骑以千数。李斯喟然而叹曰："嗟乎！……吾闻之荀卿曰：物禁太盛。夫斯乃上蔡布衣，闾巷之黔首，上不知其驽下，遂擢至此。当今臣人之位，无居臣上者，可谓富贵极矣。物极则衰，吾未知所税驾也。"二世二年七月，具斯五刑，论腰斩咸阳市。斯出狱，与其中子俱执，顾谓其中子曰："吾欲与汝复牵黄犬俱出上蔡东门逐狡兔，岂可得乎！"遂父子相哭，而夷三族。

　　⑤ 苏子，苏秦也。三河，沈约曰："河南、河东、秦之三川郡。古人呼水皆

为河耳。苏子以两周之狭小，不足逞其志力，故去佩六国相印也。"张铣曰：苏秦本洛阳人，洛阳三川之地，则三河也。

⑥李善引《论语·述而》：子贡曰：伯夷、叔齐何人也？子曰：古之圣人也。曰：怨乎？曰：求仁而得仁，又何怨。曾国藩曰："求仁得仁"，犹云求祸得祸，苏李之诛死，自取之耳。咨，叹声。嗟，叹也。《集韵》一曰痛惜也。（确系阮诗旨意，曾公之按无误。）

【一千七百年来前贤评述】

沈约曰：二子（李公、苏子）岂不知进趋之近祸败哉？常以交利货赊祸，故冒而行之，所谓求仁得仁也。松柏冈岑，丘墓所在也。古有皆死之义，莫有免者焉。达者安小大之涯，各遂分内之乐，委天顺命，以至于俱为一丘之土，夫何异哉！故因北望山阿而发此句，明徂谢之理虽同，夭逝之途则异也。感慨之来，诚逝者所不免；至于颠沛逆天，怨毒求生，苏子、李斯张本也。

五臣张铣曰：言二子岂不知趋势以近祸败也；为而犯之者，亦犹求仁得仁，谁复为之嗟矣。籍登高望见丘坟松柏而怀李公、苏子，以为世人不知止足，后必悔恨，有如此者。（所见者是，实属罕异。）

蒋师爚引何焯曰：此言人皆有死。若苟求富贵者，其卒亦贻五刑、车裂之悔，何如求仁得仁若夷、齐者为得其所乎！王经之母知斯义矣。"求仁得仁"借言祸福相倚，自取之也。其为李斯、苏秦之续者，彼实见利忘祸，趋死之不暇，吾又何叹哉！（无意之间，得近真意，幸哉！）

黄节引陈沆曰：三河谓周。苏秦狭周室而不说，以比权门之士卑王室为不足图也。然李斯苏秦志图富贵而卒贻东门之悔，车裂之殃，岂如求仁得者杀身无怨哉！以松柏山冈起兴，见自古皆有死也。（也可以。）

吴淇曰：此诗亦为晋将代魏而作。"登高临野"见四野萧条，已有天气棱棱之意。……"青山阿"者，取"仁者乐山"之义，预于冷灰中伏"仁"

字一线，且暗指为夷、齐西山也。……"求仁得仁"，分明是指伯夷，然却不明点，此亦嗣宗立言之慎也，故止用李公、苏子虚虚夹出。（阮籍再出言谨慎，亦何须违伯夷之为仁，谁人能罪之！看似仔细，实满嘴浮词，无一言可取。）然必取材于李公、苏子者，李相秦，苏相六国，天下富贵，均被两人分享已极；李之罪尤在辅暴秦，故快其末一报，曰"悲东门"。苏之罪尤在弃弱周，故诛其起初一念，曰："狭三河"。总之，借以刺当日之扶晋忘魏者。

陈祚明曰：人知苏子之狭周以为不足说者，图富贵耳。而不知得志如李斯，亦有东门之叹也。且夫求仁得仁，人各有志耳，岂以富贵！（原文如此。）

王闿运曰："求仁自得仁，岂复叹咨嗟"即"求而得之"之意。言爽等无知，以自取祸。（所言者是，所见则非。）

黄节曰："怨毒苦多"。指李公、苏子也。"求仁得仁"犹夷、齐说，沈约以为亦指李、苏。曾国藩曰："犹云求祸得祸"，恐非阮意。（诸贤所云，就字面而言，大致不远，言其本在平安，妄图富贵，反遭奇祸者，祸福无门，唯君自招也。所奇者，苏李辈皆陈死三五百年者，阮君何以重拾故事，必有新的内容相应，可惜前贤中毕竟无人深考焉。）

【译余骈言】

这一首诗，作者是怀着深深的感慨和叹喟写成的，平气而咏，反复三歌，当知五言之高古所在，诗共三节，凡四句一节，二节之后，第三节仅两句，以警句格言结束。

第一节，以北望所见之坟窝起兴，"北望青山阿"，其第四句"飞鸟鸣相过"，更着意点明：飞鸟之不断互递悲鸣，下面坟穴中，可悲之事甚矣！第一节之所叙，见事平之后，斯人已逝，诗系追记之作。

第二节，便承此展开，可悲者何？含怨至深，多且毒矣！"感慨怀辛酸，怨毒常苦多"这是全诗的中心段落。随以李斯、苏秦为例，两人都是贪心不已，欲望过高所致。李公当年宁舍与稚子走东门牵黄犬的天伦之乐，远辅暴秦，觅取相位，终遭五刑车裂之祸；苏秦亦然，嫌周室狭小，不足以展其才志，遂游说燕、赵、韩、魏、齐、楚，佩六国相印，为纵约长，后被张仪所破，至齐为客卿，与齐大夫争宠被刺死。（一说也是车裂。）

第三节，概结说：有什么办法呢？这都是所谓求仁得仁啊，"求仁自得仁，岂复叹咨嗟。"自作自受，咎由自取耳！哪有什么要叹息的！

读诗读到这里，亦可谓得其大旨也。但是，笔者却仍然有疑，疑之所在：乃全诗感慨太深，猛然以丛坟起咏，坟中死者多矣，偏偏着意在自寻烦恼，自作自受者。很显然，阮君作诗之时，一定看到了无法违避的大事件，一定看到了新的"苏、李"故事，且又触动得阮籍无法自制，于是搁笔五年之后，不得不又写起诗来。

《晋书》曰：公元二五四年，即嘉平六年之正月，由中书令李丰、黄门总监苏铄，后父张缉拟发动以太常夏侯玄取代司马师为大将军的政变，事泄，《晋书》原文曰："帝（司马师）密知之"，之外并无他语。李、苏、张、夏侯玄及永宁署令乐敦、冗从仆射刘贤，皆夷三族。其中李、苏二人，恰是事中主谋者，故诗借李斯、苏秦言之。事在是年正月，为诗之时或已近夏也。

尝记五年前，司马懿骤发诛爽之变，与难文士何晏，尝有语师之言曰："（师）能成天下之务者，唯几也"。这个"几"字，点到了司马师行事所异于人者。他擅于在总体形势欲变之初，觉察出微妙之"几"，犹宋玉之所谓"风起于青萍之末者"。夫青萍之微，径园如菽，俯仰之顷，仅毫末之动焉。其见"几"之微者乃尔。夫其动也，精微尤甚，若苍鹰一击，岂容转睫，脱兔未动，已膏鹰喙。虽迅雷电闪，未之捷也。故本诗首句，劈头便咏"北望青山阿"，山中丛莽茂也；又下一章"第十四章"首句，"开秋肇凉气"再为佐明。值得注意的是，本诗感慨良深，却毫无同情之意，但云"岂复叹咨嗟"而已！

史载丰白衣时，年十七八，在邺下名为清白，识别人物，海内翕然，

莫不注意。后随军在许昌,声称日隆。初,明帝在东宫,丰在文学中。及即尊位,得吴降人,问:江东闻中国名士为谁?降人云:闻有李安国者是。时丰为黄门郎,明帝问左右安国所在,左右以丰对。帝曰:丰名乃被于吴越耶!嘉平四年,中书令缺,大将军谘问朝臣:谁可补者?或指向丰。丰虽知此非显选,而自以连婚国家,思附至尊,因伏不辞,遂奏用之。临刑前与丰闻,丰怖,遂气索,足委地不能起。

又,丰尝密语黄门监苏铄、永宁署令乐敦,冗从仆射刘贤等曰:"卿诸人居内,多有不法,大将军严毅,累以为言,张当可以为戒",苏铄等答丰:"唯君侯计。"(以上见《三国志·魏书·卷九》注《魏书》《魏略》等文。)可见此诗当是阮籍借中书令李丰、黄门郎苏铄等为贪欲所蒙,妄图举事而致败亡,乃以苏李求仁得仁喻之为诗。阮于太常夏侯玄尤为惋惜,更以第十五章专咏之。此解笔者自以为得之,敬请诸君揭某所妄,以正视听。

又:黎东方曾曰:此案乃司马师为陷苏、李、夏等而设,若深有理焉,但阮籍乃身处其时者,却云"求仁得仁。"可见黎氏拟想不确,故不予采信。

要而言之,这是魏国末年曹马之争的第二回合。从这一章起,阮籍将再以五章之作,纪司马师"再次食槽(曹)"围歼帝党并废黜幼主两件大事,对曹姓集团进行了沉重打击,曹魏之朝摇摇欲坠矣。

第十四章
开秋肇凉气

> 第十四章
>
> 开秋肇凉气，①蟋蟀鸣床帷。
>
> 感物怀殷忧，悄悄令人悲。
>
> 多言焉所告，繁辞将诉谁？②
>
> 微风吹罗袂，明月耀清辉。
>
> 晨鸡鸣高树，命驾起旋归。

【今译】

秋天才到，晚风中便有了飕飕凉意，
蟋蟀的哀鸣，断断续续传自床帏。
物变伤怀呵，心胸间郁满了浓浓的哀愁，
悄悄地、悄悄地渐渐又涌动起阵阵揪心的伤悲。

许多的话儿想要向人讲述，
这满腔苦恼又能倾诉给谁？
微风吹拂着我的长衣，
月明似水，大地上唯是一片清辉。

高树之巅，晨鸡已开始引颈长啼，
我驾起马车，也向着家里返归。

【笺注】

① 肇，起始。

② "多言焉所告，繁辞将诉谁"，语意重复。沈约曰："重言之，犹云：怀哉！怀哉！"

【一千七百年来前贤评述】

五臣吕向曰：《诗·豳风·七月》云："十月蟋蟀，入我床下。"今言初秋始凉，已鸣床帏者，伤时政迫促。李周翰曰："感物，感时政也。吕延济曰：微风，喻魏将灭，教令微也。明月，喻晋王为专权臣也。鸡，知时者；言我亦知知时如此，将命驾归于山林，隐居而避此乱代。"（都是泛指泛言，无可无不可。）

闵齐华曰：蟋蟀至十月入床下，初秋时已鸣床帏，伤时变之急也。

王夫之曰：以追光蹑景之笔，写通天尽人之怀，是诗家正法眼藏。钟

嵘"源出小雅"之评，真鉴别也。（卓见不凡。）

蒋师爚引何焯曰：首联言典午以臣逼君，阴盛而阳微也。师爚曰：此说凿得无当。若以开秋为阴盛之时，岂鸡鸣为日升之颂耶？（批得好！批得好！）

黄节引吴淇曰：古之劳人，多托兴于蟋蟀，蟋蟀感时而鸣，人又感蟋蟀之鸣而悲。蟋蟀乃无情之物，有何悲忧可告欤？奈何叨叨然若人之多言，絮絮然人之繁辞欤？按《月令》：孟秋，蟋蟀在壁，故《豳风》："十月蟋蟀，入我床下。"此诗"开秋兆凉气"，乃七月也。"蟋蟀鸣床帏"则是先时而鸣（喻世之将乱也）。鸡本司晨，明月之夜多早鸣（以"晨鸡"句紧承"明月"句之下）则是未晨而鸣。"起"而"命驾"所谓见机而作也。（与五臣一般无聊！）（又，鸡鸣与明月之出毫无关系，月亮以二十九日又六小时绕地一周，故月出时间，每天在变，逐日延后五十分钟也。）

王闿运曰：开首四句，乃引疾告去之辞。末四句清凉悲壮，音节响亮。（诗人王闿运，识见非常。于诗境所会，每有独到，笔者深与焉。但云开首四句"乃引疾告去之辞"，意时在曹爽被诛之前，误也。）

黄侃曰：凡可以言语宣达者，非诚忧也。至于无所告诉，则其思苦矣，归欤！岂有淹留之意哉！（此真有感于诗者，说得是！当指五六两句。）

陈伯君曰：吴淇之说似甚辩。然谓"晨鸡"句紧承"明月"句，乃解为先时而鸣。若了解此系长夜中两段时间，先是"明月耀清辉"，继而"晨鸡鸣高树"则所解无所附着矣。（也批得好。本诗所附"集评"甚有进步，对于无聊之评，穿字凿句以显其能，大家都逐渐不耐烦了。但愿从此渐入佳境，有见地则说，务必如朱熹所言，当"就诗论诗"，无事攀附远涉。）

【译余骈言】

这也是一首十分精彩的小诗。可并置于第一章、第七章间，都是《忧思吟》

中阮籍的代表作，各臻其妙也。作诗之意和其背景也悉同第一章，也是在政变大屠杀后，郁塞于胸，又无言可以具说。诚如黄侃所言："其思苦矣"，是真正的忧思之作。

全诗用笔清峻，设色清雅，言忧而未伤，言悲而不摧，清夜即目，随手采拾，不事雕饰，仿佛有陶渊明冲淡之意。此诗较第一章、第七章尤胜者，诗中虽亦忧愁不绝，但全诗格调自有清华之气。遣字造句，愈后愈妙，"微风吹罗袂，明月耀清辉。晨鸡鸣高树，命驾起旋归。"造境与造句同臻佳妙，句短韵长，余响不绝，悠悠然不能已也。

全诗造语平淡，多言时令习见、习闻之物，月夜驱车出游，漫无所向，待晨鸡高鸣，才命驾旋归。故不再逐节、逐句为释。诗中涵意已多为前贤所发。

"闵齐华曰：蟋蟀十月入床下，初秋时已鸣床帏，伤事变之急也。"这一年，嘉平六年春二月，庚戌，中书令李丰与皇后父张缉等谋废大臣，以太常夏侯玄为大将军。事觉，诸所连及者皆伏诛。三月废皇后张氏。夏四月，立皇后王氏，五月封后父王夔为广明乡侯，诗中蟋蟀之鸣实乃阮君欲为之言也，但嗣宗岂敢言之。"多言焉所告？繁辞将诉谁？"满腹之语，焉告？焉诉？

时阮籍仍在大将军府任职，想来已迁升府中中郎高职，但籍秉性孤高，乏媚尊之意，其文名颇著，旨尚高远，无关实务，故懿、师二世未予重视，但其时生活优遇，并得见魏宫少帝腐败诸情，其不堪处不能卒言。故在李丰、苏铄、张缉等覆灭时，他不像五年前身处嫌疑之间那般惊恐，也看到了苏李等谋利而动的丑陋行为，同时更知道今日辅政者大将军司马师，其人之伪善凶残尤胜乃父，不容旁人置喙。因此情绪比较安定，稍有不忍者有二：其一，杀人之多，心有戚戚也。不免心生悲凉，但世事便是如此进行，莫可奈何也。只能直面相对，视而不见。这便是阮君今晚想清楚了的事理，于是他"命驾起旋征"，迎接那无可违避的世界去也。其二，其中夏侯玄乃一时人杰，才学之高非常人能及，与谋罹难，未免恻然不能已矣，此意另见下一章。

说起五年前司马懿那场诛杀大案，在三个月后，嗣宗终于巍巍颤颤，写出了三马同槽第一诗。诗中除月白风清，夜鸟时鸣外一无所有，唯悲凉满纸，末云"忧思独伤心"。今又遇司马师再操屠刀，这一天夜里，依然是月白风清。大

屠杀的凶案，一演再演，他无法抑而不语，乃再咏于诗，"感物怀殷忧，悄悄令人悲。"一切都是故景重现，两诗之相似，尤令人不堪。

不过，毕竟有了前次的历练，且嗣宗兹番，先未有爽党征辟之嫌，司马师之处境，亦不若司马懿当年之白手肇基。经营了五六年，已颇具规模，今日之事，与前相较，主客之势大变，故株连之众，稍敛前案矣。

凡此多端因素，造成了嗣宗诗末之述，情绪未若五年前初为第一章时的悲凉无助。认识上的成熟，助长了他心理上的坚强，"世道就是如此，我只能直面以对。"于是他在晨鸡声中，"*命驾起旋归*"了。

* * * * *

本文乃初读所会，自以为大略不违阮旨，岂知大谬甚矣！幸尔未付剞劂，乃别行补启告众，事详见本卷末一文（"有启"）。明君子未读之前，能先告予之所失无？

第十五章
昔年十四五

> 第十五章
>
> 昔年十四五，① 志尚好书诗。
>
> 被褐怀珠玉，② 颜闵相与期。③
>
> 开轩临四野，登高望所思。
>
> 丘墓蔽山冈，万代同一时。
>
> 千秋万岁后，荣名安所之。
>
> 乃悟羡门子，④ 嗷嗷令自嗤。⑤

【今译】

在我十四五的年纪，
立志高尚，一心想读好诗书。
真以为有了满腹珠玑，何惭乎衣衫褴褛。
一箇箇高贤耆宿，都等着和我交往相与。

今天我推开轩窗，敞对着四野天地，
登高遥望，默默追思逝去的前贤往儒。
累累荒坟，几乎垒满了山冈，
万世贤愚，还不是同眠于一抔黄土！

千秋万岁，转眼即逝，
荣名高誉，到头来又在何处？
如今才悟得羡门子何等逍遥，
有什么好啾啾不已，还不是咎由自取。

【笺注】

① 《论语·为政》："吾十有五而志于学"。

② 《孔子家语·三恕》：子路问于孔子曰：有人于此，被褐而怀玉何如？子曰：国无道，隐之可也；国有道，则衮冕而执玉。《老子·知难》曰：是以圣人被褐怀玉。按河上篇（第五十九章）注：被褐者，薄外；怀玉者，厚内。匿宝藏怀，不以示人也。褐，粗布衣。

③ 颜、闵，颜回和闵损。孔子的两个优秀弟子。《论语·雍也》第六：子曰："贤哉回也！一箪食，一瓢饮，在陋巷，人不堪其忧，回也不改其乐；贤哉回也！"《论语·先进》，子曰："孝哉闵子骞！人不间于其父母兄弟之言！"

④ 羡门子，名子高，古仙人也。

⑤ 噭噭，呼声，悲号声。嗤，《玉篇》笑貌。

【一千七百年来前贤评述】

沈约曰：自我以前，徂谢者非一，虽或税驾参差，同为今日之一丘，夫岂异哉！故云"万代同一时"也。若夫将被褐怀玉，托好诗书，开轩四野，升高永望，志事不同，徂没理一，追悟美门之轻举，方自笑耳。（评述甚是，无违嗣宗诗意。）

五臣刘良曰：所思谓思古之君子。

吕向曰：乃悟美门轻举而我负累，所以自嗤。安可嗤笑也。籍忧于生理，故以此词自释。（稍胜沈约。）

孙梅《选诗丛话》引《对床夜话》（卷五）："阮嗣宗咏怀云：开轩临四野，登高望所思。丘墓蔽山冈，万代同一时。千秋万岁后，荣名安所之。"可谓混贵贱之殊，尽死生之变。（老杜云："王侯与蝼蚁，同尽随邱墟"则简而妙矣。）

黄节引何焯曰：此言少时敦悦书诗，期追颜闵，及见世不可为，乃蔑礼法以自废；志在逃死，何暇顾身后荣名哉？因悟安期美门亦遭暴秦之代，诡托于神仙耳。（末句有见，唯为另一公案，与本诗无关。）

黄节又引蒋师爚曰："嗷嗷今自嗤"，刘琨《答卢谌书》所谓"破涕为笑，排终身之积惨"者也。此诗主脑，在揭出万代一时，等无有二。勘不破者，珠玉怀于被褐，有嗷嗷而已耳；勘得破者，荣名悟于丘墓，嗷嗷者适足以自嗤耳。起昔收今，转瞬之感，便作万代叹。（所评亦是，未离阮意）。

陈沆以此首与二十八、（原）三十八、（原）三十二、（原）六十、（原）三十三、（原）七十八共六章并列为咏怀诗下，云：此则遁世自修之思也。人谓嗣宗放达士耳；今寻八十余章，曾无孟浪之言，虚无之溺，乏虚无则唯形忠愤，无孟浪则志在韬精，抑且少年颜冉之志，终身薄冰之思，忽忽上达，悼下学之无闻，烈烈贬褒，戒方人之不暇，此岂粗豪浅露，轶荡形骸者哉？固知泉从中涌，唯恃渊沉，沟自外侵，立形盈涸，千载之下，有

获解者，犹旦暮也。（陈沆为文，每每参差摘句，好以绮华组丽自乐，亦是养生一法。）

黄节引吴淇曰：古诗多托言游仙，唐诗兼入佛理，要之不是说仙佛，正是借仙佛以喻圣贤之道。此诗"颜闵"下着一"期"字是正意，"羡门"下着一"悟"字只是借羡门点醒耳。（一枝一叶，不见树木，吾钝顽不敏，不识何之为醒。）

方东树曰：……此与"儒者通六艺"皆言己非不知儒术，特以遭乱世，不得已有托而逃于放达以保性命，非真慕神仙也。

曾国藩曰：此首自述其抗志自修，遁世无闷。"千秋"二句言荣名不足称，"羡门"二句言长生不足慕，（曾氏亦有侈求属对之工、罔顾诗意之陋。）但求有自修之实耳。（此句并转述悉违阮旨！）

王闿运曰："开轩临四野，登高望所思，丘墓蔽山冈，万代同一时"，一"蔽"字使人气索。（所见何细！）

吴汝纶曰：末二句，既知后世之名不足介意，乃悟长生之可贵，众人嗷嗷，徒自取笑耳。

黄节曰："所思"，谓颜闵之徒，然已成丘墓矣，虽有千秋荣名，不如羡门之长生耳；是以今日自嗤，嗤昔年之志于颜闵也。（黄节知嗣宗诗面之意，犹未知诗底之意。）

陈伯君按曰：黄节谓"所思，谓颜闵之徒"，盖沿五臣刘良谓：所思，谓思古之君子。然阮籍于此登高四望，所见者既非颜闵之徒之丘墓，无缘思之。"所思"者应属下，即万代同为丘墓，荣名亦无所之。昔年之所志如彼，今日之所见如此，因"思"而"悟"，唯有羡门之徒乃能免于丘墓，固而嗷嗷然今始自笑昔年所志之可笑耳。（陈先生与黄节一样，识得字面之义，而不能识阮君为诗之由，亦此中上选也。后学拟循此而再进，不知先

生许否？）

【译余骈言】

　　笔者以为，这一首诗是上一首的继续。依旧写的是正元元年（即嘉平六年）二月诛中书令李丰、后父张缉、黄门监苏铄、永宁署令乐敦、冗从仆射刘贤一案。在"第十三章"诗中的主角是李丰及苏铄，他们是主事者，概指这次举事众人，尽皆咎由自取者，全诗无同情之意；"第十四章"之作，旨在掩饰"第十三章"苏、李所及，故全诗更不及人争之议，虽欲言未语，而悲凉之意满溢全诗者，其所悲者乃包有全体，伤朝中君臣，唯以私利是图，无念苍生社稷，将何以对后人，面青史呀！

　　此诗则稍有不同焉，是悼念案中遭刼亦有真学之士在，若与阮籍有相同的苦学经历者。智学才识，不谓不显；身在中枢，其位不谓不高；高俸厚禄，其给不可谓不丰，凡士之所求，尽皆达焉。荣名既归，犹汲汲于贪求，一朝毕命，"荣名安所之"？"万代同一时"矣！阮籍诗意旨在悯怜儒生苦学求达，有无意义？有何价值？更在追问自己平生所为，孜孜勤学，何若羡门、赤松之遁世逍遥耶？

　　无须多说，本诗的真实意图应是悼念这次参与反司马师的明星人物夏侯玄的，仅未及其名而已。盖阮籍从不言人之过，更不愿人知其于泰初之深悯焉。读者当记得前面第五章本欲议在爽案中累及者，固属株连；然当初之择路不当，贪慕富贵，其咎难辞也。笔锋所向，却曰自己少年孟浪，挥金欢场，失路而归。善哉！运笔一似运剑，霜锋所至，何必溅血定须染衣哉！

　　夏侯玄又是一个怎样的人物呢？《三国志·卷九》曰：玄字太初，少知名，弱冠为散骑黄门侍郎。尝进见，与皇后弟毛曾并坐，玄耻之，不悦形之于色。《魏氏春秋》曰："夏侯玄、何晏等名盛于时，司马景王亦预焉。晏尝曰：唯深也，故能通天下之志，夏侯泰初（即夏侯玄）是也；唯几也，故能成天下之务，司马子元（师）是也。"《三国志·魏书》又载太傅司马宣王数问以时事，玄皆深通钜细，辨析源流权变互制，立论精严。且锦心绣

口，文采华美，每使人心服。玄以其与曹爽有姑表之亲，曹爽被诛后，例不得重用，时衔恨之。李丰张缉等用事，拟以夏侯玄代司马师为辅政，其才其学之为人见重若此。

夏侯玄不幸罹难之事给阮籍带来的深创，尤甚于他人，使阮进一步沉陷于老庄虚玄无为之学。"万代同一时，丘墓蔽山冈"。既然如此，文末自嘲曰：我这儒学之士，一辈子苦学经典，到底图个啥呢？还不如学仙人羡门子，遨游于碧空天宇。

"十三章"、"十四章"、"十五章"，先伤人，再伤世，最后自悯身世，悯怀之情，一章比一章更甚。嗣宗本深于情者，虽身在漩涡之外，力求恝然淡处，终不能绝情无思矣。

* * * * *

夏侯玄既被桎梏，时钟毓为廷尉，钟会先不与相知，因便狎之。玄曰："虽复刑余之人，未敢闻命。"拷掠，初无一言，临刑东市，颜色不异。

拙笔既及夏侯太初，乃抄《世说新语·方正》一则礼敬之。更见钟会之鄙贱！虽机智百出，并擅经书之学，其行卑劣，时在人后见焉。"狎"之一字，通作轻侮用，但轻侮之为，乃以强凛弱，单向之为，玄既曰："未敢闻命"，可见非是拷掠、刑讯，乃欲亵御其身也！

历史资讯

司马师靖宫黜帝　"三马同槽"第二出

司马师是司马懿长子，素受器重，史载将诛曹爽之前，懿只与师谋划，司马昭是不知道的，将要动手之前夜，才告诉他，后来让人去瞧，司马师安睡如常，而昭则反侧不定。三年后，司马懿归天，朝臣都说："伊尹既卒，伊陟嗣事。"于是小皇帝只好命司马师接辅政之位，迁大将军。

《晋书》称司马师，母卒，居丧以至孝闻，其人雅有风彩，沈毅多大略。沈毅二字，深有讲究，且看他的行事：

一、在他管下，实行选用之法，举不越功，吏无私焉。

二、他接大将军，都督中外诸军，录尚书事，一肩二任，四海倾注，朝野肃然。或有请易制度者，师引诗曰："不识不知，顺帝之则"。三祖典所宜遵奉，自非军事，不得妄有改革。

三、嘉平四年，毌丘俭、王昶闻军败，各烧屯走。朝议欲贬黜诸将。师曰："我不听公休以至于此，此我过也，诸将何罪？"悉愿之。时司马昭为监军，统诸军，唯削昭之爵而已。

四、也在这一年，雍州刺史陈泰求救并州，并力讨胡。师从之，未集而雁门、新兴二郡以为将远役，遂惊反。师以谢朝士曰："此我过也，非玄伯之责！"（阮籍于本书"第五十二章"中有句讽焉，曰："善言不可长。"）

司马之为大略如此，其示人多以仁善貌，不幸的是如今他一人相辅之小皇

曹芳，却年龄渐长，嘉平五年（公元二五三年）已是二十二岁了，一直还在受辅状态，司马师是朝廷上唯一军政大权一统的操持者，何时才能独行其是做个真正的君王呢？

《世语》及《魏氏春秋》并云：此秋，姜维寇陇右，时安东将军司马文王（昭）镇许昌，征还击维至京师，帝（曹芳）于平乐观以临军过。中领军许允与左右小臣谋，因昭辞，杀之，勒其众以退大将军（师）。已书诏于前。文王入，帝方食栗，优人云午等唱曰："青头鸡，青头鸡。"青头鸡者，鸭也。帝惧不敢发。文王引兵入城，景王（司马师）因是谋废帝。

正元，元年春正月，天子与中书令李丰、后父光禄大夫张缉、黄门监苏铄、永宁署令乐敦、冗从仆射刘宝贤等谋以太常夏侯玄代帝（司马师）辅政。帝密知之，使舍人王羡以车迎丰。丰见迫，随羡而至。知祸及，因肆言，帝怒，遣勇士以刀环筑杀之。逮捕玄、缉等，皆夷三族。三月，并讽天子废皇后张氏。（《晋书·景帝》）

天子（曹芳）以玄，缉之诛，深不自安。而师亦虑难作，潜谋废立（见上）。

《魏书》曰：是日，景王（司马师）承皇太后令，诏公卿中朝大臣会议，群臣失色。景王流涕曰："皇太后令如是，诸君其若王室何！"咸曰："昔伊尹放太甲以宁殷，霍光废昌邑以安汉。夫权定社稷，以济四海，二代行之于古，明公当之于今，今日之事，亦唯公命。"景王曰："诸君所以望师者重，师安所避之？"于是乃与群臣共为奏永宁宫曰：

皇帝即位，篡继洪业，春秋已长，未亲万机，耽淫内宠，沈漫女色，废捐讲学，弃辱儒士。

日延小优郭怀、袁信等于建始芙蓉殿前，裸袒游戏，使与保林女尚为乱，亲将后宫瞻观。又于广望观上，使怀、信等于观下作辽东妖妇，嬉亵过度，道路行人掩目，帝于观上以为宴笑。于凌云台曲中施帷，见九亲妇女，帝临宣曲观，呼怀、信，使入曲帷共饮酒。怀信等更行酒，妇女皆醉，

戏侮无别。

帝常喜以弹弹人，弹景不避首目。景语帝曰："先帝持门户急，今陛下日将妃后游戏无度，至乃共观倡优，裸袒为乱，不可令皇太后闻。景（司马师）不爱死，为陛下计耳。"

帝言："我作天子，不得自在邪？太后何与我事！"使人烧铁灼景，身体皆烂。

甄后崩后，帝欲立王贵人为皇后。太后更欲外求，帝恚语景等。"魏家前后立皇后，皆从所爱耳，太后必违我意，知我当往不也？"后卒待张皇后疏薄。

太后遭合阳君丧，帝在后园，倡优音乐自若，不数往定省。请商臣庞熙谏帝："皇太后至孝，今遭重忧，水浆不口，陛下当数往宽慰，不可但在此作乐。"帝言："我自尔，谁能奈我何？"

皇太后还北宫，杀张美人及禹婉，帝恚望，语师等："太后横杀我所宠爱，此无复母子恩。"数往至故处啼哭，私使暴室厚殡棺，不令太后知也。

每见九亲妇女有美色，或留以付清商。帝至复园竹间戏，或与从官携手共行。熙曰："从官不宜与至尊相提挈。"帝怒复以弹弹熙。

日游后园，每有外文书入，帝不省，左右曰："出"，帝亦不索视。

太后令常在式乾殿上讲学，不欲，使行来，帝经去，太后来问，辄诈令黄门答言"在"耳，景熙等畏恐，不敢复上，更共谄媚。

帝肆行昏淫，败人伦之叙，乱男女之节，恭孝弥颓，凶德寖盛。臣等忧惧倾覆天下，危及社稷。臣请依汉霍光故事，收帝玺绶。（以上据《晋书·景帝纪》《魏书》《魏氏春秋》《世语》等译述）

读者看到，在这份向太后报告的会议记录里，略掉了小皇子连年来卖官鬻爵的劣行，却记录了多种在太后背后恶言肆骂，绝情母子之声口，故太后见之，即曰："奏可。"

是日迁居别宫，年二十三。使者持节送卫，营齐王宫于河内重门。见《三国志》（三少帝纪第四）、《魏书》《魏氏春秋》等。

第十六章
徘徊蓬池上（正）

第十六章

徘徊蓬池上，① 还顾望大梁。

绿水扬洪波，② 旷野莽茫茫。

走兽交横驰，飞鸟相随翔。

是时鹑火中，③ 日月正相望。④

朔风厉严寒，⑤ 阴气下微霜。

羁旅无俦匹，⑥ 俯仰怀哀伤。

小人计其功，君子道其常。⑦

岂惜终憔悴，咏言著斯章。

【今译】

我徘徊在通向蓬池的道路上,
不时回望那刚刚离去的大梁。
绿水卷起了巨大波浪,
旷野里一片莽莽洪荒。

小兽在仓皇地四散奔驰,
飞鸟也急匆匆相随飞翔。
时在九、十月之间,正位处鹑火其中,
今天又恰是十五之日月相望。

北风带来了凛冽的严寒,
野地的阴气都冻成了微霜。
孑然一身,跋涉长途,
思前想后,满怀哀伤。

小人喻利,日计其功,
君子崇道,恒守其常。
谁又能不在乎终将憔悴无成,
且把这一腔忧思写进诗章。

【笺注】

① 蓬池,《汉书·地理志》:河南开封县东北有蓬池,或曰即宋蓬泽也。又,陈留郡有浚仪县,故大梁也。《太平寰宇记》蓬池在尉氏县北五里。《述征记》:大梁西南九十里尉氏蓬池。阮籍家在陈留,他故意用一些当地地名示人为途中所记。

② 绿水及以下四句。此条笔者重写,这四句约略描述了黄淮中下游,洪水泛滥景象,以坐实行旅所见。"绿水"两字,也是阮公故意为之,以示诗之作意

在浏览景色也。偏偏千年之后，为清人王闿运得窥，指点道："绿水两句，乃写平原积水，非幽秀山川之景。又云'日月相望言君臣争权'，非也。当指日月二者在望日此起彼伏状。时齐王甫黜，高贵乡公曹髦则悠悠升焉。其形毕肖，令人击节！是时鹑火句外，又得日月相望补足，遂免去时日之计，得天象直观之佐，可谓思契同天也。"

③ "是时鹑火中"。此注乃笔者重写，阮籍构作本诗时，想到在农历九月十五前后，寒潮袭来，在北风猛吹下，已进入严冬，野地一片霜冻之象，他于是想起了《左传》（僖公五年）：晋侯伐虢，公问卜偃曰："吾其济乎？"对曰："克之。其九月十月之交乎？鹑火中，必是时也。"这一段文字中的"必是时也"，有力地叩动了诗人的心弦，既是九月十月之交，于是乎用了《左传》里"鹑火中"这个时间相合的典故。须知在中国古代天文书中，"分中国为十有二州，仰则观象于天，俯则法类于地。……天则有列宿，地则有州域。"（《史记·天官书》）

按，《埤雅》："南方朱鸟七宿，曰鹑首、鹑火、鹑尾。"鹑火就是朱鸟这一组星宿的中位之星，没有什么"鹑火中"之说，（但笔者的译文，故意按卜偃之语译出，以便和诗句原文对应。因为这是阮籍特意保持的学术瑕疵，且在下一章副歌中，还有用处！）"鹑火"是天上分星所在，对应地面的分野，就是周室之地。《吕氏春秋·孟冬记》高注：七星，南方宿，周之分野。"鹑火"的分星之位，纯属天象名称，至于"鹑火中"，在"鹑火"后再加一个"中"字，它是卜偃这位军中巫者信口胡言，杜撰出的一个"另典"。我们不妨把古籍中的古人错误暂置一旁。对本诗来说：十分重要的是阮籍特地借古史成句，标明了本诗的写作时间："九月、十月之交"，而且强调"是时"也，这是值得关注者。关注什么？请留意下文**前贤评述**中黄节引何焯所说内容。

④ 笔者注：望，农历每月十五日的月相。是个满月，满月出来时，总是在太阳将落时分，其时，月东日西，此升彼降，遥遥相望。此句下半句，阮籍有意以望日之此升彼降，喻曹芳之废，曹髦之登，两个少帝被司马师簸弄如此，他心中之伤痛，当何如耶！

⑤ 厉，猛也。

⑥ 俦匹，俦，同等一类；匹，二人为匹，四人为俦。

⑦ 笔者重写：小人计其功，君子道其常。李善引孙卿子《天论篇》曰："天有常道，君子有常体。君子道其常，小人计其功。"道，道理，原则。君子之行，在任何情况下，他坚守的原则、戒条恒常不变。小人则计一时之功利，因时因变而迁之也。

【一千七百年来前贤评述】

沈约曰："岂惜终憔悴"盖由不应憔悴而致憔悴，君子失其道也。小人计其功而通，君子道其常而塞，或至憔悴也。因乎眺望多怀，兼以羁旅无匹而发此咏。（沈约虽不识诗义何指，但因文而达阮氏作诗之情绪、心境，是乃诗人之同气相求也。）

五臣张铣曰：喻乱时人怖惧。

吕向曰：寒霜，喻奸之害人者。

李周翰曰：代多邪佞，故我无俦匹而俯仰悲伤。又曰："小人计邪谄以为功，君子守正直以为常。刘良曰：言我守以正道，岂能憔悴及己，所以著此诗以自明也。"（不无斯意。）

蒋师爚曰："嗣宗劝进笺无一语劝受禅，是甘憔悴而道其常者。"（蒋此评，甚无谓，此时距劝进笺尚有十年许，与本诗何干，此其一也。"劝进"或"禅代"是主客双方，依形势实力，不得不互易其位，再达各安所位，阮籍代人为文，焉能自行妄为？自显其能耶？此乃其二。）

吴淇曰：鹑火中云云，则是八月也。日月相望，是十五日也。八月十五是人世所谓中秋佳节，在他人方且呼朋携友，多少欢赏，而蓬池之上但见朔风云云，羁旅之人又无同伴相慰，安得不俯仰伤怀哉！（局外人，自有所见！）

黄节引陈祚明曰：风霜以喻式微，羁旅以喻寡党，此计功者所必去，而君臣分义乃经常不可失也。公如仅以高旷为怀而甘心憔悴者，何必曰：

"君子道其常"乎？（未识其意，不敢置喙。）

邹思明曰："绿水"四句，喻时事之昏乱。"朔风"二句，喻奸佞之害人。（以上亦皆陈伯君先生所录，似皆无谓，抄存而已。）

蒋师爚引何焯曰："大梁"，战国时魏（所都），借以指王室。（不为无见。）

黄节引何焯曰：嘉平六年二月，司马师杀李丰、夏侯泰初等；三月废皇后张氏；九月甲戌，遂废帝为齐王，乃十九日，是月丙十月庚寅，立高贵乡公，乃初六日，是月乙酉朔。两日皆距望日甚远。是乃非以纪时日之精，重在叙日月两者之升降之状也，（阮籍正是此意，必欲将司马师废帝时日，书之于诗，以尽魏臣之责。）至于师既定谋而后白于太后，则正日月相望之时。末言，后之诵者考是岁月，所以"咏怀"者见矣，当是好事者蛇足之为者。

张琦曰：大梁魏也。鹑火中，晋灭虢之月，亦寓禅代之意。

方东树曰：……此春秋笔法。废芳，九月事也，故用卜偃语为切，即成必用十五日也。……大梁，借指王家也。小人计功二语用荀子……公盖曰：君臣常道终不可改，惜小人逆节贪功，为乱臣贼子，己岂能与彼为匹哉！方东树又曰：窃谓"无俦匹"指贾充、钟会辈诸小人助恶篡弑贪功，而怀忠良执乎纲常大义之君子无人，故已哀伤憔悴而著此诗。托言"羁旅"延年所谓隐避也。此全从屈子《惜诵》"同极异路"，《九辩》"羁旅而无友生"等意出。大约不深解《离骚》不足以读阮诗。（所述"废芳，九月事也"，与托言"羁旅"皆深有见地者。第二句便云"反顾望大梁"，示人正在回乡途中也。方东树但以此诗附贾充、钟会辈则谬也，诗中"无俦匹"三字，即言此时回乡之行无伴，无人可证也；盖阮子托言回乡所见，刻意隐避此诗乃纪齐王曹芳之被黜而为。前贤集评中难得有此中肯之解，令人精神一振。有此明教，笔者乃曰"第十三章"至"第十七章"诸诗欲不指废黜曹芳及诛

杀后党亦不能也。）

王闿运曰："绿水扬洪波，旷野莽茫茫"，写平原积水，凭眺苍茫，非幽秀山川之景。（诗翁所见甚细，"绿水"乃故意用之，以示其回乡沿途浏览景物也。）"是时鹑火中，日月正相望。朔风厉严寒，阴气下微霜"，日月相望言君王争权。（此句言日月二星，此起彼伏，喻曹芳下而高贵乡公升也。但非二君之争权，典午乃是兹案之操手也。）……

【译余骈言】

"卷之二"诗仅五章，却也分成两段落，若悉依政事先后并所及事主之异而异者，乃前后两事之间，一在年初，一在九、十月间，有半年以上之距离。前三章乃记涉案群僚之主事者，后两章则专记废黜并更迭少帝之事及其日期。典午二世之继毁臣纲之乱悉在焉。此十六章、十七章是两首更值得细究的诗章，也是"卷之二"诸诗中最为隐避之作。盖从司马师在这场诛灭李丰起领的政变案中，已是第四首诗，前作先讽那些与谋者为贪欲不足，乃"求仁得仁"自食其果；继作更从夏侯玄以盛名博学同丧此役，伤黉门苦学者之荣名殁于一旦，其感慨中有缕缕血丝渗殷，唯阮籍自见焉。

但最重要的大事是少帝曹芳也在此案中终于一并被黜。夫曹马互斗，子元啮曹，势所必继。上一年，嘉平五年，公元二五三年秋，少帝曹芳二十二岁矣，久不忿典午之专朝；时蜀将姜维寇陇右，司马昭镇许昌，奉命率兵征之，过洛阳西上。途经平乐观，少帝曹芳既在焉。与左右小臣谋欲在临军（迎接和慰问大军）后，乘着司马昭辞别之时，突然起伏兵杀之，然后指挥其大军去击退司马师之守卒。计划中，连成事之后的诏书都已写好，只待功成颁布。

这时司马昭到了。曹芳正在食新栗。伶优云午等突然高唱道："青头鸡，青头鸡。"青头鸡者，鸭也。少帝曹芳骤然受惊，不敢动手了。

司马师知之，由此产生了及早废去曹芳的念头。《世说新语》及《魏氏春秋》并有载，此处转摘自《三国志》（卷四）。

按，司马废芳之事，曹家人亦未尝同意。《魏略》曰：景王将废帝，遣

郭芝入白太后，太后与帝（司马师）对坐。芝谓帝曰："大将军欲废陛下，立彭城王据。"帝乃起去。太后不悦。芝曰："太后有子不能教，今大将军意已成，又勒兵于外以备非常，但当顺旨，将复何言！"太后曰："我欲见大将军，口有所说。"芝曰："何可见邪？但当速取玺绶。"太后意折，乃遣傍侍御取玺绶著坐侧。芝出报景王（司马师，称帝之事系晋朝开国后追封的），景王甚欢。

在阮籍的儒学观中，君为臣纲，是全部封建秩序的基石，司马师身为曹臣，怎能行此废君之大逆，阮籍身见如此弥天大恶又怎能不为后世纪之一笔，是以必欲书之于诗而心释。若公然纪之，岂非又示己私谤恶马之意。斟酌良久，决定将《左传》中晋侯伐虢之"鹑火中"入诗。"鹑火"乃星分之谓。宜在野地得见，故全诗假之回乡途中所记。这就是"第十六章"回乡纪行之来历。

笔者何以得见？盖"前贤评述"中王闿运读书甚细，他指出"绿水扬洪波，旷野莽茫茫"乃是"写平原积水，凭眺苍茫，非幽秀山川之景。"是他点醒了笔者：此句是阮嗣宗故意为之，特地示人以道途之美景。正是这一句不伦不类的故述途景之美，使笔者得知嗣宗乃杜撰回乡之事，只有借回乡之途，才能塞进望见"鹑火中"之天文星象焉。（嗣宗为文，其用心隐避，深细似斯。）

其上句"是时鹑火中"，是引用"左氏传"中历史故实，专以指射少帝曹芳之遭废黜，继由曹髦替续之时间（在九、十月之交）。其下句"日月正相望"的天文现象，又何以在诗呢？试为之解曰：古历以月相变化为历。由朔至望，再回归至朔（由无月至新月，至上弦，至满月，至下弦，至无月）的月相变化为一个月，需时约二十九日又四分之一天。即每天出月之时，逐日前移五十分钟左右，每月十五日，月出正在日落时分，其时橙红的满月在东，金色的夕阳在西，遥遥相对，故称"望日"。望日既为每月之十五，而黄节引何焯所言，考之甚详。曰："九月甲戌，遂废帝为齐王，乃十九日，是月丙辰朔；十月庚寅，立高贵乡公，乃初六日，是月乙酉朔。"笔者留意到一在"十九日"，一在"初六日"，二者皆距"望日"甚远。乃知此句"日月正相望"，非纪其精确之时日也；

而是以望日之天象，东升西堕，状二少帝之一升一黜也。今"鹑火"与"相望"两句连读，则前指时日，后句指事件也。

本诗共分四小节，每节四句。

前二节共八句，只是为了道出"是时鹑火中"二句。首二句乱以方位，"徘徊蓬地，还顾大梁"，称是大梁归途；次二句佯言旅途所见，"绿水扬洪波，旷野莽茫茫"，并"绿水"两字，也故以丽辞为饰，学人王闿运敏感到此处用辞之不当，为文专疑焉（见前"一千七百年来前贤评述"）。末二句转向近景："走兽交横驰，飞鸟相随翔"，前后六句相继，乃顺遂文势掩入核心句"是时鹑火中，日月正相望"焉。

《春秋传》曰："武王伐纣，岁在鹑火；岁之所在，即我有周之分野也。"

《左氏传》曰：（僖公五年），晋侯代？公问卜偃曰："吾其济乎？"

对曰："克之。其九月十月之交乎？鹑火中，必是时也。"

第一"鹑火"，作为一种星象运行现象，出现于阮籍回乡记程诗中，当是入晚所见，读者觉得很正常。但阮籍记之入诗的手法偏偏采用左史中的句子，非但出现了鹑火，而且继有"是时"二字，强调"鹑火"出现的特定时刻。在左传中，由于古代占卜之术未曾遗传至今，我们已无从知道鹑火的星象，与晋国伐虢能保证成功有何种助力？有多大助力？故不能明白左传中卜偃说"必是时也"的说法。但经过左氏对"鹑火"（中）特定时刻的强调，使得阮籍写"是时鹑火中"这句诗，想当然地以为也应当引起当时读者的留意，应当留意是时乃"九、十月之交欤！"这是个什么日子呢？曰：前面黄节引何焯所述语之甚详，夫九月甲戌乃废黜小皇帝曹芳之时，十月庚寅即迎立高贵乡公曹髦之日。这两个重要日子，想来凡当时曹魏之士，无不知之焉。

第二，借所引"左氏传"一书，提示读者，左传这部史书，素以史笔严正为儒家钦敬遵奉，它的书内就记录了这样的事：

太史书曰："崔杼弑其君。"崔子杀之；其弟嗣书，而死者二人；其弟又书，乃舍之。南史氏闻大史尽死，执简以往，闻既书矣，乃还。[译文：史官写道："崔杼弑（为臣杀君称弑）其君"。崔杼见了，便将史官杀了；

史官的弟弟又接着写。二人死了。他们的小弟又接着这样写（上古的各国史官是中央朝廷委封的世袭专职，他人不得任。）崔杼只得放弃了。南史氏听说史官一家都死完了，便携着简（上古无纸，削竹为简承书，）前去顶替此职，听说已写好了，才回家去。]

可见，阮籍引左传之典入诗，还含有告示读者：我阮籍固有效上古史官以死殉难之意，务请记住"鹑火中"这个特别的日子。

第三节起，续叙旅途中羁旅苦况，以"朔"、"阴气"相迫，更兼羁旅无俦，不免哀伤，掩饰悍臣废主"俯仰怀哀伤"之伤痛真意。

末一节写得尤为用心，特地引用了《天论篇》中的成句，非但文学手法上全仿。第二节以"左传"成句入诗之先例，而且示人以本诗之议论天象，旨在"仰天象以肃人伦"，着眼在君子的修身之道，以掩盖他记事入诗的"史笔"本意。此外，"小人"者当指司马师及其党附者，日夜忙于计功焉，这是陪衬。"君子"，乃是主句，夫子自道也，他旁观于侧，怒不可遏。恶司马之跋扈无已，他决定仿效《左传》史官的传统，作出了不惜憔悴的打算，将眼前所见种种，决定著入诗章云尔。"岂惜终憔悴"。这句诗表达了阮公有意为这首诗败露之后，付出终身代价。其志可钦！

故知上一首诗，毕竟是一时愤激之言。良知犹在，不辞憔悴也。处此危境，不忘初衷，令人敬仰。

第十七章
独坐空堂上（副）

> 第十七章
>
> 独坐空堂上，谁可与欢者。
> 出门临永路，①不见行车马。
> 登高望九州，②悠悠分旷野。③
> 孤鸟西北飞，离兽东南下。④
> 日暮思亲友，晤言用自写。⑤

【今译】

独个儿坐在空堂之上,
还有谁可与亲近交往。
门前就是条漫漫长路,
却看不见来往的车马行商。

登高而上,欲一望中原九州,
悠悠旷野,那正是州域分划之疆。
惊慌的孤鸟急急飞向西北,
迷路的小兽匆匆骇避惊惶。

日暮以后,思亲之念陡然又起,
正想在灯前,相诉一路上的星霜。

【笺注】

① 永路,长路,远路。

② 九州,《尔雅·释地》冀、豫、雝、荆、扬、襄、徐、幽、营,九州。

③ 笔者注:分旷野。分野,原是天文学术语,以地面上州域的划分,对应天上星宿的划分,称之分星。如三河之地,对应柳、七星、张三星,(即"鹑火")"分旷野"则无此说,阮籍故意在"分野"一词中赘以"旷"字,显露自己在天文学方面的不专业,以附应衔接第十六章中"其时鹑火中"所赘之"中"字。("鹑火"本为朱鸟之中,何来鹑火后又加个"中"字!是乃卜偃之妄加也。)

④ "西北"与"东南"并用,在修辞上难免遭"合掌"之讥。但此乃阮籍观察之得,时当秋末,地球以南半球受阳。日射南移,西北风乃南下填补。其时孤鸟迎风北飞,得迎面气流加速之助,而小兽东南下,为趋阳和之壁也。诗人下笔严谨,昔有五言作"胡马嘶北风,越鸟巢南枝"美其故土之思,鸟兽未必肯认同也。孤鸟之孤,尤不可轻忽,乃特指长年栖息于此之本地鸟,若群居并飞之候鸟,列队齐飞,逐水而居,则非孤鸟也。

⑤ 写。除也。通过谈话，消除、减轻精神压力，《诗·邶风·泉水》："以写我忧。"《诗·小雅·蓼萧》："既见君子，我心写兮"。

【一千七百年来前贤评述】

五臣张铣曰：言人皆趋权臣，无与己同。吕向曰：孤鸟、离兽，东南、西北，喻下人值乱代皆分散而去。李周翰曰：言思志者与舒写其心。

黄节引朱嘉征曰：伤乱世也。

王夫之曰：自然愤嫉俗，人必有此感，无事句求字测也。（夫子竟也不识阮子作意。）

于光华引何焯曰：天地愈旷，而我心愈悲，广武之叹，穷途之哭，都是此意。（何氏岂知"分旷野"之意。）

黄节引吴淇曰："吾非斯人之徒与而谁与！"乃"独坐空堂上"无人焉，"出门临永路"无人焉，"登高望九州"无人焉；所见唯鸟飞、兽下耳；其写无人处可谓尽矣。（居然独得阮诗之旨意也。）

吴淇又曰：……鸟本上，故曰西北，兽本下，故曰东南。东、南、西、北，处处皆然，竟何所逃于天地之间哉！其写乱之意，至矣！至矣！（吴淇虽不识阮籍之深层诗旨，但字面之意，领会无误，曰无人，曰：写乱之意。至矣！尽矣！）

黄侃曰：居则忽若有亡，出则无所与适，登高远望，忧思弥繁，所以思亲友之晤言，感离群之已久之地。（"忧思弥繁"黄侃亦作如是云。）

以上诸家评述，作本诗解读参考，若亦离阮籍为诗之诗面之义不远，但嗣宗再作"副歌"以续之，自有其不得不尔之忧，当再为之述。

【译余骈言】

这是一首非常特别的诗。诗写回老家探亲途中,所见,所感。但见一片荒凉无人之境而已。"一千七百年来前贤评述"均作如是读,则阮籍此诗确是写得成功的。

此诗细细读去,诗法周到,首尾回应,以独坐空堂,谁可与亲起兴。

第二联即作出门之行,层次井然。二联既云道路之永,故启第三联有登高之望,乃见旷野悠悠之状。一路写来,虽尽系途中之见,但文中一一都隐藏着其出门回乡,证据上的伏笔,曰:此次回乡,路上并无旅伴亦未遇熟人也。即无人证也。

第四联叙写野地荒乱景色。

末云夜思亲友,回应第一联此行专为探亲而发。可以说全诗句句流水而下,毫无蹇滞,一无虚言,首尾相顾,环环相扣。

以诗法而言,真乃无瑕可摘,什么都好,就是诗意不足,诗中缺少咏唱的主题,缺乏动人的力量。孤鸟两句,西北、东南对举,尤有合掌敷衍之嫌。

诗完整而乏其内美。略无破绽,这便是它最大的疑点。大家看到上一章(第十六章)诗,是阮籍在显露他对司马家黜帝之为的不满,自有非议之意在焉。虽然阮籍写诗时,用了许多障眼法,把写诗地点放之途中,把写诗内容落在途中荒凉之境,其核心诗句鹑火二句与环境氛围的描述完全相谐无痕,还特地借用了荀子《天论篇》的成句入诗:"天有常道,君子有常体。君子道其常,小人计其功。"全力将鹑火句往天文学术领域引去。

但是,第十六章诗成以后,他还是一直深自不安。虽然他托言该诗乃探亲回老家途中所作,但路途遥远,仅作一首,一首之中径言鹑火,无乃太彰。其次,既欲示意回陈留老家是探亲,而探亲之意未曾明示,于是他特地再添写了这首"副歌",实在是为补充证据而写,有许许多多细节必须回护留意。特别是既然再为一首,诗中必须与前一首天文学术语的自然流露相仿,在本诗中也必须羼入有关天文学的术语,以示文风相似。(文风相似之妙,尤其前一首引左传中卜偃语"鹑火"之后,赘一"中"字,遂见阮氏不识卜偃天文

学未工之陋。后章遂仿之在"分野"之中赘一"旷"字，效颦之工乃尔！令人绝倒。）

可以说阮籍确是为文高手，什么也难不倒他，应有之义，无不一一妥帖如期出现，完美地完成了所有预设的任务，成为一件无缺憾的绝佳佐证。但是现代刑侦学提醒侦事者，那些与案甚密，却有许多证据证明其无辜清白之人，其完美过甚者，正可能是具有反侦察意识的绝大嫌疑者。

笔者就是在这种心理学基础上来理解这首庸凡到可有可无程度的"诗后之旨"的。如有不当，请诸君赐教。

"卷之二"内容梳理

"卷之一"起自公元二四九年春末夏初，迄于公元二五〇年春三月清明。再一年九月，司马懿病卒。司马懿辅政期间，最大之事，莫过于诛灭另一托孤大臣曹爽集团，阮籍有诗十一章记其前后。司马懿死后，全国军事最高统领大将军及朝中首辅之职，悉由其长子司马师接继。司马师和他的父亲一样，深有心计，一贯以善言自责示人，但其隼目所视，却一直不离曹氏家族左右。时少帝曹芳已经长大，早就不满司马大将军挟持之为，第一次欲借司马昭征蜀过境，骤出杀之，夺其兵兼灭其兄，一时心慌，错失了时机。一年之后，又私与后党李丰、苏铄等有所图谋焉。司马师闻之一举尽歼，少帝曹芳也随后予以废黜。

阮籍见司马师的行为，尤逾乃父，竟敢行以臣废君之举，大背儒学之教，必欲在诗中记此一笔，以尽魏臣之责。先后为诗五章。这是"三马食槽"梦谶中的第二组诗群，自第十三章起至第十七章止。这便是笔者厘定的"卷之二"诗，虽仅五章诗，专以厘清"三马同槽"之二马食槽（曹）有关眉目也。

在这五章之前，另有"第十二章"一诗在焉，此乃纪阮籍私人的情好之事，与三国魏朝时政无关。诗中尽皆描述语，且标以安陵、龙阳之名。文前辑前贤之评有六、七则，皆不知所云。笔者以为乃记其与男友之情好者。不仅得诸诗文内容和语气，皆当事人自谓之辞，且在后文中读得，籍凡时政平和之时，必见有私人情思之咏者。总看全书，语及阮籍私人情事者，除"第十二章"之外，尚有：

第十八章，叹生命不再，青春短忽，忆尝途遇君子，未与偕欢为憾云。

第十九章，邂逅美女，双方目成，然大街之上，未得交接与语也；

第二十七章，为免司马昭援手受挚，主动与正在相好之男友断交。

第三十七章，与司马昭相晤时，再次语及此事此情。

第五十七章，心理治疗以后，赴山中访药，乃念所思男友，急欲相见。

第六十五章，春来无聊，既绝群小，遂有妖姬之思。

第六十九章，阮籍摆脱了忠义两难之困后，心身一松，乃载"晨风鸟"作山水之游焉。

前后共八章之多，故"第十二章"虽无一字作者明确自承，亦信吾揣之未违其情也。

同样，"卷之二"的五首诗，所以能断之为记司马师嘉平六年元月及九月之变。除"十六章"、"十七章"承前贤之教，得知"是时鹑火中"，是用左传中成句，记齐王曹芳被废之时日外；若如初读籍诗十三、十四、十五三章，就诗文内容而言，自亦不能胜前贤之见焉。今得解其三诗系"司马子元挥泪黜君"之为者，实赖卷之一"司马仲达兵屯洛桥"之破译。"卷之一"假陈伯君先生遗钥之助，顺利地获得最初十一章之解，乃知阮籍之诗，悉因魏政变动中诸事悖逆，大违儒教，不胜感慨而为，且皆依时事发生之先后随时而作。有兹参考，更知嘉平三年司马懿死后，诗皆作于司马师秉政期间也。而子元任上大政事，唯诛灭后党及黜王归藩之事耳。恰五章诗中，皆与司马师"二度啮曹"事隐隐相映照者。乃不欲以委司马子元二次槽中食荐亦不能也。"卷之二"之立便由是。此皆赖陈伯君先生筚路蓝缕之功，先生不幸临门错失，赖后学薪火相继，五十年后得完遗愿。幸也！亦缘也！能不敬荐清酒一盏，奠地下以告先生哉。

历史资讯

司马师盛气训天子

少帝曹芳既以齐王归藩,于是使使持节卫送,舍河内之重门,诛郭怀、袁信等。

是日,与群议所立。太后以东海定王,明帝之弟,欲立其子高贵乡公髦,乃遣使迎于元城而立之,改元曰正元。

闻天子受玺惰,举趾高,司马师因而训天子曰:"夫圣王重始,正本敬初,古人所慎也。"明当大会,万众瞩穆穆之容,公卿听玉振之音。诗云"示人不恌,是则是效。"易曰:"出其言善,则千里之外应之。"虽礼仪周备,犹宜加之以祗恪,以副四海颙颙式仰。

又上书训于天子曰:"荆山之璞虽美,不琢不成其宝;颜冉之才虽茂,不学不弘其量。"仲尼有云:"予非生而知之者,好古敏以求之者也。"夫然,故君道明于上,兆庶顺于下。刑措之隆,实由于此。宜遵先王下问之义,使讲诵之业屡闻于听,典谟之言日陈于侧也。(以上皆见《三国志》。)

读者可见,司马师乃素擅巧伪作态者,于天子面前,犹盛气如此。乃不知于群臣之前又如何哉。

正元二年正月。镇东大将军毌丘俭、扬州刺史文钦举兵作乱,师统中军步、骑十余万征之,频陷钦城,大破其军,众皆投戈而降,钦败俭走,追斩之,传首京都。全城十余万众俱诛,或流山泽,或散走入吴,其残忍尤胜乃父。故

阮籍虽欲于诗中记司马师二度锄曹之为，不得不谨之又慎焉。了了五章，不得不尔。

司马师似渐见跋扈，虽然，其于重要大事，又何曾忽之。初，师目为曹芳所伤，使医割之，会敌来攻也，惊而目出。惧六军之恐，蒙之以被，痛甚，啮被败而左右莫知焉。闰日疾笃，使司马昭总统诸军，未几，崩于许昌，时年四十八岁。

有启

关于"第十四章"诗旨重新阐释的启事

谨启者，读者诸君大鉴：

《忧思吟》通解一书，早在年前竣事，近日暑中翻阅旧文，忽然省得前述"第十四章"诗旨有误焉，当时跌跌撞撞，叩开"卷之二"五诗后，欢跃不已，自谓能撞开门限，窥见真相，欣何如耶，乃继陈伯君先生《阮籍集校注》所辑八则前贤所训，附以笔者读诗所识千字短文作结。

不过文债甫了，心结陡生，事过经年，始终有一结节梗于胸腹。心中老是惦念着"第十四章"甚有异于"卷之二"中其他四章焉，此诗纯以写景咏时之笔，横插五章之中，难与其他四章比肩左右也。

"第十三章"明指前朝的苏秦，李斯，实寓今案之苏铄、李丰；

"第十五章"虽自叹少年读书，慕名图成之无谓，隐指夏侯泰初一朝身亡，其读书高识之荣名安在；

"第十六章"假左传中成句，专纪少天子被黜；

"第十七章"乃佐隐"十六章"补其途中证据而作。

唯"第十四章"之心结亘胸，不得不时时翻捡自问。终于在今夏省得乃吾自身之疏失，使之坐疾焉。为便于叙述原委，重抄《三国志》有关段落如次：

……（嘉平）六年春二月……庚戌，中书令李丰与皇后父光禄大夫张缉等谋废大臣，以太常夏侯玄为大将军。事觉，诸所连及者皆伏诛。辛

亥，大赦。三月，废皇后张氏。夏四月，立皇后王氏，大赦。五月，封后父……秋九月，大将军司马景王将谋废帝，以闻皇太后。……

据此，乃知中书令李丰、黄门监苏铄、后父光禄大夫张缉、太常夏侯玄等谋逆案，皆在嘉平六年二月同案事发伏诛。故阮籍"第十三章"所述苏李，"第十五章"隐指夏侯玄，也都是二月间之事。而"第十四章"阮诗所咏却拟之新秋之咏，与史书所载不合，乃阮在"第十三章"诗成之后为补救掩饰之计也，故意错开时日，示人以十三、十四两章皆去年所作者，远在今春"庚戌"案之半年前也。夫"十四章"开首第一句便道："开秋肇凉气、蟋蟀鸣床帏。"其诗通篇造语简白自然，清峻飘爽，诚集中上佳之作，学人王夫之许其"小雅"之属，宜也。亦失之也。

五臣吕向曰："（蟋蟀）初秋始凉，巳鸣床帏者，伤时政迫促"也。

吕延济曰："明月，喻晋王为专权臣也。"

闵齐华曰："初秋巳鸣床帏，伤时变之急也。"

王夫之曰："钟嵘'源出小雅'之评，真鉴别也。"

吴淇曰："鸡本司晨，……起而命驾，所谓见机而作也。"

黄侃曰："至于无所告诉，则其思苦矣。"

非仅如此，再请诸君重读笔者"第十四章"文末"译余骈言"一节，确系当时初读印象。前有先贤遗教，继有阮诗悲凉之咏，其诗语之简淡平和，若故人相见，娓娓自语，直诉昨夜情事者，遂忘却一切戒备，直坠阱中，虽经年累月不知入陷之妄矣。

笔者兹番失陷，回思再三，悲欣交集，强自悯恤曰：所得或大于所失焉，所失乃阮公精心布置使然，前述六贤，悉陷网罗，无一得脱。唯吾一人，识知虽晚，幸未遗下误人误己之讹也。失固失也，所失仍良可纪念，故犹珍惜初读之失，不欲涂改，另为"有启"如上云。

蔡乃中　二○二○年八月十三日启

卷之二（第十二章——第十七章）
写作年月及政局背景列表

章次	纪年		天子	主政	首句	摘要	背景
	公元	年号					
第十二章	252-253年	嘉平四至五年			昔日繁华子	政宽时和，阮君有同性恋友，假安陵龙阳为咏。	卷外曲
第十三章	254年2月	嘉平六年	曹芳	司马师	登高临四野	李丰、苏铄等谋以夏侯玄代大将军，被杀。	苏李之诛
第十四章	254年2月				开秋肇凉气	十三章既咏苏李之诛，恐识者告发，专为加写。	
第十五章	254年2月				昔年十四五	本诗实痛夏侯玄之横死也，故念读书无益。	
第十六章	254年9月	正元元年	曹芳		徘徊蓬池上	少帝曹芳被黜，不能不记。	少帝被黜
第十七章	254年9月				独坐空堂上	副歌。恐罹害而补写之回乡旅行证据。	
	255年春	正元二年	曹髦	司马师卒	无诗		

卷外曲　杂诗三章

"卷之三"之前置"卷外曲",乃见阮籍作这三首小诗时,尚不知后文之情事将如何发展?仅为闲时弄文而已。

　　本卷后文将出现阮籍不幸误陷邻里家族斗争的漩涡,家族争斗之事又演变为群小攻阮之灾。闹得阮籍焦头烂额,生不如死,幸赖新任大将军的司马昭暗中伸出救援之手,助其脱困,度过了这场灾难。

　　"卷之三"即为此事单列一卷,以别其他三卷的"三马食槽"之记。

　　这三首诗写作之时,阮正处在被祸前的好日子中,其时刚从东平县骑驴而归,在大将军府过得太为清闲,于是闲情油然而生,偶为杂诗三章,皆各不相关者,其中至少有二章诗,诗文清丽可爱,推荐读者一赏,不啻是德彪西的月光曲之亚欤!

第十八章
悬车在西南

> 第十八章
>
> 悬车在西南，① 羲和将欲倾。②
> 流光耀四海，忽忽至夕冥。
> 朝为咸池辉，③ 蒙汜受其荣。④
> 岂知穷达士，⑤ 一死不再生。
> 视彼桃李花，谁能久荧荧。
> 君子在何许，⑥ 叹息未合并。
> 瞻仰景山松，可以慰我情。

【今译】

羲和的马车已在西南歇下,
正要将车中火红的日头翻倾。
满天的霞光一霎照亮四海,
不多久就掩上了暮色昏暝。

早晨,太阳从咸池光辉出浴。
及晚,有蒙汜容留它们永享长眠的哀荣。
我们这些奔趋于穷达之途的凡人,
一死之后,却再也不会重生。

再看那些明艳的桃李之花,
又有谁能永远地花开荧荧。
俊美的君子你在哪里啊?
道途相异,真可惜上一次未与你轩车共乘。

景山的群松太令人仰羡了,
它们居然虬枝盘空,苍鬣千寻,足慰吾情。

【笺注】

① 笔者注:悬车,停车。《淮南子·天文训》日浴于咸池,是谓晨明。至于悲泉,爰息其马,是谓悬车(于是息下他的马,叫作悬车)。悬车,把车挂起来,实际上停车时,是把车辕竖起来,让车尾支地,不使滑动。悬车列队而陈,固若城墙,行军过夜所必须者。车队左右对置。中留空阙,车辕对竖,中留出入通道,称辕门,置营其中,乃军中野宿安营常例也。

② 羲和,《广雅》:日之御者。

③ 咸池,东方的大泽。神话中谓日浴处。《离骚》:"饮余马于咸池兮。"《淮南子·天文》:"日出于汤谷,浴于咸池。"

④ 笔者注：蒙汜，神话中太阳没入处。《楚辞·天问》："出自汤谷，次于蒙汜。"荣，哀荣。人死之后，后人犹纪念其生前留下的光荣。古时传说称：十日每晚殁于蒙汜，翌晨从汤谷中又重生十日。故事如此离奇，是因为中国神话观念与西方殊异。希腊人以为圆形是宇宙之至美，日、月、星、地球皆是正圆的。而中华尚天圆地方说，天如穹窿笼盖四野，地下尽皆厚土，此乃中原先民所见焉，日没蒙汜，只能死了，不然存于何处？至于"十日"之说，当代考古已经发现，当年蚩尤的先苗之族，他们的历法用太阳历，每十日一休，全年三百六十日，共有三十六个休息日，余为公共节日。黄帝战胜以后，版图一统，也取消了先苗历法，改用了阴历，以月相为依。只留下昔年采用十日制之远古记忆，糅合了农耕社会对久旱天灾、禾苗枯死，赤地千里的记忆。形成了十日成灾，后羿射日的民族神话。考古报告记载，昔日观察天象的地点今犹在。

⑤ 穷达。《孟子·尽心上》："穷则独善其身，达则兼济天下。"穷，无路可走；达，得志，显贵。

⑥ 笔者注：君子。对成年学子的美称，犹今之称"先生"也。"合并"，笔者这里借文献古典进行近似的雅译，其实本来就是直叙性伴侣们在恣乐。尝读沈从文先生小说中湘西民歌曰："天上白云云叠云，阿妹床上人叠人"，古今同义焉。

【前贤评述】

刘履曰：此篇因悼世变，思以自保之诗。言魏之将亡，犹日之将倾也。何盛衰若此其速！国祚将移于晋矣。士既不幸遭此末运，虽视彼一时之富贵不能久存；然未遇贤君能拨乱而正，徒为叹息。唯瞻仰高山之松得以坚贞自持，可用慰吾情耳。（才读四句，弃其八，复检其末，洋洋乎乐不可支。鼷腹易盈之谓也。）

黄节引朱嘉徵曰：闵时之将变，而冀得桢干之臣焉。经天之日，悬车垂曜；景山之松，经霜不凋，君子人欤！（莫名其妙！）

黄节引蒋师爚曰："夕冥、朝晖，易代之象也。君子在何许乎？慨当世

大概无人。"

曾国藩曰：首四句言魏祚倾；"朝为"二句指前此被魏之恩泽者；"岂知"六句言夏侯之属云亡，殉国之人未见；"景山松"似有所指之人，可信其劲节不改者。（亦认真计较而不论理之通未者，一语未见所指，便自惶惶不能自已。）

黄侃曰：日入当再旦，岂若人死不复生。春华有零落，正类含灵有殂谢。先民已往，吾谁与归！必寿如凌云之松，乃足以慰吾志也。穷达虽殊，终尽则一，故相契为言。（穷达并言，阮公之见尚矣。仲尼一生，或栖栖，或惶惶，无非竟此二者之一。然黄侃所言，吾未许矣；所以未许，阮君不足任也。）

陈伯君曰：蒋师爚解"穷达士"，以为达士为达德之士，谓达士为此而穷，殊属不辞，显为曲解。（是也。"达则兼济天下，穷则独善其身。"穷达途中奔趋之士，略称为"穷达士"也。）"君子在何许"句思君子，此君子必有所指，但不必如曾国藩所谓实指其人。（否，曾公不幸而言中焉，详见某下文概述。）

【译余骈言】

陈伯君先生搜集的诸贤对本诗的评述，已尽抄于前。诸君自见。

应当说，前贤们强解阮诗，已经达到了极顶的程度，一字一句都敲骨剥髓努力呫哜其中的微言大义。时当曹魏危亡之际，主幼臣悍，司马重兵在手，挟持太后，黜逐少帝；刑求重臣，诛扫宫廷，无所不为矣。如此骇人听闻的颠倒扭曲的政治世界，读者们都以为在阮籍的诗中一定会有精彩的批评语言，深刻的隐喻词语。大家都认为，阮籍是个一身正气的高尚人士，他辞辟曹爽、拒婚司马，与乱臣逆子势若水火。无怪乎众贤都全力扑在阮籍的诗作上，像淘金者一样，努力披砂以求，不放过只字零句，冀求在其中发现阮公正义的石火电光，断匕残戈，以创乱臣贼子。

就本诗来说，第一节四句写日落之景，毫无疑问，这明明是在譬喻曹魏之将亡，刘履如此说，陈祚明如此说，朱嘉徵如此说，蒋师爚如此说，曾国藩也如此说。黄节先生是披卷摘录者，其意旨在为读者提供前贤所见。黄侃先生和伯君先生虽不曾这样说，是诸说都在，不欲更说也，但并无他议。是的，太阳落山，一日终了，可以喻小王之不久，更可以喻朝廷之不久。

那么第二节，阮籍说："日出咸池，日没蒙汜，我辈凡士，一死不再生。"又譬喻了什么？又可怎样解释呢？对此，刘履未及，朱嘉徵跳过，直视文末之青松；蒋师爚无语；曾国藩亦一跃而过；黄侃正好未与前说，就凡士之死发挥曰："先民已往，吾谁与归"，感慨中若有其得，其实是丢开上下文，故作解人耳！盖第二节四句，不过是承续前文，引《山海经》中传说，入夜，日沉蒙汜，翌日在东方重生，阮籍故叹曰，吾等凡士，无重生之能而。

第三节，阮籍行文全弃上二节所咏。凭空拈来"桃花之不能久荣"。无端又唱出"君子在何许，叹息未合并"的叹喟，何为哉？好在诸君子们都素擅热捧前半，无视后半的惯技，一律都默不作声。直到看见"君子在何许？"才忽然一齐醒来，踊跃而出。刘履说这是"未遇贤君，徒为叹息"；朱嘉徵说："冀得桢干之臣焉。"蒋师爚云："君子何许？慨当世无人。"这些先贤们他们可以任意跳过眼前排列的文辞，随意捡拾起只字零句，作随心所欲的指解。（只有陈伯君先生实诚，他说"君子在何许"句思君子，此君子必有所指。）笔者烧心的是在这一批贤哲们的强解下，显得阮君倒变成了一个但求每二句一韵外，却只是个满嘴浮沫，胡言乱语，不顾逻辑，思发无端的精神病者了。却不知哪来的这些热心之徒，依旧匍匐于地，搜检其衣袂，察视其鞋袜，冀获一得，以成其济世之大业，这不是笑话吗？哪有如此治学的？其实千百年来，我们的先贤们一直是这样糊弄阮籍，糊弄读者，糊弄自己的。在这里，笔者随手投一光明烛其可笑。希望有人来清理此种污秽，导之所向，无令贻笑后人，污秽诗坛。

【这首诗在讲些什么？】

那么，就本诗而言，如何来通解此诗呢？笔者坚信，阮籍的思维和我们普通人毫无二致，他有正常的思维方式，只要我们不自作聪明去替代他思想，他

的诗作一定是简简单单、明明白白的。本来，只要如朱子所言，"就诗论诗"，且笔者已全译如上。要做的只是在诗句的缝隙里，补足其思绪脉络，连缀其逻辑演绎耳！

先考此诗的写作背景。上文已说过"卷之二"的"第十六章"、"第十七章"是专门记述齐王曹芳之被黜逐，事在嘉平六年九月十月之中。接着宫中迎来了高贵乡公曹髦。司马师见其行动鲁莽，很看不上他，令他继续修学讲业。不久，两个月后，进入隆冬时分，司马师目疮迸裂而死，他死后的大将军位由司马昭继任。这时期，曹马两家都是新人继任，百事纷繁，各有各的所需熟悉、学习、整合的事儿。史载是年乃司马昭最"清闲"之年。阮的"第十八章"、"第十九章"、"第二十章"当作于此时。

在太平顺和时期里，我们的主人公阮籍爱干点啥呢？有先例在焉。读者最好往前翻看一下他的"第十二章"诗，在那首诗里，那时他也正处在政变之后的晏歇中，政治环境相对平和，便遐思无限，借历史往事，极言古代君王拥有的男嬖之美，其实是在借写诗回味自己与男友的亲爱情状。这一次也大略相同。

十八章的第一节四句："县车在西南，羲和将欲倾。流光耀四海，忽忽至夕冥"，前贤评述的意见极为统一，是据《山海经》改编的文学手法表达，描写日薄西山，黄昏将临的壮丽景色，诸贤皆以喻魏祚之将倾也。真不知为啥，既然喻曹家朝廷之倾覆，又何必写得如此地绚烂壮丽？

第二节前二句继用《山海经》入诗，"朝为咸池辉，蒙汜受其荣。"按照此种说法，太阳的一生，只是一天之寿而已。清早，新生的太阳每天东升。及晚，日头便没入蒙汜荣寝。笔者以为，如此神话，乃中国尚天圆地方之说，周秦之地，黄土所积，皇天后土，地下厚不可计，无穷无尽，不知其终。古希腊在地中海北侧，多岛国之民，其抬头所见，海天一色。故其先民的宇宙观，尚天圆、地圆之说。圆是至美之物，故日、月、星辰及大地均为圆形，并绕地球为圆心作本体论之运行，中国的生活在黄河中游的先民，耕作其间，但见深沟高坡，坡坡层叠而上，上达青天，乃知地土之厚，深不可计，日落倾入深池，便就陨灭，如人死入土，次日乃在东方另生新阳。

与之相比，阮籍叹喟，曰："岂知穷达士，一死不再生"，人类无此之能也，甚至人的青春也只有一次，令人大恸。

第三节阮籍进一步叙为人之不幸，不仅人之青春只有一次，而且其时甚短，如桃李之荥，仅数天光鲜而已，"视彼桃李花，谁能久荥荥？"

青春如此短暂，吾等犹不能充分享用！美丽的年轻人呵，如今你在哪儿？记得上一次邂逅，可惜道途殊异，不能与君效弥子瑕与卫君共乘合并之欢。"君子在何许？叹息未合并。"

阮籍叹罢人生之短、青春之暂以后，不由仰慕景山之苍松，居然千载不老，永享其长青之寿。"瞻仰景山松，可以慰我情。"

全诗从朝日之每天重生，联想人无重生之望，且生命短暂，青春犹瞬息耳。一层比一层紧迫，一步比一步珍贵，略无旁顾之暇。在这样的叙述结构前，若贤君子有社稷之思君王之念，何能入其间焉？

以上，便是本诗的大致内容。的确，没有思想准备的读者一定会大吃一惊。我们敬仰的一代大儒，风操高尚，政治严肃的阮籍怎么会是一个同性恋者？同性恋也罢，怎能明著于诗？一千七百年来的读者，有的读到了，读懂了，讳言之；有的从未有此思想准备，读到了，也作另外解释；如刘履先生、朱嘉徵先生然；至于有的读了，根本不知所云者，那就不去说了。

现在有两种解法放在读者面前，一种说"**君子在何许？叹息未合并**"，是阮籍忧国心切，"未遇贤君能拨乱而反正"；"冀得桢干之臣"；另一种说，阮籍是在忆念昔日途中邂逅的年青俊美男子。请连读上下文，君以为何种解法的可能性较大呢？之外，先提示一下，"第五十七章"还有相似之诗文，其时，阮籍托言慕长生之美，独往山中觅药，五石散既服，浑身燥然，不免效土谷祠中阿Q躺柴火中，一面拈弄起食指来，一面乃"恻怆怀所思"，思曰："延年欲焉之？"于是一个年轻的身影浮在眼前：**"王子亦何好，猗靡相携持"**，（"王生，王生有啥好？亲热起来恁销魂！"）居然二诗的背景、造语、内容几乎完全一致，这实在是太令道德之士难以接受了。

其实，同性恋者的问题，今天的科技已经揭示，那是遗传基因变异造成的

性取向与常人不同。世界各地、古今都有，我国亦然，既然植根于自然，想来应当长年都有一定的概率。但史书上都爱说，在中央政权衰弱时，似乎此风就煽扬得更旺炽些。远如战国时代，近如明季清末，汉末东晋时亦盛行过。其时上层男子好事修饰，膏泽颜面，华美衣着，是社会的普遍风气，也是同性恋流行的特征，后人都斥为斯乃社会风气败坏所致。在今天看来，阮籍虽是同性恋者，那是他的私人行为，无碍他人，尽可如常地评价其德行、信仰、学术、才艺、立身之所为及其所建树的功绩。在魏晋之交，社会风气为豪门文士左右，从无人议论。一本专事搜集当时上层人物行为的《世说新语》中，几乎无人议及其事！但在中国古代的一般观念里，儒家思想把家庭视作社会基石和理论本源。最重要的君臣关系，就是从父子关系套袭来的，男子在家可以享正妻及妾姬之奉，自有相应的制度建设。即使妓宿在社交上也很宽容，甚至认为是男人雅事，唯蓄养娈童，则未免另类，有伤德行。德行有于，其余可勿论也。故正经道学之士不与焉。

　　阮籍身后的研究者，也皆不提及此事；偶尔有个别人提出过，阮籍诗中既然寓意在社会政治之批判，为什么愈写愈卑，陈祚明两次提问曰："所比愈下，使人不测？"阮籍"既脱落荣华，好谈轻举，乃复惓怀亲爱，甚恋绸缪，非徒旨谬老庄，亦恐卜迷詹尹。"（见"第十二章"［前贤评述］中所引——陈祚明特别问道：阮嗣宗既然弃华丽浓艳之好，崇平淡清和之尚。却又眷恋美色，甚至缠绵床笫，这不是和老庄学说相悖甚至和阴阳术士的主张也不一吗？但也无人响应。）

　　笔者以为，阮籍自己既于文中直书所爱所乐者，吾等后人，自当正视其行，如实为之转述，无须讳言，更无须渲染廓大。本诗"叹息未合并"的所译"合并"二字，有意假史典含糊为之，以符原文。（参见注⑥。他这种文技，后文尚多，当一一揭载之。）阮籍在历史上，自有其堂堂正正的一席之地，何须我等后人代为膏沐涂饰，乔其声价哉。

第十九章
西方有佳人

第十九章

西方有佳人,皎若白日光。①

被服纤罗衣,左右佩双璜。

修容耀姿美,②顺风振微芳。

登高眺所思,举袂当朝阳。③

寄颜云霄间,挥袖凌虚翔。

飘摇恍惚中,流盼顾我旁。

悦怿未交接,晤言用感伤。

【今译】

有美人兮来自西方，
她肤色皎洁，明亮得犹似日光。
身穿修长的贴身绸衣，
左右佩戴着双璜琳琅。

精心修饰了容貌，炫耀她曼妙的身姿。
衣袂轻扬，顺风飘来微微馨香。
忽然登高而眺，若是遥望其所思，
举起了衣袖，遮挡炫目的朝阳。

容颜舒舒，仿佛寄身于云霄，
挥动着长袖，恰似在凌空飞翔。
在目眩神驰的飘摇舞动中，
流盼的目光，时时贯注我身旁。

两情兮相悦，却未能与款接，
用什么话可以形容我的沮丧。

【笺注】

① 《诗经·北风·简兮》：云谁之思？西方美人。宋玉《神女赋》曰：其始来也，耀乎若白日初出。

② 《离骚》屈原：民生各有所乐兮，余独好修以为常。好修，喜欢修饰自己，比喻在不断自我提高。

③ 宋玉《高唐赋》：扬袂障日而望所思。

【前贤评述】

刘履曰："西方佳人"托言圣贤如西周之王者，犹《诗》言"云谁之思，

西方美人"之意。此嗣宗思见圣贤之君而不可得，中心切至，若有其人于云霄间恍惚顾盼而未获际遇，故特为之感伤焉。

朱嘉徵曰："西方有佳人"伤明王不作，世莫宗余也。（何以独伤明王？）

蒋师爚曰："当阳"是何等事！（蒋氏以"当阳"，为遮蔽"君主"之行，不由惊呼。）佳人则臣道也。乘登高之眺，遂举袂以当之乎！（蒋氏一见"登高"二字，便起警觉，其心中犹留着第十一章所咏"高蔡相追寻"的阴影也。）"寄颜云霄"。"凌虚"、"恍惚"，亦幻等而已。是所悦于未之交接者，守己之正；及晤而以为感伤者，慨世之变也。（陈伯君按：当日司马文王为子求婚于籍，公以醉拒之，则未交接之证矣。）

方东树曰：此亦屈子《九歌》之意。（陈伯君按：然屈子指君，此不知其何指。若为怀古圣贤，则为泛言，然不可确知矣。）（一样地不曾读懂，唯陈伯君先生坦称未懂，犹存疑问是寻学之正途也。余皆狂言自欺，逞一时之快。）

吴汝纶曰：此首似言司马之于己也。末言：彼虽悦怿，吾则未与交接也；然吾终有身世感伤。盖兴亡之感，忧生之嗟，无时可忘耳。（妄，唯司马昭与阮的关系，非片言可明，暂不置评。）

黄侃曰：西方佳人，凌云远上，虽相悦怿，而不复晤言。故知爱憎之情自我，离合之理自天，命之所无奈何，虽神仙竟何裨于感伤也！（所见近焉。既为诗自有其独立的文艺功能。）

黄节曰：朱（嘉徵）、方（东树）之说与刘（履）合。然寻"举袂当朝阳"及"流盼顾我傍"句意，则非无所指者。《晋书》本传云：曹爽辅政，召为参军，籍因以疾辞，屏于田里。岁余而爽诛，时人服其远识，或即诗中所指欤？（诗中一大篇描述美人整姿、端容、服饰、舞蹈，皆以指曹爽示好以阮籍耶？太难为曹爽了！）

【译余骈言】

阮籍的这首诗,其实只是一幅街头小景的速写,大街上来了一驾马车,车上坐着一位来自西方(中亚地区)的美女,车上另一位同伴正有事走开,故息驾以俟之。以下通过阮籍所见,逐一细述该女之衣裳、服饰、妆容然后站于车上(登高),远眺去久了的同伴,朝阳炫目,举袖以挡。在这举动之间,行止优美,恍若舞蹈,看得阮籍在一旁神魂飘摇,不能自持。觉得女子的目光,嫣嫣以视,不时投向他这一边,(按,这也完全正常,《晋书》载:"籍容貌瑰杰,志气宏放。")心中更是按捺不住一阵阵的冲动,但毕竟此乃大街之上,无法与之款接动问,双方都留着遗憾,目送而别。

就这么一幅街头邂逅小景,值得纪念,但并无深意。可以称道的是阮籍为诗的上佳技巧。语言普通平常,而描绘的形象,真是活灵活现。随着阮籍的目光所注,不仅看见了她的美丽服饰、形容、举止,而且见到了这位美丽女性,在等人之时的心理状态,甚至与阮君二人间的彼此属意,眉目互动的细微感觉。真正是绝妙的写生高手!《九歌·少司命》:"满堂兮美人,独与余兮目成。"男女初识,最动人心魄的就是"目成"。读了这首动人的小诗,我们更得以理解上一章,"视彼桃李花,谁能久荧荧"句以下阮籍咏叹生之可贵,青春鲜美的那些景山之松,仰慕神仙、长生修龄等种种愿望的理由。

第二十章（原二十三）
东南有射山

> 第二十章
>
> 东南有射山，① 汾水出其阳。
> 六龙服气舆，② 云盖切天纲。
> 仙者四五人，逍遥晏兰房。③
> 寝息一纯和，呼噏成露霜。④
> 沐浴丹渊中，照耀日月光。
> 岂安通灵台，⑤ 游濚去高翔。⑥

【今译】

姑射山兮崒东南，
汾水汤汤下山阳。
六龙双骖兮趺腾云车，
霞盖飘飘兮上触天纲。

绰约仙子者四五，
逍遥归来兮静卧兰房。
气息一纯和，睡态何安详！
呼出的水汽都凝成了露珠与清霜。

沐浴丹池兮涵泳碧波；
众星明璨兮日月辉光。
祥气和融兮通贯灵台，
凭风高翔兮悠游飘荡。

【笺注】

① 射山，姑射山。《庄子·逍遥游篇》曰：藐姑射之山有神人居焉，不食五谷，吸风饮露，乘云气，御飞龙而游乎四海之外。

② 《易》、《乾卦·上九象》曰："时乘六龙以御天。"《汉书·律历志》：玉衡杓建，天之纲也。气舆，舆之周云气围之，车腾其上。切，接近谓之切。"玉衡杓建，天之纲也。"杓，北斗七星组成之象也，从杓口向斗柄数起，第五颗星之名即玉衡也。"玉衡杓建"，以玉衡等七星组成的北斗星座，乃天上全部星象的总枢。

③ 宋玉《风赋》：乃更于兰房芝室止臣其中。

④ 噏，同吸。

⑤ 岂安，岂同恺，恺，和顺也，岂安，康乐祥和。通，贯通。灵台，心也，见《庄子·庚桑楚》。全句谓"祥和之气遍及身心"也。

⑥游瀁，通游漾，闻人倓曰：盖承"沐浴丹渊"之文而言之，平和地浮泳其中。

【前贤集评】

闻人倓引陈祚明曰：通灵台是人间筑以奉仙真者。（非是，陈与闻人两人误将灵台之灵，作神灵解，又将台作为建筑物解，当从《庄子》之郭注。见"注五"。）

蒋师爚曰：此以仙家养生之术寓言也。"仙者四五人"谓司马氏及其用事之人。"呼噏成露霜"，谓威福作于顷刻。"沐渊"、"耀光"谓司马引病之日，谋诛曹爽也。"恺安灵台"，去而"高翔"，四五人者皆攀龙鳞矣。（随意附会之说。）

张琦曰：以况竹林诸贤也。（近之。）

黄节引方东树曰：托言仙人不游人间，以比己不甘逐流俗。

黄侃曰：神仙之人既离尘俗，自当遨游八纮之外，虽通灵之台（也把通灵台误为通仙之台。）彼且不以为安，明避世之宜远也。

黄节曰：嗣宗《大人先生传》云：大人微而弗复兮，扬云气而上陈。召太幽之玉女兮，接上王之美人。亦诗所谓"仙者四五人"也。蒋师爚谓指司马氏及其用事之人，殊凿。

陈伯君曰：梁王筠亦有"东南射山"诗云："还丹改容质，握髓驻流年。口含千里雾，掌流五色烟。琼浆泛金鼎，瑶池溉玉田。倏息整龙驾，相遇凤台前。"言神仙炼丹之事，与阮诗意近。蒋师爚说无据，最谬。（陈先生之说有理，都是文人有意对神话传说的整理和改写，如第三章整理伯夷、叔齐之事，如第十九章的街头速写，都是文学小品之作。）

【译余骈言】

这首诗是一件独立的文学作品。阅读卷之一诗作，我们知道阮籍一般在两

种情况下，才有拈翰为诗为文之动：如情绪较长时间处在极其压抑忧郁状态，那就不得不忓之于诗，于是只得拿起了笔抒咏；郁结既解，那就要等有了好题材，打动了诗人，才再会写起诗来。在阮籍写完第十八章、十九章诗以后，他正处在后一种情况之中，生活优裕，闲来无事，偶然听到有关姑射仙子的传说，一时兴起，便有意用诗歌咏美它，于是便有了这件优美的艺术品。故此诗并无深意。没有任何寄托，也不曾借此发一些含有哲理的感慨，这首诗是件纯粹文学作品，用美丽的文笔描写一群无忧无虑的山中射猎女子。

第一节四句，描述她们住在高高的山上，云雾缭绕，只有天界的飞龙，有时挽了华丽的云车，载着她们出游和归来。（见注①）。

第二节四句，着重描绘她们的清纯美丽，睡着时呼出的内息，似露似霜，其清纯可想。

第一节写天、写环境；第二节写人、写天外之人；第三节乃描写她们的日常生活，或翱翔于碧空，或沐浴于清波；日月之光照拂着她们的玉体，祥和之气贯融着她们的身心。真是天界的上仙玉女！张琦曰："以况竹林诸贤也，"或有之。

全诗就是这些内容。但是天帝无情，立意要让阮籍困顿颠沛，饱受折磨。西谚有云：性格即命运，阮公傲岸自许的清高，对世事不分晓的天真，再加上他落落寡合的脾气，注定了他不得不低下高昂的头颅，俯伏，下就，屈身于现实、污浊的命运。

这首美丽的小诗，才刚刚诞生，阮籍便坠入了污秽的沟洫之中，以至自斯之后，再不曾出现同样优美的小诗能够和它相辅相配。这是阮籍的不幸，也是中国诗史的不幸。

三章既罢，以下便转入"卷之三"正文。

这"卷之三"实在难读，若要通解，尤须倍加用心。因之，先用"小引"一文，略述"卷之三"诸诗之大概，更将笔者读后，所揣得原诗艰深之由和诸诗语焉不详之情，稍作引导，以便利读。

卷之三

阮籍的一桩私人事件

书呆子助邻陷祸　大将军暗中相救

第二十一章 至 第四十四章

公元二五五年（正元二年）秋冬

小　引

公元二五五年的春天，司马昭了毕其长兄司马师丧事后，从许昌率师回到了洛阳，据说由于群臣一致要求，司马师死后官职，悉由司马昭继任。司马昭从此秉执曹魏首辅要职，有许多的军政事情要学习、思考、调整，他的运武之能不及司马懿著称，他的文名之著不如司马师名列三杰，但他的沉着阴鸷、工于心计，则无逊于乃父乃兄少许。司马昭继任大将军后，时运较好。《三国志·卷四·三少帝纪第四》说这一年的

　　二月甲子，吴大将孙峻等众号十万至寿春，诸葛诞拒击破之，斩吴右将军留赞，献捷于京都。

　　三月，立皇后卞氏，大赦。

　　四月甲寅，封后父卞隆为列侯。甲戌，以征南大将军为骠骑将军，秋七月，以征东大将军胡遵为卫将军，镇东大将军诸葛诞为征东大将军。

估计就是在这风平浪静，又喜庆连连的和煦岁月中，仗着司马昭对阮籍素有好感，六年前司马家诛去了曹爽，独擅朝政时，司马昭曾有议亲阮籍之意，籍假酒辞避，然情谊犹在。司马昭回洛阳后，事实上已成了司马集团吞曹的元戎，阮欲避之，因有知东平之请，昭欣拜其为东平相。（据《汉书·百官公卿表》："……成帝绥和元年，省内史，更令相治民如郡太守"。故籍虽为相而实同于郡

太守。又李白《赠闾丘宿松》诗云："阮籍为太守，乘驴上东平。"）嗣宗策驴赴任，甚所失望，但见其乃一"穷野之都"，"原壤芜荒，树芝失时，畴亩不辟，荆棘不治。""其居处壅翳，窕邃弗章，倚以陵墓，带以曲房。""人民顽嚣梼杌，下愚难化。"踌躇再三，十余日而归矣。仍旧做他的大将军府从事中郎。他也没有专务的职司，其时日暖风轻，衷心驰荡，因有闲诗三章之作。（已见前载"卷外曲"）

入秋以后依旧是闲来无事。一日，应邻里之邀，出谋为其解姻戚夺产之危，事竟获胜，他得意非凡，认为是平生侠义之举，成诗两章，即"第二十一章"及"第二十二章"。这一年，勉强可记者，或是这样两件事情：

第一件：八月辛亥，蜀大将军姜维寇狄道，雍州刺史王经与战洮西，经大败，还保狄道城。辛未，以长水校尉邓艾行安西将军，与征西将军陈泰并力拒维。戊辰，后遣司马孚为后继。（同前书）

估计就在这时候，阮籍因参与邻里夺产之争，引起械斗。斗虽胜，竟为群小所不容，终日攻讦不已，籍困危多日，无奈之下，求救于昭，昭正忙于军务，无暇相顾，嘱其子炎前来抚慰，并允以相助解困，但不宜对外张扬，授以通信传递方法，并约在日后有暇晤见。（事见"第二十三章"）。

第二件：九月庚子，少君讲《尚书》业终，赐执经亲授者司空郑冲，侍中郑小同等各有差。

同月甲辰，姜维退还，魏蜀战事靖息，于是司马昭得暇见读阮籍紧急求救诗"第三十五章"、"第三十六章"两诗，嘱人为之平息群小围攻之事。并在私榭晤见了阮籍（事见"第三十七章"）。籍于事平之后，专撰第三十九章至第四十三章五诗谢恩，最后于"第四十四章"高唱"抚身青云中，网罗孰能制"，得意洋洋结束"卷之三"全文。

阮马之间的信息传递通道

这里应当简单介绍一下，古代汉唐以来，一直沿传到清末才结束的邸报钞

传制度即邸钞流递方法。

它原来是各级地方政府派驻在京都的一个专司抄递朝廷文件和重要大事回告地方政府的专门机构。其递传的文件便称邸报，同时也来回代传所有值得留意的变动信息，包括文人作品，这一切总称"邸钞"。邸钞在当时虽然全凭手工抄写，明末始有活字邸报，清朝由报房刊行，称《京报》，曾是一项工作效率极高的机构，不妨举几件例子。

西晋文学家左思，其所作《三都赋》，构思十年，赋成之后，轰动一时，以至洛阳纸贵。靠的就是传抄机构。

《全唐诗话·二·韩翃》："家居，一日夜将半，客叩门急贺曰：员外除驾部郎中，知制诰。翃愕然曰，误矣。"客曰：邸报制诰阙人。中书两进名不从。又请之，曰，与韩翃。

清末文学家龚自珍，辞京回杭州老家，途中随咏七绝三数百首，总名《己亥杂诗》，人未到家，途中所为诗已先抵其家，被老父先读。

三国时，嵇康的致山巨源绝交书，就未必是山涛特意上告司马昭，出卖嵇康的，更可能是嵇康自己通过正常邸钞通道外传的。其时，邸钞人员要靠名人吃饭，名人也靠邸钞传其作品和影响，两者在生态学上称"共生关系"。故我们读嵇康的致山涛绝交书，尽管是一件私人信函，但文句语气却是向社会公众的宣言书。

当时"三马同槽"的故事已演绎三分之二，传到司马昭继位，为山九仞，绰然在望。司马昭雅不欲人知其亲亲仇仇的私人关系。尽管阮籍与他同署办公，但是不愿阮籍随意找他，也不愿阮直接将信函放在大将军府的公共秘书处，由秘书人员常例流转。而是规定了先交司马炎的中抚军府衙，由中抚军秘书处按公文流转方式再转递到大将军府司马昭手上。故遣司马炎亲传此事。

这样的安排，一旦途中函件为好事者得见，或邸钞人员抄传，也无人知是阮籍直接写给司马昭的，这种方法恰好与嵇康给山涛绝交书的手法相反，嵇康的信名义上是写给山涛的，口气却是面向公众。阮籍的诗，虽看来是人人可读的个人的文学作品，但是内容和目的却是直向司马昭的。

明乎此，我们才能明白，为什么从"卷之三"起，有些诗章的语气是向着

公众的，如"第二十一章"最为明显，诗中把阮籍一方行动的缘由，回叙得清清楚楚，很像是阮公借此一诗，专门回告给关注此事的共读公众者。

又如"第二十三章"，岂仅是阮籍自咏高兴感激之情，更大程度上可以认为是阮公见到司马炎这位信使后，专门回告大将军的。乘机表达：您的示意，已完全知悉、明白，我从此将遵此而行。

而从"第二十四章"起至"第四十四章"，则是正式在使用这套通信系统。

在"第四十五章"以后，大将军救阮之事已经了结，司马昭不再负有应答阮诗的责任，但在阮籍这方面却依旧维持着传统，继续用老方法保持着"单向"的通信通道。后来当阮籍因母丧失仪，遭群臣围攻时，他依旧向昭写出了正式求救诗："第五十九章"（惊风振四野）。很快又得到了大将军的回应，特地在公开场合回护阮籍于母丧期间的失仪行为。使阮籍渡过了难关。

我们知道了阮马二人这套通信方法以后，也就更能理解为什么阮籍逢到要向大将军讲些特别严重的个人问题时，（如请求帮助洗雪污名等大事，）就模仿古代保安技术"设副车"的办法，另写"副诗"以迷惑旁读者。

后来凡阮籍每次写"崇武诗"酬谢司马昭时，他总是同时写"颂文诗"来掩饰他的行为。目的就是迷惑那些可能的"旁读者"。

明乎此，我们才会理解，卷之三的诗章，何以其文风有时十分艰深晦涩，奥僻曲折，隐避乃尔！其实，阮籍是太高估了"旁读者"们的阅读能力，不仅一千七百年前无人能识，即使一千七百年来，仍犹凤鸣鸾和，鼍鸣鳖应，世上仅极少同气者得通耳。当嗣宗辗转哀号"魂气随风飘"，"曲直何所计"时，不也无人得识乎！这一来，大大为难了一般的读者。当然是难识庐山真面目，其直接后果是几乎从来无人得识流转所传的阮诗诗意、诗旨。在"卷之一"里，本属简单平淡之句，尚有不少学者故作高深，意其所见乃骊珠独探者，现在"卷之三"真正地面对古奥生僻之语，隐曲幽远之思，全傻了眼。从无一人得知卷之三所载尽系阮籍个人参与的邻里纷争，全部故事虽有头有尾，全其终始，却与当时的曹魏政事截然无关。读者如果继续以卷之三中内容，攀附时政，那当然会出现谬以千里之误。

所以，笔者特地勾出"第二十一章"至"第四十四章"为独立的"卷之三"，

这对理解阮籍所作《忧思吟》诗中蕴含"三马同槽"故事的全诗是绝对必须的。不将这"卷之三"特别标出，很难知道"卷之一"、"卷之二"中所记"三马食槽"梦谶，竟是"直接贯通""卷之四"的跳跃表述。

"卷之三"内容略述

"卷之三"正文内容共有诗二十四章，可分为三个段落：

第一段落，乃事件的"初起"。共三章，自"第二十一章"至"第二十三章"。

阮籍因长日无聊，应邀参与了邻里家族之争财械斗。诗自争斗胜利后之公告事由起始……直到惊喜不已的"青鸟使者来也"止。其中想来尚有若干未见之诗的诸多演义情节，如阮籍遭群小围攻，声势浩大，在形势日危的街头闹剧压迫下，不得不求援于司马昭，随后昭派来了使者。

第二段落，乃"待援"段落，共十四章，从青鸟使者来访，直至阮马私室相晤，司马昭为其弥却众讦之厄。这十四章诗，是阮籍诗中，最大的一组诗群，表达了他对解困的急迫，对司马昭久无音信的微辞，其中更有二章希冀典午为其秉持公正，雪其污名。

其间最有意思的是"第三十一章"至"第三十四章"四章，阮以为典午看上了他的才学，欲留于身边佐事，但碍于他一贯有寄意山水的仙游之志，司马昭或恐难于开口，阮遂赶快洗刷旧闻，亟陈其愿列"仙班"之心志。

正在绸缪之际，幸皇天垂佑，怜其竹贤清名，令外界群小齐声鼓噪，以死相胁，吓得阮籍回到现实处境，赶紧写出二章紧急求救之诗，告言危情急迫，愿不计一切，脱此困厄。（见"第三十五章"、"第三十六章"。）

司马昭接读之后，立即为其作了脱困安排和面晤之约。于是乃有阮马内榭私晤，言谈欢惬，有歌黄鸟之章深谢焉。（见"第三十七章"。）

第三段落乃祸弥以后谢恩之作，共七章，前三章（"第三十八章"至"第四十章"）略记厄危初解时之所为；继三章（"第四十一章"至"第四十三章"）专造新文以敬谢；最后（"第四十四章"）回思一场梦魇，消于无形，如今青云

得志，展翅万里云云。"卷之三"遂毕于是。

笔者于"卷之三"的两点贡献

笔者在此不无得意地自诩，如果说在"卷之一"中，乃依陈伯君先生指导，用他遗下的破解方向和钥匙打开了全诗的大门，不仅进而查得了"忧思吟"初咏的确切时间，发现从"第一章"诗至"第十一章"诗，全是有关司马懿诛杀曹爽集团后之闻见所作，即曹操"三马同槽"之"老马试栈"梦谶之验。而且看到了先后十一首诗皆严格依时、依事、依次而作，遂厘为"卷之一"。

"卷之二"在前面发现的基础上，又进而发觉第十三章至第十七章，乃是阮籍有见于司马师扑灭后父等帝党集团及废黜少帝曹芳之作。亦即"三马同槽"之"二马继食"故事也。

此外，政事稍靖之隙，意外见到阮籍也有将个人情思入诗之事，如第十二章。

以上是笔者在进行前两卷语译时的重要发现。

同样，笔者自诩在"卷之三"也有两点贡献。

第一点，勾出了《忧思吟》中的"第十八章"至"第四十四章"，厘为"卷之三"。夫原作八十二诗，本无分卷之为，但经笔者研究，勾出的这二十七章诗纯属记述阮籍之私人情事者；若不将之勾出，笼统混编，必启人误把私人事件混入曹魏朝政时事中，造成缠夹不清的混乱。如今，"卷之一"、"卷之二"乃记司马懿、司马师"二马食槽（曹）"之事，卷之四则专记司马昭"第三马食槽（曹）事"，全书眉目为之清楚焉。

第二点贡献乃遵循**事序逻辑**，调整了本卷中若干诗章的次序。大家知道阮君正陷在一场邻里纷争的漩涡里，其事序逻辑的走向，大致是——

从**由起**（"第二十一章"及"第二十二章""杨朱泣歧路"、"于心怀寸阴"），

到**群小哄闹发展至情势危急**（无诗），

到**向司马昭求援**（无诗），

到大将军**遣司马炎抚慰**（"第二十三章""青鸟明我心"），

到从兹**开始待援**，阮籍在待援期中先后有十一首诗向大将军诉说衷情并述

私愿（"第二十四章"起至"第三十四章"），

到形势危殆，发出**紧急呼救**（"第三十五章"及"第三十六章""魂气随风飘"、"曲直何所为"），

到阮马**面晤**并**申谢**（"第三十七章""驱车出门去"、"黄鸟东南飞，寄言谢友生"），

到**脱困**（无诗），

到向典午作诗**谢恩**（"第三十八"及"第三十九"两章"有悲则有情"、"谁言万事艰"），

到**撤去信使**（"第四十章"，"嘉时在今晨"），

到风波过后，再以崇武诗**报恩**（"第四十一章"至"第四十三章""炎光延万里"、"壮士何慷慨"、"王业须良辅"），

到**脱困**后洋洋自得，舒出一口怨气（"第四十四章""鸿鹄相随飞"）。

这依次的过程是很一般、很正常的，任何人如果陷祸后，进行关说、请托，大多会走过这样一套过程相似的行为链条。

笔者之所为，只是把阮君放置在这根行为链条上的所记各诗，由于某些技术原因，出现了若干断裂、脱落、颠倒等情况，予以调整、复位而已。补缀之工，是否得当，请诸君指教、挑剔并改正，使之重现原璧。

在调整过程中，有一个关键点是十分明显、而且容易确定的，那就是"三十七章"的阮马晤见。在此章前，所有的诗章，不管写些什么，不管原作所置先后，都是待援期所作；在阮马晤见之后，困厄既解，所有的诗都是谢恩内容的诗。在本卷文末，附有"卷之三原作原序探索列表"，可供查索。如今本书中的诗章排序，已按笔者还原后的顺序重编，使更近作者写作先后之原貌也。而历来流传通行本的次序也同时骈注。此举无他，只是为了更正确地表达阮籍当时的写作次序，有助于从行为之先后，及诗中内容，理会阮君前后心理情绪之变化，以会通原诗之所志。

知我，罪我，悉待诸君评说。

笔者此举来自作者阮籍的心法秘传

乍看，笔者的上述调整，行事突兀，与阮君的陈留存稿顺序有异，其实正是笔者体察了作者的叙事心法后，才冒此不韪的。问：何由此说，曰：兹乃笔者读尽全书发现作者存稿罗叠之次序，与当时实际发生的事件递近先后有悖。阮公此举耐人寻味焉。

可以设想，八十二章非作于一时，在当时造纸业并不发达之时，手工"抄纸"（在浆池中捞纸浆的术语）最便取法的是纸幅在肩宽左右的"斗方"式样，于是也影响了诗歌倡作者的每首诗长，大致与"斗方"的面积相应，一纸一诗。阮郎之诗通常为十句左右（最长不过十八句）。这些技术条件的约束，形成了阮公五言的常例。

其时五言体发育尚未成熟，咏诗，志在吟咏性情，"诗言志"而已。既无题目之标，更无前序之记，估计须待有唐以后，国家以诗取士，因比试所需，才有题目和试题的出现。序记之习，或在宋以后才多起来的，后人读汉魏齐梁之诗，如诗经一样，文句是唯一体会诗意、诗旨和内容的途径。而诗歌之作，常常为了体裁的约束和艺术上的要求，隐去或偏忽其叙事的因果秩序。

阮籍是魏晋重要诗人，深知诗歌之用于叙事表意，有其特殊的优长，也有其难于达意的短处，"诗无达诂"是人人都知的读诗困惑。当阮籍决定用诗歌作为阮马之间交通手段，向司马昭报告受群小攻讦之前，朝廷上早就开演了少天子东堂讲业的大戏。阮公虽因职级较低，未得东堂面聆，但少天子聪慧善辩，志向宏大，岂能无闻。固也一直在深切地注视着，并忧心不已焉。阮籍此时，不得不作出这般选择，为了请司马昭求助其身陷之困，于是只能先叙自身解危之急。直待困厄解、谢恩毕、抒罢脱困之喜，然后再从头回叙魏少帝东堂讲业之朝廷大事。

对于阮中郎在叙述两个不同主题时，为了不干涉叙事的严整性、逻辑性，宁可将时间上早已发生的天子讲业大事延后另叙的用意和做法，笔者对此是完全赞同的，大家明白，这种做法也就是太史公以来优良的史述传统。

因此当笔者整理阮君此书时，顺势而为，在保持八十二章原置先后的基础

上,厘为四卷,不仅三马主政,各各分卷,而且将司马昭时与曹马朝政无关的"一桩私人事件",也别为一卷。以清眉目。此举实乃阮籍先肇之初衷,后学窥得心法仿效之,兹非背阮徇私焉!

想来小处微调,大端荦荦,应当可以接受吧!

第二十一章（原二十）
杨朱泣歧路

卷之三

第二十一章

杨朱泣歧路，墨子悲染丝。①

揖让长离别，飘摇难与期。②

岂徒燕婉情，存亡诚有之。

萧索人所悲，祸衅不可辞。③

赵女媚中山，谦柔愈见欺。④

嗟嗟涂上士，⑤何用自保持？

【今译】

杨朱临歧路，彷徨无从仰天泣；
墨子伤染丝，苍黄之失惹悲思。

揖让禅贤的传说，已遥远得无从追忆，
虚无缥缈的事儿，真要践行也太离奇。

这一场争执，岂仅是伤害了亲属私谊，
存亡一决，图谋吞并的阴谋早就筹已。
风言冷语伤人久，萧索落寞每忍之，
一旦登门启祸衅，君子临义怎可辞？

赵（处）女遭劫时，也曾媚迎中山盗，
屈腰为谦柔，偏是愈谦愈被欺。

奈何许，在座的衮衮诸公！
试问有何良策，临危之际可以善保持？

【笺注】

①《列子·说符》：杨子之邻人亡羊，既率其党，又请杨子之竖追之。杨子曰："嘻！亡一羊，何追者之众？邻人曰：多歧路。既反，问：获羊乎？曰：亡之矣。曰：奚亡之？曰：歧路之中又有歧焉，吾不知所之，所以反也。杨子戚然变容，不言者移时，不笑者竟日。

《墨子·所染第三》：子墨子言：见染丝者而叹曰：染于苍则苍，染于黄则黄，所入者变，其色亦变，五人必而已则为五色矣；故染不可不慎也。非独染丝然也，国亦有染。

蔡曰：阮籍在诗篇开始引二则寓言，乃说临事决策之难，虽古贤犹然，今人遇之，可不困哉？以此为兴，明吾等凡人之所行，若有所不当者，亦常人之

难免也。

②《孔丛子》曰：舜、禹揖让，汤武用师，非相诡，乃时也。（妙不可言。）

飘摇。漂泊空中，兼有摇动不定和缥缈虚幻二义。或曰，取《诗经·豳风·鸱鸮》"予室翘翘，风雨所飘摇。

③燕婉。笔者注：温柔和顺之情状。多用于夫妻、闺谊之间。《毛诗·邶风·新台》："燕婉之求。"

④笔者注：按赵女句乃用《荀子·富国篇》：譬之犹使处女婴宝珠，佩宝玉，负戴黄金而遇中山盗也，虽为之逢蒙视，屈腰桡腘，君卢屋妾，犹将不足以免也。（逢蒙视，言处女如善射者之视物注的，双目微合眯视。屈腰桡腘：屈腰，弯腰；桡腘，手垂于腿弯处。谓处女装出双眼眯视，弯屈身躯，双手下垂，自称君家屋中妾侍，竭尽女子的可怜微贱之态，且卑辞如此，犹不免也。）

⑤涂上士。犹言当涂之士，亦如第八章之"当路子"。

对"前贤评述"的梳理

"第二十一章"是"卷之三"正文二十余章的发端之作。这一章诗是"卷之三"正文全部故事的"由起"之述。不把这一章理会明白，以下便不知所云，甚至愈骛愈远。这一章又比较难懂，不容易理解，因此先看看前贤们已经说了些什么是非常重要的。

在本书的引言中，笔者说过，真正的文学批评，当假以公允的平台，在同样的基础上和同样的条件下各抒己见，然后分析之、比较之，以见各人所论之正、误、优、劣。可惜在前人对阮籍《忧思吟》的批评中，大多是即兴式随评，大多将诗中某字、某句与当时前后的某人某事对照议论。几乎从无通解、通论之为。虽然如此，陈伯君先生所辑前贤诸评，经过选择，都有一定的代表性和普遍意义在，其中各色评点，或有零金断钩、明珠遗珍在焉。我们试来逐人、逐句、逐字把玩拂拭，明其所述，原其所旨，以佐弄清阮诗所言者何？

一、黄节引陈祚明曰："歧路"，"素丝"无定者也。以比患至之无方，典午

窃国深心，初似诚谨，信用之后，权在难除。

陈祚明议论说，诗中引杨墨之言，皆指后事之来，难以预料。如司马窃政，用心深险，十分谨慎。陈氏说他先以"初似诚谨"来骗取信任，但"信用之后，权在难除"。掌握了大权，便很难除去了。

按此说有两点未当。盖魏明帝将托孤之事委托曹爽、司马懿之后，便撒手西归了。第一点说他"信用之后，权在难除"，有点冤枉司马懿，若指权力而言，托孤之后不久，曹爽大将军便用丁谧等计，将司马懿升为太傅，明升暗降，连原有的一点处政权，也被夺去，由曹爽独揽朝政了。第二点，若指军权，当时曹爽任大将军，全国兵权尽在曹爽及其两个兄弟手中。后来司马懿趁曹爽远游之际，举兵用事，只能依靠司马师和司马昭二子。由司马师率兵屯洛水浮桥，阻断曹爽回城孔道；由次子司马昭率府内皂隶从人把守两宫宫门。史家对司马师在平和时日，深自用心，蓄得士卒三千，赞不绝口。可见典午全家早就不掌朝中军权，故不存在"权在难除"之事。关于这三千士卒，在《晋书》中有两种说法，第一种见《帝纪第一·宣帝》："及齐王即位……与爽各统兵三千人，共执朝政，更直殿中，乘舆入殿。"第二种说法，见同书《帝纪第二·景帝》："晨会兵司马门镇静内外，置陈甚整。宣帝曰：'此子竟可也。'初，帝（司马师）阴养死士三千人散在人间，至是一朝而集，众莫知所出也。"（后"阴养死士"说，显系前说已忘，误记所致。）

陈祚明又说：丧亡孰不悲？而祸衅已成，乌能自保？将述"赵女"之喻，先以"燕婉"比之"存亡"，志显然焉。寻省用意，深切如斯，辞愈曲而情愈明。首先，"祸衅已成，乌能自保"，这"自保"之"自"，究竟是指曹芳或曹爽，其言语不明。按前面的背景分析，如指曹爽，则爽兵权在手，当属无稽之言。若指少帝曹芳，典午于洛水浮桥屯兵，先以拥帝为名，于少帝曹芳本就无害也。故此说含义不明，举实无证，不足为训者也。

其次，陈又说，阮在将述赵女（之媚），先将"燕婉"比之"存亡"（之图），其旨显然矣。这一指评又有两点错误，第一种错误与下面黄侃的错误一样，赵女之媚，是被中山盗劫持后，图脱身之媚，是自卫之媚，而非主动诱谋中山盗性命财物之谋，两人都把赵女行媚的性质，即主从关系弄错了。都说她（赵

女)"行媚"之先,已有存亡之图。尽皆颠三倒四,于是莫知其所云焉。

最令人遗憾的是,陈氏把"岂徒燕婉情"两句和"赵女媚中山"两句,混杂而言。夫"燕婉"句乃是本诗第三节之词,其句意指侵害我家的是吾姻戚,借亲戚之名,欲吞并财产祸害吾家。而"赵女"句乃是本诗第四节之词,其时吾方已受其害,犹赵女之已被劫持。故吾方不得不进行自卫,乃引证文献事例作行事的根据。

此外,陈氏在讲赵女行媚时,他以为赵女行媚之时,已具存亡戕彼之心。这是没有读清楚"岂徒燕婉情,存亡诚有之"两句的映照关系;这两句用今语说,意谓"别看她满嘴甜言蜜语,连杀你的心早就有了"。是用后一句真意,反衬前一句的虚假和伪装;其句义不是行为和目的的关系。因此,如上文所说,赵女行媚之时,本是一个已被劫持之弱女,只图不再被进一步的伤害,手无寸铁,不可能如荆轲刺秦,先具存亡之心。("存亡诚有之"。)

因此,陈氏赞不绝口的所谓:"寻省用意,深切如斯,辞愈曲而情愈明,"等等,实在读错了诗意,也赞错了地方。

二、蒋师爚说,揖让已无可昌托(不存在光荣体面地和平转让政权)矣;况在鸱鸟之诗所悲于飘摇者(何况其时正如《鸱鸟》诗中所指的"风雨飘摇"之时)而能与之期乎?祸衅之来,虽习为献媚何益。在朝之臣,皆涂人自处而已。先,蒋氏说揖让在如今早不能流行了,何况如今恶鸟横行之日。蒋氏以为阮在评论当时的时政也。其次,蒋说献媚无益于弥祸,这是阮诗字面之意,但阮籍诗意说的是,借《荀子》中处女遇盗。愈柔弱,愈受欺故事。说明阮氏一方,不得不进行冒死一拼的自卫反击也。蒋氏也不讲清,谁向谁献媚所以无益。他把"献媚何益"四字解作阮氏的评议,以为阮诗议曰:典午虎狼之心已生,曹家献媚何益。蒋也是未弄清句读,便生不平之议者。

三、陈沆所言二则,皆泛指他诗,故不议。

四、黄节引曾国藩曰:歧路、染丝言变迁不定,翻覆无常,不特燕婉之情如此,即国之存亡亦不过一翻覆间耳。曾氏此语是以首二句杨墨之典本身,就对兴亡快速之甚作感慨,他说小至一家,大至一国,存亡翻复乃常事耳。但曾氏之感慨,对本诗所咏、谁侵害了谁、何事寻侵,都不曾涉及,更无褒贬。他

只是泛泛称赞阮诗引用的杨、墨之言有见地而已，不曾指述阮公引杨、墨之言，在诗中所云乃何？对应着何时、何人、何事？曾先生的议论，在文评史评中是毫无意义的，人们通常只在艺评中有之："这幅书法，用笔沉着，力透纸背；这幅作品，细若游丝，宛若蛟龙"，虽然不及作品中的文义，无妨也。

五、方东树曰：此盖专指曹马之交危机如此，而爽不悟，权一失即灭亡也。方先生大概约略地对阮诗看了第一眼，读完第一联便作些议论，而所议内容，悉采当时史中桓范之言。而对诗中其他十句，全都弃之不顾！他和其他前辈一样，被阮诗中跳跃式的叙事方法，弄得眼花缭乱，不知所云，无以应对。也许咎不在彼，但是，又何必前来自曝所短呢？

六、黄节又引王闿运曰：歧路、染丝言化于不觉。诗翁当然知道歧路、染丝皆指抉择之难，但他特意指出，这两典也可用于"化于不觉"，可谓不为无见。但是他的这则新解，于发明原典之含义应当有所补益，若于本诗所指述内容，则毫不相干焉。

七、黄侃曰：物情万变，故有揖让之顷已见乖离。燕婉之情既然，存亡之理何异。人虽恶祸，而祸不可辞；人虽好荣，而荣不可持。以谦柔而见欺，则谦柔非取媚之道也。世事纷纭，将何道以自处哉？黄侃首先说：上古行揖让之时，早就有着多种分道行事的打算。家族之争也如此，凡最后走到分手厮杀的，关键在于当事者在什么样情况下，取什么样的对策。这四句表明黄侃深然阮籍对历史上之揖让之议。黄侃接下去说："人虽恶祸，而祸不可辞；人虽好荣，而荣不可持。"乃一般性发挥，暂置勿议；再接下去，他又说："以谦柔而见欺，则谦柔非取媚之首也。""世事纷纭，将何道以自处哉？"不免有些语意混乱，但从处理事情的技术层面说，他完全不理解嗣宗于兹之所言。先生读后所会犹如此，故所引六则评述，终无一条解得：阮公此诗在讨论什么问题，但见"亡羊"、"染丝"之述，又见"揖让"已远之叹，总以为是在议论遥远的历史传说，或讽咏曹魏时政也。

读者在这里当然会留意："燕婉之情既然，存亡之理何异？"这两句诗的背后，显然提示了有十分重要的情节在焉。"燕婉"一词，习惯是专用于描述男女闺情私好之词，这里若不是指夫妻双方，廓而言之，至少示意读者：阮诗中所言燕

婉双方，也是姻戚关系；至于下半句，"存亡诚有之"其语气之直截了当，简单明白，是不容异议的，目的就是彻底颠覆上半句的假象，指双方没有什么"燕婉"情谊在，只有你死我活的打算已经确定。专以提示假象背后狰狞的真面目。因此，要弄清来龙去脉，很值得推敲挖掘这两句诗所隐藏的戏剧情节。但是黄氏却支支吾吾，并未赞同，也未附应地敷衍而过，除了表明他不曾看见以上诸文和魏朝时政有何关联，也不曾留意为什么本诗之言辞变化殊多，时而为之激烈属辞，时而则或沉痛、或慷慨、或洋洋自得，先生从未留意，更不曾有弄清之意愿焉。

至此为止，我们只是稍稍审视了一下排在最前面的六则"议论"，发现居然无一人能读清了句逗的，所言皆不知所云，人们又如何与之对话并讨论呢？

八、黄节曰：嗣宗诗盖谓后王取天下，借口于汤武用师，揖让之风相离既远，后王处此，求如《诗》所云"予室飘摇"者亦不可得矣。

黄节先生这段文字，正如他自己所说，是专解阮氏"诗意"的。"好！"在陈伯君先生汇辑的前人评述中，大多罔顾诗意，能够从文理上融贯阮籍全诗之意，再通解文意的，实在太少了。黄节先生"后王取天下"这段文字用今文译之，略谓：尧舜以后，诸王取天下，都采取武力夺权，那是他们缺少了两个条件，第一，领袖间更迭的游戏规则变换了，揖让之风不时新、不流行了。（见前半句：揖让之风相离既远。）第二，后起的领袖也找不到一个可以利用的残而未亡的衰落政权，其意义大于他自己建立新王朝，（见后半句：后王处此，求如……"予室飘摇"者亦不可得矣。）因此只能动用武力强夺了。黄节先生解释后世揖让活动的消亡现象，也许是完全正确的，这表明他把本诗当作阮籍的咏史之议了。但既是咏史之叹，如何与本诗中其他之文句协为一诗，先生居然掉头不之顾焉，真令人无可如何哉。

接下去黄节先生释"岂徒燕婉情，存亡诚有之"两句曰：篡夺之人必以安顺之貌，燕婉之情来欺先王，先王哪知道这背后有关国运之存亡呢！黄氏再进而解"萧瑟人所悲，祸衅不可辞"曰"社稷存亡之危，已人人皆知，兵祸之衅即在眼前，故天下萧然。"说得颇也顺嘴。接着，黄先生再将"赵女媚中山，谦柔愈见欺"两句解作是对阮氏前述文句的实例佐证："读者诸君，试看赵国（女）之

图代，不就是以谦柔而行其欺吗？不就是篡夺者以燕婉之情，而亡人之国吗？"黄节显然也粗心了，他也没有弄清赵女装媚，是在被劫持情况下，不得已而用的女性手段，她不是黄先生说的"篡夺者"（以"燕婉之情，而亡人之国"者），先生颠倒了她的弱者身份。阮诗这两句的意思本来十分明白，指出被劫持的赵女，你尽管以谦柔的姿态去取媚中山盗，那是不可能解脱困境的；你愈是谦卑柔顺地向他，敌人将因此更厉害，更凶残地对待你，如此而已。从而明白一个道理，在欺侮你的敌人面前，你愈示弱，则所受之欺愈甚。根据这个古训，阮籍联系这场家族风波中他们选择的对策说：所以我们采取了奋身一搏的办法。天可怜见，我们幸而得胜了。阮诗的句意和黄节先生为本诗提供的笺注材料《荀子·富国篇》所述完全相符。（见"二十一章·笺注④"）。现在黄节先生在评述中，无端把被劫赵女改成图谋中山盗财物的女妖，那么，你将如何处理"犹将不足以见也"这句话呢？显然与阮籍意思不符。逻辑的恼人和要命就在这里，整体的逻辑由许多小块事理垒成，其中有一小块砖头出了毛病，整座大厦就轰然坍塌矣。

令人最无奈的是，在以上所有研究者的评论中，他们全体都不曾从"第二十一章"诗句中理会到阮籍此诗与当时曹魏时期的官方事务、曹马历史全然无关。这首诗和下面的二十四章诗，所叙述的纯粹是阮氏参与了这一件街坊邻里的家族纷争。虽然纷争的动静不小，其造成的后果，于阮氏个人关系亦不小，但确然与曹魏一朝政事毫无关系。诸君在述评之先，既不明事义，阮诗句义又大多误读，全体都是盲人摸象，个个都在抱腿为柱，执尾为绳，如何讲得清诗中所述？读者请看，笔者逐一详述了诸评的文字原意，可见竟无一人读明白阮诗中所叙内容，更弄不清其争执之双方，是谁侵害了谁？阮诗引典为喻，也没有一人弄清是喻己还是喻彼？在这样一些"读书人"之前，无怪乎，书成一千七百六十年以来，无一人能识阮诗旨意焉。昔日有人嘲鲁迅之译外国文，说其所译文句须如读地理书般，当用手指摸索着去读。笔者亦叹曰：真可惜，终无一人读阮诗者，肯伸出手指去摸索着先分清是谁在说些什么，然后再来发表高论的。

【译余骈言】

以上是笔者将前贤之语，逐一还原解释分析所得。很遗憾，全体与言者，无一人讲清，此诗之所述者何？大多集中在告诫为政者，当留心谀媚谦柔者之用意，以免上当受骗尔。若问谀媚者是谁？当然是司马了，但上当者谁？或曹爽，或未指及，考之于史，尽皆与事实互谬。且细考前贤从诗中悟得之义，都是误读无由之语，尽皆郢书燕说，怡然自得者。析释如上，有无歪曲、误识，均可逐字重议。

于是，笔者不得不像以前一样，只能由自己来逐字逐句探析其诗义了。至于诸贤之述不妨暂置于旁，供所好者赏玩焉。

笔者怎样解读"第二十一章"

笔者解诗，只依朱熹夫子所教："就诗论诗。"先逐字逐句弄明白它们的文义。一时弄不明白的，就暂时搁置起来。先读下文，待积累信息较多之后，再解前文，便会容易多了。

"第二十一章"，诗共十二句分五节。除中四句为一节外，其余皆二句一节，可见全诗文意、转折之多，宜诸贤心急火燎者，既无人能明句意，遂更无人能通解全诗焉。

第一节仅二句，"杨朱泣歧路，墨子悲染丝"是全诗叙事之"兴"。引这两个典故，旨在说明，凡事初起仓促，人们决策选择之困难，虽古贤犹然。杨、墨二贤，都曾为之伤痛悲泣，并著之于文，何况我等皆凡庸之徒，措事若有失当，也在情理之中也。

第二节，"揖让长离别，飘飘难与期。"也仅两句话。从语气而言，是我方发表的评述句。看来与我们发生争执的对方，曾向我方提出过"揖让"的建议，"揖让"什么呢？诗中未说。夫君国之争，争的是对领地的统治权，也就是土地上的全部人口和财产的拥有权。在百姓之间争来争去，其实质仅财产所有权而已。（今日所称"民事纠纷"也，乃"民法"所辖范围。）"揖让"者，有程式的和平交权（协议让渡）也。想来彼方既然提出此举，当时不仅有一些堂皇的理由，而且多少具备了要求我方让权的形势。至于我方的态度，自是不肯无端交让财

产，于是回答说："像揖让这种传说故事，实在也太古老了，太虚无缥缈了，有没有发生过都很难讲（揖让长别离，飘摇难与期），直白说，世上从无平白将财产让人之事，我们也不会施行。"

这一番话，把这场争斗的起因和我方委婉相拒的理由，作了一番不敬的婉拒。（笔者旁曰：阮君其诗，引典之后，紧接发议："揖让长离别，飘飘难与期。"确系狡黠之弄，故意将当时最敏感的时政题材，混于诗中。其时典午一家，辅政三朝，威重凌主。今日帝位，本从汉主手中禅让取得，如今形势重见，诗中虽云"揖让难期"似欲掩而实彰也，故具误导读者之用。）

的确如此，是我方决定拒绝"揖让"的，这个选择也许不正确，不太好，但是大家看到吧，是对方首先向我们索要本属我方的财产权，对方是先出手的滋事者。我方则是被迫应对的。应对之难。古贤犹然，何况我们本是凡愚之辈。

第三节共四句，是内容最多的一节："岂徒燕婉情，存亡诚有之。"这两句用怨气十足的"岂徒"两字发语，显见，彼方与我们间的"燕婉"关系，是当时本地人众皆知者，唯我们这些后来的读者并不知情。即使现在知道了，也仅仅从"燕婉"二字上可以推测或许是与闺房私淑间有关的争执。廓而言之，或是两亲家之间、两个家庭之间的纷争；争执的内容，不言而喻总是财产吧，这是人类千古不变的主题。阮籍想用这两句诗要告之公众的是："不，这番争执，决不是戚里之间或两亲家间的口舌之争，其实质上是关乎两个家族你死我亡之斗，对方早就准备了存亡一决的预谋"（岂徒燕婉情，存亡诚有之）。兹事体大，不得不认真对待也。

第七、八句，"萧索人所悲，祸衅不可辞。"这两句回叙了两家纷争以来所经历的两个阶段，先是"萧索"阶段，后来发展到了启祸滋衅阶段。双方之间，矛盾既生，言语不和，白眼相向，固是人情之悲，但我方尚可以忍受。上一句是铺垫；下一句就厉害了。现在他们逼上门来，滋祸寻衅，白刃相加，于情、于理、于义我方都无法不接手了。

这第三节四句，是纷争的高潮，故事进入了中心环节。

一场纷争就这样地铺演开来，到阮籍用哀兵口吻说"祸衅不可辞"，剧中情节已逐渐完整，细节也逐渐清晰起来，浮现出来，这些虽非事主直承，也不曾

有文书、有史料佐证，但有过生活经历的，更有阮诗逐句的简要提示，都知道争夺财产的纷争，通常都如此演进，都是顺理成章，不必再举证详叙焉。

"祸衅不可辞"的哀兵口吻，言外之义，阮籍参与的一方是为自卫而出应，是被迫出应，位处下风，却占有道德制高点，若能在劣势中取胜，更可膺获勇嘉之名。

"祸衅不可辞"，言外之义，哀呼己方是仓卒应战，打的是无准备之仗，是临时的、未经深思的抉择。事已至此，如果有什么不良的后果或影响，那是匆忙决策之失：夫"杨朱泣歧路，墨子染悲丝"，选择之难，尝令古贤失色；我辈皆一众凡庸，选择有误，在所难免！

"祸衅不可辞"，言外之义，现在出自阮籍之口，显见阮方的自卫反击胜利了，彼方战败了，失败者人财两失。那是对方预设的目标，真不幸，彼乃自食其果也。

故事进展至此，方明白，阮子将"杨朱泣歧路，墨子悲染丝"这两句话悬之于诗前，这是阮方用以进行这场争斗的正当性、合理性的历史根据、理论根据、行动根据的。用意之深，笼罩全诗，真不可等闲视之，更不是任意搬弄案头典故。

第四节也仅二句，"赵女媚中山，谦柔愈见欺。"乃是我方所采取战斗的理论所禀，注④所采"赵（处）女逢中山盗"的故事，是大家知道的，强弱相遇，弱者愈示弱则愈受欺凌。大敌当前，唯有一搏。置之死地，或有冀生之望，这也是不得已而为之的一法，我方实在是智穷计拙，词义可怜，不乏阮方因战略弱势而取战斗主动之术，很可能先机而发，一击制胜焉。群小围攻有日，或有其明显的理由在彼。由此可知，"祸衅不可辞者"，先敌而动之理论根据尔。由此可知，在乡里眼中，阮方既率先动械，复又获胜，更又得财，且阮籍乃外姓之人，于是群小訩訩不止矣。（笔者言之无证，发两造未语之妄测，纯属逻辑游戏。）乃不得不冒死一拼。昊天有眼，无善勿嘉；天不佑我兮，愧见先祖也。

真是实出无奈啊！真是万不得已啊！真是从未有过动手之念啊！然而皇天见佑，居然我方在挺刃相寻间幸而获胜了，实在是事出侥幸。生死交睫，弄得不巧，如今倒下的就是我方儿郎了。

至此，诗中所寓故事之始末，略见大概焉。其初，彼方假燕婉之谊，建议效揖让故事，将我方财产让渡与彼；遭我方严辞拒绝后，彼等先对我萧索冷遇，继又滋祸寻衅。（言辞之后，空间颇大，游刃其间，信有可为。）我方有鉴赵（处）女遇中山盗故事，愈谦愈受欺，面对祸衅之临，只能挺刃相对，赖皇天垂佑，嘉我勇毅，胜之侥幸。

总之，把各种苦衷都列出来，既然胜负已分，乐得示弱示拙，岂伤分毫。

末一节仅二句，"嗟嗟涂上士，何用自保持。"这两句是诗作者对读本诗的读者（听众、旁观者）说的："诸君都是见过世面，在道上走动的朋友！请问有什么好办法，能在强敌临门之时，得以善保自身呢？"话语谦逊，若仅应急之际，冲动而为，抑或出之无奈；而话外声口，胜利者之洋洋自得之状，似绘如现，尽在眼前。

以上就是笔者对本诗文义的理解。句意之间，原文就跳宕甚大，笔者译文之时，为不失原意，尽量不作"增字解经"之为；但在阐释诗的内容时，则不得不尽可能发掘两句一意之间造语的心理逻辑和情节展开前后的事理逻辑，对事情演变过程进行还原。诗篇的文句，阮籍故意出现"揖让"的敏感字样，诗篇的内容却与政事时局无关，与历史得失、惩前毖后也不相干，这可能大大出乎诸贤所料，这也愈加使得文义扑朔迷离了。笔者作如此猜度，对不对呢？前面已经说过，本卷以下二十余章诗基本说的就这么一件事情之延续，后文相继的诗篇，将毫不容情地严格考验你在这里所说的推测和假设。而笔者面临的艰难，不仅要填塞一篇之中上下句、前后句之间的无言之语，更要以想象之力来补充诗章与诗章之间消失了的故事或者是颠倒了顺序的理由和原委。斯人既逝，我们无法起古人于地下，一切只能赖我们自己来承当了。

夫子云："视其所以，观其所由，察其所安，人焉廋（藏匿）哉？人焉廋哉？"（《论语·为政篇》第二。）"所以"（行为）、"所由"（原由）、"所安"（目的）三者之间的因果索、逻辑链，其间都不能用花言巧语或支支吾吾可以打发的。孔夫子的逻辑造诣，两千五百年后犹令人叹服不已，寥寥十二个字，把犯罪行为学一科的全部要素："动机"（所以）、"行为"（所由）和"后果"（所安）

列得明明白白。由此三者，筑就了一张划分罪与非罪之别的犯罪学全纲，"人焉廋哉！人焉廋哉！"孔夫子他自己就得意洋洋地夸说，后学三读，拜服无已。

但丁说："在地狱面前，容不得半点犹豫。"先生，是谁请你来到这里的呀？

但从陈伯君先生搜集的资料看，前贤诸君至今不知这"第二十一章"诗之所云者何？没有一个研究者留意到了阮籍此诗内容的突兀和意外，大多以为诗人又在搬弄历史故事发表其议论感慨了。夫尧舜揖让，与汤武用师，在当时是最热门的话题，最经典的历史案例。汤武举兵是儒家公认的正义之举；而尧舜揖让，兵不血刃，更是千古美行。当时阮籍一行臣众，供奉的魏国曹主，就是曹操之子曹丕从刘汉后主手中禅代得来的。或文或武，其正当性，早已定论。只要不像嵇康那样，公开嚷嚷"非尧舜而薄汤武"，不承认任何假古人往圣之名的一切合法性。弄得大家硬也不是软也不对。"难道叫我们谋得文武大权，就永远无法易姓入主了吗？"太为可恶！只好一杀了之。那是十年以后的后话了。

读罢此诗，不免有点疑问，从诗本身看，全诗的造句语气，不像是胜利后的庆贺之文或抒发感慨所为，更像是一篇说明或申述事情原委的诗体文告。也就是说本诗不像作者"言志"之"诗"，而是有意为他人了解真相和了解我方行为之理由而撰写的辩答之辞。读者们，也许读了"第二十二章"以后，你们可以推测，本诗和下一章诗都可能是在与"青鸟使者"相见交谈之后，请他将事情原委上传给那位唯一的读者。这样来理解本诗所以采取这等语气的叙述，或许比较更容易于理解吧。

这一首诗并不长，总共十二句。由于古代人都聚族而居，据《世说新语》云，当时阮姓之人，都共居一街，北阮富而南阮贫。亲族邻里间发生了什么事情，无不都在大家的眼皮底下进行并展开，如今争斗结束了，尘埃落定了，阮籍就不再在熟人面前述说其经过，只是讲一讲事情的原委，何以会引起这件本不该发生的纷争，纷争到最后，竟然出现了这样的结果。现在其事已往，乃向诸位邻里乡亲作一交代。但看事情结束，事主觉得必须向公众说明原委，可见这个纷争的动静不小，而且就后半章的声口而言，一副洋洋自得，故作谦逊状，显然是在抚平众怒。何以众怒须抚慰呢？原因很多，但最终的理由只有一个：

阮籍作为当事人出面，显然他们是胜利的一方，也就是得益的一方，利之所归，当然惹得人心不平、愤愤然、猎猎然了。读者留意，笔者于此没有作任何猜测，断言阮籍参与的一方，一定做了什么伤天害理之事，一定施展了什么见不得人的阴谋勾当。笔者和诸君一样，在读这首诗之前，从来一无所知。

笔者将此诗定为卷之三实际上的发端之作。因为"卷之三"正文的全部故事，是由这章起始展开的，诗中包含了这件故事的起因，即阮籍一方不得不动手的原因和理由。事关重大，此章不明，下文二十余章就不知所云，现已将前贤读后之见解，详列在前，并稍事翻译，以便佐证前后所言，无谬传之讹。如何选择是读者们的事。

阮籍本人也是偶然参加其中，当初觉得为人伸张了正义，于人于己都很有价值。事后想想，这件事我方做得有理、有节，堂堂正正，无愧于世哉！阮籍的确太为自己参加了这件纷争而洋洋得意。诗的口吻如此，诗中言语的身份也如此。这首诗，其性质犹如今天某个大型活动的主事者在向公众报告，刚刚完成该活动的意义和经过。其自得的心情充溢于本诗和下一章两首诗的字里行间。

不过，笔者始终觉得，本诗的叙述方法有些特殊。虽然旨在介绍这场邻里斗争的由起和经过，但是其语气和内容似乎是更重在解释和回答事件发生的责任。

这场邻里纷争的结果，显然阮君参与的一方胜利了，于是有人提问，却是由阮籍公开出面，进行回答。

阮籍方今是大将军府的从事中郎，除了大将军府的主事者外，从事中郎在大将军府内，亦属少数重要文员，敢于向阮籍直面叫板，以至阮籍不得不应声出面回答，这事件本身，就说明了出面责问者是有来头的，有更高社会地位的。

尽管阮籍慷慨陈词，声言我方是受侵害的一方，是不断退让的一方，是被迫还手的一方。但是毕竟阮君诗中的答词，代表了胜利的一方，却又并非阮籍自身的家族。这就难免使人见疑，你阮籍何以介入这场别人家族的纷争？你阮籍又得了什么好处？

尽管我们在后文（"第三十五章"）知道，阮籍秉性耿直，一贯对人间不平之事怀着正义的怒火，故受欺的邻人便主动前来求请阮籍为之与谋。但人性好贪，谁能信之，谁来查证？好事若籍，一旦参与，从此就脱不开身了，幸好双方动武之争，以阮籍襄助一方得胜而结束了。

　　这样一来，阮籍也觉得很有面子，颇有成就感，不枉此行也。得固欣然，咎亦随之，群小嫉恨，恶浪日高。

　　所幸阮诗辩词巧妙，一开始将双方财产争执的归属问题，喻之尧舜揖让，使大部分目光，认为阮诗或在议述曹马时政之变。继又引赵（处）女被劫而献媚的典故，更使不少粗心读者，以为是阮在非议曹主陷于狐媚之失用的典故，分散了读者注意力。无意中从正面叙述，转获旁益之助，也是意外之得，但毕竟难消群小对其外人参与夺产并获成功之嫉恨。这样一来，肯定后事绵绵无尽，难于善罢。而我们可爱的"书呆子"还沉浸在正义得胜的喜悦中，备受鼓舞。评骘未了，忽闻又成一诗焉。

第二十二章（原二十一）
于心怀寸阴

第二十二章

于心怀寸阴，① 羲阳将欲冥。

挥袂抚长剑，仰观浮云征。②

云间有玄鹤，抗志扬哀声。③

一飞冲青天，④ 旷世不再鸣。

岂与鹑鷃游，连翩戏中庭。

【今译】

心头叨念着珍惜寸阴的古训,
目送那夕阳又渐渐沉入昏暝。
我揽起长衣手按宝剑,
仰看那浮云堂堂南征。

云间翩飞着一只玄鹤,
奋然高扬起一串激越的唳鸣。
陡地一飞冲天没入青冥,
万籁俱阒,大地上一片寂静。

志怀高轩的仙鹤,岂能和卑下的鹌鹑嬉游,
它们扑翅纵跃,永远飞不出墙院内庭。

【笺注】

① 寸阴,很短的光阴。《淮南子·原道》:"故圣人不贵尺之璧,而重寸之阴。"又,《吴越春秋》:"夫君子争寸阴而弃珠玉。"都是元人同恕《矩菴集》"一寸光阴一寸金"之所本。

② 征,远行也。秋来北风渐起,乃见云阵南征。"堂堂"二字取自清末词学大家张皋文《水调五章》中用语:"又恐堂堂岁月,一掷去如梭。"

③ 抗志,抗,举也。抗志,轩举平生之志。

④《史记·滑稽列传》:齐威王之时,淳于髡说曰:国中有大鸟,三年不飞又不鸣,何也?王曰:"此鸟不飞则已,一飞冲天;不鸣则已,一鸣惊人。""云间"一节四句,全袭此意。

【前贤评述】

吕阳曰:"怀寸阴",忧魏祚之将倾也。"挥袂"、"抚剑"盖用虞公以剑指日使不落之意。"浮云"所以蔽日,"观浮云"者,言虽欲指日而不可得。

"玄鹤"嗣宗自况。旷世不再鸣,以见决无仕晋之心也。(真叫人叹喟无语。)

黄节引陈祚明曰:"旷世不再鸣",志何决也!所谓"正缘笃感"耳。使曰不然,玄鹤之飞何以在羲和欲冥之侯?("旷世不再鸣"的"旷世"二字,不是时间用语,而是空间用语,相当于"天底下"之意。"一飞冲青天,旷世不再鸣"二句,描写玄鹤鸣后直上云天,万籁俱寂,似神龙见首不见尾的矫矢之状,此乃阮公自喻也。此乃嗣宗用词之法,很可能故意造作两可之词,后文屡见之。常使他人迷惑。如"卷外曲"第二十章的"岂安通灵台"——这句的三个词组各有异解,"第二十九章"的"明察应自然"、"第三十五章""知谋苦不饶"等都如此。)(又,玄鹤之飞于欲暝之侯,非以喻魏庙将颓,乃以自省身之将老。不妨参看第二十四章"逍遥未终晏,朱阳忽西倾。")

黄节引蒋师爚曰:就日之诚,无奈羲阳欲冥矣。抗志扬声,乃独有一元伯。《三国志·陈泰传》"字元伯"。干宝《晋纪》高贵乡公之杀,司马文王曰:"元伯,卿何以处我?"对曰:"诛贾充以谢天下。"文王曰:"更思其次。"泰曰:"泰言唯有进于此,不知其次。"《魏氏春秋》:大将军曰:"卿更思其他。"泰曰:"岂可使泰复有后言。"遂呕血薨。(蒋师爚和上一则作者陈祚明一样,能在"羲阳将欲冥"句中,联想到天下将进入极端之黑暗,乃猜想本诗与高贵乡公之死有关。这种猜想,很可能与蒋君等读者,长期以来,专意在阮诗中寻觅政治大事为务的过敏反应。在本诗的第二句中,的确包含有时间急迫性的意味在,这可以是进一步寻找证据的理由,但蒋君把证据引向了诗外的史实,以为抗志二字是指泰元伯的责问。元伯之斥的确激动人心,但要证明阮籍此诗为声援元伯而作,却缺乏任何证据。甚至还有前后之不相干诗句需要排除,如三四句的"挥袂舞长剑,仰视浮云征"与元伯之斥何干?又更与末联之"岂与鹑鹩游,连翩戏中庭"何干?更重要的是泰公最后以呕血薨,如此大事,岂可以"一飞冲青天,旷世不再鸣"来表达吗?后者"云间飞鹤"四句,明明是齐威王"不鸣则已,一鸣惊人"故事的转写。再说"卷之一"第十一章指其为曹爽集团覆灭之周年祭,是因为曹爽集团之败,

与文人误主这个特征有关；第十六、十七章指为与齐王芳被废有关，是因为其中记录了"鹑火中"这个案发之时间。若曰元伯既为高贵乡公被诛而抗志哀鸣，而有关高贵乡公举事之任何内容也没在诗中及前诗语间反映流露，怎可随意牵连呢？故笔者对蒋君的指证难以采纳。）

黄节引沈德潜曰："旷世不再鸣，犹王仲淹献策后不复再出也。"（此语不当，"抗世不再鸣"之句谓，此鸣过后，世上再无如此能与相抗、相并之高鸣也，非指本人不再有新见更出焉。）

张琦曰："利剑不在掌"，抗志沉冥而已。（亦无谓之甚，明明长剑在手，正在自尚"一飞冲天，一鸣惊人"之骄行。）

黄侃曰：欲与玄鹤为俦，远举云中，不欲与凡禽同居局趣之地也。（笔者已将陈伯君先生搜集之前贤评述全部抄齐，以见前贤更无他语也。）

【译余骈言】

笔者以为，本诗乃前一诗的上、下篇，两诗皆同咏一事。前诗叙纷争之原委，叙不得不出手之无奈，于诗端举述古贤的选择困难之叹，于诗末请教在座诸君，更有何方可以在临危之际善自保持？真是一篇叙事兼说理的宣言书。是为"正歌"，"主歌"。

而本章则从阮公作为当事人的心情感慨出发，抒发诗人在事竟之后的豪情，是为"副歌"、"附歌"者，乃赘附于其后焉。

上一章诗末，其洋洋自得之情已溢于言表。通篇之诗，但见其沉浸于喜悦中的自负，所谓"揖让难期"、所谓"祸衅难辞"、所谓"愈谦愈欺"、所谓"何用自保"，自以为已把一切道义之理占足，后发制人而操得胜券，义利双得，快何如哉！诚阮籍从未有过之豪迈快爽，遂一改其以往之行，引吭高唱，直抒其高飞远行之志，欲更上层霄，大展其抱负也。

本诗共十句，前二节四句一节，末二句自成一节。

第一节四句。"于心怀寸阴，羲阳将欲冥。"谓时不可再，寸阴为珍，趁此大好年华，应当把有限时日，投之于有意义的行为中去。这二句乃是对刚刚完成的义举得意非常。以为在这一场刚刚结束的争斗中，终于显示出了阮君久怀豪情，一意伸张公义的志尚。今后将依例再行，以不负这一腔正义的热血。

其次，"挥袂舞长剑，仰视浮云征。"眼看着岁月日往，我一身正气用于何处？如何才能干出一番惊天动地的事业？想象着自己手执利剑，快斩人间不平事。

"云间有玄鹤，抗志扬哀声；一飞冲青天，旷世不再鸣。"四句诗全用淳于髡说齐威王故事。自谓余亦今之大鸟也，不飞则已，一飞冲天；不鸣则已，一鸣惊世。

末一节只两句。"岂与鹑鷃游，连翩戏中庭。"我的心志高与天齐，怎肯与卑弱的鹑鷃为伍！以前的"宁与燕雀翔，不随黄鹄飞"（第八章）那是不得已尔，今我身为玄鹤，自当有卓立特异之高行也。

本诗与前一章诗的内容，笔者理解如上。诗歌中的豪迈不羁之慨，不仅一扫以往之怯懦猥琐，而且庚后之六十余章也再不见如此之光彩焕然者。真是难以相信，古今研读阮诗者何可胜数？如何竟无人有一赞语，识得阮公今日之意气风发。

不过，阮籍先生的思想习惯，太是"一厢情愿"了！下棋时，只想着自己的棋路，不看对手如何走棋，更不看全局变化和棋势走向。就在他沉浸于自负自得的快乐中时，门外大街上，正挤满了愤怒的同邻乡里。众人眼看着阮籍相助的一方用武力方式获得了一大批财产，四方之邻怎不眼中冒火，于是出现了争相指责，诟骂不休，甚欲置阮籍于死地的举动。（见"第三十五章"）阮籍在得胜之初还洋洋得意地自诩锄强扶弱，伸张了正义，实平生少有的义举。不料社会舆论全都倾向彼方。此时阮籍已在司马昭大将军府任从事中郎官职，想来敢向阮方叫阵的，不乏官职更高的朝廷大臣在内。

于是，在极其窘迫无奈的形势下，他只能向司马昭求助了。（只是以上这些，都是笔者想象之文，阮籍《忧思吟》中，虽不见明言其事，历史记录中，也

未现只字。大家知道，未见只字记载，不等于未曾发生其事之经过焉。昨夜梦酣，醒见溪涨水浊，毋须亲见夜雨而知也。阮籍邻里之争甫歇，正在得意洋洋之际，俄见其继作，先有存亡与变之语，更有西王母使者，青鸟来访之庆，乃知"第二十一章"、"第二十二章"二诗之后，便出现了存亡及身之危；接着便有了往请西王母援手之求。读者可不必亲见证据乃得确信焉。）

恩格斯在介绍马克思资本论·卷之一·交换的产生时说："逻辑的真实，就如历史的真实。"许多文史专门家，动辄以"拿本本来"责人。夫若已有本本，别人何不自读。推理研究，尤其要假后来之实事，证先初之曾为，别人未之见的前因前由。此外，诸君须知，对于阮籍，众邻之哄，这自然是天那样的大事，对于读者，或许也是故事中的一段悬案，但对于历史来说，无乃小矣哉。陈寿撰《三国志》，在其《魏书·阮籍》的条目中，一共才二十八个字。文曰：

> 瑀子籍，才藻艳逸，而倜傥放荡，行己寡欲，以庄周为模则。官至步兵校尉。

这就是历史，历史学家眼中的历史。所以请大家不要期望过奢。在下所言，诸君只当是一些坊间闲谈可也。当然，笔者以为，据以上及以后"食槽忧思"诗中所及资料进行串联演义，其故事细节，有不得不以太史公笔法虚拟之处，此正是笔者无奈处。笔者正因无史可稽，研究之后，抖擞起十分精神，愿接受任何质疑，承担今后发现之任何文献、文物，与笔者所拟想有颉颃、牴牾处，当自食杜撰孟浪之唐突后果，谨请诸公教焉。

第二十三章（原二十二）
夏后乘灵舆

> 第二十三章
>
> 夏后乘灵舆，① 夸父为邓林。②
>
> 存亡从变化，日月有浮沉。
>
> 凤凰鸣参差，伶伦发其音。③
>
> 王子好箫管，④ 世世相追寻。
>
> 谁言不可见，青鸟明我心。⑤

【今译】

夏后驭双龙，奔风逐电驰云车，
夸父逐日走，渴死弃杖化邓林。
万物荣萎存亡无不从变化，
日月浮沉晻明尽皆有原因。

凤凰之鸣若笙箫，
帝使伶伦制器效仙音。
王子善弄箫管飞清吟，
遂令天下乐工世世竞追寻。

谁说仙凡远隔不可见，
青鸟仙使瑶池远来慰我心。

【笺注】

① 《山海经·海外西经》：大乐之野，夏后启乘两龙，云盖三层。闻人倓《括地图》：禹平天下，会诸侯，夏德之盛，二龙降之，禹使范成光御之行域外，既周而还。

② 《列子·汤问》：夸父不量力，欲追日影，逐之于隅谷之际，渴欲得饮，赴饮河渭，河渭不足，将走北饮大泽，未至，遂渴而死，弃其杖，尸膏肉所浸，生邓林。邓林弥广数千里焉。

③ 闻人倓引《汉书·律历志》：黄帝使伶伦自大夏之西，昆仑之阴，取竹之嶰谷，（生其窍厚均者，断两节间而吹之。）以为黄钟之宫，制二筒，以听凤之鸣。（其雄鸣为六，雌鸣亦六，比黄钟之宫而皆可以生之，是为律本。）《楚辞·九歌》王逸注曰：参差，洞箫也，（今谓凤鸣若笙也。笙，排箫卷之以为笙。排箫，其状乃不同音阶的单音管，依长短排列者，曰参差，曰排箫，若鸟翅状，故附会为笙音若凤鸣者。凤，本无其鸟，世人焉得其声？）

④ 王子，《列仙传》曰：王子乔（晋）者，周灵王太子晋也。好吹笙，作凤

凰鸣。游伊洛之间，道士浮丘公接以上嵩山。（三十余年）后，于缑山乘白鹤驻山头，举手谢时人。数日而去。

⑤《山海经·海内北经》曰：西王母梯几而戴胜杖，其南有三青鸟，为西王母取食。

【前贤评述】

黄节引朱嘉徵曰：明微也。至人若存若亡，与时变化，而迹不自留焉。（真解得妙，以无所知，譬不之知者。）

黄节引陈祚明曰：直欲明心，可知非第神仙之慕，元亮读《山海经》诗辄仿此而作。（阮诗不欲人知，故作隐避之语。后人难识。见陶诗中亦有王母、青鸟，遂效"郢书燕说"之例，强为之解。）

方东树曰："言世人逐无涯"（无涯，《庄子》语：生也有涯，知也无涯）不如学仙。然未必如此之泛浅。竟不解其指意所在。末二句语意亦难详。（末二句乃倒书法，言信使飞临，否极泰来。）

黄侃曰：物理变化，难以悉推，日月之明犹有沉没，是以受形变（禀）气，必无久存。伶伦，王子往矣，后世追寻，亦畴得而见之哉？青鸟明心，徒虚想耳。（先生拘于学，而乏嗣宗之幽默焉。）

黄节曰：《山海经·海外北经》郭璞传曰："夸父者，盖神人之名也。其能及日景而倾河渭，几乎不疾而速，不行而至者矣。此以一体为万殊，存亡代谢，寄邓林而遁形，恶得其灵化哉？"郭传可通嗣宗诗意。阮意盖谓："道无有（自）存，无有（自）亡，所谓存亡者，其迹之变化耳；犹日月之有浮沉也。是故以浮沉为日月之存亡，非也；夏后灵舆，夸父邓林，譬道之迹耳，迹往而不可见，遂谓道亡而不可见，皆非也。且道之为道，视之不足见，听之不足闻；而人之闻道，更不如乐。若伶伦之凤音，王子之箫管，乐之能感悦人心者乎？老子所谓'乐与饵，过客止'也。世乃追寻不已，此非道也。道岂不见乎？人不能见西王母而青鸟见之，人不能见道而

我见之矣，故曰：'青鸟明我心。'王弼注《老子》曰：欲言存耶，则不见其形；欲言亡耶，万物以之生。"亦可通嗣宗诗意。（黄节先生见诗中有"存亡从变化"，及"世世相追寻"等语，必欲发明其意，其志亦可嘉者，但是他也走错了路，专门在学理上去追究读不明的文句，强为之说，而不曾从事理上去追问阮君诗之所为者何？彼等皆得一而足，惘然不顾前后文之义。已所未解，何以解人？又不得不强为之解，此亦学者之悲也。）

黄节又曰：嗣宗《清思赋》云：邓林殪于大泽兮，钦䣙悲于瑶岸。又曰：载云舆之奄霭兮，乘夏后之两龙。又曰：余以为形之可见，非色之美；音之可闻，非声之善。《大人先生传》云：今吾乃飘飖于天地之外，与造化为友，朝飧汤谷，夕饮西海，将变化迁易，与道周始。又曰，亡不为夭，存不为寿唯兹若然，故能长久。今汝造音以乱声，作色以诡形，故滞循而不振。又曰：日没不周方，月出丹渊中。阳精蔽不见，阴光火为雄。其所云云，皆为道言，可与此得相表里。（先生之思，亦深矣！凡阮公有关所论，皆集之互参，渠有何所得？吾不知也。先生或有所悟，惜未见其语焉，终未识其所悟者何也。）

【译余骈言】

这二十三章又是一首难啃的诗。

笔者尝恭恭敬敬地、认认真真地将前贤对本诗的述评，进行了仔细的阅读、揣摩。列出每一句句意进行分析，但是基本上找不到可假以帮助读者步入理解本诗作意的途径。

昔人有言，"书读千遍，其义自见"。我们只能从原诗的文字中去寻找答案，而且我们经过前面两卷"二马食槽"之变的译述，多少接触了前十七章诗阮公为诗的文风、文技等作文的特点，特别是刚刚揭过去的第二十一章诗的奇异章法，匪夷所思的典故运用等文学手法，对解开新诗章无不具有弥足珍贵的参考意义。

本诗既然紧接在第二十章、第二十一章之后，自应当察看、研究前二章诗以后可能提供了哪些走向？有哪些走向和本诗提供的新材料会有联系？

这样的想法，或能为解开本诗找到突破口。

在前二章诗中，阮公先是得意洋洋向公众宣称，他参加的那场家族斗争，如何在面对深有用心的姻戚夺产斗争中，出于自卫的立场，赢得了胜利，阮公深以自己锄强扶弱、主持正义，并取得胜利而自豪而光荣焉。

按说，二诗既出，那些被阮公诗歌鼓舞了的听众应当来庆贺啊！如果那样，我们或者会在阮公的继作中看到若干谦挹逊谢之辞。但是在这首紧接前二诗的新诗中，我们看到了什么呢？

我们首先留意到似乎有些能读懂的是末四句："王子好箫管，世世相追寻，谁言不可见，青鸟明我心"啊！王子其人，世世追寻都无法寻到。但谁说就真见不到呢？他不是化作青鸟使者来到了我这里了吗？那欢乐的语调，隐示着这位王子，这美丽的青鸟，这西王母座前的使者，正是阮籍久久期待着的贵客，他终于到了！不仅到了，而且"青鸟明我心"，这位西王母前的青鸟，他不是偶尔路过这里，而是作为使者前来的，我们已经欢谈了，谈之甚惬，他深明我的心意，深明我盼他来的目的，深明我今天处境至危，亟盼西王母援我出困，解救我的危境。

从阮籍对青鸟使者前来的欢悦心情，可以想见他对青鸟使者的前来，是何等地期盼，何等地迫切，又何以知其这次第，必将到耶？乃知这是阮籍主动去请来的，不是意外前来的。而阮籍所以主动去邀请，或者说，阮籍早就知道青鸟一定会前来的，而现在终于来了。由此反证出，阮籍在完成了前两章后，不仅没有得到原先期望会出现的社会一般公众的赞许、礼敬、同情之语，反而是惹来了一片责难和诟骂。

想来也完全可能。有多少人以为阮籍会出于侠义之心，助人解危呢？在一般人心中，这一场既是家族夺产之争，阮籍肯定是觊觎了别人的财产，才硬挤进去，想捞一把的。这样的理由，不必有什么证据，于是出现了群小攻讦、声势日高、形势日险的危境，毫无自卫能力的阮籍于是想起了五年前司马昭曾有向他议亲之谊，其谊或在。他现在既是曹魏最高的摄政，又是阮籍任职的大将

军府最高主事。连天子也要仰他鼻息，只有他能救得了自己，在走投无路的情况下，除了寻投这一条权门势路，还有谁能救他呢？

试将这唯一的、前面二诗投出后的可能的不良后果，"代入"本诗中，能不能有助本诗的解释呢？

"夏后乘灵舆。夸父为邓林"、"存亡从变化，日月有浮沉"虽从字面看来，玄秘古奥，神神叨叨，忽叙上古神话，忽讲天地运行的四句诗，但试从青鸟乃西王母使者之隐语角度推测，原来本诗是阮君在与青鸟使者欢谈后，送别了青鸟，发自肺腑的一阵气舒神放之浩叹，那是重厄久困后，闻知自己行将获救的振奋，是第一声的欢庆之语。

阮籍懂得："存亡从变化"。世上一切事情的走向都要看它是怎样变化的，或存或亡之异，尽皆决定于变化的趋向。夏后驭双龙乘云舆是一种走向存的变化、好的变化；而夸父逐日化邓林，是走向渴死的道路、走向亡的变化。阮籍在这四句诗后面，大声地欢乐诉说的是："哈哈！笼罩我的厄运即将消去，我终于得救了，从现在开始，我将向好的方向、存的方向转变了！"

阮籍以诗代书，这见过青鸟使者后之第一章诗，首先向读诗者（司马昭）表达：我已和使者见过面了，我知道有了你的帮助，我一定能脱困重生的，我此刻是何等幸运，何等高兴啊！

第二节的意义比较明白直显，也是用欢庆之语入诗的。"哈哈，我是何等高兴啊！像这样高贵的王子，别人世世代代都无缘可寻，我却幸运地、光荣地见到了！"须知不久之前，司马昭新获"高都公"之封，这是人臣之位甚高的褒封。估计称司马炎为王子，父子俩心里都会很开心的。唯诗中表达不易，他用了四句诗，方绕到了合适的、适宜比颂的位置。

第三节仅以两句束尾，已如前述，不赘。

卷之三的故事进行到这里，本卷引子全部交代叙完。以下便将展开全是阮籍写给司马昭一个人所读的、连本诗在内的二十二章诗（信）。

第二十四章
殷忧令志结

> 第二十四章
>
> 殷忧令志结，怵惕常若惊。①
>
> 蟋蟀在户牖，蟪蛄号中庭。②
>
> 逍遥未终晏，朱阳忽西倾。
>
> 心肠未相好，谁云亮我情。
>
> 愿为云间鸟，千里一哀鸣。
>
> 三芝延瀛洲，③ 远游可长生。

【今译】

深深的忧虑每令我神思郁结,
时时的骇惧常教人胆战心惊。

逍遥游乐尚未曾尽兴,
红红的太阳已匆匆西倾。
蟋蟀的悲泣断断续续鸣于窗下,
蟪蛄的啼号一声声起自中庭。

我这人从未有过深契的至交,
如今有谁能理解我满腹衷情。

很想变成一只云间飞鸟,
飞飞千里递一声哀鸣。
听说蓬莱瀛洲遍地都是灵芝仙草,
作那样一番远游,一定会延我以长生。

【笺注】

① 怵,恐惧。惕,警觉、警醒;怵惕两字连用也可作忧惧警怖之意。

② 蟪蛄,虫名。《本草》:一名天蝼,一名仙姑,穴土而居,有短翅,四足(误,昆虫皆六足。),吸风食土,喜就灯光。《庄子·逍遥游》:蟪蛄不知春秋。郭注:春生者夏死,夏生者秋死。(故不知春秋。)

③ 芝,《说文》神草也。《楚辞·九歌》云:采三秀兮于山间,石磊磊兮葛蔓蔓。王逸注:"三秀,谓芝草也。"

【前贤评述】

黄节引陈祚明曰:"非亲近之臣,抱忧国之心,情深而主未知,忠切而上不谅,悲夫!"(陈生此言与本诗不合,见本诗笔者"译余骈言"。)

黄节引蒋师爚曰：朱明西倾，喻国运将终也。惊忧之情，岂可喻之蟋蟀、螳蛄之辈，为云间鸟，其鸣也哀矣。哀密迹者蹈于祸，宜乎为远游也。（蒋氏以为"远游"乃阮籍远祸之计。联系后文第三十二、三十三章屡言仙阶之登，乃阮籍悟得青鸟留言有密室相晤之约焉，遂使阮籍生远游登仙之冀，即随典午同登天界，佐其辅魏也。）

黄侃曰：年岁易晏，好会易离，所以令人殷忧莫解，怵惕若惊；唯有长生可无此患也。（言之玄远！）

【译余骈言】

这是阮籍在青鸟使者去后第一首按规定的通信法正式写给司马昭报告近况的诗，所以写得十分隆重谦恭，诚惶诚恐。公元二五五年正元二年二月，司马师死，魏少帝曹髦诏司马昭为大将军，录尚书事。正式继秉魏国军事统帅大权及最高辅（摄）政之位。时司马昭四十五岁，其子司马炎二十岁。五六年前，正逢司马懿诛曹爽之后，魏国兵权全都落入司马手中。阮籍在司马家大将军府初任参军之职，不久即升为从事中郎。其时司马炎年约十四五岁，司马昭曾有向阮籍为司马炎议婚之事，阮籍未与之语，每见必醉，大醉六十日终不得与议而罢。

阮籍因司马昭昔有议婚之事，今逢灾祸惹身，群小起哄，必欲置阮籍于死地。阮籍自司马懿以来，历师至昭，在大将军府任从事中郎之职已六年矣，每天应卯出入，如留心求谒，必有相遇之机也，动问应答之际，当能知对方相待之冷暖态度，嗣宗遂私下求援于司马昭。时司马昭新继重位，神采昭焕，念及故旧，乃遣司马炎为使者见阮君。（见"第二十三章"）司马炎传达了其父司马昭有在适宜时候，伺机相援，并有在内宅亲见阮籍之意，阮喜出望外，便写了这首诗，表达其近日殷忧之苦及将见故知之喜。

这首诗比较简单，因为阮籍早就有了一个巧妙的设想，把通信之诗，伪装成"仙游诗"以便公开传递。一切想告诉司马昭的话，都有两可之语兼容。我们来看看他是如何做到的。

原句	拟游仙	告司马昭
殷忧令志结， 怵惕常若惊。	深深的忧虑让我心思板结， 时时的恐惧叫我胆战心惊。	我陷入的这场麻烦让我既忧愁，又害怕。
逍遥未终晏， 朱日忽西倾。 蟋蟀在户牖， 蟪蛄号中庭。	逍遥的欢乐还未到头， 太阳就匆匆忙忙已向西倾。 蟋蟀已在窗门下鸣叫， 蟪咕悲号于中庭。	好日子没过得几天，就已经快要结束了。 我觉得所有的事情都在西风日下，一天比一天差劲。
心肠未相好， 谁云亮我情。	心腹中从没有知己好友， 有谁能明白我的心情。	私下里从没有心腹可托的知己好友。 有谁能明白我的心思。
愿为云间鸟， 千里一哀鸣。 三芝延瀛洲， 远游可长生。	我如果是云间的一只飞鸟，即使远飞千里，也将前来哀鸣。我知道瀛洲仙境长满了仙草，路途虽远，但可得长寿永生。	我真想变一只飞鸟，即使千里之遥，也想来倾诉我的悲痛。 你的居处，对我就是神仙福地，得到了你的帮助，我又可以重获平安新生矣。

这一番文字游戏玩得不错，递转信件过程中，局外人所见是一首"游仙诗"，但司马昭读了，很容易理解阮籍的心意。

又，笔者正是从本诗末一节中，揣得在"青鸟"初来时，曾传达司马昭愿意在适当时间接见他，听听他的要求和希望。从此开始，阮诗中不断有想赴上清仙界如何，如何。一再地使用"游仙"手法。那是后话，诸君即将见之焉。

第二十五章
拔剑临白刃

> 第二十五章
>
> 拔剑临白刃,安能相中伤；
> 但畏工言子,①称我三江旁。②
> 飞泉流玉山,悬车栖扶桑。
> 日月径千里,素风发微霜。③
> 势路有穷达,咨嗟安可长。

【今译】

持利剑，冒箭矢，白刃相挺，
又怎能使我受多少戕伤。
怕的是工于进谗的小人，
他们说我身世可疑，须要提防。

飞泉乱流的玉山远在昆仑之西，
载日的悬车歇在东瀛扶桑。
日月之行也，其径千里，旦夕便至；
如今早已是秋风凄紧，野地里也有了微霜。

托庇权门势路的护佑，本来就有或穷或达之异，
老天呀，这要命的路途，怎么能如此漫长！

【笺注】

① 工言子，《说文》：工、巧饰也。工言，巧于言者，工言子，搬弄是非之小人。

② 蔡曰：三江旁，这是阮籍虚拟的，工言子之谗言。阮籍，陈留人，在三河境内也。"三江旁"，这里阮籍把虚拟的谗言，以"三江"代指"三河"也，若自谓"三河"，反成坐实了"三河之旁"的谗言。"三江（河）旁"三字，深得搬弄是非之要诀：造谣不能造得太离奇，必须似真似假，亦假亦真，在疑似之间，逗人探究，遂达其煽播目的。"三江旁"者，其人乃是"三江边上"，可能是三江人，也可能不是三江人，"总之不是道地的三江人，非我族类，其心必异。大家留点心，没坏处。"原来本是谣言，现在却成了守护家园的箴言。细究起来，却无痕迹："只是说他是三江之旁，又没说他是三江之外。"这是最厉害的谣言。

③ 玉山、扶桑，东西两极，乃日月出没之地，远距千里。径，路途，路程。

④ 势路，权势者护持之路，与"权门"异文而同义，先时，自秦汉及晋隋朝

中无科举制度。势路之引，是寒士擢升的唯一通道。故前人不讳言之。

【前贤评述】

黄节引蒋师爚曰：《阮籍传》：籍本有济世志。属魏晋之际，天下多故，由是不与世事。钟会数以时事问之，欲因其可否而致之罪。《三国志·钟会传》：毌丘俭作乱，大将军司马景王东征，会从，典知密事。故云："但畏工言子，称我三江旁。"

黄侃曰："剑刃相伤，不如言语之憯。物理相循，荣必有悴；纵复多势，岂能久长。所以深戒骄盈，安其恬淡者也。"（黄侃先生以为阮籍怕小人进谗，影响他的仕途。）

黄节曰：《夬·上六》：无号。终有凶。《象》曰：无号之凶，终不可长也。王弼注曰：处夬之极，小人在上，君子道长，众所共弃，故非号啕所能延也。此诗"咨嗟安可长"，盖言君子处穷时，每惧小人为害，日月易逝，非咨嗟所能延也。咨嗟，即指本诗作意。（略近）飞泉、悬车，皆喻日月运行之速。玉山在西，扶桑在东，故曰"径千里"也。此因钟会而作，以慨年岁之迈，咨嗟无益耳。蒋师爚谓刺钟会而比以霜之杀物，有甚于刃，恐非。（此中不无所见，然终是一枝一叶，其全诗何意，终不曾晓。）

陈伯君按：《钟会传》又云："寿春之破，会谋居多，亲待日隆迁司隶校尉，虽在外司，时政损益，当世与夺，无不综典。嵇康等见诛，皆会谋也。"对此等人，阮籍之心怀猜惧而嗟叹其不长，亦固其所欲者。（笔者另有所见，置以下"译余骈言"中。）

【译余骈言】

第二十五章，诗十句，仅为二事，先说其二，飞泉以下六句，叹息语也，叹息者何？叹日月所行，东西之间，其径千里，尚一日可达；而向典午权势门路之托，渺无消息，其路途漫漫，安得如此之长耶？辞有微怨，盖赖人援手，

不敢深怨也!

诗中有怨以外,再说其开端四句,更有恻恻然忧心之虑。所虑者,正是"前贤评述"中黄节、陈伯君等共言者,有钟会等小人在焉。集中阮籍屡有诗,言小人如山中葛藤,盘根错节,蔓生无涯。

史载:"钟会数以时事问之(阮籍),欲因其可否而致之罪"。钟会就是这样的奸恶小人,犹豺狼以啃食同类尸骨为膏腴者。笔者引这句现成的史话,仅为方便,钟会语中"时事"二字,本指"曹马"之事,而阮诗关心这时的工言子进谗,乃是巷间传称阮公为图财物介入邻里之争,污其令名也。表过且置。但是,司马昭与阮籍所目之"小人",有更重要的政治合作关系,非一语可明。无必要,也不应当向政治幼稚的阮籍作任何解说。简言之,在司马昭局中,阮籍有阮籍之用,钟会有钟会之用,所谓韩信将兵,多多益善;今日之司马昭位在大将军,加侍中,都督中外诸军,录尚书事,辅政,剑履上殿,一时权凌天子。其初,司马昭省疾许昌,司马师死,少天子曹髦命司马昭留镇其地,由尚书傅嘏帅六军还京师。司马昭不听,用钟会和傅嘏之策,自帅军而还,天子当然无可奈何而受之,乃加大将军衔。故司马昭初用事,可以不听天子,却不能不听钟会者,亦深有其自也。

或曰,钟会其人,屡建奇功,谋划必中,司马反受制于钟会耶?曰:未必,夫臣主互依之势,古而有之。钟会善谋,司马听其大者,亦有不听之时也。不听而逆与阮籍善,不仅司马昭爱才有心,亦御臣之道所不可忽也。阮籍固一介文士,不谙世情,不堪重任,但伏一闲子,使权臣有所顾忌焉,是主上不可疏忽之存威自重之道。

昔时政治集团中主臣互为利用,依时而行之,极为复杂,非数语能明者也。阮籍耽于儒学典籍,好老庄之学,乏治世之才,小处辇辇,而遇事必折,司马昭见而窃笑焉。虽有意围护,却暂不出手,他还在等待时机,事虽不大,却必须待阮君更为成熟,方能少费工夫也。

第二十六章
朝登洪坡颠

> 第二十六章
>
> 朝登洪坡颠，日夕望西山。
> 荆棘被原野，群鸟飞翩翩。
> 鸾鹭特栖宿，①性命有自然。②
> 建木谁能近，射干复婵娟。③
> 不见林中葛，蔓延相勾连。④

【今译】

　　清晨我登上了高坡之顶，
　　傍晚我望着远远的西山峰巅。

　　荆棘覆被了原野，
　　嘈嘈的群鸟在乱飞乱翩。
　　孤高的鸾凤它选择的是单飞独宿，
　　其性命安危，一一且秉诸天道自然。

　　百仞无枝的建木谁能接近？
　　枝叶纷披的射干婆娑翩跹。
　　瞧那林中的棘根蓁葛，
　　正无赖般交驰横行，茎蔓勾连。

【笺注】

　　① 鸾鹥，黄节引《山海经·西山经》曰："女床之山有鸟焉，其状如翟而五采文，名曰鸾鸟。"又引《楚辞·九章》曰："鸾鸟、凤凰日以远兮。"并引王逸注曰："鸾凤，俊鸟也。君有圣德则来，无德则去。"又引挚虞《决疑》注曰："凡象凤者五：多青色者鹥。"蒋师爚引《山海经·大荒北经》："蛇山有五色之鸟曰鹥。"黄节引《离骚》"驷玉虬而乘鹥兮，"并引王逸注："鹥，凤凰别名也。"特，单独。《后汉书·张衡传》："感鸾鹥之特栖兮，悲淑人之稀合。"

　　② 有，助词，无实义。可置名词前。《诗经·小雅·巷伯》"豺虎不食，投彼有北。"亦可置单音形容词前，无实义：《诗经·周南·桃夭》"桃之夭夭，有蕡其实。"也可置动词前，无实义。《诗经·北风·泉水》："女子有行，远父母兄弟。"

　　③《山海经》：神人之邱有建木，百仞无枝。黄节引《淮南子》(《地形训》)曰："建木在都广，众帝所自上下，日中无影，呼而无响，盖天地之中也。"注：（建木）其状如牛，引之有皮，若璎黄蛇，其叶如罗。都广，山名也。黄节引

《荀子·劝学篇》曰："西方有木，名曰射干，茎长四寸，生于高山之上，而临百尺之渊。木茎非能长也，所立者然也。"注："射干花内茎，长如射人之执干。"黄节又引《说文》：婵娟，态也。（建木、射干，皆古代传闻其名而著之书者，并不明原物何形也。又据后人传说之形为之注。后人之传说未必是前人之所著者。"建木，百仞无枝"者，顾名思义，乃独干、直挺之乔木也，今松杉之属类似，是海拔三千公尺以上主要树种，中原平地所少者。古人在黄土平原上，半穴居建屋为宅，以松杉之干，去其骈枝，竖之为柱，架其上，曰栋，曰梁，其上覆茅草，即成住屋。故曰建木。又，若从"注"："其状如牛，引之有皮，若璎黄蛇，其叶如罗。"根据其形态描述，最接近的当是热带乔木，气根丛生的榕树也。或是热带地区，人们聚居大榕树下，便将它称之为"建木"。射干，顾其名，乃箭身之材也，取其细而直者，今之箭竹犹是。其细逾指，高可三、四尺，生于海拔二、三千公尺之秦岭山地。）

④《毛诗·唐风·葛生》曰："葛生蒙楚，蔹蔓于野。""葛生蒙棘，蔹蔓于域。""盖荆棘、葛蔓，物以类聚者也。"闻人倓曰："言无梧桐也。"（闻人所注以为世无梧桐，故凤凰不栖，此非阮意。葛蔓在林中与他木异，非向上长，横行而交蔓，故阮籍以喻小人之党聚者。）

【前贤评述】

黄节引朱嘉徵曰："'朝登洪坡颠'，伤时之什。群小攀附，其势成焉，至人独立，曾不改乎其度也。"

蒋师爚曰：此言能自树立，亦有如鸾鹭之受命于天，不妄求匹，超然神木之枝，高山之上者，葛蔓无庸强附也。

闻人倓曰："荆棘喻危乱，群鸟喻群小。"

方东树曰："……据此诸篇，皆非因魏晋易代而发。只自咏耳。"

王闿运曰："言己处乱世委命全身。"

黄侃曰："性命皆有自然，非能自力。鸾鹭之比飞鸟，迠木之比葛藟，虽高下，荣枯不能无异，而受形大造，不能相为。所以羡傲之情两捐，大小之生俱适，庄生逍遥，此近之矣。"（诗意盖谓：荆棘蔽于原野，群鸟翩飞而过，不敢下止，而鸾鹭则时来栖宿，不畏荆棘之为害，盖性命固有自然也。又建木高可百仞，射木婵娟而高临百尺之渊，皆由所居之地位使然，亦非可以强求，而林中之葛，则只有延蔓勾连而已。凡此尽亦玄鹤高飞，不与鹑鷃同游"原二十一章"之意。）

笔者曰：阮籍之诗习惯以简单象征手法隐避，这首仍是向司马昭诉说自己所见朝中生态焉。（见末节笔者之"译余骈言"）。

【译余骈言】

这首诗仍是写给司马昭的，已经是第四首诗了，第一节二句非是观景，乃谓久伺君信不至，朝夕思之也。朝夕思之，却又无话可说，许多想说的又说不出口，阮马之间，隔着厚厚的礼障、级障、情障、自尊之障、自惭之障，使善于美文的阮籍都莫可奈何。读其诗，只见满纸废话，尽是说过又说的滥辞，难言哉，难矣哉！

第二节先二句承上文，叙登高远望所见，野被荆棘，众鸟难安焉。（野被荆棘，在阮籍诗乃述环境之恶，今之生态学偏谓，众鸟得觅虫果以食焉；野有荆棘，阻小兽横行，众鸟托之蔽焉。群儒之陋，仅识草木虫鱼之名，而不知天道互用之妙。小臣喁喁，知其一而遗之十，性仁宅厚，无补于事，焉足留意焉。）

次二句以鸾鹭自命，虽久处劣境，命由自招，其辞虽苦，其言犹自尊不惶也。

第三节，亦貌写野外景色，实为恭谀之辞。建木喻司马昭，射干指青鸟使者司马炎也。"谁能近"，称其威严，更叹己之难近也。

末二句，亦继写野外草木之景者，而鞭责众小。叹君察之不明，愿无使佞党做大也。更恐小人进谗，担心使典午失去对自己的信任。

诗义极其简单，若相诉近怀然，意在相讯近况也。其第一、二句已毕尽此意。以下八句，分咏四种人：群鸟（一般朝中公务人员）、野葛（专事结党攀附者）、鸾鹭（本人）、神木（典午二位）。阮籍的世界十分简单：主上、好人、坏人和我。不能见信于主上，当然是坏人挑拨之故。

此诗非以写实见之景，其意乃谓日夜群小扰之，狺狺不已，恐有不测也。

或曰：嗣宗久候昭公不见复音，其原因之一或是前方军务吃紧，无暇顾及。《三国志·卷四·三少帝纪第四》："八月辛亥，蜀大将姜维寇狄道，雍州刺史王经与战洮西，经大败，还保狄道城。辛未，以长水校尉邓艾行安西将军，与征西将军陈泰并力拒维。戊辰，后遣司马孚为后继。……"故无暇顾及城中阮籍之诗函也。

第二十七章
周郑天下交

第二十七章

周郑天下交,① 街术当三河。
妖冶闲都子,② 焕耀何芬葩。
玄发照朱颜, 睇眄有光华。
倾城思一顾, 遗视来相夸。④
愿为三春游, 朝阳忽蹉跎。
盛衰在须臾, 离别将如何。

【今译】

周郑之交，天下枢纽，
三河其地，大道康庄。
俏丽都雅的少年郎呀，
你明媚娇好，馥郁芬芳。

青丝美似漆，朱颜娇若花，
双目睎眄间，晔晔流光华。
一顾倾人城，再顾举国倾。
众中得一窥，归夸乐未央。

尔汝倾心早相属，长愿共作三春游，
朝日方升正杲杲，风云陡变祸天降。
倏忽生变化，须臾别盛衰，
从此远离别，东西各悲伤。

【笺注】

① "周"为今河南洛阳、巩县一带，"郑"为今郑州、新郑一带。"交"谓"居"天下之中，四方交会于此。黄节引《说文》：街，四通道也。又："术"，邑中道也。

"三河"，黄节注：《汉书》：高祖悉发关中兵，收三河地。韦昭曰："河东、河南、河内也。"又，《咏怀·第十三章》，"苏子狭三河。"《文选》注：沈约曰："河南、河东、河北，秦之三川郡。"《通典》云：陈留故属秦三川郡。

② 妖冶，司马相如《上林赋》曰：妖冶闲都，靓妆刻饰。李善注：《字书》曰：妖：巧也。《说文》曰：娴雅也，或作闲。《小尔雅》曰：都，盛也，美也。《史记·司马相如列传》：相如之临，从车骑，雍容闲雅甚都。

③ 睎，黄节引《说文》曰：睎，目小视也。南楚谓眄曰睎。

④ 黄节引《楚辞·招魂》王逸注曰：遗，窃视。

【前贤评述】

黄节引陈祚明曰：方知繁华本非诚厌，特非其时，顿有离别之感。（特非其时，说得好，此正自顾不暇之时，陈氏无意而言中也。又，陈祚明曰："顿有离别之感"，措语极妙，盖陈君犹不能断定诗中言乃遽断情好也，否则当曰："顿作分离之别"方宜。）

王夫之曰：结局悲甚亦显甚，然而读此者犹不知其旨，夫人明暗之相去，乃有如此者！（所感甚是。有读者曰："阮籍身逢乱世，目睹世人之醉生梦死，一味贪图逸乐，因而发此浩叹。"虽是隔靴搔痒，颇佐先生犀烛独燃所见。后文第三十七章重提此事，阮籍衔恨之深，分离之痛岂又泛泛者所知，笔者不欲妄议焉。）

黄节引蒋师爚曰：此托言欲仕，已不及时也。（未明其意。）

黄侃曰：儇薄之子，当年盛色荣，足以致倾城之颜；而荣华不久，旋复丑衰，始于合而终于离，非人力所能与也。（"荣华不久"及以下皆黄侃杜撰之词，非阮籍之意，阮诗自道，"盛衰在须臾"尚未及丑衰焉。）

按：陈伯君辑前贤评述仅四则，除陈祚明"本非诚厌，特非其时"，八字稍近外，坦言皆不知所云。非本诗之艰难也，读者诚不知阮君何以在此时著此诗。因为文字太浅显，竟不容攀附它事，遂使群贤束手，不敢妄露鄙陋。

【译余骈言】

此亦阮籍专为写给司马昭报告近况之诗。第五首也，先生苦候难耐矣。

阮籍久伺司马昭援手不见下文，遂疑窦丛生。其一者，阮籍担忧自己固有嬖幸男色的断袖之好，或为司马昭所厌，或使司马昭援手时有所顾忌，心存迟疑焉。此时大危临身，己所难保，遂遽与情好断绝，以利司马昭援手时无掣肘之患。本诗即告其所幸之好，及已断交之情。

全诗十二句,第一节四句首叙结好于寻欢场所。洛阳故邑,中原三河,繁华之地也。街术相交,百业丛聚。欢场鼎沸,声色所在焉。

第二节四句,写男嬖之美,艳似桃李。全城倾倒,人人欣羡。偶得一顾,便可归而骄人。

第三节,写双方相互缱绻,已订后约。今陡遇祸变,遂遽然断绝;分离之痛,何堪胜言。

在"卷之一"中,阮籍不仅在第五章坦承其青年时期有涉猎欢场的经历,还在第十二章专门借历史故事,遐想不已地佻情描写君王们在后宫与男宠们的欢会,显然寓寄着他自己的情事。笔者在前文指出,阮君在官场环境中渐趋安定之时,他在欢场中的情恋活动,也相应增加了。这可以参见第十八章。但不能断定第十八章中提到的那位见过的、留下过美好回忆的年轻人,与本诗中的"闲都子"是否为同一人。但是若要探究的话,玩味两首诗中所叙述的恋情发展程度,与这两首诗之间的相距时间,也不无同为一人之可能。不过两诗中出现的是否同一人,这事并不重要,与阮籍此时正陷入灾祸之变所引发的麻烦,更毫无影响,顺便提及而已。

在前贤评述栏中,有二则独具慧眼竟然识得阮诗旨意,十分难得,全书少有,且撷之共赏。

陈祚明曰:"繁华本非诚厌"(本心并非真的讨厌华美奢靡的生活方式)"特非其时",(实在是,此时是最不合宜之时)。"顿有离别之感"。因此时阮籍不宜与男宠交往,主要为了顾及自身安危,考虑到不要因我现在还和男性情人来往,遭人非议,使司马昭打算帮助我时,产生顾虑,因之,立即作出决定,即刻便与男性情人分手,不再往还了。

王夫之则说得很含蓄:"结局悲甚亦显甚。"(阮诗中写他和男情人的结局,既是悲剧又非常果断。)"然而读者犹不知其旨。"(但是大多读者还不知道阮籍做了什么,也不知道阮为什么这样做。)"夫人明暗之相去,乃如此者。"(想不到人群之中,有人明白,有人不识,两者的差别,会这样大。)此外,王夫之故作解人,有见如此,但笔者未见证据,岂知先生亦在此窥得阮公所好,或他指

类同之事，笔者未之识也。

的确，且莫论他人，连黄侃先生也说："轻佻的年轻人，当年姿色甚美，但是风光不久，旋复丑衰；终于弄得始则合，终则离，那不是人力可控制的。"他也是没有读清楚阮诗的最后三句诗意，特别是三句中的第一句"朝阳忽蹉跎"，那个"忽"字，岂有丑衰之变的意义在内，便想当然发其高论了。

总之，任何人所谓读懂了阮诗之意，一定须弄清：何以阮君在此时此地，作如此之语，能助阮君表达什么思想？解决什么问题？若仅就字面所述，古人从相马术中曾借得一语，曰：皮相。可不慎欤！

幸好，笔者在兹所撷三则，若陈祚明所言最近情理，不仅前有第十二章可参，嗣后第三十七章阮马见于私榭，言谈既惬，复叙其所恋男性情人之好，可为作证也。

第二十八章
若木耀西海

第二十八章

若木耀西海，① 扶桑翳瀛洲。
日月经天途，明暗不相佯。②
穷达自有常，得失又何求。
岂效路上童，携手共遨游。③
阴阳有变化，谁云沉不浮。
朱鳖跃飞泉，夜飞过吴洲。④
俯仰运天地，再抚四海流。
系累名利场，驽骏同一辀。⑤
岂若遗耳目，升遐去殷忧。⑥

【今译】

若木有光华，彧彧耀西海，
扶桑垂重荫，嘉树翳瀛洲。
日月驰天衢，所行各由途，
明暗自有异，终始不相侔。

或穷或显达，人自各殊数有常；
得失本前定，何事苦趋求。
我岂路边少年郎，
踏歌欢携，天天陌上作浪游？

阴阳禀造化，变化一何多！
只沉不再浮，毋乃太荒谬。
深潭潜朱鳖，跃水出重泉；
夜色黑苍苍，一飞过吴洲。

君居深阙运天地。
更抚四海百川泽九州。
惭吾羁累名利场，
敢怨驽骏同鞧蒙垢羞！

不如弃却耳目绝视听，
仿效神仙遗离尘俗远殷忧。

【笺注】

① 黄节引《离骚》王逸注：若木在昆仑西极，其华照下地。

② 侔，较也。明暗句谓二者各禀自然，明暗殊异，从不相较。阮诗之意为日月二者尚不相侔，何况君上臣下，更是常理，此怨言典午不之顾也。

③ "路上童"二句，承三、四句意，——各人穷达不同，似日月之辰各异，此正理也，然我也终不能如路上儿童，踏地作歌，浪游终日。"路上童"两句，李白裁之为《襄阳歌》："襄阳小儿齐拍手，拦街争唱《白铜鞮》。"得其精神。

④ 陈沆曰：《吕氏春秋》言醴水之鱼，名曰朱鳖、六足、有珠、百胇。案，此言阴阳变化，有沉必浮，朱鳖有时而飞；运往必复，无事窃窃忧悲也。黄节引《山海经·东山经》曰：葛山之首，醴水出焉。东流注于余泽。其中多珠蟞鱼，其状如肺而有目，六足有珠。又引《淮南子》曰：朱鳖浮波，必有风雨。黄节曰："夜飞"，谓剑也。《龙鱼河图》曰：剑名飞扬。张协《七命》曰：或驰名倾秦，或夜飞去吴。李善注曰：《越绝书》曰：阖庐无道，湛卢之剑去之入水，行楚，楚王卧而寐，得吴王湛卢之剑。此诗曰："夜飞过吴洲"者，谓（朱鳖之飞若）湛卢之剑夜飞而去吴也。过，犹去也。朱鳖本沉者而能浮，夜飞本浮者而能沉。（前贤精究若此，道其一一由来，后学得此之助，焉不乘肩攀进焉。唯"过吴洲"与"去吴洲"有异焉。去吴者，吴乃终点；过吴者，吴洲犹是途中，余踪渺渺，不知何在。）

⑤ 黄节曰：《说文》曰：运，移徙也。抚，安也。《庄子》（《在宥》）曰：其疾俯仰之间，而再抚四海之外，其唯人心乎！天下脊脊大乱，罪在撄人心。故贤者伏处大山嵁岩之下，而万乘之君忧栗乎庙堂之上。

又曰：《孟子》曰：系累其子弟。系同繫。累同纍。按《孟子》注：系累，犹缚结也。《玉篇》："驽，最下马也。骏，马之美称。"《说文》：輈，车辕也。

⑥ 《诗·小雅·谷风》注：遗，忘去不复存省也。《书·太甲》：若陟遐，必自迩。陟，升也。遐，远也。

【前贤评述】

黄节引蒋师爚曰：才耀西海，已翳瀛洲，日往则月来矣。沉者乘此而浮，亦夜飞而已矣。侈谈"运天地，抚四海"，虽骏亦何异于鳖焉。结出"升遐去忧"，所以自远于名利也。（亦野狐禅。）

黄节引陈祚明曰：运会亦是适然，此正理也。以为适然而视之漠不关

情,则世上童随时可富贵矣。抑知阴阳变化,朱鳖尚飞,庶有日乎!心不忘所期,故不能与鹜同轸,贪名利。(也在力图贯通全诗者。)

《三十家诗钞》注:首四句,谓日往月来,月往日来,互有屈伸,不相仇怨。人生有达即有穷,有得即有失,又何怨哉!"岂效"二句,言不学(应作:难道要学)世上小儿营营于求。朱鳖,阮公以之自况,亦远游遗世之志。(远游非阮诗之意,诗中仅云潜鳖亦有高飞之时也。)

黄侃曰:日月各有晦明,毋庸相较;人生皆有穷达,不必多矜。必如路上之童,始可长久遨游,不婴阴阳之患。朱鳖夜飞,不为形气所阋也。不能若此而溺情名利,则智愚同见困厄,岂能使殷忧之暂释哉!(同《三十家诗钞》之注的误读。)

以上数则虽未切阮籍诗旨,但能丢掉攀附时事之陋,诸议也有可参者。

【译余骈言】

这是一首很长的诗,诗文长,见阮籍心绪之芜乱,四诗既投,久候司马昭处无回音,遂另思一计,用发发小脾气来刺刺典午,故此诗乃类旷妇之怨也,不必认真计较。大将军深稳沉着,未予理睬。先生"小作"一回,(此乃"上海话","作"是故意做作之意,江南女子擅此降夫术。)又恢复常态,待援似故。

第一节,"若木耀西海,扶桑翳瀛洲"二句,即第三句日月天途之景,诗人换一个视角来拟写日月之行也。其实这两句老生常谈,实非作者之意,曲里拐弯,心思只落在第四句的"明暗不相佯"上。"明暗不相佯"字面上说日月二者,一个赤焰高扬,一个玄阴独守,互不相顾;文中之意,道是日月之间不相关涉,也是天宇间最正常的现象。何况人情之交!以此表达心中对司马的失望埋怨和无奈。

第二节,"穷达自有常,得失又何求",阮籍借上文第一节末句之言,进行申发,日月且从不互佯明暗,吾又何汲汲于较所谓顺达与穷厄者,且人之穷达犹日月之明暗,冥冥中其度有常焉,何可妄求哉!前面写了六句,这两句才是

真正要向司马昭吐说的。司马昭先曾遣司马炎来联系抚慰，知其所困，却迟迟不见脱厄之援，阮籍心实怨之；而能出其困者，又非司马莫办，故又不敢怨也，乃转喻为自然之常。

"岂效路上童，携手共遨游。"更向司马昭明申自己的态度，不仅不敢非怨自然（命中）的常度，更不敢非怨君上之行迟；自己且当努力振作，不是无知之儿童也。曲曲折折，吞吞吐吐，不敢有一点拂违逆上之意。呜呼！昔日韩信辱于袴下，犹能旋身而去，今日阮籍，虽未受凌辱，却不能旋身，更须腼颜事之，作奋发有为状，阮公真能能韩公之不能者也。

第三节，"阴阳有变化"四句。阮君不敢怨主上，遂转而祈天意逆怜，早早结束"只沉不浮"的困境。"朱鳖"二句辞意古奥，波谲云诡，其实是用涂饰文辞的华采手法，掩饰"谁云沉不浮"这句直白不文、怨气十足之语。

读者留意，"直白不文"。以坊间口语杂入诗中，和极古奥的典雅之语相映成趣，前曾提及，是乃阮公语言特色之一，其中也不无智黠之弄也。盖阮氏致马之诗，例经皂隶，恐为好事者旁读也。

第三节是虚拟的文学幻想，第四节四句，乃回到现实的汝吾之身。如今既然命运尚未有变，君自有运天地，抚四海之大事，吾徒怨自羁名利，同驽骀于一槽之羞辱。"身累名利，驽骏同䩸"，亟写自己处境的无奈与不堪。

末一节二句，自谓无能，只能自掩耳目，自娱自乐，效升遐远忧之远离尘俗。草草作结。

这一首诗，从文意文笔而言，多有不逮，但困陷之愁，缠扰难去，所谓怨而不露，所谓缠绵悱恻，尽见之矣。且见之于竹林七贤、林下名士之诗，弥可贵也！可怜阮籍但能曲阿而行，世上更多无阮君之能，无阮公之遇，不得不徇私卖友，苟营进身者，阮籍不肯为，也不必为也，五十步之差，先生犹遑遑不肯让，故曰先生天真可爱也。

第二十九章
昔余游大梁（正）

第二十九章

昔余游大梁，登于黄华颠。①
共工宅玄冥，②高台造青天。③
幽荒邈悠悠，凄怆怀所怜。
所怜者谁子？明察应自然。④
应龙沉冀州，⑤妖女不得眠。
肆侈陵世俗，⑥岂云永厥年。

【今译】

昔年曾到大梁游，
高登其岭黄华颠。
共工之宅深浸玄冥不可见，
唯有新造高台巍巍接青天。

往事渺渺沉远荒呵，
凄怆蒙怨吾所怜。
问君所怜是何人？
君子明察之，应自知其然。

应龙至今含冤陷冀州，
魃女并受害，从此不得回天眠。
肆言狂语欺天下，
岂能长远如此永其年？

【笺注】

① 大梁，在陈留郡浚仪县。黄节曰：《水经注》：洹水出上党泫氏县，东过隆虑县北。县有黄华水，出于神囷之山黄华谷北崖上。山高七十华里。魏邺都为今之临漳，黄华谷在隆虑县北，则为今彰德府之林县，故游大梁而登黄华，嗣宗盖述其前事也。

② 黄节引《尚书·尧典》，郑玄注曰：共工，水官名。黄节引《尔雅》曰："宅"，居也。言共工治水使有所归也。"自然"，请读者特别留意，这二字的含义与《第三十六章》迥异，一般都用作"天道自然"，这里却是"自知其然"的压缩用法，请留意笔者内文所述。

③ 黄节曰：诗虽言共工之台，然诗意所指殆邺之三台也。《水经注》：邺城西北有三台，曰铜雀台、金虎台、冰井台。左思《魏都赋》所谓"三台列峙而峥嵘者也"。黄节引孔安国《尚书传》曰，造，至也。（阮籍诗乃慨叹新造之台

巍巍,而共工之宅不见。诗中并未用共工之台,黄节误读也。)

④ 幽,深远也。荒,大也,空也。黄节引《说文》曰:邈,远也。凄怆,悲伤也。怀,念思也。"自然",在此处非指天地造物之谓,而是"自会知道"、"自知其然"之短语也。阮子不愿在此明言共工、应龙、妖女受怨,故以直白之口语入诗,"请君明察之,应自知其然。"类似的俗语口语入诗,"咏怀"中尚有多处,每有误导掩饰之用,而其欲明之真义亦在其中焉。请君细读,自知真意,是乃阮子深心贯注者。

⑤ 《山海经》洪兴祖补注:应龙处南极,杀蚩尤与夸父,不得复上,故下数旱。旱而为应龙之状,(此句或应作"旱为应龙罪状"),乃得大雨。冀州,中土也。郝懿行曰,古以冀州为中州之通名。妖女,《古韵》:妖,艳也,媚也。黄节曰:妖,疑妭字之误。《山海经》黄帝女魃。同女妭。

⑥ 肆侈,肆,极力也。侈,过也,泰(太)也肆侈,狂放过度之状,犹奢侈乃奢靡过度之谓。《礼记·学记》注:陵,欺凌也。

【前贤评述】

黄节引《诗话补遗》云:阮籍诗"昔余游大梁,登于黄华颠。""应龙沉冀州,妖女不得眠。"按《战国策》:赵武灵王西至河,登黄华之上,梦处女鼓琴歌诗,因纳吴广女娃嬴孟姚。其先七世而兆于简子之梦,及入宫而夺嫡乱国,岂非妖女乎?张平子《应闲》曰:魃女北而应龙翔。合而观之,可见其微意。盖当是时,魏明帝郭后、毛后妒宠相杀,正类武灵王事,故隐语怪说,亦《春秋》"定哀多微辞"意也。黄节曰:此说,朱嘉徵、蒋师爚、曾国藩、吴汝纶皆取之。("皆取之"。见众人皆苦于言语资源匮乏症中。久对阮籍诗却无言可说,见有魃女二字,喜不自禁,唯《三国志·魏书·明悼毛皇后传》事可以妄诒。张平子《应闲》:"魃女北而应龙翔"句,尤可资谈佐。遂众"皆取之"。至于阮公诗中怎样使用魃女的故事,尤其是阮君对魃女事的议论和评价,却无人以一语应之,如此治史、治学,岂不令人浩叹!)

蒋师爚曰：明帝游北园，景初之年事，此当追忆之作，故以"昔余游大梁"起。《三国志·魏书·明悼毛皇后传》：帝之幸郭之后也，后爱宠日弛。景初元年，帝游后园，召才人以上曲宴极乐，元后曰：宜延皇后。帝弗许。乃禁左右，使不得宣后知之。明日，帝见后，后曰：昨日游宴北园乐乎？帝以左右泄之，所杀十余人，赐后死。（查找妖女，不遗余力，犹不知所云。）

陈祚明曰：应哀曹爽、夏侯玄之屈。（所言若有见地也，惜不知乃阮公自咏也。曹、夏之辈，居高不知所危，求仁得仁，何屈之有？）

陈沆曰："大梁"寓魏。魃女处共工之台，主旱；应龙沉冀州之野，主雨。故以共工、妖女斥典午；以应龙比玄、爽、晏、范之俦，矜智自负，取忌权奸，而又奢侈荒宴，以取败亡也。爽、晏败而懿事遂成，魏祚遂移矣。阮公初应曹爽之辟，见机引疾，因以免祸；故追咎之。（"魃女北而应龙翔"，前二则引黄、蒋之语仅及妖女，故此二则再引二陈之语补及应龙。学界众等，前仆后继，实令人鼓舞。唯前者既无人有一语论魃女之何事可以影射郭后，并后宫十余皆被杀，引文但知钞书，引典不知其用，炫己误人，最是惹厌。）

黄侃曰：共工强霸，今已消亡，而世之愚夫矜其明察。岂知祸有先伏，智有不通，肆侈陵人，徒为衰灭之兆，以求永年，翩其反矣。（黄侃先生既不曾将本卷第二十一、第二十二章读懂，如今又把阮籍的"所怜者谁子？明察应自然"二句读错了，自在意中。在阮籍之意，乃谨告读者曰："我今天可怜的是谁呢？你读者只要明白细察，应当自会弄清的。"务请注意，这里"自然"二字，不是"自然界"之"自然"这个名词，而是"自知其然"、"自会明白"一组短语的略称。阮籍本诗特别强调：共工、应龙、魃女三人皆有功之臣，是沉冤至今者。故黄侃说共工因"强霸而消亡，因智有不通，是其衰灭之兆"。都是与阮意相反的。在阮叙述的诗句中，"肆侈陵人"者，实系黄帝之所为，务请留意。故笔者将"所怜者谁子？明察应自然"二

句译为:"问君所怜是何人?君子明察之,应自知其然。"这是全诗的关键,阮籍正要借为共工、应龙、魃女雪污,来为自己参邻里争产的义举、严行正名,他对正人君子们不问情由,颠倒是非,十分痛苦,十分痛恨。而本诗中"明察应自然"句的"应自然"三字,乃从口语中剥来,用得十分隐避,十分巧妙,是苦思所得,以避人耳目。这也是典型的阮诗"特色句法"。黄侃先生便不幸入其陷也。当然黄侃先生入陷的主要原因不在此,在本诗中,阮籍将共工等三人,举作受冤之典型,而黄侃先生犹留在共工乃强霸代表的通常概念上,故他是失误在自己的故步自封上面。天哪!但愿司马昭虽不理睬,却能见其苦心,不像那些后来素负盛名之学者!可怜!昭忙于大事,终无暇顾及籍之受污蒙冤诸情。)

黄节曰:《魏志》曰:明帝沉毅断识,任心而行。诗曰:"明察自照妍"。(本篇此句诗取范陈本、陈德文本、刘成德本,及《诗纪》《诗所》、梅鼎祚本、张燮本《诗隽类函》及朴本注,作"明察应自然。")亦犹老子所云"自见者不明,自是者不彰"也。张衡《应闲》曰:"一介之策,各有攸建,故魃女北而应龙翔。"孙盛曰:明帝政自己出。此诗用张衡意,谓明帝不能得人而用也。又曰:《魏志》:"帝崩。时年三十六,"故曰:"肆侈陵世俗,岂云永厥年。"此诗盖追述游邺都,望台观,闵念明帝有君人之概,不善用其明,寄托懿、爽,并夭天年,为可叹也。(用力过头,胡乱牵涉,自彰愚顽无知。)

黄节又曰:《诗话补遗》和陈沆二者所云,皆未悟"应龙""妖女"之用意,故均附会失当。平子《应闲》曰:安危无常,要在说夫,咸以得人为枭,失士为龙。故樊哙披帷入见高祖,高祖踞洗以对郦生,当此之会,乃鼋鸣而鳖应也,故能同心戮力,勤恤人隐,奄受区夏,遂定帝位;皆谋臣之由也。故一介之策,各有攸建,子长谍之,烂然有弟。夫魃女北而应龙翔,洪鼎声而军容息,潦暑至而鹑火栖,寒冰冱而鼋鼍蛰。平子用魃女应龙,此嗣宗意之所本。而乃以郭后、毛后及司马、玄、爽等人附会之,不亦误乎!或又以《魏志·明帝纪》青龙黄龙见及明帝大治宫馆追秦皇汉武事,以释应

龙、妖女亦非（黄节所非者，笔者全都同意，但黄节以讹易讹，所谓阮公本意者，不能苟同也。）

陈伯君曰：嗣宗怆怀明帝，特举其失政最大者而言。所谓"应龙沉冀州"，似"共工宅玄冥"之意。黄晦闻先生据张衡《应闲》中有"得人为枭，失士为尤"及"魃女北而应龙翔"数语，谓诗意言明帝不能得人而用。考《应闲》通篇之意在言"天爵高悬，得之在命求之无益。"其序中亦明言："余应之以时有遇否，性命难求。"所举"说夫"及樊哙、郦皆有遇，有不遇。应龙四句，皆一彼一此，不可得兼。"魃女北而应龙翔"与《山海经》所言黄帝与蚩尤事不合。黄先生又疑"妖"字为"妭"字之误，果尔，则"女妭"倒为"妭女"矣。黄先生所释，似较杨升庵、陈沆二家之说附会更甚，疑不可从。（陈伯君先生对黄节所疑甚是。但陈先生以为此诗有嗣宗怆怀明帝之意，则妄也。盖陈先生在读"第二十一章"时，与他人一样，未明其义，其病遂又曝诸本诗。贤如伯君先生，尚未识嗣宗诗意，司马昭复故作未闻，嗣宗所痛，遂更无人与之伸张矣。）

【译余骈言】

读者见前贤纷纷为此诗勾引附攀，一定以为此诗必有证据，可得见阮君借神话故事讽刺时政之心声。可是都先后通不过黄节先生和陈伯君先生的法眼，"邈悠悠"者，依旧幽荒邈悠悠矣。一无所获。附会者，不管多么热心，其高论要使人心服，必须要有证据，必须要严格举述，厘清阮籍本人表达句子的意义。没有阮籍本人的述说，各位热心者无非在议论不相干的历史陈事而已，与弄清阮籍的诗旨，无丝毫相干。

与诸贤迥异，笔者往下所议，一如前文，纯从阮籍此诗的文本出发，就诗论事。尝记在本卷之初，箴告读者，如不仔细读通本卷故事之肇始二章，将无法得知本书本卷之所咏，但当时逐一分析诸贤留语，便发现竟无一人得知本卷故事之所述，悉与曹魏惮代无关，是嗣宗个人义愤所使，介入了邻里争财之事，他非常看重自己这次义行。本章诗内容，嗣宗屏弃了上一章，小吵小闹怨妇之

为，清醒地想到尚有重大的护名雪污之事欲请典午主持正义。诗中所述人物，均为神话传说，我们先看一看神话的原文：

《山海经·大荒北经》：蚩尤作兵伐黄帝，黄帝乃令应龙攻之冀州之野。应龙蓄水，蚩尤请风伯雨师，纵大风雨。黄帝乃下天女妭，雨止遂杀蚩尤，妭不得复上，所居不雨。（妭本主旱，黄帝乃用其所长）叔均言之帝，后置之赤水之北。叔均乃为田祖。妭时亡之，所欲逐之者，令曰：神北行。

原来，应龙和女妭都是黄帝战胜蚩尤的大功臣。战后，黄帝入主中原，据有四海，而战争中一先一后的二大功臣，一个弃之冀州，一个也沉之下界。倒是战争中不曾出力的叔均，靠打小报告，封为田祖。而黄华山上的共工氏，命运也不见得好到哪里。其家世赫赫，其先曾与颛顼争帝，怒而触不周之山，血性男子也。他发怒，很可能是颛顼不守信义，遂被诡计所算，乃陷此。再说共工是尧时百工之首，相当于司空一职，当然是极聪明能干的，但据说脾气不好，尧把他和驩兜（大概是捕猎能手）、鲧（深悉水性之治水总指挥）、三苗（三个山民部落的联合共主）称之为四凶，把他们都驱逐到气候严酷的北方去。四凶中两个是重要技术人员，可见尧时农耕部落的褊狭心态。连与农耕作业十分有关的水工也连带遭殃，一并驱逐。

阮籍写此诗的立意十分简单明白，专意为有功之臣遭遇的不白之冤呼冤叫屈。阮籍博通经籍，但他并不是因治史而写诗，他的诗依旧是写给司马昭的，他前前后后多次说，请故人援手，并非为了恩宠，修令长寿固好，只能徒存遐想。其实，他在心底里，很在意平生这唯一的一次仗义出手。却遭到庸众攻讦，心中实在非常抑郁纠结，希望借申述古代传说中功臣受害之史，请司马昭以天下至高之威权，秉正义之道，为其一洗清白，彰其所行。

诗的第一节，借旅行所见，叹共工的故宅旧居，已渺无可寻，所见的只是不久前魏主所造的三台，能不令人感慨！

第二节，由共工的被遣，想到了中华口述史上的第二场大战：黄帝与蚩尤的战争。尽管时过境迁，传述不详，但想起了便令人伤怀不已。我伤怀的会是

谁呢？（"所怜者谁子？"）你们只要想一想，便自会知道了（"明察应自然。"）造句如此，非为逞能，实以避庸众耳目也。

第三节，阮籍先以两句述说当年中华第二战中两大功臣所遇之不公，"应龙沉冀州，妖女不得眠。"在末二句中，他高喊："肆侈陵世俗，岂云永厥年。"这种肆意妄为，以强权改写历史，欺骗世俗的恶行，难道将永远永远地万年长存吗！

这一首诗，坦露阮籍心底的是非观、正义感。心肠沸热，划开了他与营营众小之间的界限。而且他希望，这些人所共信的公正、公平之普世价值，社会秩序，应当有可能获得他敬仰的司马昭认可，既为最高摄政，不公何以服众，因此专为撰诗，希望司马昭答应援手之时，更为他一洗清白，其所行乃有俾于树立社会正气者。这些，就是笔者对这位天真汉阮籍此诗内容和诗旨的理解。

笔者于此亦深自无奈，弄通奥僻深曲的诗意，其实并不太难，反而，要解通这一大群（几乎包括所有）学者之何以莫名缠夹，恐非区区之能也。其先，既不肯耐心读通原诗，继之又尽皆热心攀附前贤妄议，乱上添乱，治丝愈棼，令人绝倒，令人无奈。唯一令人佩服的是，阮籍摆弄远古史典的手法成功了。几乎无一人解得诗意，他不欲人知其请典午为之洗雪之私意，故意将上古传说中的反面人物，颠倒过来称颂，令所有庸众，莫识所以。但是诗（信）是写给司马昭的，典午能识之不？这一次，笔者也不敢肯定了，盖此诗以后，即使厄危不再，终不见恢张阮君侠义令名之说。在后文"第三十七章"中阮马二人，促膝纵谈，语及嬿婉，亦未与兹冤。或曰，三国乃汉运季末，曹操、司马、皆乱世之杰，何惮乎天下口舌之哉！事非及身，何关痛痒焉！唯唯。

第三十章（原三十一）
驾言发魏都（副）

第三十章

驾言发魏都，南向望吹台。①

箫管有遗音，梁王安在哉？

战士食糟糠，贤者处蒿莱。②

歌舞曲未终，秦兵已复来。③

夹林非吾有，④朱宫生尘埃。

军败华阳下，⑤身竟为土灰。

【今译】

　　　　驾起车儿出魏都，
　　　　南望遥见古吹台。
　　　　昔日箫管至今留遗音，
　　　　当时梁王安在哉？

　　　　城头战士食糟糠，
　　　　城外贤良窜蒿莱。
　　　　轻歌缓舞曲未终，
　　　　虎狼秦兵已复来。

　　　　夹林旧园换新主，
　　　　朱宫寂寂生尘埃。
　　　　可怜兵败华阳下，
　　　　哀哉身死殁土灰。

【笺注】

　　① 闻人倓曰：《元和郡县图志》：吹台在开封县东南六里。《文昌杂录》云：《东京》记，天清寺繁台，梁孝王按歌吹之台。这里梁孝王乃汉时人，但阮诗中的梁王是战国时魏人。不然不可能有"秦兵已复来之句"。故阮籍误把汉时梁孝王筑的吹台，以为是战国梁王魏婴了。魏婴，据《战国·魏策》曰：曾觞诸于范台。闻人倓曰：范台之名，其音略同繁台，王存《九域志》说过"吹台即繁台"。闻人倓以为"汉梁孝王特封其地复筑之耳"。

　　② 糟糠，糟是漉酒以后剩下的渣滓；糠是稻谷之外皮，都是粗劣勉强可食之物。蒿莱，野草也。

　　③ 秦兵句，蒋师爚曰：《史记·魏世家》：秦七攻魏，五入圉中。闻人倓引《史记·魏世家》曰：信陵君无忌卒。景湣王元年，秦拔我二十城以为秦乐（误，应为"东"）郡；二年，秦拔我朝歌，徙野王；三年，秦拔我汲；五年，秦拔我

垣，蒲阳，衍。十五年，景湣王卒，子王假立，王假三年，秦灌大梁，虏王假，遂灭魏。

④ 夹林，文献无考。《史记·魏世家》曰"秦七攻魏，五入囿中"之地。

⑤ 华阳，黄节曰：《尚书》：华阳黑水唯梁州。贾公彦曰：雍、豫、皆兼梁地。《史记·魏世家》曰：所亡于秦者，山南、山北。《正义》曰：山，华山也。华山之东南，七国时汝州属魏。

【前贤评述】

陈祚明曰：借吊古以忧时，故语及哀切。

蒋师爚曰：此借战国之魏。喻曹氏之亡也。

黄节引陈沆曰："驾言发魏都"借古以寓今也。明帝末年，歌舞荒淫而不求贤讲武，为苞桑之计，不亡于敌国，则亡于权奸，岂非百世殷鉴哉！

方东树曰：借梁王以陈殷鉴，此言魏将亡于司马氏耳。文义最为明白。

黄侃曰：梁王筑台自乐，而轻战士、简贤者。岂意高台未倾，箫音犹在，而身已死，国已亡也！

黄节曰：魏都，大梁也。此借战国以喻曹氏。

以上诸说，所见略同，文义明白，无歧见，亦无附会。诸贤未明之处，在于不明此"史鉴"之诗，为什么阮公会在此时此际写作此诗。

诗写得很好，夹叙夹议，文采可观，诗旨晓然。想阮子亦有自得之意，遂萌生以后再以其播弄典籍之长，再为更多诗作。但干谒之意既萌，却每每难成佳作，令人徒唤奈何！

【译余骈言】

这一首诗与第二十九章"魃女、应龙蒙冤"诗,想来写在同一时期,也就是,都是在三十章前所作,阮籍是一个胆小的人,前诗写罢,觉蒙冤申雪之意太露;故更写此诗障乱之。以示阮某仅嗜好古之思,前诗既云"梁王安在哉",本诗即借梁王为鉴(虽知前后并非同一梁王,见注①)亦牵连而及。无有专为自己申冤之意,以一写神话传说,一写古史之鉴,两诗各有所重。这都是对阮籍处置已为之诗的心理猜度;在笔者目的无非把《忧思》各诗之诗题,何以跳跃出场之原因和顺序捋得顺畅些,以便揣度阮籍写诗时的心理状态。

其文后诸评所见皆同,了无障碍,读者当能晓然,不赘。

又,这一首叙事诗写得明白晓畅,义韵俱足,文笔殊佳。阮籍自己也一定很得意,从兹,兴起了他想再以历史典故为材料,兼抒其志的想法,复再为数章,可惜都不太成功。须知本诗专以"史鉴"为旨,易以成章;后之诸诗,欲在史笔中,挟带干谒之请,诗欲并题,心骛两端,遂皆沦为劣作。在下一章诗中,我们便可得见实例。

第三十一章（原三十二）
朝阳不再盛（甲）

第三十一章

朝阳不再盛，白日忽西幽。

去此若俯仰，如何似九秋。

齐景升丘山，涕泗纷交流。①

人生若尘露，天道邈悠悠。

孔圣临长川，惜逝忽若浮。

去者余不及，来者吾不留。②

愿登太华山，上与松子游。③

渔父知世患，乘流泛轻舟。④

【今译】

刚出的太阳，转瞬就失了光亮，
大白天不一会便掩上了暮色昏幽。
时间的流失，就在这俯仰之顷，
又怎地觉得它悠悠忽忽长似九秋。

人生的短忽犹若微尘朝露，
天道无穷真有说不尽的渺渺悠悠。
齐景公贵为君侯，登牛山乃伤人寿不永，
一时间悲从中来，涕泗交流。

孔圣人北临汶河感慨不已：
"逝者若斯，光阴若浮。
去了的，余已追之不及，
将来者，吾亦不会挽留。"

但愿能攀上高高的太华之巅，
像赤松子那样功成弃世，逍遥以游。
或者仿效深谙世道凶险的渔父，
驾一叶扁舟容与中流。

【笺注】

① 闻人倓引《晏子春秋》曰：景公游于牛山，北临其国而流涕曰：若何滂滂去此而死乎！艾孔、梁丘据皆从而泣。又《韩诗外传》卷十：齐景公游于牛山之上而北望齐，曰："美哉国乎，郁郁泰山！使古而无死者，则寡人将去此而何之？"俯而泣沾襟。国子高子曰："然！臣赖君之赐，疏食恶肉可得而食也，驽马柴车可得而乘也，且犹不欲死；况君乎！"俯泣。

② 长川，大汶河，在曲阜城北，黄节引《论语·子罕第九》：子在川上曰，

逝者如斯夫，不舍昼夜。

又："凤兮，凤兮，何德之衰？往者不可追，来者不能留，今之从政者殆而。"（《论语·微子第十八》楚狂接舆歌而过孔子歌。）

③《史记·留侯世家》"愿弃人间事，欲从赤松游"。

④《庄子·渔父》：客（指渔父）乃笑而还行：言曰：仁则仁矣！恐不免其身，苦心劳形以危其真。且人有八疵，事有四患，不可不察也。所谓四患者：好经大事，变更易常，以挂功名，谓之叨。乃刺船而去，延缘苇间。

又：《屈原集·渔父》屈原既放，游于江潭，行吟泽畔，颜色憔悴，形容枯槁。渔父见而问之曰：子非三闾大夫与？何故至于斯？屈原曰：举世皆浊我独清，众人皆醉我独醒，是以见放。渔父莞尔而笑，鼓枻而去，歌曰："沧浪之水清兮，可以濯吾缨；沧浪之水浊兮，可以濯吾足。"遂去，不复与言。

【前贤评述】

蒋师爚曰："秋者愁也。俯仰从人，何愁之有。"是起四句意。人生八句，申言朝阳不再也。愿登四句，谓世患不治而忧之矣，视俯仰从人者相去远矣。（蒋生所见，每与他人异，他人所见，固然尽非，蒋生尤异于他人之非，谚所谓"莫明其土地堂者！"——闻诸上世纪父辈口语，"土地堂"者，"庙也"，"庙"，谐音"妙"也。）

黄节引闻人倓曰：按"去此"去魏盛时。"九秋"喻易代。（妄！）

曾国藩曰：此及汲汲自修之意。（近之，然非阮诗旨意。）

黄节引方东树曰：以朝阳兴魏。言"去此若俯仰。"犹其亡也忽焉。（字义解释尔。）

又引王闿运曰："言不为魏死，耻与晋生。"（不知何见而及。）

黄侃曰："人道之促，自古所嗟，唯有从赤松、随渔父，庶几永脱世患也。"（亦字面所及。）

【译余骈言】

从这一首诗起,共有连续的四章诗,笔者意其内容若有相通者,厘之为一组,系以"甲"、"乙"、"丙"、"丁"之标识。本诗乃其第一首,标为"甲"。

阮籍久候无闻典午为其援手解厄之后文,旋又产生了新的妙想,以为司马昭或看上了他的才学,欲延以佐参之意,想到这里,不由喜上眉梢,又思典午既有此意,何不明言,或因自己素言之心思遭人误解,人皆知我孤高自赏,无荣宠之思,每有山林之志,或因耽兹,典午不欲遽言。殊不知吾所不愿者乃与下僚同处,上焉失察,玉石不分,驽骍同驱。(见"第二十七章"诗后陈祚明之评,可谓直切肯綮,他指出了嗣宗从无枯槁之好,于"繁华本非诚厌"。)

因之,急急忙忙要想说明往述之皆非,吾乐为君佐的心意,前后为诗四章:

甲,(即本诗)初为改口之诗,写得十分忸怩,唯在最后一节略明所志,但亦辞晦意微,读者难悉其志,究竟意在积极用世,抑或志在逍遥避世。一堆浮沫而已。

乙,下一章诗,写得最明晓直白,自明之意显然,想来典午一读就懂。

丙、丁两首,或各有辞意未达者,每偏诸一隅,从原来标序之号揣测,遗置甚远,或当时就弃而未寄,今既辑为一组,仍赘其后,依例阐释也。盖笔者为文,旨在还原阮公为诗时之思想状况也,赏其文辞,乃其余事尔。

本诗很长,共十六行,分为四节,每节四句。

第一节,述阮籍对时光流逝的感觉。前二句指时光忽忽,有年龄渐老之慨;接着说,有时候又觉得这日子过得太慢了,漫长又无聊,寂寞似九秋。诗写得真妙,撮口成章,就写出了人人都有过而不易说清的感觉。

第二节,先是继续说"时间",天道之行固然悠悠万世,无穷无尽,但人生只不过是朝阳下的一滴露水,不一会就蒸发了。人之一生可以做些什么呢?即使齐景公那样的公侯吗?我也不希羡。他虽身份高贵,但一生何为,晚年深痛难于长守,在牛山上俯看自己的城池、家国何其美好!更形人寿短促之痛,一时悲从中来,涕泪交流。

第三节云：那么，像孔夫子那样做一个万人敬仰的学者又如何？不，他走到大汶河边，不也说逝水日夜长流，过去的都流走了，未来的，谁知道会怎样？他也很茫然。

　　显然，第二节、第三节把显贵和至圣都作为否定的选择，却都未讲清其所以，但阮籍却以为已讲完了，以至写了又写（见三十三章、三十四章），直至写到下一章（"世务何缤纷"）才算毕尽己意。或曰，古人毛遂自荐，应在主上为难之际，若风云未谐，徒自见丑尔。曰，是也，此处嗣宗徒有自献之志，典午却笑而不语，未置可否。其雅量高致，会心别寄，令人不测。

　　第四节。最后，终于说出了他的心之所愿，请留意诗中委曲的表述方法："上与松子游"一句。松子者，仙人赤松子也。《史记·留侯世家》曰：（良）"以三寸舌为帝者，封万户侯，位列侯。"他似乎在诗中告诉司马昭说：他也想学张良那样，佐君成事，然后再弃绝人间，从赤松子游。"渔父"云者，其鼓枻之歌，亦可使明我心意，沧浪之水清兮，我当濯缨相趋；沧浪其水浊矣，吾不妨坐岸濯足。斯其时也。（顺便送上礼敬马屁一掌，在您的治下，政治清明，怎能不出来相佐。）

　　这首诗确有点难懂。不是难懂在用典上，齐景公登山和孔夫子涉水渡河两事，并非僻典，末一节的遗世之想也极平常。令人纳闷的是阮子诗意何指，明明旨在干谒，偏说不羡君侯，更不愿效孔圣之为。幸而，笔者将本诗与以下三章诗并读，虽然词意依旧是曲里拐弯，吞吞吐吐，但言语之外者，毕竟坦露出了若干心曲，那么我们就来读他的下一首诗吧。

第三十二章（原三十五）
世务何缤纷（乙）

第三十二章

世务何缤纷，① 人道苦不遑。

壮年以时逝，朝露待太阳。

愿揽羲和辔，② 白日不移光。

天阶路殊绝，云汉邈无梁。③

濯发旸谷滨，④ 远游昆岳旁。

登彼列仙岨，采此秋兰芳。⑤

时路乌足争，太极可翱翔？⑥

【今译】

世上的事情何其纷繁复杂,
人生的道途多苦于急急惶惶。
我最有为的壮年已随风而逝,
生命的短忽如朝露之曝于骄阳。
真想去挽住羲和的车驾,
让白日的行色不要太匆忙。

通天的梯阶不知何在?
银汉上也看不见有渡河的津梁!

一旦登天,我先去旸谷濯发,
然后远攀到昆仑山旁。
登上那群仙班列的仙嶂,
采摘满地的秋兰之芳。
尘世的仕路真不值去争抢,
宇宙的中心呵,可任我翱翔?

【笺注】

①《广韵》:务,事务也。黄节引张衡《思玄赋》旧注:缤纷,乱貌。人道,谓人所以应世务之道。遑,暇也。

② 揽,撮持也。黄节引班婕妤《自悼赋》曰:"白日忽已移光兮。"移光,日象(太阳)之行也。

③ 云汉,引《大雅·文王之什·棫朴》又《荡之什·云汉》"倬彼云汉",郑玄笺曰:云汉,天河也。

④《楚辞·运游》朝濯发于汤谷兮。注《淮南》言,日出汤谷入虞渊也。朴曰:汤音旸。旸,明也。日出于谷而天下明,故称旸谷。蒋师爚引《水经》昆仑墟在西北。注:昆仑说:昆仑山三级,下曰樊桐,名贾桐;二曰元圃,一名阆

风；上曰层城，一名天庭，是为太帝之居。

⑤黄节曰：《毛诗·周南·卷耳》曰：陟彼砠矣，《说文》引作"岨"，曰："石戴土也。"又《离骚》曰："纫秋兰以为佩。"

⑥黄节曰：时路，犹世路也。（非也，时路固世路也，然乃时人争趋之官阶进陛之路也。太极，宇宙的本原之处《周易·系辞上》"易有太极，是生两仪"。司马昭位居摄政，朝纲唯依，中枢所在焉。阮籍乃以喻朝廷之中心。）

【前贤评述】

黄节引陈祚明曰：此首甚明，"利剑不在掌"也，志有必争，而委之乌足争。（先生不知太极者何指？妄为置喙！）

又引蒋师爚曰："愿揽羲和辔，白日不移光"欲延魏祚也。"天阶路绝，势所不能，托之游仙而已。"（"揽辔"，哀乎，壮年已逝，徒存延魏之思！）

曾国藩曰：愿揽二句，有鲁阳挥戈驻景之意。"白日不移光"云者，欲使魏祚不移于晋也。"天阶"二句，言乎无斧柯，无路可以回天也。（若回天无方，下文又何必"旸谷濯发，遨游昆仑，采撷秋兰？"夫子读书，好读前半句，便信口胡答群儿之问。）

黄侃曰：荣衰无定，人道可悲。思欲上友列仙，翱翔太极，而天阶殊绝，云汉无梁，则神仙终不可冀。途穷之叹，岂虚也哉！（又是一种解法，也不曾读其"濯发"、"采芳"的努力，黄侃先生或有故意为阮投昭之意隐避之意在，他将前面的多篇诗章忽略了。）

惭愧！笔者径自按阮籍处事（处变）之思路，一路浏览以下，略无阻碍，便以为世上只有此一种解。回头又看到古贤极其努力于摘下一言半句，作欣喜状："此乃，彼乃"屡见阮籍为魏祚不久，作椎心之疼状，乃知世上还有另外种种读法，而且和者甚众。真瞠然不知何以对焉。

【译余骈言】

此诗乃按原初标序，在四章诗中列之为"乙"。细味诗意，阮氏为诗之时，更可能下一章（"混元生两仪"）先作。但后两诗（"丙"和"丁"）或根本未曾寄出，读者不妨将这一组诗混读可也。但无论如何，本诗是四首诗中最重要的一首，有此一首，尽见阮子肺腑所倾也。

在这一首诗里，阮籍终于吐出了他想说给司马昭的心里话。不过，虽然是心里话，由于传递途径复杂，皂隶闲杂人等或可间而得窥，或更有文艺青年，爱好阮诗，多有先睹为快，以传抄洛阳。因此为诗之时，依旧得从"破题"着手，按照流行八股惯例，仍从时间过得飞快说起，我们且从头开始吧！

这首诗的分节比较少见，诗分三节，前后都是六句一节，唯中间是二句一节，专作上下文过渡用。

第一节，阮籍感慨地说，尘世的杂事为什么如此纷乱？做人之难，苦不堪言，眼看我由少及壮，好时光都没了。就像日出以后，露水很快干了。我真想把羲和的马车拉住，让太阳别走得那么快。（其实在诗里，阮籍更想向司马昭表达的话是，"上天啊，多留些岁月给我吧，我还可以在以后的日子里为大将军多做些事情。"但当时玄风盛行，咏叹的"八股滥调"有它的程式和仪规。"滥调"的最大弊病，就是只有陈套，言不及义；但也有好处，你尽管落笔放言，别人总以为是套话而已，也不在乎你在说些什么？今天的八股文又何莫不是！）

第二节，仅两句诗，或曰，兹乃前后二节的过渡句："天阶路殊绝，云汉渺无梁"。文曰：我太想去您所在的天宇了，但找不到通天的道路，也看不见银河上哪里有天桥？确实，这两句是全诗中的中心句，嗣宗于兹发声高呼："司马大将军，我急欲登天趋君，但银汉无梁，天阶路绝，我将如何追从啊？"其意乃亟盼大将军急速将之提掖上天，使阮得施"第三节"中诸行焉。

第三节，六句诗，曰："我一旦登上九霄，便赶快去整洁仪表"（濯发汤谷），赶赴天廷（远游昆岳），班列其位（登列仙俎），努力提高自己的学问修养（采芳秋兰）。

尘世的仕路怎值得我去争抢，我自有昊天广宇可自由翱翔，更何况我将处

在宇宙的中心。（时路乌足争！太极可翱翔。）

想来青鸟使者当日来时，曾有容后面晤之语，但其时司马昭或急于军务，故一直以来，阮籍诗中屡有暇举升仙之言，盼有日得见上界仙尊（司马昭）之望。并且充满了不切实际的幻想，以为司马昭赏其才华，有可能留为近身用事，那就真个名列仙班了。所以他热切地在第三节里用屈原楚辞中的笔法，许说，如得进入天界，当濯发旸谷，采撷秋兰，也就是将不断提高自己的品行，强化自己的才学，努力做个于司马有用的才佐，为司马，对阮籍来说，也就是为曹魏一朝尽一些心力，做出若干勋绩！

一旦如此，那正是"时路乌足争？太极可翱翔"了！

真是惭愧！笔者目睹阮籍，因不晓世事，无故陷入灾祸，也不免为他朝夜担忧，见其为司马所重，愿助他脱困解忧，也颇为庆幸。但没有想到，阮公竟如此幼稚，身处眉睫之祸，犹为得近天潢而逸兴遄飞，神思飘摇。与世上所有近天颜慕虚荣的宠臣、佞臣毫无二致，真是令人噤口无言！人哪！人哪！不丧于凶残，必流于卑贱！天哪！天哪！竟如此不为古来文人留一点颜面，必欲尽污之而快耶！宜中原大地上乌云沉霾，久而弥重，噫戏！人之为人，学之为仕，竟类于斯。

第三十三章（原四十）
混元生两仪（丙）

第三十三章

混元生两仪，四象运衡玑。①

暾日布炎精，② 素月垂景辉。

飘若风尘逝，④ 忽若庆云晞。

暑度有昭回，③ 哀哉人命微。

修龄适余愿，⑤ 光宠非己威。

安期步天路，⑥ 松子与世违。

焉得凌霄翼，飘飘登云巍。

嗟哉尼父志，⑦ 何为居九夷。

【今译】

混沌元气，化生阴阳，
四象运替，旋动"衡、玑"。
暾暾白日，播散光热，
皓皓素月，垂影清辉。

宇宙的运行，规制皇皇，
小人之命也，其哀也微。
渺渺如飘在风中的一颗微尘，
忽忽若祥云边的一滴水汽。

长命百岁，虽是我梦想的愿望，
恩宠荣威，从不曾让我心仪。
安期生选择了登天之路，
赤松子也决定与世远违。

告诉我，哪里能得到凌霄健翮，
好让我飞上那云天巍巍。
看哪！孔夫子一生志在仁义，
到头来怅然有失宁赴九夷。

【笺注】

① 老子《道德·象元·第二十五》，有物混成，先天地生。《公羊·隐元年》何休注：元者气也。无形以起，有形以分，造起天地，天地之始也。黄节曰：班固《幽通赋》曰：浑元运物。曹大家注曰：浑，大也。元气运转也。浑浑古通。黄节曰：《周易·系辞上》曰：易有太极，是生两仪。两仪生四象。《正义》曰：不言天地，而言两仪者，指其物体，下与"四象"相对，故曰两仪。两仪生四象者，谓金、木、水、火。宋儒谓二仪当指阴阳，四象谓大阴、大阳、少阴、少阳也，应以宋儒为是。禀天地而有，故曰两仪生四象。（但宋儒之论，晋初焉备？）按《易·系辞》疏：两仪（天地）者，两体容仪也。黄节引《尚书·舜典》

曰：在璇玑、玉衡以齐七政。传曰：璇，美玉。玑、衡，王者正天文之器，可运转者。（这些是古人对天象的直观理解，当然并不正确，请参读下文。）

黄节先生引《易·系辞》，引《尚书·舜典》释阮诗首二句。由此可以见上古学者知识之传承。但是古语过简、过玄，笔者努力以今疏补明，虽膺蛇足之讥，不惮焉。

阮诗"混元生两仪，四象运衡玑"，乃《周易·系辞》（上）的改写。原文曰："易有太极，是生两仪，两仪生四象"，太极两字是"原始"之意、"最初"之意的玄学说法。具象的表述即称"混元"。元，原初，原始状态，混，浑然一体，全体无别也。两仪，仪乃仪表，仪容之仪，皆指外形上的特征。

"混元生两仪"。《公羊·隐元年》何休注："元者，气也，无形以起，有形以分，造起天地，天地之始也。"此说逻辑可通，起自无形，有形以分。初形混元一团，混元以外，是空、无、天。天空一无所有，没什么好变化的。（其实虚空中也有近物之处和远物之处，也受物的影响。如热、力，也有明暗冷暖之异，古人勿计焉。）从原始的混沌一团，等无差别，渐渐演化成两种有异，有别，相反征状之物，即阴和阳、明和暗、寒暖、软硬之属。

"两仪生四象"。两仪既从混沌趋于分异，再依势趋变，"阴"中乃见太阴、少阴之辨，"阳"中亦见"太阳"、"少阳"之异，"四象"之称见焉。故曰"两仪生四象"。或曰，象者，万物之形也，"四象"者，四时之万象也。四时万象之四象，与人们的生存关系更密切，古人以后也便常常混用它。

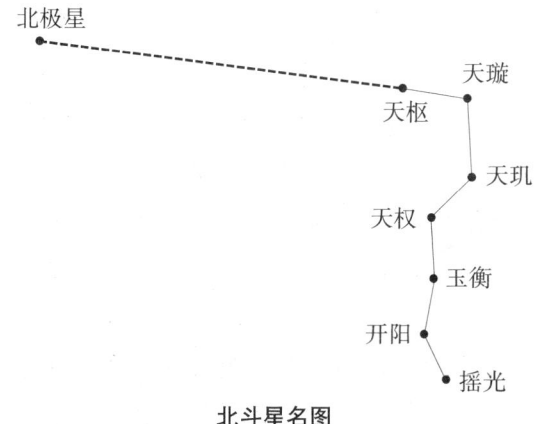

北斗星名图

"四象运衡玑"。"天玑"和"玉衡"是北斗星座七星中从斗口数起,第三和第五颗的两星斗之名。这里是北斗星座的代称,也是天上群星的代称。地球绕日公转时,地球在不同时间,不同的空间位置,由于日照的角度和时间变化,地球各处遂有春、夏、秋、冬四季的变异,由于四季物象殊别,"四季"亦称"四象"。古人因为感觉不到地球的运行,只以为天上星象在旋动。乃倒果为因曰:"四象运衡玑"也。

② 黄节引《毛诗·王风·大车》曰:有如暾日。暾当作皦,明也,白也。《书·洪范》:火曰炎上。《淮南子·天文训》:火气之精者为日。《诗·小雅·车牵》笺:景,明也。黄节引《说文》:景,光也。

③ 黄节引《礼记·王制》,郑注"亦取晷同也。"晷,音轨,日影。《洛书甄曜度》曰:周天三百六十五度四分度之一。一度为千九百三十二里。又引《毛诗·大雅·荡之什·云汉》昭回于天。郑笺曰:昭,光也。《毛传》曰:回,转也。("晷度有昭回,""晷度"直译就是"日影仪上的标度",是一种以日影移动来指示时间的仪器。"昭回",《诗经·大雅·云汉》:"倬彼云汉,昭回于天。"歌颂银河中星辰灿烂并长年在观测仪的标度上稳定地往复回转,乃天道永恒的展示。笔者的译文,虽非直译,基本据义敷文。)

④ 飘,《韵会》吹也。黄节曰:《史记·天官书》曰:若烟非烟,若云非云,郁郁芬芬,萧索轮囷,是谓卿云。庆云古作卿云。《诗·小雅·湛露》匪阳不晞。《毛传》晞,干也。

⑤ 修龄,黄节引《诗》毛传曰:"修,长也。"又引《礼记·文王世子》:古者谓年龄,齿亦龄也。古人据食草动物的槽牙磨损程度,测其畜龄,故称生命长度曰齿,于是亦移用于人。又引王引元《经传释词》曰:适就是也。

⑥ 黄节引《列仙传》曰,安期先生,阜乡人,时人皆言千岁翁。

⑦ 《礼记·檀弓》鲁哀公谏孔丘曰:天不遗耆老,莫相予焉。呜呼!哀哉!尼父!《论语·子罕第九》:子欲居九夷。马融曰,九夷,东方之夷有九种也。《汉书·地理志》:然东夷天性柔顺,异于三方之外,故孔子悼道不行,设浮于海,欲居九夷,有以也。师古曰:《论语》称孔子曰:道不行,乘桴浮于海,从我者其由欤!言欲乘桴筏而适东夷,以其国有仁贤之化,可以行道也。

【前贤评述】

黄节引陈沆曰:"光宠非己威"谓赵孟能贱之也。方欲延龄世外,遗身霄路,即尼父居夷非所慕,矧外希世宠乎?(先生将句意读反了!)

又引吴汝纶曰:求仙之意,即居夷之意也。末二句词若怪之,实所以伤之。(有点意思。)

黄侃曰:天道有常,人命危浅,富贵非己之所愿,唯有长生可用慰,安期、松子,惜乎从之未由耳。尼父居夷,何足慕哉!(明明不知阮诗所云,偏要讲点什么。)

【译余骈言】

从诗的内容来看,它确是主动向司马昭表明想为他效力这个主题的继续,而且是紧跟着前面第三十二章的。

(读者一定会觉得我此言有不光明处),因有关这个题材的诗作,阮籍一共写了四首诗,在这里是顺序相连的,但在原稿位置的四章之间,错落甚远。笔者莫非有假强聚而乔嗣宗之原意邪?关于这个问题,笔者是必须回答的,否则,就未免太随心所欲,移原诗以就己意之"文痞"也。

夫笔者重列四诗遵循的原则是,虽将四诗因内容相若,而荟萃一起,但排列次序,仍按作者原置先后为序排列。同时感觉,实际上排序于先的甲乙两首,或许在阮马会晤前已经寄出;而排在后面的丙、丁两首,本就可能并未发出,一直弃置在旁,最后才随意逻并入列,此外,大致也能从诸诗的重要程度,得知丙和丁入列于此的理由,事甚无谓,叙之啰唆,不赘。

现在简单地将本诗的其他状况略赘几句。

本诗实在是一首很乏味的无聊诗。儒道混杂的八股滥调,玄臭味很重。为了投身司马昭殿下,用了十六句中的十二句来衬托最后的四句诗。

首从混沌之初讲起,从混沌到两仪,两仪演四象,然后日月出场。第一节便是这样。这是当时为文的玄学八股程式。毛泽东在名著《反对党八股》一文中批评延安文风曰:"作报告也是先国际,再国内,再边区……"司马昭为了读阮

籍信中之言，不得不先读一大段无聊废话。

宇宙之大颂毕，反衬人命之微、之末，以至消失。这是第二节、阮籍依旧踱步于八股中，可见他向大将军昭欲言正事之前，是何等忐忑、何等忸怩作态！这背人之言，才是见性情，见私愿，见器量，袒裸心、肺、肝、胆之绝世妙文！

第三节及第四节，从人命、人寿讲到自己，自己虽是朝廷小臣，但并不微末、渺小，反而志尚宏大——修龄固佳；却并不要求赐予光荣和恩宠。自己虽是普通之人，颇想傚人中的大者、仙者。我崇拜的是由人而仙的安期生和赤松子两位，一位是活得很长的半仙，一位是汉初的国师赤松子，他功成身退，云游山林。

故事进入结尾，戏剧进入高潮，巫觋祷咏进入了"乱"（乱，顾名思义，大约是巫祝之仪演到最后的"混声大合唱"的"尾声阶段"）。一时钟鼓齐鸣，丝竹并奏，巫傩狂舞，轰然杂作，铿然俱默。

日久见人心，诗末吐真情。阮籍向司马昭说道：我虽然志尚高远，所愿宏大，但实际之利，还请惠及：

诗中语：盼请赠一双凌霄翼，吾可仗以上天宇。心中语：请将我提拔至中枢。

诗中语：奇哉，孔夫子一生志在仁义，为的啥，到头来居然想去往九夷。心中语：君不见，贤似先圣孔夫子，久而未售，也浩叹欲往九夷。"焉得凌霄翼，飘飘登云巍。嗟哉尼父志，何为居九夷。"

如前所述，从诗的内容看，笔者以为本诗当作于"第三十二章""世务何缤纷"之先。繁辞满纸，盘恒周旋，而不知所云，直到末一节，参之它诗，才略见所语。既然原作者存集未弃，自当从赘于后，为之译述如上。

第三十四章（原四十一）
天网弥四野（丁）

第三十四章

天网弥四野，六翮掩不舒。①

随波纷纶客，泛泛若浮凫。②

生命无期度，朝夕有不虞。③

列仙停修龄，养志在冲虚。④

飘摇云日间，邈与世路殊。

荣名非己宝，声色焉足娱。⑤

采药无旋返，神仙志不符。

逼此良可惑，令我久踌躇。⑥

【今译】

弥天的罗网笼盖了四野，
身具健翮的大鸟也只能蜷羽伏处。
唯有那些随波逐流的庸俗小人，
东奔西逐犹如呷呷乱叫的游凫。

生命的脆弱真难猜度，
旦夕之间每有不测之虞。
所以众仙都放弃了研习长生之术，
一个个养志守真、参修天道的淡泊冲虚。

他们徜徉在云天丽日之间，
显然与常人的追求太过悬殊。
荣誉和贤名非为所重，
声色之娱那就更不在乎。

赴往海外采药的仙师没一个归返，
与仙家的传说太不相符。
凡此种种，不能不使人疑惑，
神仙云乎，乃令我一直在犹豫踌躇。

【笺注】

①《老子·任为第七十三》：天网恢恢。《玉篇》弥，遍也。
《尔雅·释器》：羽本谓之翮。注，鸟羽根也。《韩诗外传》卷六：盍胥对曰：夫鸿鹄一举千里，所恃者六翮尔。黄节引《说文》曰：掩，敛也。《博雅》舒，松卷也。（今语谓之展开也。）

②《易·巽卦》释文：纷，众也，一云盛也。《易·系辞上》释文：荀云：纶，迹也。泛，《说文》：浮貌。一曰，任风波自纵也。《尔雅·释鸟》郭注：凫，鸭也。

疏：野曰凫，家曰鸭。黄节曰：《楚辞·卜居》曰：将泛泛若水中之凫乎？与波上下偷以全吾躯乎？泛，汎通。

③《礼记·曲礼》：期，犹要也。《汉书·路温舒传》注：期，必也。《汉书·律历志》：度者，分、寸、丈、尺、引也。《左传·桓十七年》注：虞，（猜）度也。不虞，犹不曾意料也。

④ 黄节引《释名》曰：停，定也，定于所在也。世路，与三十五章时路鸟足争之时路。

另，黄节释"停"为"定"，是为一说，但以笔者之见，籍固有以俗字入诗之好，不若竟释为停止之义，可能更具与全诗相谐之新义，其理由有二：一者，阮氏乃博通道学之学人也，其云众仙如今修道之新尚，已停止了修令追求，而养志于冲灵，冲灵者，唯灵寂、唯冲和，实乃天道本义。此乃以学理之义，美赞仙界之新尚。

二者，下文更有阮籍非仙惊世之议曰："采药无旋返，神仙志不符，"（"志"者，记载也；"符"者，信也。）阮籍早就对神仙传说不信，在此乃坦言其妄，不可再信，故实在从无逃世求仙之惑，更无追求凡人成仙之愿也。

⑤ 黄节引《古诗十九首》：荣名以为宝。又引《楚辞》：羌声色兮娱人。此皆反其意。黄节引《史记·封禅书》曰：自威，宣，燕昭使人入海求蓬莱，方丈，瀛洲。此三神山者，其传在渤海中，去人不远，患且至则船风引而去。盖尝有至者，诸仙人及不死之药皆在焉。……及至秦始皇并天下，至海上，使人乃赍童男女入海求之，船交海中，皆以风为解，曰：未能至，望见之焉。五年，始皇南至湘山，（今杭州萧山区有湘湖在，湖岸有山也）遂登会稽，并海上，冀遇海中三神山之奇药，不得，还至沙丘，崩。黄节引《说文》曰：符，信也。《篇海》：符，验也。让也，合也。殆如魏文帝《折杨柳行》所云："王乔假虚辞，赤松垂空言"也。闻人倓曰：《后汉书》：庞公居岘山之南，未尝入城府。后携妻子登鹿门山，因采药不返。

⑥ 黄节引《广韵》曰：逼，迫也。惑，《广韵》：迷也。《增韵》：疑也。《楚辞·九辩》注：踌躇，进退貌。

【前贤评述】

黄节引朱嘉徵曰：乱世贤者或不免焉，前是何平叔一流，后是嵇中散一流。

黄节引陈祚明曰：起句言世途逼窄，无可自展，随俗俯仰，可以苟容，然生命难期，颇欲遐举。末言荣名、声色既不足耽，而采药、神仙又非实事。（概括得宜。）

黄节引方东树曰："此即屈子《远游》所谓'心烦意乱'也。'荣名'二句承'随波'四句，'采药'二句承'列仙'四句，收语原本《卜居》。"（努力猜度者。）

曾国藩曰：首四句谓晋氏网罗人才，庸庸者皆见录用。"生命无期度"以下，阮公自喻其"游于世网之外"。（虽非阮意，亦稍有意思；网罗之用，各有别解。）

吴汝纶曰：起二句，言天宇碍其六翮，不能奋飞，即所谓"迫中区之隘狭"也。（此解可参。盖起二句若指当时暴政，与情不合，与下文不置一言，也不合。）又曰：荣名四句，言名利既不足言，求仙又不可得也。

黄侃曰：生命难料，朝夕不保，采药不通，求仙无验，则神仙亦终不可信。言念及此，焉得不惶惑，踌躇乎！（串讲得其大旨。）

黄节曰："逼此良可惑，"谓随波相逐则生命无常，志在神仙而采药又不足信，二者相迫于中，踌躇不能自决，以是良可惑耳。（原诗诗意：若谓天道同密似罗网，身强体健的大鸟亦只能顺伏，如老子、孔子等圣人亦而。只有水中游鼋可随波逐流而全躯于时。劳诸贤欲申不能，非读者之失焉。）

【译余骈言】

那么，本诗将讲些什么呢？虽然，在这首诗里作者不曾有向司马昭讲清"要"什么？但有一件大事情，他讲清了，那就是：他并不向道慕仙，追求修龄。

为了认真讲清他的想法，足足用了十六句的长诗。写得非常笨拙，他把自己对修仙之术的研究作了详尽的分析，但是忘掉了他写诗目的旨在干谒，旨在辅翼昭公，因之愈写愈远，不知所云，其中很可能有手民误植之字在焉。如末尾前一句"逼此良可惑"，那"逼"字，或是"遇"字之误。不过从当时神仙说泛滥成灾而言，升仙和干谒之旨，纯属南辕北辙者，却也毫不影响它的思想价值，无论是对于阮籍，或者是阮籍这个时代。

诗分四节。

第一节，他说何以世上之贤人，多在慕仙修炼呢？因为世风日下，贤者不得申其志，庸者却泛泛自得，充斥尘世。（"六翮掩不舒"，"泛泛若浮凫"）。

第二节曰：世风日下，季叶陵迟，生存艰难，生命没有保障，随时会遭不测。（"生命无期度，朝夕有不虞"）笔者于兹，稍稍宕开笔锋，插叙一下古代中国人奇特的长生的观念："修令"之原意只指健康地长寿，但依旧会受意外之害，或卒于疾，或戕于兵而夭亡死去。

有故事称：汉武时，有道术之士以不死药进献，东方朔取而食之，汉武怒，欲杀之，朔曰：臣已食不死药，王杀不死我了，如果能杀死，那就不是什么"不死之药"，汉武乃止。见《唐文艺类聚》。

阮籍的"修龄"说若延继汉意焉。在阮籍诗中，还有一种表述，称"延年"，见"第五十七章"。中国的长生故事从彭觞活八百岁，到樵夫入山，有许许多多。唯西洋人有永生说，但也须死后，经过甄别通过，才得进升天堂。

正因为即使修龄有得，生存安全犹未能保障，故阮籍称：如今众仙已停止"修龄"活动了。他们现在只是研究"养志在冲虚"（"列仙停修龄，养志在冲虚"）冲虚者，道之本原也，真有道者，当非（批判）**道术**之虚妄，探**道学**之真谛。阮籍在此借机述其对理想修道的理解。

第三节诗。顺着上一节诗意，全面描绘了阮籍设想的真修道者的生活；那就是愉悦地活着在美好的大自然中，既不追求感官上的声色之娱，也不在乎人望上的名誉和光荣。（"荣名非己宝，声色焉足娱"）读者注意：阮籍的言外之义，是说真正的仙家（仙者），应当是一个研究并践行"志在冲虚"的"修士"，一位完全的，全身心浸淫"冲虚之学"的学者。

不仅如此，阮籍在这一首诗里，甚至宣布：这样的"仙家"，这样的"修士"，甚至理智地不会去祈求长生、长寿、长命千岁！尽管对此他有些踌躇，有些犹豫。大家知道，阮籍他贪恋生活的甘美滋味，他甚至为此不惜委屈自己，不得不苟且地活着。他清醒而且理智地选择了这样活下去。

也因为他是清醒而且理智地进行的选择，所以他痛苦着，深深地自责着，努力咽下这颗苦果。很苦味的苦果！他明白，这是生存的代价，智识了的代价。

第四节诗。阮籍坦若自承，他所以不得不吞下这颗苦果，是出于无奈，处于巨大的压力：

> 逼此良可惑，令我久踌躇。

不是他不在乎长生、长寿的美好愿景，而是这个世界上从来没有成了仙的不死之事。这个事实是他自己研究的结果，大概他读遍了所有的已知文献，但总是找不到事实的支持：

> 采药无旋返，神仙志不符。

居然没有任何一个特例，可以表明有真仙人的存在。毫无办法，没有就是没有，无有情理可言，故而他说，压力巨大，受逼无奈，只能怀疑仙人的真实性了。

笔者理解先生的惶惑，体会得在事实面前，美好理想崩塌的惊愕。这是华夏古学中唯物主义传统的精华遗存，阮籍苦求不得乃醒尔。这是一位醒得过早的不幸者。事情太严重，笔者无意展开细说。关于诗本身，就算说完了。（本诗注之⑤已引曹植《折杨柳行》之"王乔假虚辞，赤松垂空言"，讥神仙之妄言焉，阮子承其遗也。）

呜呼！此真乃阮籍惊世之言欤！时当药石求仙盛行之时，有兹明白之论，无愧其卓荦独峙也。虽然，其与典午干谒之殷，亦确确然也。平章之际，焉能以得失乘除相衡耶？

全诗戛然而住，仅结束于世无神仙之说，未尽言之也，神仙不羡，所羡者何！似欲言而遽止者。

故曰：丙、丁两章，乃阮终弃者，仍如其意，姑随而已。四章之中，唯"乙"章已毕尽其干谒之请，昭公见也，一笑而已。

卷之三　卷末十四章应为之诗序

本书序号	原稿位置	首句	说　明
第三十一章（甲）	原三十二	朝阳不再盛	此乃四章之首作，作意未明，似已发出。
第三十二章（乙）	原三十五	世务何缤纷	本章似应作于稍后，但其旨意最明，故列为次作。
第三十三章（丙）	原四十	混元生两仪	四章中"甲、乙"既序，乃顺衍排列，勿计先后也。
第三十四章（丁）	原四十一	天网弥四野	从原序揣之，丙、丁两诗，似都是未曾付邮者。
第三十五章	原三十三	一日复一夕一日复一朝	这两首为前四首紧接之作，原诗已提前发出，今为保存前甲、乙、丙、丁之原貌，乃仍列其后。这两首是"卷之三"以来，阮君最强烈的紧急呼救之作。
第三十六章	原三十四		
第三十七章、三十八章、三十九章、四十章皆脱困后酬谢之作，一仍其旧。			
第四十一章、四十二章、四十三章乃阮造新文艺恩谢典午之诗，理应殿后。			
第四十四章阮君脱困后，喜不自胜，放歌浩唱。"卷之三"乃终。			

第三十五章（原三十三）
一日复一夕（前）

第三十五章

一日复一夕，一夕复一朝。

颜色改平常，精神自损消。

胸中怀汤火，①变化故相招。

万事无穷极，知谋苦不饶。②

但恐须臾间，魂气随风飘。

终身履薄冰，③谁知我心焦？

【今译】

一天又一天，
暮暮复朝朝。
我的健康已非往常，
精神、情绪备受煎熬。

只缘我胸中常燃着嫉愤世道不平的烈火，
出了变故，便有人来相邀。

世上的事情，哪能筹划得尽善尽美，
既已与谋，抵不住事主的苦苦哀告。
怕的是变生不测，须臾倾覆，
刹那之间，颈血飞溅，魂魄随风飘。

想我终身都小心翼翼临深履薄，
如今弄得这般狼狈，有谁知我心头的焦燥。

【笺注】

① 汤，《说文》热水也。《毛诗》曰如沸如羹。又曰：如惔如焚。故曰，"胸中怀汤火。"即其六"膏火自煎熬"之意。"变化故相招"即承上"颜色改平常，精神自损消"而言。（陈伯君此解不当。"膏火自煎熬"，在阮诗第六章，很明确是嘲讽积聚钱财，反招祸害，如膏火自焚，以油济火，也就是与以财招祸相似。这里的"胸中怀汤火"，仅仅是说，我胸中每对不义之事常常感慨激烈，怒火似焚之意，不曾有自招其祸之义。再："胸中怀汤火，变化故相招。"是因果句，"故相招"之"故"，其义谓亲友知我脾性似怒火刚烈，见有不平每每仗义执言，故这次他们出了变故，便来相邀助力，若从陈伯君说"变化"指"颜色改平常，精神自损消，"之"颜色"和"精神"，则"相招"二字何解？）

② 笔者注："知谋苦不饶"，饶，多也，丰也。（此解亦非。陈伯君先生把

"知谋",读作"智谋"了。智谋是名词,智慧之谋也。在这里的"知谋"作动词用。知谋之知,非"智"也。应当作"与其事"解,是"知会"之知,"知与其事"之知,古代官职"知县"、"知府"、"知州"之知。明《初刻拍案惊奇》十七回,"西山观设箓度亡魂"中把道观之主亦称之为"知观",今之日本国、韩国犹称主司为"知事"。亦今日常用语"通知"之知也。参见笔者译文。又,饶,在此处为口语宽饶之饶。苦不饶,苦苦抓住他不放也!这"知谋苦不饶"是否又是阮式专用文句呢?他实在不想让人知道他参与其谋这件事情,但本诗是专门哀恳大将军尽速施救而撰,不能不说明陷身之因,否则必以为如群小所猜,阮籍当初自是为分羹而赴焉。)

③ 履薄冰。《诗经·小雅·小宛》:"惴惴小心,如临于谷;战战兢兢,如履薄冰。"

【前贤评述】

黄节引陈沆曰:"此循世自修之辞也。人谓嗣宗放达士耳,然少年颜闵之志,终身薄冰之思,此岂粗豪浅露,轶露形骸者哉!"(诗中阮籍深惧须臾间或将命丧九泉,而陈、黄二君,却赞其修养有日,且修养有成,无粗豪浅露、轶露形骸者。犹隔岸观火,赞其火盛;见人陷水,赏其泳姿者。是阮君为文文义不清,抑众生理解能力有障耶?呜呼!)

黄侃曰:衰老相催,由于忧患之众。而知谋(亦将"知谋"读作"智谋"者)有限,变化难虞,虽须臾之间,犹难自保。履冰之喻,心焦之谈,询非过虑也。(黄侃所会,较陈沆略进一步。然也以为此诗亦阮子坐而论道之言,无稍许恻悯之言焉。)

黄节曰:司马昭曰:"阮嗣宗至慎,每与言,终日言皆玄玄,口不臧否人物。"诗曰"终身履薄冰",所以昭其慎欤?(黄节先生也是坐赞阮籍在临危之时,犹自昭其慎焉者的彬彬君子。尝记儿时读"狼来了"故事,有牧童屡言"狼来了",待乡人赶来相救,知是上当。后虽遭狼袭,再呼也不来了。阮籍"终日言皆玄玄",不知其所云,待临危呼救,陈沆、黄侃、黄节

犹以为其言之玄玄,尚在论道矣。)

总之,人皆知其为文玄玄,无人知其溺祸之深,濒临没顶,命丧顷刻者。

【译余骈言】

前面迭连四章干谒之诗,所成者仅第二章者,想来阮君当继续为之,但时不我待,形势大变,群小攻讦之势,愈演愈烈,日夜鼓噪不已,似将危在旦夕之间,有命丧须臾之迫,乃作此诗急告司马焉。

第一节说,待援之中,夜夜惧祸。精神已是不支,形容洵非往常。坦言之,诗并不佳,但是急迫自陈苦况,非是一般泛泛之语,读之当知。

第二节仅两句,谓与祸之因。纯是阮籍的主动自招,每见不平,则"壮怀激烈"愤而火冒也,这二句,请参阅本卷"第二十二章""云间有玄鹤",记当日取胜时别是一种自得之状。

第三节谓事主无能又无赖,遂身陷其中。"万事无穷极"的"万事"指阮籍为之设谋之谋划也,凡谋划之事,仅预期可能性(概率)之大者而已,焉有预料百般变化——皆得应验耶?但事主鄙陋,每见或然倾侧之情生焉,便以既已知谋为辞,死赖住阮籍不放。"知谋"句,请参阅"笺注"之②。故阮云:参与襄助本无所谓,知谋亦稍尽微力,但是,事情弄得不好,是要丢命的哪!如今,不是催命的呼声越来越紧了吗?

最后一节,仅两句。阮哀叹说,我一辈子小心翼翼,谨慎处世,度过多少劫难,谁知竟一时疏忽,栽在这件小事上,真叫你恼火也不!声口神气似现,活活画出阮君忽而自矜胸怀汤火,豪气干云;忽而埋怨事主,陷我于尴尬。一贯"众人皆非我独是,出了事情我最倒霉"的小器模样。妙在出于阮君自己之口,忧心似焚,急不择言,面目曝众而犹不自知也。

本诗十分重要,在"卷之三"中仅次于"第二十一章",该诗虽已回叙这场

纷争的祸起之事因，及应对之策。但此系街坊邻里家族争财产之事，何以累及本属外人之阮嗣宗深陷其中？除"第二十二章"约略其事外，唯于兹章中，乃见阮君明白直言，深悔自己心肠沸热，正义满腔，乃自招此祸。本诗与"第二十一章"两诗并参，则构成本卷全部故事——"阮籍的私人事件"——之惹祸要件尽见焉。读者仔细捉摸，如能不为前贤诸评误陷魏末"三马同槽"演义，则自能明察。且可乐赏末世凌替之时，乡里市坊之间一出小演义也。

此诗写罢，嗣宗犹怵怵然生恐尚未尽意，担心司马昭还会拖延下去，那是太可怕了。于是复成次章："第三十六章"者。

第三十六章（原三十四）
一日复一朝（后）

第三十六章

一日复一朝，一昏复一晨。

容色改平常，精神自飘沦。

临觞多哀楚，①思我故时人。

对酒不能言，凄怆怀酸辛。

愿耕东皋阳，谁与守其真。

愁苦在一时，高行伤微身。②

曲直何所为，龙蛇为我邻。③

【今译】

一天又一天，
暮暮复朝朝。
神色非同往常，
精神恍惚，深深陷于苦恼。

举杯欲自斟，对酒伤哀楚，
往事常萦念，最忆旧知交。
对酒有言不能说，
一腔凄怆如酸醪。

若有贤者相勉守吾道，
宁将余生躬耕付东皋。
愁苦一时岂在乎，
只怕高行伤身累衰耄。

是非曲直焉用辩？
且效龙蛇屈伸图自保。

【笺注】

① 觞，酒杯。楚，荆也，扑挞犯礼者，引申为痛。

② 黄节曰：《晋书》本传：奏记太尉蒋济曰，方将耕于东皋之阳，输泰稷之余税，（以避当涂者之路）。潘岳《秋兴赋》李善注曰：水田曰皋。东，取其"春"意。《庄子·渔父篇》客（指渔父）凄然变容曰：谨修而身，慎守其真，还以物与人，则无所累。

③ 黄节曰：《周易·系辞下》曰：尺蠖之屈，以求信（伸）也；龙蛇之蛰，以存身也。曲直，是非之别，拟之于形，犹屈伸也。又引曾国藩曰：《杨雄传》云："君子得时则大行，不得时则龙蛇。"龙蛇者，一曲一直，一伸一屈。

【前贤评述】

　　黄节引陈祚明曰："高行伤微身"可知亦以贫贱为伤矣。然有所不顾者，高行不可失也。（眼睛看着阮之所行，口述则反向其行，此乃一贯敬阮者，总不敢设想阮亦有弃仁求生之时。）

　　黄节引蒋师爚曰：此言酸辛之怀，有蛰以存身而已。亦不能俯仰从人之意。蒋师爚又曰："曲直何所为"二句，其《五十三诗》所谓："丹心失恩泽、重德丧所宜，善言焉可长，慈惠未易施"也。（蒋氏首二语似有所得，毕竟不识阮氏诗意。）

　　黄节又引曾国藩曰：如"危行"，伸也，"言逊"，即屈也。此诗畏高行之见伤，必"言逊"以自屈，龙蛇之道也。（溺之顷，又来一位泳姿评论家。）

　　黄侃曰："故人皆已徂谢，此身愧然独存，忧生之余，但思隐退。终日愁苦，不救于死亡；高行自修，徒苦其形体；是非得失，何事纷纭？龙蛇屈伸，所以存身而无害也。"（黄侃不知此卷云何，更不知诗旨意，但见字面，且不知作诗年月，误以为诗在嵇康卒后所为。）

【译余骈言】

　　这一首诗，与上一章同时先后所作。二诗实为一体。为了明彰二诗共咏一事，阮籍特地在形式上作了安排，使第一节四句的文字，几乎与上一章全同。

　　由此可见，阮籍诗中所咏的精神压力之大，度日似年之煎熬，已臻其极。为文之措辞亦用其极。不知为什么那么多人研读阮籍《咏怀》，对诗中最痛苦的呻吟呼唤，竟然无人驻步稍顾，只当是他常日闲咏看待。解人难得，知音无觅，何至于斯！若当年司马昭，亦如是读，岂不误了卿卿性命？然何以司马昭能知之，而二千年来，却从无学人能知之者！

　　第二节四句，非常简明，这里的"故人"，就是受信人司马昭也。有无穷悲痛、凄怆之意在焉。司马昭被打动了，那些文学人士，却无一知觉者焉。

　　第三节四句，是本诗要言所在。阮籍为请司马在急难之时援手，已作好

了放弃官职、离开京师、下乡隐居、躬耕自给的准备,并觉年岁已老(四十六岁)!不愿苦守高行,累晚年受俭寒之苦,亟呼"请不要多为我令名斟酌。迅速救余于水火急危。"

第四节仅两句,续申斯意。事急矣,毋为前事之曲直、公正所累,吾自能效龙蛇屈身。打出了他愿意接受弥平这次灾祸的最后条件。以求迅速平却众怒。(呜呼,惜生以求免,人情之不免者,昔韩信宁受袴下之辱,马迁甘污刑馀之羞。现代史上更比比皆是,此皆非士之不洁,乃暴政戕民之罪也。)

这一章诗,可以说是自"第二十一章"以来的一场事变的总结,以阮籍彻底放弃道义,自辱其身为代价作结。天哪!竹林七贤的首席代表,竟然以自污自辱之为,求得息事宁人。其对手们终于胜利了。在这样黑暗的时代,中原大地上自建立大一统的政治结构至此近五百年间,仅有的一点个人尊严的火苗,终于也熄灭了。从此,"白茫茫大地真干净"了!真是无话可说也。

第三十七章（原三十）
驱车出门去

第三十七章

驱车出门去，意欲远征行。①
征行安所如，背弃夸与名。
夸名不在已，但愿适中情。②③
逸邪使交疏，浮云令昼冥。④
嬿婉同衣裳，一顾倾人城。
从容在一时，⑤繁华不再荣。
晨朝奄复暮，不见所欢形。
黄鸟东南飞，寄言谢友生。⑥

【今译】

驾起车儿出门去，
一腔愁绪欲远行。
若问此去往何方？
抛却所有虚誉和浮名。
虚誉浮名岂在已，
但愿所之惬衷情。

帷幕垂垂荫白日，
高榭重重隔音尘。
奸邪离间知交疏，
浮云蔽日白昼暝。

云雨缱绻共衣裳，
美人似花足倾城。
岂知欢娱仅一霎，
春华谢落不再荣。
清朝才过天忽暮，
从此不见所欢形。

黄鸟，黄鸟，东南飞，
深情寄语赠故人。

【笺注】

① 征，行也。如，往也，至也。
② 已，原作己，误，应为已，语气词，往逝焉。《论语·学而》，"赐也，始可与言《诗》已矣。"
③ 夸与名，司马彪《庄子注》：夸，虚名也。郑玄《礼记注》：名，令闻也。

黄节又引贾谊《服鸟赋》："贪夫徇财兮烈士徇名，夸者死权兮品庶每生。"黄节曰："夸名不在已"亦犹老子所云：名与身孰亲也。"中，心也，内也。"

④ 帷，幕也，帐也。皎，白也，明也。榭，黄节引《小雅·释宫》曰：阁谓之台，有水者谓之榭。谗，《庄子·渔父》：好言人之恶谓之谗。邪，不正也。

⑤ 从容。安逸怡和貌。《尚书》"从容以和"；《庄子·秋水》"鲦鱼出游从容。"

⑥ 黄节曰：黄鸟盖用《尔雅·黄鸟》，"此邦之人，不我肯谷；言旋言归，复我邦族"诗义。黄节引晋灼《汉书注》曰："以辞相告曰谢。"又引《小雅·鹿鸣之什·常棣》："虽有兄弟，不如友生。"

蔡按：黄节引《尔雅》非当。"黄鸟"应是曹植《野田黄雀行》所咏："高树多悲风，海水扬其波。利剑不在掌，结友何须多？不见篱间雀，见鹞自投罗？罗家得雀喜，少年见雀悲。拔剑削罗网，黄雀得飞飞。飞飞摩苍天，来下谢少年。"所谢者同样是救命之恩，用此典乃切。

【前贤评述】

黄节引朱嘉徵曰："驱车出门去"，伤谗邪蔽明，思遐举也。士以夸名进，利尽而交疏，君子耻之。又曰："魏明帝尝诏卢毓曰：选举以名求，如画地作饼，不可啖也。"（诗中无遐举之思，但非此又焉谓远征，故朱嘉徵不得其解。其实"遐举"、"远征"，尽为避人耳目之语，阮公自"第二十五章"起，便将昭公所居美言玉山，非仅尊崇之意，亦乃避世人视听焉，本诗亦承前意，故有"远征"之说也。更可参见"第三十八章""万里畿"之说。）

陈祚明曰：观此又深不遇之感，岂不相乖乎？盖魏举则期，而晋登斯去也。（陈读诗之后半，遂生斯问，若"魏举则期，晋登而去。"则当初何必不应爽辟？）

蒋师爚曰："易代之际，亦夸名两种人，夸者无论矣。"嗣宗视名亦复与夸无异。嗣宗自适其适，不必适人之适者。起六句，大旨已尽。'单帷四句，谓谗邪謷以好名；'嬿婉四句，谓已有君臣之分，从容就义，只是义不再荣，非以为名也；晨朝四句，世变已极，与友共伤之而已。所欢，喻

高贵乡公。当日在朝礼法之士已疾嗣宗为仇,无可与言,是所欲寄言于陈留故人者也,陈留在邺东南。(蒋氏此解,亦思之良深。在不知背景,不懂前后文之演变关联情况下,唯有瞎子摸象焉。)

黄节又引蒋师爚曰:"帷单,则无甚厚也;榭高,则无甚壅也;犹复蔽、隔,孰使之耶?"(文人艺文,其间自有至趣在焉,谅无人能答,就让他自得其乐吧!)

黄侃曰:夸、名皆在身外,所以弃之若遗。世事变化,难以豫观。皎日之明,而举帷足以蔽之。交亲而离于谗贼,昼明而晓于浮云;然则燕婉之情,岂足终恃!繁荣之卉,卒于凋枯,旦暮之间,所欢遽失。兴言及此故不从黄鸟以高翔得乎?(黄侃先生不明第二十一章惹祸所自,第二十三章典午信使允救诸情;尤不知,黄雀友生之典的出处。大多见隐言而自凑者。)

【译余骈言】

本诗"第三十七章",记的是司马昭在私邸会晤阮籍的情状。这是阮籍当前最最盼望的一件大事,他未来的前途和去向,全寄于这次晤面。这次晤面是司马昭读了阮籍的"第三十五章"、"第三十六章"两首紧急求援诗后特意安排的。即此可见,人们在陈留老家所见之阮诗的排序,它是阮公亲手存放先后之序,而不一定是阮公写作前后之序。可以设想:阮籍写罢三十五、三十六那两章后,诗虽发出,但他的心一直悬着、念着,一直等到有了确切的见面之回音,并且见过了面,即以见面回家后的兴奋余绪写了这首新诗。"第三十七章"定稿归存时,才连所有之前已写而暂存着的诗第三十章、第三十一章、第三十二章及第三十五章、第三十六章、第三十七章,一并归入永存处。才会出现后写之诗其编序反在前面位置的状况。好在前后错置的情况,大致也就到此为止了。

可以想见,典午约晤阮籍之日,距阮上两章紧急求救诗的发出,也已有日也,大将军自是非常之人,在通知阮籍晤面之前,他一定已让人弥平了阮籍惹出的灾祸。

但是阮籍不知,故阮籍这一次去见司马昭,其心情一方面是非常急迫,另

一方面又是最忐忑不安的。他担心这一次出门，可能是一次目前优裕生活的结束，另一种新生活的开始。（"意欲远征行"）他不知道司马昭将怎样发付他，给他的后半生安排一个怎样的下场，尽管他已作了充分的思想准备，（"征行安所如，背弃夸与名"）准备退出官场离开京都，去东皋之地以一介布衣，务农而食；更可能将蒙羞余生，过不堪设想的日子。本诗开首的第一节，共六句，就是专门描述了这种心情。阮籍这位先生，在其最不堪的行为中，犹能维持某种程度正气的表现，令人可以对之表示敬意的也就在这里了。

　　本诗写在与司马昭既见之后。写诗之时，他已脱困出厄。我们这个年纪，见过多少朋友，只要以为无人知道，便竦身一立，抖抖身子，甩甩袖子，光光鲜鲜又出场了，又是装得一表人物，好像从未有什么似的。但幸而阮嗣宗先生不曾这样，在第一节中，他实诚地描述了他当时的忐忑，他曾经有过的卑怯（这不会让他蒙羞）。此诗是他回家甫定，抑不住的满怀欢欣，便兴冲冲以诗回告，记有最真切的现场实录，一字一句弥足珍贵，但正由于在非常兴奋下所作，诗中的叙事方式、叙事内容缺少剪裁和去取的斟酌，未曾意识到这封谢函应持之上下、与取的礼仪程式，乃有第二信之再谢焉。幸而诗末未忘以《野田黄雀行》诗意表达申谢救命之恩。使得我辈能对他犹持敬意，以旧雨之谊，把他的余生所遇再读下去。

　　第二节共四句，记述了二人在私室会晤的环境和初见时的寒暄应对。把两人这些年来的疏离，全都付之于"谗邪"之口（"谗邪使交疏，浮云令昼冥"），也就交代过去了。五百年后，李太白过黄鹤楼写过一首七律，末两句"终为浮云能蔽日，烟波不见使人愁。"他们想到了同样的保持体面的理由。

　　阮公此诗乃写之自留之诗，也是供司马唯一读者所读之诗，但既付皂隶转递，抑或亦偶有流出，为他人见读，不能不顾也。故这次阮马晤见之纪，略之甚多，仅存少许于兹，留纪所及，最有趣的是第三节，也是六句，把这出喜剧推向了高潮。谁也想不到是这样的六句诗，两个中年男子（时阮四十六岁，马四十五岁）在私室里寒暄既罢，谈得最入巷的竟是这样一个题材：关于阮籍所

好的男性恋故事，嗣宗遂将自己第二十七章中与男友的交往经过，从欢场初识，到情热达顶（"嬿婉同衣裳"），到如今的不得不分手（"不见所欢形"），一一与之相语。

人类心理活动的微妙，真是难以言说，其中尤以性心理为最，灵与肉的关系，也就是思想与肉体之间的相互贯串，究竟是怎样一回事，太令人费解了。常常见到，恋爱双方，本来素昧平生，一旦灵肉相谐，便立即变为毕生至契，虽然双方的兴趣、习性、志向、脾气，原本无丝毫理由可以共合，但什么都放下了，宽容了，接受了，成为"一家子"了，成为至亲至好，无可替代的了。真令人百思不得其解。甚至同性间性事的交谈，性意识的交流也可成为交流者之间，迅速撤除心理障碍的关揆，笔者不仅见诸明清淫诲小说，也闻诸官方文件对堕落高干的记述中，太令人惊诧莫名了！

或曰：两人相晤，何以不见语及典午解救之情？曰：以典午之位高干练，其为阮脱困之事，早已嘱从人解之也，相晤之初当已告之。此诗详记晤面之情，其解困之事，仍守秘密，不宜见诸于诗也，盖本诗仍于事后写成由有原定方法转递，岂可容闲人于诗中得见阮马交好并为脱困之秘密耶？

总之，阮马二人之间的这一番畅叙，两人的心理契合已达成无间无隙的互信，而阮籍对司马为他的援手脱困，更是感恩无已，最后他借曹植之诗傚民歌手法结束他这首诗道："黄鸟、黄鸟东南飞，深情寄语致故人。"其余情袅袅不绝，令人动容难已。

"黄鸟东飞"，于此非仅文学手法尔，在作者是明白地假曹植之诗，直言感谢典午援生之德。笔者于此不胜欣喜焉。夫自"卷之三"以来，拙虽从文意揣得本卷乃独立的一卷"外篇"，于魏晋之间政事无关。自第二十章"由起"，以下见第二十三章"信使前来"；第二十四章至第三十六章的"待援"、"紧急呼救"；第三十七章"解厄面晤"，一路迤逦而下，为读者绎述，自问悉遵阮诗原意，未尝一言有故意误人之妄，总因无史籍作证，揣揣乎若履危桥焉，直至黄鸟呼谢，终结前文悬命待援之求，惶恐之意，乃得尽释。欣喜之余，记此一笔云。

一场弥天大祸消之于无形，一场困扰了阮嗣宗近百天的梦魇解除了。阮籍

的"诗"（信）写得很成功，他的隐避之文，果然除二马以外，无人能解，不仅当时的俗众庸小不识，即使皇皇国学专门家，专事阮籍著作研究者，对他这部分二十余章之专著，也竟然无一人能识！密藏至今达一千七百年，容区区以髦年衰躬，敬献于读者的茶酒之余焉。

第三十八章（原七十）
有悲则有情

据笔者考，本诗乃"第三十七章"之重写版，诚惶诚恐故成诗晚焉，揣想写成已失时效，因自赏文辞，作者一直置于手边，最后与拟废之"第八十一章"并置一处，今还原本章写作之实际时间，置文于兹，请留意焉。

第三十八章

有悲则有情，无悲亦无思。①
苟非婴网罟，何必万里畿。②③
翔风拂重霄，庆云招所晞。④⑤
灰心寄枯宅，曷顾人间姿。⑥
始得忘我难，焉知嘿自遗。⑦⑧

【今译】

人因有情累伤悲，
人无悲情自无思。

若非身陷百重罗网里，
何须驰驱万里赴京畿。
天风浩荡吹开了重霄阴霾，
庆云昳丽迎来了晨光熹微。

我早已是心灰若死，魂寄枯宅，
哪在乎受人物议蒙污被耻。
因这一番经历，方体会忘我之难，
缄默不语者，才能施施然于泥中曳尾。

【笺注】

① 两句无理而妙，于阮籍自己，会在乎吗？于典午则关乎何及？

② 黄节引《说文》曰：婴，绕也。又触犯，遭遇。《荀子·疆国》：则兵勤城固，敌国不敢婴也。

《易·系辞》下：作结绳而为网罟，以佃以渔。《玉篇》：罟，渔网也。黄节曰：曹植《蝉赋》曰：冀飘翔而远托兮，毒蜘蛛之网罟。

③《诗·商颂·玄鸟》传：畿，疆也。"邦畿千里，维民所止。"古称天子所领之地。后犹远托之意。（写此诗时，阮与司马本在同城同地，"万里"、"重霄"皆夸言仙凡之遥，非仅以避俗众眼目，亦以显阮君对司马之尊崇，"庆云"句尤高崇典午所居之尊贵。此皆阮氏穷经所得之佳句，虽后世之人再作崇丽语，亦无过之者，其末尾结句亦佳，深契庄学。故此诗阮君深以自赏，不欲随弃而宝之也。其价值与"第八十一章"同，都是诗人难舍之珍。）

④ 重霄，《玉篇》霄，云气也。

⑤ 庆云，黄节云《史记·天官书》曰：若烟非烟，若云非云，郁郁芬芬，

萧索轮囷，是卿云。"庆云"，古作卿云。《诗·小雅·湛露》"匪阳不晞"。晞，干也。

⑥黄节曰：《尚书·康诰》曰：宅心知训。《尔雅》曰：宅，居也。《孟子·离娄上》曰：仁，人之安宅也。

⑦黄节曰：王引之《经传释词》曰："焉"犹"于是"也。《礼记·月令》曰："天子焉始乘舟"，方于子于是始乘舟也。《晋语》曰："焉始为令，言于是始为令也。"《墨子·鲁篇》曰："焉始为舟战之器，言于是始为舟战之器也。"此皆古人以"焉"、"始"连文之证。

⑧黄节按：嗣宗此诗收二句乃焉、始倒文，言于是知嘿以自遗者，始得忘我难也。嘿与默同（按本《玉篇》）。说文曰：遗，亡也。

始得忘我难，两句是此诗中最有意义的。其实下句"嘿自遗"的"嘿"这一字，他早就做到了，司马昭赞他：天下之至慎者，其唯阮嗣宗乎！每与之言，言及玄远，而未尝评论时事，臧否人物，可谓至慎乎！夫"默"可为慎；"自遗"，即"忘我"之同义异文，阮籍如此自傲，能做到吗？难矣！故嗣宗至慎无碍，所差者忘我耳！忘我所难，难以毁誉不计焉。第七十三章将咏"嗟嗟荣辱事，去来味道真，"实有割下不舍的至痛。又，笔者末句假《庄子》语，述泥龟不易之乐。

嘿，同默。

【前贤评述】

蒋师爚曰："以情与悲为缘，钟情之辈可以悟矣。蔼蔼风云之会，岂默于自遗者所顾而自悲乎？灰心所以无情，忘我所以无悲也。"（说些什么？）

黄侃曰："既已忘情世事，粪土形骸，则不屑为人间姿态。叔夜常一月十五日不梳头，意同于此。"（先生曲为善言焉。嵇康亦好服药石者，服后皮肤疼痛，不堪搔弄也。此犹如上世纪六七十年代，国人盛传注射雄鸡血可得强身疗病之功类似。）

黄节曰："翔风犹飘风。王逸《离骚注》曰：飘风，无常之风，以兴邪恶之众也。"又曰：拂，击也，蔽也。重霄，喻，君也。《楚辞·九怀》王逸

注曰：庆云，喻尊显也。以言佞曲之臣升于显朝也。招，申伸动貌。（黄先生全读反了！）

【译余骈言】

　　这一首珍宝级的遗诗，标名为今"第三十八章"（原七十），笔者以为，这首诗，显然是司马于私榭面晤阮籍后，阮籍虽然已经写了"第三十七章"以记之，那首诗尽管写得直率、真实，却并不得体。阮籍后来再读，一定发现了这个问题，为隆重谢恩，故郑重再写。但可惜，大概是误了时效，无法再呈，只好留存了下来，一直舍不得它。成诗以后，阮公将这一首和另一首（"第八十一章"的初作，那也是一首值得珍贵的超越时代的好诗）一齐并置于诗集的近尾之处。两首诗原初分别标名为"其七十"和"其七十一"，真是一双珍品，这一首以文辞胜，后者以思想价值胜，都令人抚念不已。

　　现在笔者按阮籍创作时的原初之思，将这首诗提出，复置于原"第三十七章"之后，请读者赏鉴且批评，是否得当？

　　本诗共三节。阮籍为诗，好以先声夺人，多觅古奥珍典置于首联。此系谢恩诗，先有第一节写事由，衍"思言志"之说，思自情生，情从悲起。用工整的骈体，写二句"开场诗"，以引领后文。

　　以下两节，一节颂典午，一节写自己。

　　写典午的四句诗，先二句直言自己前来晋谒的缘由，因为身陷重罗，所以不远万里前来，领解脱之恩。其实阮马二人同住京师，阮自己本是大将军府的属员，不过上下自别，为了表示对司马昭的崇敬，故意突出身份上的差别，化作空间上的距离，称之为万里之遥，也隐喻相见之难的意思。其直接之用则是隐避之计以愚旁读之闲人也。

　　第二节的后二句，是全诗中心的所在，以极华美的象征手法，描绘来途的云天壮丽，意示司马昭大将军府邸即大将军身份的高崇名贵。（"翔风拂重霄，卿云招所晞"。）

　　第二节既颂典午，第三节便写自己，写自己时，便将自己尽量形诸卑微委

靡,心枯若灰、形委若土、非人形者,幸赖君得重起九死之身。末二句自陈招祸之因,虽外若至慎,而中犹恢雄不止,故以愧疚之语,承认自己有太多的虚荣,兹番构祸,实乃张扬之失。教训既得,今后当默焉自守,苟安寄世。("始得忘我难,焉知嘿自遗"。)

这首诗,从头至尾,多以联语成句,给人以极诚谨,又极凝重的印象;而诗中内容的安排,层次井然,面面俱到,疏而不漏,简而至要。全诗十句,句句精心造作,真是美诗也。

第三十九章（原三十六）
谁言万事艰

第三十九章

谁言万事艰，逍遥可终生。

临堂翳华树，悠悠念无形。

彷徨思亲友，倏忽复至冥。①

寄言东飞鸟，② 可用慰我情。

【今译】

谁说人生在世，万事都十分艰难？
不道逍逍遥遥也可终吾一生。
我憩息在堂前大树的绿荫下，
悠悠地涵味着大象其伟，竟然又无形可寻。

我此时的心绪仍在不断鼓荡，思念着珍贵的朋友。
不知何时，夜色已沉入深冥。
东飞的鸟儿呵，请为我传上这一番心意。
有什么言语？可以抚平我感动激荡的心情。

【笺注】

① 黄节引曾国藩曰：无形，言无生之始也。翳华树，日中时也；至冥，则夕矣。《正韵》彷徨，犹徘徊也。倏忽，犬走疾也。《玉篇》：冥，夜也。用，以也。（曾公读诗，于时日之变，察焉精微，却不识诗外之世界至大、宽宏也。用典、识典之难，非在识读其载典之书，难在当先明其本事之义，曾公仅识文字相同者附之，遂谬之乃尔。）

② "东飞鸟"，即"第三十七章""黄鸟东南飞"之黄鸟也，黄鸟用曹植诗，并在第三十七章衍其意作东南飞状，谢恩之意既明，本诗即改称"东飞鸟"，以为隐避。

【前贤评述】

黄节引蒋师爚曰：嗣宗家陈留，在邺都东南，寄言亲友故倩东飞之鸟。（初于翳堂之树荫，当地日中，至冥已两候矣，怀人情景如晤。）

黄侃曰：华树垂荣，终必消灭，自恐此身难于长保，所以寄言北鸟，（应是东飞）思念所亲也。（门外人亦可作深情语，诗艺之功也。忽闻稚啼，母孺尽泪，不知涕泣之为何也。）（侃于阮子此卷故事，一无所知，唯诗中

情意深浓，蔼然有觉。）

　　黄节曰：《庄子·逍遥游篇》曰，今子有大树，患其无用，何不树之于无何有之乡，广莫之野，彷徨乎无为其侧，逍遥乎寝卧其下，不夭斤斧，物无害者；无所可用，安所困苦哉！按嗣宗之诗盖用庄义。（真不知说什么好！这样简单、直接，明白似话的诗句、诗义，都无人能会，黄节引的典与本事无关，不着边际。当引李耳《道德经》"大音希声"的句法，才是"大象无形"之句的由来。）

【译余骈言】

　　"第三十九章"，阮君用最直接的方式昭告读者，困扰他许久以来的"灾祸"已烟消云散，如今他是最最逍遥的人了。只是不知道用什么办法，可以厚报我的恩人。

　　诗写得很短，感情真挚，情溢言外。何止是谢恩而已，诗中对司马昭的颂敬达到无以复加之高隆。

　　第一节四句说：活在世上，尽管人人都有难为之事，天天会有困难之遇，但是我从此不会再有了，我可以逍逍遥遥地终此一生了。写出其久困得脱，无限轻松，无比高兴的心情。

　　三、四句描写他此时的逍遥惬意之状：犹如安息在堂前华美的大树下，浓密的绿荫树影，密密地为我挡风、遮雨，荫蔽火辣辣的日头，我享受着凉风拂体，鸟声盈耳的快乐和幸福。

　　即此小事，也可见司马大将军之缜密老练和专业。援手阮籍之事，他早就胸有成竹，以他在曹魏朝中的身份，是予取予求，唾手可及之小事。但事儿虽小，也要做得光鲜，干净而不见过手痕迹，这才是专业中之能者。一开始他就戴上了白手套（由司马炎与阮接触），既可保护"样本"的品质，又要防止自己受到污染，真是超越时代两千年的精密技术头脑。笔者敢相信，阮籍对典午公如何思考，必一无所知，两千年间，除笔者细察此事以外，虽然，司马炎也知道一点。（但看他后来"经理"晋君一职，那么粗疏荒唐，实在算不上是好

"料"。)司马一家从司马懿开始,经司马师到司马昭,前后三位都是能者,天公于其家厚之甚矣!再到司马炎,宜其不才如焉!

再回到阮籍。我躺在大树下,安逸地享受着祥和与惬意,细细思量,这一切的美好,竟来得如此无声无息,如此不见痕迹,真是大美之物不见华饰,大美之声不觉其有律动音响,大成之事乃不见有力者造焉。真正具有大力量的,何必一定有伟岸之形呢?是故伟大人物成伟大之事,都在不言之中,无为而成之也。

第二节前两句写,我思绪激荡,不断地在默念着这一位伟大的珍贵的朋友,他造就了一切,可一切来得如此自然,如此平易。至善若水,水到渠成。众卉蕃衍,百物滋也。想着,想着,天色很快入夜了,这一晚,诗人睡得香。

最后两句,阮籍用曹植民歌体的寓言诗《野田黄雀行》作结。"东飞的鸟儿啊,能不能将我此时的欣慰感激之情,传送给我亲爱的友人!"

阮籍先生此时正逍逍遥遥躺在大树之下,享受清风徐来,拂体便舒之乐外,他在想,他不能老躺着啊,他得做些什么啊,他最想做的曾经向司马昭隐隐提议过,希望进入他的内阁班子,出点治国平天下的大计,出点远小人,近君子的方案,但是既然司马昭对之不声不应,也就是不理睬他,再加上,最近又切断了原有的特殊通道,明明是示意他切勿靠得过近,这一条看来是无望了。

他也担心,不做任何事情,只是朝食素餐,未免太没意思,近年来随着他的诗作流传,其诗名已越过文名,就此因联络中断而停止了他的诗作,在司马昭眼里的我,不是更没价值了吗?于是他在思索着。

至于这场故事本身则可以说结束了,虽然还有一些尾声。尚在委婉摇曳,读者将会见到。当初,那"第三十章"打算别开生面的新作,很可能成为下一时期的主旋律。而"应变时期"的诗连同它们故事的本身都结束了。

本来是为了应变而求援于最高摄政,求援是要代价的,应变的结果是连同阮籍本人也变掉了,阮公从此便从一个自由智识者变成了摄政私蓄的随僚。以后凡有及昭公之大事,籍不得不慎重考虑焉,籍尽管还是一介儒子,但实质上

已进一步"妾化"了，成了典午私蓄的家臣了。

很可能以后的读者会问？你老兄大言炎炎，叙说阮籍得祸之始，后来又遇众口铄金，最后赖秘密交通司马，得以度过困厄，何史籍之未见耶！问得有理。阮马之交，本非泛泛。建议你不妨读一读这样两则故事：

第一则。《晋书·何曾传》：曾面质于文帝（司马昭）座曰："卿纵情背礼，败俗之人，今忠贤执政，综核名实。若乡之曹，不可长也。"因言于帝（指司马昭）曰："公方以孝治天下，而听阮籍以重哀饮酒食肉于公座，宜摈四裔，无令污染华夏。"帝曰："此子羸病若此，君不能为吾忍耶？"

司马语罢，众皆缄默。后遂无人再苛之者。想阮籍因乡里小儿争产为人仗言，遂遭众攻评，司马昭有意回护，际此之时，还会有人执意追究吗？区区小事也。若问事有多小，能得湮然淡却众人视听之外。且看：

第二则。陈寿撰《三国志·魏书》卷二十一，有阮籍传在，共二十八字。曰："瑀子籍，才藻艳逸，而倜傥放荡，行己寡欲，以庄周为模则。官至步兵校尉。"其余皆无及。

阮籍其人，在史家眼里，本不足道，何况是这样一件小事，太微不足道了。

想阮籍生前，已众皆默焉，不在口舌之间传诵，何来身后之史证！阮诗曰："悠悠念无形。"大象所至，可令当时无言，以后无形，你不能不服。幸阮公当时自记，方留此一段薪火无存、灰飞烟灭的不言不形之佳话，为我中原历史之丰富多彩佐作史证也。

有些读者，每为笔者撰述"卷之三"司马昭暗救阮中郎，无有史证为撼。盖涉诗二十余章，其串连情节，仅由笔者一人搬演其事，虽然生动曲折，煞有其事，但无史证之佐，只能是杜撰故事，想象之作。

非也。我们都不是历史专业者，无史之语，虽太史公之纪，人亦陋之。但这种情况，其实是自陋之鄙。鲁迅之师章太炎先生特地告诫我们：非仅史书所载是"史"，一切先人之作都是"史"。他的原话是"六经皆史"。

是也，凡以往先人之著作（制作），都应当正视为"史"。不仅历史学家的

著述是史，而且一切以往遗存的史迹，（长城、故宫、祭坛、运河、坑灰、残基、日用之车、马、弓、矢、锅、碗、瓢、盆）都是历史史实，历史证据。何况，笔者据以为文的是阮籍先生亲笔自写的自己经历，是最可靠，最真切的当事人自述，焉得称之无史可证。

当然，怎样查证它们的真伪，在怎样的情况下，利用这些历史遗存，那也是鉴别所有涉史工作者功力的试金石。

第四十章（原三十七）
嘉时在今晨

第四十章

嘉时在今晨，零雨洒尘埃。①

临路望所思，日夕复不来。

人情有感慨，荡漾焉能排。②

挥涕怀哀伤，辛酸谁语哉。

【今译】

　　相约的良辰呵早定在今朝。
　　淅淅沥沥的冷雨，洒落在尘埃。
　　临路而望，企足遥盼，所思何在？
　　苍苍日暮，沉沉暝无，佳人仍未来。

　　长街人静，杳杳无踪，徒自伤慨。
　　恩谊深沐，衷情荡漾，焉能遽排。
　　挥愁无绪，挥涕无语，其伤也哀。
　　无穷悲痛，无限心酸，谁与语哉！

【笺注】

① 黄节曰：《诗经·豳风·东山》曰：我来自东，零雨其蒙。
② 黄节曰：荡漾，犹养养也，忧心不知所定也。

【前贤评述】

　　黄节引朱嘉徵曰："嘉时在今辰，"怀人也。或曰：美人遐心，交道中弃焉。（天真乃尔！妙哉。）

　　蒋师爚曰：上首、此首皆无聊之思。"临路"、"所思"，寄言于鸟而情已慰焉；"临路望所思。"则望所必来而不来矣，哀伤复谁语乎。嘉时、零雨，雅宜小集，作怀人发端语始此。（笔者乃昔日老文青流，见美文则击赏不已，蒋君则儒之大者，见阮籍诗中无君国大事，则鄙之曰"无聊之思"。幸蒋君不识阮公对男友之恋，否则一定气煞。）

　　黄节又引曾国藩曰：天之道，阴求阳，阳求阴，气也。人之道，男求女，女求男，情也。古人以不遇为不偶，《诗》《骚》之称美人，皆求君求友也。此诗之"望所思，"亦求友之意，似有所指，言天时既嘉，道路无尘，而美人不来，能无感慨！（良驹赠予皮商，"能无感慨！"）

黄侃曰：人事难量。得嘉期，忽逢零雨，所思终阻，感慨郁兴，辛酸之情，竟将谁诉也。（先生得其景，得其情，而失其人、更不晓其事也。）

【译余骈言】

　　这一首短短的八句诗，标志的是阮马之间在这件公案上，秘密交往的最后一笔，那就是司马昭有鉴于阮籍困危既解，便撤去了司马炎这位联络员的任务，尽管小马和阮籍原订好了今天清晨之约。就此也可见司马昭这位大将军的行事果断，令行禁止的凌厉作风。而我们从前面"前贤评述"中的朱、蒋、曾、二黄诸评可见到：尽管前面十余首诗中充分递送了各种阮籍欲表达的信息，但由于阮籍行文的巧妙，他们谁也没有感触到自二十章以来全是有特定内容，特定任务的通信诗。

　　而这一首诗，是阮籍在约会地点，空淋了一天雨，怅怅回家做的记录，写下的一曲哀歌。诗意哀怨，诗情真挚，从晨至晚，秩秩有序，在时间的流逝中，感情的浓度不断地积淀着，直到最后，挥涕无语，辛酸难言。

　　就诗的艺术性来说，是这一卷中最出色的之一，在全集诗中，也有着它的突显的位置，在阮籍不少的"恋情"诗中，从没有这样感人的出色作品；在本书中其他与感情有关题材的诗作中，如求援、感恩诸作中，也从无如此浓情深挚，一气贯之的出色诗作。真是讽咏再三，颊齿留芳，是一首杰出的小诗。希望笔者的译文，能多少传达一些原诗感情的芳馨馥郁。

第四十一章（原三十八）
炎光延万里

第四十一章

炎光延万里，洪川荡湍濑。①

弯弓挂扶桑，长剑倚天外。②

泰山成砥砺，黄河为裳带。③

视彼庄周子，荣枯何足赖。④

捐身弃中野，乌鸢作患害。⑤

岂若雄杰士，功名从此大。

【今译】

那些年炎炎的赤日曾肆虐万里,
拍天的洪水荡涤过高山湍濑。

如今射日的大弓闲挂在扶桑,
斩蛟的长剑也远倚天外。
泰山——只像是一块磨刀小石,
黄河——看去像一条束甲的腰带。

庄周子也具这等恢宏豁达的情怀,
尘世的枯荣对他何足道哉!
他说过"即使我有一天暴骨荒野,
也不过给乌鸢添一顿盛醢"。

若夫轻荣显,淡生死,漆园亦卓然一健,
又怎及雄杰士泽苍生、功社稷的千秋伟大!

【笺注】

① 闻人倓曰:《楚辞》"炎火千里。"炎火言"日"。黄节引杨雄《剧秦美新》李善注曰:炎光,日景也。

《汉书·沟洫志》注:急流曰湍。《说文》:濑,水流沙上。

② 丁福保引宋玉《大言赋》"弯弓挂扶桑。"黄节又引《大言赋》:"长剑耿介倚天外。"砥,磨石也。

③ 《书·费誓》孔传:"砺,磨石也。"黄节引《史记·高祖功臣年表·序》封爵之誓曰:"使河如带,泰山石砺,国以永宁,爰及苗裔。"

④ 闻人倓引《史记》曰,庄子者,蒙人也。名周,尝为蒙漆园吏。著书十余万言,大率皆寓言也。

⑤ 黄节引《庄子·列御寇篇》曰:庄子将死,弟子欲厚葬之,庄子曰:吾以

天地为棺椁，日月为连璧，星辰为珠玑，万物为赍送。吾葬具岂不备邪？何以加此！弟子曰：吾恐乌鸢之食夫子也。庄子曰：在上为乌鸢食，在下为蝼蚁食，夺彼与此，何其偏也！

【前贤评述】

黄节引蒋师爚曰：此篇"功名"，下篇"忠义"，皆托词耳。又引曾国藩曰：此首屈原"远游"之志，高举出世之想。（遐想无限，不着边际！）

方东树曰："圣人但恶不义之富贵耳，非乐枯槁也。"观阮公"炎光万里篇，"词指"雄杰"分明。自谓非庄周言，道其丰实如此。非若世士，但学古人伪为高言夸语，而考其立身，贪污鄙下，言与行违也。读阮公诗，"可以窥其立身行事本末表里。"又曰：此以高明远大自许，狭小河岳。记本欲建功业，非无意于世者。今之所以望首阳、登太华，愿从仙人、渔父以避世患者，不得已耳，岂庄生枯槁比哉！（得之字面，未识文意。）

黄侃曰：高视长生，功名复大；以视庄子虽明大道而终饲乌鸢，诚为满志矣。设词自宽，以此见忧生之至也。（说得可以！）

黄节曰：此诗犹《大人先生传》所云"木根挺而枝远，叶繁茂而华零，无穷之死，犹一朝之生。身之多少，又何足营，"意也。"雄杰士"亦犹传所云"不与尧舜齐德，不与汤武并功"也。（文字略近，文意何指，犹未见焉。）

【译余骈言】

三十八章和三十九章的相继出现，标志阮籍在生活环境安定之后，虽说他极想恩谢司马昭对他的相援之德，使他此时的日子，既无党争搜捕的惊恐，又无庸小攻讦的凌辱。可以太太平平、轻轻松松地过日子，逍遥下去了。

但是能这样吗？他是个名人啊！是所谓社会贤达者流，社会舆论可以听从司马大将军的意思，不要去追究阮籍在乡里纷争中的作为，不提这个事件；社

会舆论也不会知晓,无法弄清大将军出援嗣宗除了一番好意之外,另有什么别情,更不会想到以阮公之清望,与司马昭之位重,二人之间会有什么交易。

司马昭的确高明,他理解阮籍其人对他政权的价值所在,甚至比阮籍本人更爱惜阮籍的清名。阮籍的怯懦,逼迫到最后,可以放弃他既有的浮誉虚名,但司马不肯,脱掉了阮籍身外这袭受人尊敬的长袍,阮籍还有什么用处?他又何必去惹一身屎臭。因此一开始在接到阮君求援信息后(这并不难,阮籍的从事中郎一职,是大将军府内的一员,阮公是天天去那里应卯的,要递个求见信息,阮公知道大将军府内的制度和规矩。)司马昭就确定此事必须秘密进行。为取得信任,不得已派出了他已自立门户的嫡子司马炎作为联络,其职司所限,只是传递信息而已。

但说到写诗,阮籍他其实一直在盘算着写诗之事,最犯难的是,他还能写什么呢?在最初的四、五年前,也就是曹爽集团刚刚覆灭,他初被司马集团征辟前后,因为整天提心吊胆,惶惶不安,他把这种情绪发之于诗,其文笔之峭冷,其意绪之忧郁,一时为人传诵,搅得洛阳纸贵。日前,为请司马援手,故意写得隐秘晦涩,人多以为若"游仙诗"之类,亦一时难得的文艺小品焉,可与流行的药、酒并置云。

现在,现在我有什么好写呢?真是为难啊!

文人,毕竟是业文为事,他想到了"第三十章"的成功,(指"驾言发魏都",那样的"史鉴"类作品)如今到了理应发挥之时,到了真值有用之时,岂不应在风波过后,就典籍为基础,多颂相关桢干建勋之事,以酬谢典午援手之恩呢!主意既定,遂有了以下三章。

本章诗共四节。一开头,描写的是上古时代传说中的英雄与苦旱与洪水作斗争的口述史,

第二节,上古灾患平复后,英雄赋闲,四句状天神之伟也。其辞壮采雄阔,令人想到后来杜甫登泰山之诗。英雄的胸襟豪迈如此,不由提升了凡人视界,我辈碌碌,虽一死何惜。

第三节,以庄周子达观胸怀作陪衬,他也是从不以个人荣枯为念者。两相

比较，唯功于苍生社稷，允称伟大。

　　伯君先生所辑四则，近代学人也，皆若桃源乡里士绅，不知今古，不晓天下；不读书史，不识山川；庸杰不分，俊丑莫辨；居然执笔，何从评骘！

第四十二章（原三十九）
壮士何慷慨

第四十二章

壮士何慷慨，①
驱车远行役，受命念自忘。③
良弓挟乌号，明甲有精光。④
临难不顾生，身死魂飞扬。
岂为全躯士，效命争战场。
忠为百世荣，⑤义使令名彰。
垂声谢后世，气节故有常。

【今译】

　　壮士的情怀何等地激烈高亢，
　　他们的心志就是想扬威八荒。
　　驾起了战车远往边陲服役，
　　身负王命，早已把自己的生死遗忘。

　　手执的良弓是有名的"乌号"，
　　身披的铁甲乃御赐的"明光"。
　　临危疾进，奋不顾身，
　　一心想身死魂飞功成名扬。
　　谁也不肯做苟全性命全身而退的懦夫，
　　一个个争先效命奋搏沙场。

　　尽忠，以成就百世之光荣，
　　赴义，使英名千里飞扬。
　　声名赫赫垂型范于后世，
　　坚贞烈烈，是千古的榜样。

【笺注】

　　① 黄节引《说文》曰：慷慨，壮士不得志于心也。
　　② 《尔雅·释地》："觚竹、北户、西王母、日下、谓之四荒。"注：觚竹在北，北户在南，西王母在西，日下在东，皆四方昏荒之国。据此，则八荒者，八方荒远之处也。《说苑·辨物》：八荒之内有四海，四海之内有九州。
　　③ 《说文》役，戍，边也。闻人倓曰：念自忘者，忘其自身也。
　　④ 《韩诗外传》曰：此弓者，太山之南，乌号之柘，骓牛之角，荆麋之筋，江鱼之胶，四物者，天下之练材也。据此，则乌号乃柘树名。
　　黄节曰《说文》曰：铠，甲也。曹植《上先帝赐铠表》曰：先帝赐臣铠，黑光、明光各一领，明甲，即明光铠也。

⑤ 蒋师爚引曹植《三良诗》李善注：《孝经》注：死君之难为尽忠。

【前贤评述】

陈德文曰：衰魏之世，安得有此壮士哉，宜无以系嗣宗之思也。

黄节引朱嘉徵曰："当时士多以浮华进者。"（说得透彻。）

又引陈祚明曰：此岂咏公孙、毌丘之流耶？不则忽及此甚无谓。且"忠义"、"气节"定何所指？抑亦公愿纳履赴耶？（有见。）

又引方东树曰：原本《九歌·国殇》辞旨，雄杰壮阔，可合子建《白马篇》同诵，皆有为言之。此等语古人已造极至，不容更拟。杜、韩所以变体，即自直抒胸臆，如前后《出塞》可见。（此乃艺术史观，集中少见之。）

黄侃曰：壮士捐生，所图者后世之名，以视全躯之士诚为卓异矣。而身死魂飞，竟与常人何别？此非赞颂之词也。（先生所见，每有异于众者。）

陈伯君曰：诗中所言之壮士乃"志欲威八荒"而"受命"出征者，与毌丘俭、诸葛诞等人殊不类。计阮氏一生中，魏室除受兵拒敌而外，凡命将出师兴伐者五：一为明帝太和四年七月，诏曹真、司马懿伐蜀；一为景初二年正月，诏司马懿讨辽东，发卒四万人；一为齐王芳正始五年春二月，诏大将军曹爽率众征蜀；一为嘉平四年冬十一月，诏征南大将军王昶、征东将军胡遵、镇南将军毌丘俭等征兵；一为陈留王景元四年夏五月，使征西将军邓艾、雍州刺史诸葛绪，镇西将军钟会等伐蜀。太和四年及景初二年两役，阮氏尚未入仕，而景元四年大举攻蜀，阮氏即卒于是年，先以在野之身，后以垂殁之际，均未必发为此咏。唯正始五年曹爽征蜀，其时阮氏先应蒋济之辟命，后并曾为曹爽之参军。而爽之伐蜀也，其腹心邓飏等实欲令其"立威名于天下"，"大发卒六七万人"（均见爽传）可谓大举。阮氏此诗，其为此役而发，欲以激励将士欤？（先生之努力，甚矣！亦无谓矣，阮籍唱咏只在传说中的武士伟业，以酬马昭，其余非所计也。）

【译余骈言】

以上诸评，颇言之有理。陈伯君先生考察阮籍在世之日与魏曹几次用兵的关系更详，先二次，皆是阮籍入仕前事，其中第三次为曹爽征蜀，大败而回，第四次，司马师因内贼勾结吴国，战事虽胜而目创迸发竟卒。第五次，司马昭发兵征蜀，战事未竟，阮籍已卒。可见阮籍在世之时，不可能有歌颂魏军之必要。其首评陈德文先生之议尤为中的："衰魏之世，安得有此壮士哉。"直言阮籍之诗当属乌有之事，虚构之文。而且进一步指出，从文学性看，语皆浮泛，"无以系嗣宗之思也。"这些评语，都是后之读者，不得不提出疑问的。

那么为什么阮籍要写这样的诗呢？是存着什么目的呢？其实亦在前贤见视之内，朱嘉徵曰："当时士多以浮华进者。"浮华者，言为文者夸言饰辞也。阮籍此时，已为司马昭网罗，多少想为司马政权尽一些心力，以报其垂援之德，以感其今日生活之优遇无愁。但是生活既然优越宽裕，上得主政庇护，下无同僚小人恶意排挤，他就无法再唱环境恶劣，心绪悲抑之诗了，而公然的咏唱升平、盛赞皋陶之治，与当时的时政也太不切合，毕竟难以企口，只好诗出偏锋，选武士为题材，以忠义为名目，作一些唱咏，以酬司马之厚。盖司马时为曹魏全军之主帅，三世以来屡膺大将军高衔。颂军士献身，军功建树，亦可略表微意也。这一番曲曲折折心意，黄节先生是看见了的，他认为在这样的时代，发这样的歌声，"抑亦公愿纳履而赴耶？"是无法逃脱阿谀趋进之私意的。但是黄节等人，不曾细读本书《卷之三》中第二十一章至三十六章之诗意，不曾明白阮籍被祸，私下乞援于司马的秘事，所以不免疑问焉。

本诗十四句，共分三节。

第一节四句，总写壮士之慷慨，用笔泛泛，不敢直写今日用兵旨在三国内争，更有同姓自剹者屡矣。故仍假汉初拓边之义为名。

第二节六句，正写军容，战争和将士临战之思，义若堂堂，文皆泛泛，所以陈德文说这样的诗，宜无以系嗣宗之思也。

第三节四句，归结到忠义、声名、气节。为一篇之结。诗写得如此空洞，可见这样的诗并不好作，它既是一种虚构，又要绕过许多无法言说的障碍。但

阮籍既和司马达成了交易，尸餐无为，日子一久，也有点芒刺在背的尴尬。借大将军世袭军武之职，虚应其文，虽难掩其纳履趋赴之丑，亦可见阮君赧颜为文时尚有知耻之明。呜呼！天良一点，曳曳欲灭，身处其时，不亦悲夫！任何时候，生存的索要，都不菲哉。

第四十三章（原四十二）
王业须良辅

第四十三章

王业须良辅，① 建功俟英雄。②
元凯康哉美，③ 多士颂声隆。
阴阳有舛错，④ 日月不常融。⑤
天时有否泰，⑥ 人事多盈冲。⑦
园绮遁南岳，⑧ 伯阳隐西戎。⑨
保身念道真，⑩ 宠耀焉足崇。
人谁不善始，⑪ 鲜能克厥终。
休哉上世士，⑫ 万载垂清风。

【今译】

皇皇帝业最需要良佐，
克敌建功就依靠英雄。
八元八凯勋业其伟，
人才济济呵，颂声隆隆。

阴阳交变，难免出点差错，
日月烛照，也不能始终明融。
天时难凭，屡有否泰，
人事关杂，祸福错综。

商山四皓，竟然遁迹南岳，
伯阳书成，也远隐西戎。
全身之计，应常念唯天道恒贞，
浮名虚宠，或不该看得太尊荣。

为王前驱，孰无善始，
功成列土，鲜有克其终。
美哉，古代的先贤君子！
竟做到了名垂千古，永享那月白清风。

【笺注】

① 须，待也。又，与需通。《广韵》，辅，相助也，弼也。

② 俟，亦，待也。

英雄，闻人倓引刘劭《人物志》曰：草之精秀者为英，兽之特群者为雄，故人之文武茂异取名于此。

③ 黄节引《左传》（文十八年）曰：昔高阳氏有才子八人，天下之民谓之八凯；高辛氏有才子八人，天下之民谓之八元。又引《尚书（益稷）》曰：庶事

康哉！传：众事乃安。《诗·大雅·文王》："济济多士，文王以宁。"又《周颂·清庙之什·清庙》："济济多士，秉文之德。"又第一节四句，可以参见阮籍：《与晋王荐卢播书》："是以八士归周，周道以隆；虞舜登庸，元凯咸事。"

④舛，《韵会》：错乱也。

⑤融，明明盛者。《诗·大雅·既醉》："昭明有融。"

⑥否，《广韵》：塞也。泰，《易·序卦》："泰者通也。"《易·否卦》："象曰：大往小来，则是天地不交而万物不通也。"又《泰卦》："象曰：泰，小往大来，吉，亨，则是天地交而万物通。"

⑦盈，《博雅》："满也，充也。"冲，《玉篇》，"虚也。"

⑧《史记·留侯世家》：及燕，置酒，太子侍，四人从太子，年皆八十有余，须眉皓白，衣冠甚伟。上怪之，问曰：彼何为者？四人前对，各言名姓：曰东园公，甪里先生，绮里季，夏黄公。

《汉书·张良传》：良曰：此难以口舌争也。顾上有不能致者四人。师古曰：四人谓东园公、绮里季、夏黄公、甪里先生，所谓商山四皓也。

《水经》卷二十：丹水出京兆上洛县西北冢岭山，东南过其县南。注：楚水注之，水源出上洛县西南楚山。昔四皓隐于楚山，即此山也。其水两源，合舍于四皓庙东，又东迳高车岭南，翼带众流，北转入丹水。岭上有四皓庙。

闻人倓引《高士传》曰：四皓见秦政虐，退入兰田山，作歌，乃共入商洛，隐地肺山，以待天下安。及秦败，汉高闻而征之，不至，深自匿终南山，不能屈。

⑨闻人倓引《史记·老子列传》曰：老子者姓李氏，名耳，字伯阳，谥曰聃。居周久之，见周之衰，乃遂去。至关，关令尹喜曰："子将隐矣。强为我著书。于是老子乃著书上、下篇，言道德之意五千余言而去，莫知其所终。"

又引《列仙传》曰：关令尹喜与老子俱之流沙之西。黄节引魏文帝《折杨柳行》曰：老聃适西戎，于今竟不还。

⑩黄节引《庄子》曰：道之真，以持身也。《庄子·渔父》篇：客（指渔父）凄然变容曰：谨修尔身，谨异其真，还以物与人，则无所累。孔子愀然曰：请问何慎真？客曰：真者，精诚之至也。真在内者神动于外，是所以贵也。

⑪ 蒋师爚引《史记·乐毅传》曰："善始者不必善终。"鲜，《说文》少也。黄节引《诗·大雅·荡之什·荡》曰："靡不有初，鲜克有终。"《尔雅·释言》：克，能也。

⑫ 休，《集韵》美善也。黄节引方东树曰：上世士，即指园、绮、伯阳、能克终者耳。（方东树说非，本诗阮所歌者为八元八凯，他们以良辅建功始，以万载垂清风终。是阮籍本诗中所咏之"上世士"。方东树等不识阮籍此诗主要歌颂朝廷命臣，以酬谢司马的援手之恩。）

【前贤评述】

陈德文曰：时有否泰，事多盈乖，故欲思园绮南岳、伯阳西戎，为保哲之计，进说于上世清风之士，意远而词悲矣。（此亦同方东树之误。）

李光地《榕树诗选》选阮籍咏怀诗，"其六"（东门瓜）其（原）三十三、三十四，（求急援）及此首共四首，末注云：斯时人皆有忧生嗟焉。籍以韬晦自免，情见乎词。（难得选四首诗，除了第二首青门瓜外，所会皆非阮籍作意。但所慕之三十三诗"终身履薄冰"、三十四诗"曲直何所为"两句及本诗之"南岳西戎之隐"，确曾是阮公向所用之策。夫陋士在乱世慕保命全身之策无可厚非，天下韬晦保命之语何至千万，何必举此种陋说以荣《咏怀》耶？阮籍的痛苦，生时无人能识，遂以白眼相向，死后犹有不识不羞之徒辱其文污其身，无可如何矣！此评亦陈伯君先生所辑，宜先生不能尽识阮籍，亦不能解阮诗焉！）

黄节引朱嘉徵曰：昔新室改物，薛方曰："尧舜在上，下有巢由。"晋公九锡，嗣宗诗"元凯康哉美"、"伯阳隐西戎"。《春秋》志畏而言谨，可谓兼之矣。（薛方之句得《春秋》兼义之精神，阮公非复如是，阮诗先颂元凯之康美，继以园、绮、伯阳方比，见古贤不与当朝合作之妄，其堂堂正正地歌颂他的主旋律，岂薛方之兼言可比。朱嘉徵过高估价了薛方之语，此非阮公之意，其上句"保身念道真"，确实描画出了寒士们畏怯之状，托言之虚。但读者们也尚记得阮籍自身的多次酸葡萄之叹，犹历历在

目,五十步之差耳!且其下句造语亦似有欠谨之嫌,君侯之宠,人或不重,元凯其荣,顺天应则,乃亿兆斯民所尊,岂宜微言?)

又引陈祚明曰:"使果盛世登庸,岂不宜坚。'鲜终'之诮,必有所指。"(鲜终非诮,是慨叹也,汉初诸臣萧何、韩信、张良,岂非都是莫克其终者,故拙译鲜终句,足其含意曰:"功成列土,鲜有克其终"也。)

蒋师爚曰:此言世风不古,以园、绮、伯阳(仅图)自处而已。结处仍眷怀元凯之美。(蒋氏所读,会得嗣宗诗旨意。)

曾国藩曰:首四句言魏三祀诗多良辅贤士,"阴阳"四句指齐王芳以后之事,"园绮"八句阮公以自喻也。"上世士"即园、绮、伯阳之伦。(曾公末二句读错了。前一节说世无全美,已为本节作了铺垫,故而园绮、伯阳在本诗是惋惜对象,讽彼等不能终随新王建新功矣,是为天道之失。须知本诗是专为歌颂昭公协理朝廷之功者,乃不惜违心随贬四皓,语之即悔,后两句便作宛转语回旋。请读者细详。)

黄侃曰:时运启之自灭,虽有圣哲,逢时则为元凯多士,失时则为园、绮、伯阳。而世之人,矜其智力,以为荣枯自己;岂知善始者之不必善终哉!上士清风,于斯为美矣。(先生所见尚矣,嗣宗无此胸襟所识。)

陈伯君按曰:此诗疑为曹爽秉政,引用当时名士何晏等而作。据《三国志·曹爽传》:南阳何晏、邓飏、李胜、沛国丁谧、东平毕轨咸有声名,进趣于时,明帝以其浮华,皆抑黜之。及爽秉政,乃复进叙,任为腹心。又曰:晏少以才秀知名。裴注引《魏略》曰:邓飏少得士名于京师。毕轨以才能少有名声。又引《魏氏春秋》曰:初夏侯玄、何晏等名盛于时,司马景王亦预焉。晏尝曰:唯深也,故能通天下之志,夏侯太初是也;唯几也,故能成天下之务,司马子元是也;唯神也,不疾而速,不行而至,吾闻其语,未见其人。盖欲以神况诸己也。何晏等被杀后,当时有名士减半之语。可见曹爽实有网罗当世名士,以为羽翼,诗中所谓"元凯"、"多士"也。唯

诸人虽兴高采烈，而阮氏则疑其"善始者不必善终"，而以园、绮、伯阳自许。其初辞蒋济辟命，及为曹爽参军，"因以疾辞，屏于田里"行迹与诗意相合。（伯君先生不为无见，但本诗旨意尽在歌颂司马之伟也。伯君并不知本卷故事，自不知何以阮籍为诗颂朝廷桢干之臣者。或曰：此时昭公或在一旁颔首微笑：幸得前有父兄等先出筹划，占好地位，不然，将何以置老夫哉！）

【译余骈言】

本诗当是继"卷之三"第四十二章"壮士何慷慨"之思路，欲尽其所以，酬答司马昭垂手眷顾之恩，是阮嗣宗为司马政权服务而创作的三首新作之三。明乎此，则诗中句意一一可相凑焉。

第一节四句起手便把司马昭这位当朝首辅定位为良辅、功臣，是当代社会中最倚重的桢干之臣。是唯一正确的行为。

第二节，从理论上讲，即使是宇宙的天道，本也难有完美之运行，故叹喻世上之人也，也未必都按正道而行。

第三节，随以四皓，伯阳为例，他们都不愿为主流政权服务，以一己之私，置身当朝帝业之外，此犹日月未融，时有否泰之舛焉。

（笔者读到"保身念道真，宠耀焉足崇"，似乎觉得阮籍的诗有些走向了，他正在写的是感恩诗，崇勋业之诗，怎能走笔放言说什么"宠耀焉足崇"呢？幸而下两句又拉了回来。）

这一首堂堂正正、正面歌颂司马家族的颂歌，连带批判了园绮、伯阳，这些阮君以往一贯仰慕的大贤行为，真是完全颠覆了阮公曩昔的价值观，真正令笔者感慨无已。阮籍在这一首诗中，宣告自己彻底放弃了自由智识者独立于朝廷之外的旧立场，完全自觉地成为儒家核心思想的卫道者、歌颂者，并对儒学中虽也允许、却不免有些消极的独善其身隐逸贤者也给予了挞伐！其思想转变的彻底，至矣，尽矣！能如此自觉地改造自己以往立场的行为，令笔者嗫口无

言，叹美无已，虽放诸今世，亦少有贤者能达此完美境界矣！

夫古人良智所趋，能明辨是非，通达形势至斯，实非吾等所及者，念及前文中为秘密联络之需，每将元戎比为燮理阴阳的宇宙主者，而今一旦脱困，公开为诗翼助，便放弃了不当之喻，但以元凯之属为比设颂，何其分寸恰当，善颂乃尔！夫八元八凯乃良辅贤佐之优，以此为率，携佐共襄；以此为比，一洗司马昭日前从傅嘏及钟会之策，擅自移师回京之妄，并洗乃兄废逐曹芳，乃父诛杀曹爽之物议，善颂善用莫大于斯焉。司马昭见之，当喜不自胜，击节叹赏："可儿！可儿！""不枉援手之劳也。"

余叹美之暇，微其稍有美中不足者，忘了"过犹不及"之训，盖以后尚有所翻覆焉，文人鄙陋，在所难免。岂宜过苛哉！

第四十四章（原四十三）
鸿鹄相随飞

第四十四章

鸿鹄相随飞，① 飞飞适荒裔。②

双翮凌长风，③ 须臾万里逝。

朝餐琅玕实，④ 夕宿丹山际。⑤

抗身青云中，⑥ 网罗孰能制。

岂与乡曲士，⑦ 携手共言誓。

【今译】

　　天际鸿鹄相随飞，
　　飞飞远往边荒地。
　　振翅展翼凌长风，
　　须臾腾越千万里。

　　清朝享用琅玕粒，
　　入晚栖宿丹山际。
　　耸身青云碧霄中，
　　网罗千重谁能制。

　　君须记，交友莫交乡曲士，
　　歃盟与誓必遭欺。

【笺注】

　　①《玉篇》鸿，雁也。《诗》传云，大曰鸿，小曰雁。《本草》：鹄大于雁，羽毛白泽，其翔极高而善步。一名天鹅。鸿鹄参见第八章注。

　　②荒，大也，空也。又《史记·五帝纪》：乃流四凶族迁于四裔。贾逵注："四裔之地，去王城四千里。"

　　③翮，黄节引蒋师爚曰：翮盖翅之骨。从骨言之曰六翮，从翅言之曰双翮。此说似以意为之，殊无所据，其说亦甚勉强。双翮字疑有误。《世说新语》补：原乘长风破万里浪。长，大也。《说文》逝，往也。（黄节之语过苛，双翮当指双翅。或曰人有双手，又何须责之汝不见双臂耶！）

　　④黄节在下首引《尔雅》曰：西北之美者，有昆仑之琅玕焉。《山海经》：昆仑山有琅玕树。蒋师爚曰：《艺文类聚》引《庄子》曰：南方有鸟，其名为凤。所居积石千里。天为生树名琼枝，以璆、琳、琅玕为实。天又生离朱，一人三头，递卧起，以饲琅玕。今本《庄子》逸。《尚书·禹贡传》：琅玕，石而似珠。黄节引《山海经》曰：丹穴之山有鸟焉，其状如鹄，五采，名凤凰。

⑤ 今甘肃省张掖有大片丹崖地貌，为国内最著者。

⑥ 《广韵》：抗，举也。

⑦ 《礼记·中庸》注：曲，犹小小之事。乡曲，见《庄子·胠箧篇》及《史记·平准书》。乡曲之士，谓所见不出乡曲，其知不广也。誓，《礼记·曲礼》：约信曰誓。疏：用言辞共相约束以为信也。

【前贤评述】

黄节引朱嘉徵曰：招隐也。有《邶风·北风》"携手同车"之义焉。（非也，朱君不熟悉阮籍诗中对鸿鹄大鸟的习惯用法，以为远适四裔，必是远隐之行。在阮籍本诗之意，但得近乎凤凰的大鸟作万里之游，是一种品级上升的豪迈高尚之属，以往所不能也。）

又引陈祚明曰："携手言誓"交托肺腑也。此"乡曲士"殆指典午党。［亦非也。"乡曲士"者，指本卷三十五章强与知谋的同里之人也。《忧思》中有多诗及之，是阮籍除奸邪小人外最痛恨厌恶者，在社会势力对他们压迫时，必定出现过事主（乡曲士）背盟出卖阮籍的行为，盖阮籍是社会名流，让他独任其责，便于自身逃遁也。这些乡曲之辈，当初苦苦央求阮君为之谋画（见第三十五章："知谋苦不饶"），后来在危急之时，却背盟相欺，故阮君最为痛恨。后文第五十八章又及之（"岂与蓬户士，弹琴诵言誓"）可参阅。］

又引蒋师爚曰：此言唯远逝可以避患，（错。）乡曲之士难可与言。（是。）

曾国藩曰：此首亦"远游"遗世之念。（非也，斯乃鸿鹄之展翼高翔，以异凡鸟者。）

黄节引王闿运曰：公之恨乡愿甚矣，岂王祥之流耶？

黄侃曰：杲杲遗世之情，则网罗不复能制。（非是。）乡曲之士，窭若囚构，又安肯与之携手共谈猥贱之事哉。（唯王闿运具诗人之怀，虽疏于考查，亦不识阮所咏者何，但能通达阮诗之情绪气氛，故所言不远也。黄

公善于大处着眼，不屑屑拘于字面所言，亦能略得仿佛。）

　　三卷将终，敢问天下几人识得阮君所苦困，所欲恩谢者，其实不知也罢！

【译余骈言】

　　兹乃"卷之三"殿尾压卷之作也。

　　阮籍为诗，多用象征之物表意，其所用之物都有固定的角色，如凤凰，乃君王公侯之人；鸿鹄、大鹏等高鸟皆非凡之辈；仙鹤，更是高尚及仙之士也。皆阮君昔日对之羡慕而不敢比亚者矣。燕雀、鹌鹑之辈乃胸无大志碌碌无为者，本不在阮君眼中，但迫于世道艰难，不敢犯险上攀，每每放下身段自言与之为伍焉。此外恶葛指专事结党攀附的佞邪小人，朝荣夕萎之木槿花则指趋利为务的"夸毗子"。只须熟悉了阮君的习用指代之物，便易于理解各诗的旨意。在《忧思吟》八十二章中，共有十次出现过象征高尚人士的鸿鹄、仙鹤、凤凰之属的高鸟。除了有两次自比玄鹤等所谓奇鸟外，一般情况下，都是谦称不敢与鸿鹄比翼的。所谓不敢比翼，是时势艰难不欲方比者，非不能方比也。他一再告诉读者，我之所为，因天下多故，专意避祸而承中庸之道矣。

　　唯独这一章殊异，坦承自己为鸿鹄之亚。不是学不学，也不是敢不敢、能不能的讨论，而是大大方方、得意洋洋，直承自己就是鸿鹄者属，正与他们共作振翅万里，比翼长风远赴荒裔之游哩！同时，自己的待遇也变了，相当于凤凰之亚；身份也异于以往，现在之我，及身青云，非网罗能制者也。最后吐出一口抑郁已久的恶气："今后再不与乡曲蓬户间那些小器小识者往来了，他们哪配与我这等人物相携共誓啊！"

　　全诗旨意如此，乃阮君得司马之援、脱困以后的真实思想。可惜前人读书，一见远游，仙游字样，便以为阮君又在作隐逸高怀之想了，而不问其何以此时此刻会作如是之念想。笔者得稍异诸贤之见者，乃坚信阮君忧思八十二章，在一般情况下，都是随阮君写作先后之序存放的，各章先后内容必有前后关联之事在焉。乃得穿户入室，见堂奥之所陈，阃闼之所秘者。所见若是，却实在高

兴不起来。从未想到阮籍竟然如此轻视低位僚属，其无谓的尊尊贱贱的态度，深见其胸襟狭隘，器量窄小，媚上睨下之丑陋，故知一千七百年来，群贤敬仰阮公不已，实赖此辈之无知所支撑焉。谚云：不知不识，顺天之则。那是他们的福分。

看来，解开"阮诗"之谜的最大意义是我们又丧失了一个理想高尚人格的典型，多添了一个貌为清高之士，实系贪生怕死、重利轻义，在关键时刻放弃原则的怯懦文人。多一点或少一点了解古今文人之无行，其实都无所差别，不必存今不如昔，昔莫如今的偏见。夫南山之土沃甚，伐其竹，尽可书历代名臣之贱行；东海之渊深也，掬其水，亦难洗古今名士之污秽。泱泱大国，代有人传；郁郁华夏，常履常新，何可胜言哉！

卷之三（第十八章——第四十四章）原作顺序探索列表

公元二五五年秋冬（正元二年），天子：曹髦　　辅政：司马昭

章次（写作顺序）	存放顺序（作品原号）	事序	首句	内容和背景	
第十八章 第十九章 第二十章	（原二十三）	卷外曲	悬车在西南 西方有佳人 东南有射山	有所思 邂逅 文艺小品	三章闲诗，作于公元二五五年，甘露元年之春末夏初。
第二十一章 第二十二章	（原二十） （原二十一）	纷争起因 慷慨扬言	杨朱泣歧路 于心怀寸阴	（上篇）宣扬自己参与争斗的正义性。 （下篇）不鸣则已，一鸣惊人。	
				惹怒群小，求援典午。（无诗）	
第二十三章	（原二十二）	使者来到	夏后乘灵舆	事情起变化，青鸟使者来了。	
第二十四章 第二十五章 第二十六章 第二十七章 第二十八章		待援	殷忧令志结 拔剑临白刃 朝登洪坡颠 周郑天下交 若木耀西海	初报情况。 临刃不惧，但畏中伤。且怨路长。 眺望。朝中生态描述。 久候无音，断绝男嬖。 久候无音，使使小性子。	
第二十九章 第三十章	（原三十一）	申雪	昔余游大梁 驾言发魏都	（正歌）应龙、共工、魅女皆蒙怨。 （副歌）史鉴。（以乱前诗）	
第三十一章 第三十二章 第三十三章 第三十四章	（原三十二） （原三十五） （原四十） （原四十一）	待援	朝阳不再盛 世务何缤纷 混元生两仪 天网弥四野	（甲）不做公侯，不做学者。 （乙）愿得陪仙姐，不争时路。 （丙）人命微，庆云晞。（岁作，存本卷脱困后，估计未发。） （丁）浮兔，采药。（衍作，存本卷脱困后，估计未发。）	
第三十五章 第三十六章	（原三十三） （原三十四）	紧急呼救	一日复一夕 一日复一朝	（前篇）与谋苦不饶，只恐魂气飘。 （后篇）愿耕东皋，效龙蛇。	
第三十七章	（原三十）	阮马晤见	驱车出门去	解困，谢友生，歌黄鸟。	
第三十八章	（原七十）	谢恩	有悲则有情	专写谢恩之作。失时效。另存，今置此。	
第三十九章	（原三十六）		谁言万事艰	悠悠念无形。又一谢恩之作。	
第四十章	（原三十七）	撤使	嘉时在今晨	挥涕怀哀伤。	
第四十一章 第四十二章 第四十三章	（原三十八） （原三十九） （原四十二）	造新文艺 （再谢恩）	炎光延万里 壮士何慷慨 王业须良辅	谢恩。（颂武者于社稷之功。）	
第四十四章	（原四十三）	得意	鸿鹄相随飞	飞身青云，谁能制我！	

卷之四·前

"三马同槽"梦谶之三（前）
少天子东堂讲业　阮中郎闻辩惊心

第四十五章 至 第六十二章

公元二五六年——公元二五八年
（甘露元年——甘露三年）

小　引

　　陈伯君先生在留下其第二把钥匙时说了："特别是高贵乡公这样一个'才同文思，武类太祖'以夏少康自命的非常之主横死，（阮）必然不能无动于衷。……应该在他的'咏怀'诗里得到反映。"

　　这位不幸横死之少年英主，乃曹操"三马同槽"梦谶三部曲之三的重要故事中一号男角也。

　　"卷之四"起自公元二五六年春，迄于公元二六〇年五月，前后五年许，阮籍共为诗三十七章，因内容太多，为叙述方便，裁为上、下卷。上卷十八章，约止于公元二五七年冬，时司马昭为其平抑母丧失仪之厄，所记乃前后二年间事。其余十九章，悉纳于下卷。

　　卷之四（前）所记内容包括三部分。
　　第一部分　乃阮籍对曹髦少帝东堂讲业的反响。少帝在讲业中展示的聪慧、志尚、胆识、人格种种，令阮籍又敬又羡，又爱又怕。一方面爱其卓荦英才、千百人中难得的少年英主，一方面又见他豪情万丈，不顾一切地去挑战司马集团，其后果之凶险至危，不言而喻也。诗共七章。（第四十五章至第五十一章）
　　第二部分　乃阮籍自省之诗。嗣宗深知自己仅大将军府中一名中级官吏，无能作为，且一边是朝廷天子，一边是恩主典午，忠既不能，义又亏欠。忠义

两难。为了离开这政治漩涡，他只好使尽自我排遣的办法来说服自己离开漩涡中心。这一部分诗作虽不算多，但精彩纷呈，他施展全身的杂学来颠覆自己一贯的儒学立场，强使自己褪下兼济之志、蛰伏于纷争之外。诗共五章。（第五十二章至五十六章）

经过连续五章诗的调适，阮籍忠义两难之困稍释，心情渐复平和，于是情好之意萌矣。一旦忆起往日男友，便急不可耐，径往欢聚，有"第五十七章"专记此事焉。

第三部分　乃是一件独立的故事，正当阮籍为难于曹马之间，徘徊于忠义两端，踌躇难决，只能仗酒忘忧之时，又发生了丧母大事，他的精神受到内外双重的打击，不得不更依赖酒精的麻醉，而其守丧失仪，却引起了朝中道学之士的极大愤慨，一定要在典午面前，使其得到严惩，以肃孝德。（其实是占领道德制高点之朝廷倾轧尔。）最后仍赖阮公交通典午得释，前后也有诗五章纪焉。（第五十八章至第六十二章）

但是以上这些记述，按实说来是上一年（公元二五五年）的追述，（详见"卷之三"·小引），当时阮籍困于群小围攻之中，朝不虑夕，无暇相顾，今日将"第四十五章"读来，其诗中用语，难免感到概括多于记述，理智远迈感性。"第四十六章"更见一经学罢，授业经师，各有差等，而籍无与其荣，满肚皮的酸水；"第四十七章"、"第四十八章"眼看风云已逝，除了歌中庸抚余痛，又能奈何！凡此诸端，都隐隐有酸气、酸意在焉，诸君以为如何耶？故本书分四卷之为，创意实源自嗣宗本意，笔者所为，仅是引水成渠、顺水放舟而已，据阮君之意，整之为卷，顺序标以卷次耳。

卷之四（后）另行介绍

历史资讯

少帝曹髦与司马昭的初次较量

公元二五五年司马师卒，司马昭接任，此时所辅少帝曹髦，才即位半年不到。曹马之噬，将进入最后一搏。

曹髦时年方过十五岁，他是曹操的曾孙子，曹丕的孙子，真是王子王孙，嫡传的天潢贵胄，兼之聪明善学好思，东堂讲学中已屡见，其深思所及，远迈诸臣。一次罢朝，司马师私问钟会："上何如主也？"（当今天子像个帝王样吗？）钟会回道："才同陈思（曹植），武类太祖（曹操）。"司马听了说："若如卿言，社稷之福也。"（《魏氏春秋》）

然而司马昭其时年已四十五岁，正是一个男性最成熟的年纪，他父亲司马懿在曹操、曹丕手下屡建奇功，是三国时最出色的政治、军事、谋略大家，晚年七十高龄，犹一举诛灭首辅曹爽集团，从此独掌军政全权，其长兄司马师，一如先父，沉毅智略，三、四年间，黜幼主、废皇后、诛朝臣，海内震肃。他自己长天子三倍年纪，在接任大将军之前，已南征北讨，领兵出征多次。两者相较，胜败悬殊，何须赘言。

但是不可思议的，居然发起首轮先攻的却是少帝曹髦，一位才坐帝位四个月、年方十五岁的幼君。他看到司马师班师疾甚，"昭自京都省疾，景帝崩（司马师卒），天子命帝（司马昭）因丧留镇许昌。由尚书傅嘏帅六军还京师（洛阳）。"（《晋书·文帝纪》）

这真是出色的一招，表面仿佛体恤司马家亲人卒别之痛，实际可以暂置大将军的军权，并且乘机示好傅嘏，离间傅马之间上下宦情，一石二鸟，不露声色，真是好计！

司马昭会中计吗？那怎么可能！《晋书》曰："帝（昭）用嘏及钟会策，自帅军而还。"瞧！一石二鸟，一鸟未中。天子和司马把臂回京。《晋书》又记："至洛阳，进位大将军，加侍中，都督中外诸军，录尚书事、辅政，剑履上殿。"

新天子使出这一招。怎么办？如何办？《晋书》曰："帝（司马昭）固辞不受。"真是宠辱不惊，严阵以待！这还是头三仗曹马初战，路还长！当然要认真演下去。

历史资讯

魏少君太极东堂讲业

《魏氏春秋》曰：公（曹髦）神明爽俊，德音宣朗。罢朝，景王（司马师）私曰："上何如主也？"钟会曰："才同陈思，武类太祖。"景王曰："若如卿言，社稷之福也。"

正元二年二月丙辰，宴群臣于太极东堂，讲述《礼典》。

正元二年四月，问诸儒以《易》。讲《易》毕。复讲《尚书》。九月讲尚书业终，更复受命讲《礼记》。

少帝在学习期间，善于思考，多见典谟中互悖之辞，问诸讲臣，每不能对，辄曰："古义弘深，圣问奥远，非臣所能详尽。"

《三国志·魏书·三少帝纪第四》曰：讲《尚书》时，少帝问道："郑玄曰，'稽古同天，言尧同于天也。'王肃云：'尧顺考古道而行之。'二义不同，何者为是？"

博士庾峻对曰："先儒所执，各有乖异，臣不足以定之，然《洪范》称：'三人占，从二人而言，'贾、马及肃皆以为'顺考古道'，以《洪范》言之，'肃义为长'。"

（少）帝曰："仲尼言：'唯天为大，唯尧则之。'尧至大美，在乎则天，顺考古道，非其至也。"

峻对曰："臣奉遵师说，未喻大义，至于折中，裁之圣思。"

历史资讯

夏少康与汉高祖优劣辩

《魏氏春秋》曾详细记录过这年初的另一场"讲业":二月丙辰,帝(髦)宴群臣于太极东堂,与侍中荀𫖮、尚书崔赞、袁亮、钟毓、给事中书令虞松等并讲述《礼》典,遂言帝王优劣之差。帝慕夏少康,因问𫖮等曰:"有夏既衰,后相殆灭,少康蒐集夏众,复禹之绩;高祖拔起陇亩,驱帅豪俊,芟夷秦、项,包举宇内,斯二主可谓殊才异略,命世大贤者也。考其功德,谁宜为先?"

𫖮等对曰:"夫天下重器,王者天授,圣德应期,然后能受命创业。至于阶缘前绪,兴复旧绩,造之与因,难易不同。少康功德虽美,犹为中兴之君,与世祖同流可也。至如高祖,臣等以为优。"

帝曰:"自古帝王、功德言行,互有高下,未必创业者皆优,绍继者皆劣也。汤、武、高祖虽俱受命,贤圣之分,所觉悬殊。少康、殷宗中兴之美,夏启、周成守文之盛,论德较实,方诸汉祖,吾见其优,未闻其劣;顾所遇之时殊,故所名之功异耳。少康生于灭亡之后,降为诸侯之隶,崎岖逃难,仅以身免,能布其德而兆其谋,卒灭过、戈,克复禹绩,祀夏配天,不失旧物,非至德弘仁,岂济斯勋?汉祖因土崩之势,仗一时之权,专任智力以成功业,行事动静,多违圣检,为人子则数危其亲,为人君则囚系贤相,为人父则不能卫子;身殁之后,社稷几倾,若与少康易

时而处，或未能复大禹之绩也。推此言之，宜高夏康而下汉祖矣。诸卿具论详之。"

翌日丁巳，讲业既毕。觊、亮等议曰："三代建国，列土而治，当其衰弊，无土崩之势，可怀以德，难屈以力。逮至战国，强弱相兼，去道德而任智力。故秦之弊可以力争。少康布德，仁者之英也。高祖任力，智者之俊也。仁智不同，二帝殊矣。《诗》《书》述殷中宗、高宗，皆列《大雅》，少康功美过于二宗，其为《大雅》明矣。少康为优，宜如诏旨。"

赞、毓、松等议曰："少康虽积德累仁，然上承大禹遗泽余庆，内有虞、仍之援，外有靡、艾之助。寒浞谗慝，不德于民；浇、豷无亲，外内弃之。以此有国，盖有所因。至于汉祖，起自布衣，率乌合之士，以成帝者之业。论德则少康优，课功则高祖多，语资则少康易，校时则高祖难。"

帝曰："诸卿论少康因资，高祖创造，诚有之矣，然未知三代之世，任德济勋如彼之难，秦、项之际，任力成功如此之易。且太上立德，其次立功，汉祖功高，未若少康盛德之茂也。且夫仁者必有勇，诛暴必用武，少康武烈之威，岂必降于高祖哉？但夏书沦亡，旧文残缺，故勋美阙而罔载，唯有伍员粗述大略，其言复禹之绩，不失旧物，祖述圣业，旧章不愆，自非大雅兼才，孰能与此，向令坟、典具存，行事详备，亦岂有异同之论哉？"于是群臣咸悦服。

中书令松进曰："少康之事，去世久远，其文昧如，是以自古及今，议论之士莫有言者，德美隐而不宣。陛下既垂心远鉴，考详古昔，又发德音，赞明少康之美，使显于千载之上，宜录以成篇，永垂于后。"帝曰："吾学不博，所闻浅狭，惧于所论，未获其宜；纵有可采，忆则屡中，又不足贵，无乃致笑后贤，彰吾闇昧乎！"于是侍郎钟会退论次焉。

读者可以看到，这位年仅十六岁的少年英主，不仅辩才无碍，议论纵横，群臣悦服。而且雄心勃勃，大有效少康而自任之意，阮籍官仅大将军府从事中郎，东堂讲业或未尝与之，而朝议当有闻焉。

阮籍对这位少帝的感情，真称得上是又爱又怜，爱其少年俊彦，怜其不知

政坛凶险。想来少帝接位时的仁德之举,如减乘舆服御,及后宫用度,罢尚方御府内百工技巧靡丽无益之物,可想其时一定广为传称不止。德声愈高,对司马家自是威胁愈大,典午岂有不设防者。

第四十五章（原四十四）
俦物终始殊

卷之四·前

第四十五章

俦物终始殊，① 修短各异方。②

琅玕生高山，芝英耀华堂。③

荧荧桃李华，成蹊将夭伤。

焉敢希千术，三春表微光。④

自非凌风树，⑤ 憔悴应有常。

【今译】

物类所禀，达其终始，
修短天成，各异其方。
琅玕森束，萧隐高山，
灵芝仙葩，辉耀华堂。

桃李花盛正荧荧，
赏踏成蹊遭夭伤。
若是希羡繁华通衢道，
三春时节仅留残英零蕊炫微光。

身非铁枝铜柯凌风树，
摧折憔悴应寻常。

【笺注】

① 黄节曰：《战国策》：淳于髡曰：夫物各有畴。畴，通俦，等类也。《楚辞》王逸注：二人为匹，四人为俦。"俦物终始殊"，谓相俦之物，与它物相异。畴者，田界之谓，申为边界，局限之义。

② 《楚辞·卜居》：尺有所短，寸有所长，物有所不足，智有所不明，数有所不逮，神有所不通。《易·恒卦》《礼记·乐记》注：方，犹道也。

③ 黄节曰：《汉书·武帝纪》：元封二年夏六月，甘泉宫内中产芝，九茎连叶，作"芝房"之歌。《汉书仪》曰：芝，金色，绿叶，朱实。夜有光。《诗·郑风·有女同车》注：英，犹华也。

④ 曾国藩曰："焉敢"二句当有误字。黄节曰："千"疑当作"阡"。阡亦从千得声，故二字通用。《说文》曰：路南北为阡。又曰："术"邑中道路也。案《左氏传》杜预注曰：蹊，径也。诗上句言蹊，则蹊乃小径，而阡术乃大道，故曰："焉敢希"，盖蹊小，阡、术大，亦犹修短各异也。桃李犹不能成蹊，焉敢希于阡术之大道。故曰："将夭伤。"不过表三春之微光耳。（这里阮籍将民谚"桃李

不言，下自成蹊。"原有的美意，反向使用，阮诗曰："成蹊，将夭伤"也。盖成蹊之后花树将因根部泥土踩实而致伤，若将桃李移至千术大道，其受伤更将如何哉！只能是三春之时仅有残英炫其微光而已！值耶？否耶？）

⑤ 黄节引刘桢《赠从弟》诗曰："亭亭山上松，瑟瑟谷中风。风声一何盛！松枝一何劲！冰霜正惨凄，终岁常端正。岂不罹凝寒，松柏有本性。"（可以参见。）

⑥ 笔者曰：原书"乌有常"三字阮误书，按文义该作"应寻常"，译文不得不先作调整。

【前贤评述】

黄节引蒋师爚曰：为可久计，莫如自重。否则如桃李成蹊，终于夭伤而已。（此说是。曹髦年方十六，青春期心志，极富进取，且有备而来，亟欲人知其能，知其所求，以一展抱负焉。）

又引曾国藩曰：凌风树，亦阮公以自况者。有托根霄汉，终古不凋之意。（曾公又说偏了。非以自况。乃为少帝担心也。）

又引王闿运曰：羡憔悴之有常，乱世以得死为幸。黄节按曰：此解系将末句"乌"字作"应"了。（味诗意，末二句阮籍本意谓，你若不是欺霜凌雪，十分刚强的凌风之树，那么你这株小树肯定会被风雪摧残而憔悴了。故其原文中"乌"字下得不当。王闿运和黄节所会均是。故本文已易之。）

黄侃曰：物类不齐，或有千岁常荣，或有三春暂茂。既性命自然，虽相希无益也。（略近诗意。）

【译余骈言】

上卷之末"第四十四章"，诗中更见阮籍正因处境大变，而在洋洋自得中。自以为跻身鸿鹄之列可以驾长风须臾万里，踌躇满志哉，一副小人得志骄态，不忍卒睹。此诗忽而又坠入为华堂芝英之先时绽放，将有比园中桃李花更不堪

的命运而惶惶不安之中，真是剧变之迅，倏忽之间尔！

　　笔者无意嘲笑阮籍转变的迅捷，尽管他似乎刚刚完成了一次巨大的根本性的转向，正要从一个当代最有影响的自由智识者，一个曾经对当朝主政保持相当距离，并持批评态度的，非主流思想的代表人物，转变为甘愿向他曾刻意保持距离的对方靠拢；为报答救命之恩，打算做一些有益于当朝主政的工作。他在上一卷末，自以为找到了可以将他的诗歌作品，转到一个对司马政权有所裨益的方向上来，可惜刚刚开了个头，做了一、二次的试写，他忽然又发现了更加不得不写的题材，那完全发自诗人本身的冲动，他看见了一个重要人物，一个千古儒臣梦想的学识超群，胸怀中兴之梦的，有为少年英主。

　　此时，已经是公元二五五年，正元二年夏秋了。较去年少帝曹髦初到时已有些日子，当初司马师很看不上他，那是司马师的私心偏见，其实这位少年郎确是个十分难得的聪颖、勤学、有思想，更有抱负的曹魏末世人杰。如今司马师已死，司马昭又初领大将军之职，忙于经营他一摊的军务朝政。两人的年龄相差甚大，司马昭四十五岁，曹髦才十五岁。君臣关系和君臣实权却完全颠倒，虽然他时必有一番恶战，此时却暂为相安。

　　诗十句，共三节：前二节各四句，末一节二句。
　　第一节，先二句总领，谓物性各殊，各有它命运中安排好的生命历程，第三句自喻，琅玕萧萧，不与杂树共栖，自奉闲雅，生于高山。而芝英独贵，仪态万方，尊耀于华堂。末句是专门称颂年轻少帝的，他在东堂讲业，一时群臣悦服，才惊四座。下文便转入对少主逞才的旁侧之议。
　　第二节，谓一般的常花，如春日桃李，其花荥荥然，灼灼然，非不美也，然其命薄，其运浅，观者稍众，便蹂躏成伤。若置于长街千术，只怕三春天里，也只能略呈微光矣。这是阮籍担心，少帝初逞才华，忧其受赞不能自恃，为宠誉所毁。
　　第三节，总而言之，如果不是铁骨欺霜的凌风大树，因憔悴而摧折，那是迟早会出现的结局。

全诗充满了对新来少帝前途命运的忧虑，在这一章诗里，少天子初来半年，尚未显露全部才华，诗人只是为他的年轻稚嫩、能不能经受未来的政治风雨忧虑而已，未及其他。

第四十六章（原四十五）
幽兰不可佩

第四十六章

幽兰不可佩，①　朱草为谁荣？②
修竹隐山阴，③　射干临增城。④
葛藟延幽谷，⑤　绵绵瓜瓞生。⑥
乐极消灵神，⑦　哀深伤人情。⑧
竟知忧无益，　岂若归太清。⑨

【今译】

如果连芳洁的幽兰都无人赏识，
那朱草之花还能为谁盛荣？
故萧萧的修竹只能隐于山阴，
青青的射干也唯有静植高城。

只有它野葛藤蔓延深谷，
还有那瓜瓞儿绵绵丛生。
纵乐过度会消耗精神，
哀伤太深也殃及心身。

我也很明白远忧无益，
还不如逍遥容与归游太清。

【笺注】

① 黄节引《离骚》曰：户服艾以盈要兮，幽兰其不可佩。又引王逸注曰：言楚国户服白蒿，满其要带，以为芬芳；反谓幽兰臭恶而不可佩也。以言君亲爱谗佞，憎远忠直贤良而不肯近之也。

② 黄节引《鹖冠子》曰：圣王之德下及万灵，则朱草生。

③ 又引《吕氏春秋》曰：昔黄帝令伶伦为律，伶伦自大夏之西、阮隃山之阴，取竹于嶰谷，为黄钟之宫；律之本也。按，此句乃阮籍自谓也。

④ 黄节曰：《淮南子·地形训》曰：掘昆仑虚以下，地中有增城九重。高诱注曰：增，重也。《文选》李善注引作"层"，增、层古通用。

⑤ 黄节引《诗·周南·葛覃》：葛之覃兮，施于中谷。又引《毛传》曰：覃，延也。又引《王风·葛藟》：绵绵葛藟，在河之浒。按：《玉篇》：葛，蔓草也。《易·困卦》：困于葛藟。注，引蔓缠绕之草。《诗·王风·葛藟》序：葛藟，王族刺平王也。周宣道衰，弃其九族焉。

⑥ 黄节引《毛诗·大雅·绵》：绵绵瓜瓞，民之初生，自土沮漆。按《毛

传》：绵绵，不绝貌，瓜纽也。瓞，㼐也。郑笺：瓜之本实继先岁之瓜，必小，状似㼐，故谓之瓞。绵绵然若将无长大时。

《三国志》裴松之注，引傅畅《晋诸公赞》曰：帝（髦）常与中护军司马望、侍中王沈、散骑常侍裴秀、黄门侍郎钟会等讲宴于东堂，并属文论。此或阮诗第四十六章"葛藟延幽谷"所咏者。

⑦ 黄节曰：《曲礼》曰：乐不可极。曰乐极消灵神，即《淮南子》所谓"大喜坠阳"也。

⑧ 《楚辞·九章》曰：愁叹苦神，灵遥思兮。王逸注曰：灵遥思者，神远思也。则"灵"即是"神"也。

⑨ 《淮南子·道应训》注：太清，元气之清者也。《抱朴子·杂应》：上升四十里名曰太清。太清之中，其气甚刚。

【前贤评述】

黄节引陈祚明曰：蔓草纠结，比时人攀附。乃小人党附也。曰："忧无益"者，正忧之至也。

又引蒋师爚曰：大概是慨"世胄蹑高位，英俊沉下僚。"指出哀、乐两种，不能不为无益之忧。（确是无当。）

又引曾国藩曰：幽兰四句喻当世之贤士。葛藟二句，喻当世之在势者。（乃世之勾连攀势者，固彼党之势亦盛矣。）

张琦曰：正士不用，倾邪竞进。葛藟、瓜瓞，本友亲臣、唯务佚乐。灵神销烁，而不知哀已随之，志士徒抱深忧，唯思长往而已，此讥曹爽也。（谬之甚矣！其时曹髦临朝，司马昭辅政，朝爽早在七年前被诛。）

黄侃曰：此乃仍衍前章之意。言幽兰未必见佩，朱草竟为谁荣，修竹、射干产于荒僻，葛藟、瓜瓞反得繁荣。既命之所无奈何，斯忧乐皆为无谓。"归于太清"，《齐物》逍遥之旨也。（所见甚是。）

黄节曰：陈、蒋、曾三氏所释大略相同。唯以诗意求之，幽兰为贤人所佩，朱草为圣王而生，二物盖可乐矣；至于"不可佩""为谁荣"，则可哀矣。是故幽兰之与人相近，不如修竹、射干之在山，朱草之间世一见，不如葛藟、瓜瓞之绵绵不绝；斯无与哀乐者矣。且哀乐所至，积而成忧，终忧无益。唯泯哀乐，始归太清。《淮南子》曰：忧悲者，德之失也。又曰：故心不忧者，德之至也。"乐极"以下，盖同斯义。陈、蒋、曾三氏所释。窃不敢从。（芜杂无当。）

【译余骈言】

自少天子曹髦闯入了曹魏的政坛，以他的人格魅力引起了整个朝廷的大震动。

《魏氏春秋》曰：公神明爽隽，德音宣朗。罢朝，景王（司马师）私曰："上何如主也？"（高贵乡公像个能主持朝纲的人物吗？）钟会对曰："才同陈思，武类太祖。"景王曰："若如卿言，社稷之福也。"

且又当齐王废黜之后，皇后及其父一大批前朝后宫的高官显位，留出了空阙，自然是引得魏国上下，乱纷纷地人事重组焉。《三国志·卷四》记："甲辰，命有司论废立定策之功，封爵、增邑、进位、班赐各有差。"便是。

阮籍处是时，其心也怦然萌动，但是在整个宫廷政变的纷争中，他是置身事外的，因此变后封功亦轮不到他。事实上，一进入本卷第一首诗（"第四十五章"），阮籍便全身心为新进少帝的风采吸引，急不可待地在诗中将自己配傍于曹髦之侧：

"琅玕生高山，芝英耀华堂。"

而一些人则上去了，尤其是他最看不入眼的钟会，竟然也进入了高官之列，不久便身居黄门要职，得侍少帝身旁，不由得使阮籍脱口哀呼：

如果连芬芳的幽兰都无人赏识，（幽兰不可佩）
那朱草的红花又何必盛迎！（朱草为谁荣）

我一肚皮的硕学奇才，一腔子的炙热心肠，有谁能赏识呢！所以，这种情况下：

萧萧的修竹只能隐于山阴，（修竹隐山阴）

　　秀美的射干也依旧远居增城。（射干临增城）

　毫无疑问，这里的萧萧修竹是点明自己乃"竹林七贤"之首了，同时为了辅助文句骈俪，把曾经结识的小友司马炎也拖了进来。（为什么笔者认为一定是司马炎呢？首先在上一卷的"第二十六章"中用过射干这个比喻。"建木谁能近，射干复婵娟"；其次这里在"射干"之后特地选了一个"临"字，以见其身份高贵。）于此也可见，在阮籍眼中，在阮籍身边提出来可与自己适配的值得尊敬的宜向高贵乡公推荐的良友实在少之又少。

　第一节咏罢贤者见弃，第二节不由就指向了他心目中不可不诅咒的小人猖狂：

　　只有野葛藤蔓延深谷，（葛藟延幽谷）

　　还有那瓜瓢儿绵绵丛生。（绵绵瓜瓞生）

　犹不忘调侃之中略带恶毒的补上一句道：

　　纵乐过度会消耗精神，（乐极消灵神）

　因为根据道家方术的说法，御女采精固可补益男性身体，但房事过度，更有损精气。（见"注⑦"）这一句道罢，顺着文体的对偶，回到了自身的喟叹：

　　（我）哀伤太深也殃及心身，（哀深损人情）

　最后力所未及，爱莫能助，带着酸溜溜的失望之情，结束全诗。

　　我也很明白所忧无益，（竟知忧无益）

　　还不如逍遥容与赴归太清。（岂若归太清）

　全诗就这么一点意思，透过阮籍的落寞怨艾，也略为窥见一点曹魏政坛的近态。

　附带指出，由于本诗叙述中，逻辑严密，语气紧凑，第一节四句叹怨之意如在，贤者见弃落寞；第二节四句乃云群小猖狂得意之状，无可别解。故陈伯君先生《阮籍集校注》中的"附录三·年表"谓这第一年（公元二五四年）阮籍"封关内侯。徙散骑常侍"。岂非与悖，不知其所本是何？未可遽信。封侯一事，据笔者在全书中所见，唯"七十四章"、"七十五章"二诗中有隙可疑，若帝党有

谋动之意，乃遣人来说者。考之年月，似应在甘露五年（公元二六〇年，年节过后）较宜。封关内侯，散骑常侍，或乃说客之馈仪（诱饵）也。

也附带说说，作为《忧思吟》的读者，颇有点无奈。夫自天子曹髦临朝以来，引起了整个朝廷的大反响，而阮籍所咏，所触动者，其辛酸扑鼻之疼，其视见所及者，都在鸡零狗碎之间，真是个胸怀砾石，不见山河；目唯太牢，并无社稷的朴实汉子。实在令人气噎无语。所谓广武有竖子之叹，今安闻其有微息余响哉！

第四十七章（原四十六）
莺鸠飞桑榆

第四十七章

莺鸠飞桑榆，① 海鸟运天池。

岂不识宏大，羽翼不相宜。②

扶摇安可翔，③ 不若栖树枝。④

下集蓬艾间，⑤ 上游园圃篱。⑥

但尔亦自足，⑦ 用子为追随。⑧

【今译】

　　鸠雀们的活动只在桑榆之间，
　　海鸟之行也，一转身便横越了南冥天池。
　　谁不知纵横万里的所向宏阔，
　　但于我等的羽翼太不相宜。

　　既不能海阔天高作扶摇之回翔，
　　还不若效鸠雀之苟安，低栖于树枝。
　　俯身而下，蓬艾之间有残粒可觅，
　　扑翅而上，园圃之篱得凭高而峙。

　　但能这般愿已足，
　　且将师从长追随。

【笺注】

　　① 黄节引《庄子·逍遥游》曰："鹏之徙于南冥也，水击三千里，抟扶摇而上者九万里，去以六月息者也。""蜩与莺鸠笑之曰：我决起而飞，抢榆枋而止，时则不至，而控于地而已矣。奚以之九万里而南为！""鹏之背不知其几千里也，怒而飞，其翼若垂天之云。是鸟也，海运则将徙于南冥。南冥者，天池也。"郭象注曰：苟足于其性，则虽大鹏无以自贵于小鸟。小鸟无羡于天池，而荣愿有余矣。故小大虽殊，逍遥一也。（曰：夏虫不可与语冰者。）

　　末句"用之"两字，即指效仿莺鸠。

　　按蒋师爚注本作莺，注云：《诗·小雅·节南山之什·小弁》："弁彼莺斯。"《传》：莺，雅鸟也。《尔雅》邵疏：莺斯，名鹎鶋。《水经·漯水》注引孙炎云：卑居，楚乌。犍为舍人以为壁居。

　　② 黄节引蒋师爚曰：相宜之"宜"，集作"宣"。据谢瞻《于安城答灵运》诗李善注所引改作"仪"。《诗》《毛传》曰：仪，匹也。

　　③ 黄节曰：招摇疑当作扶摇，即反"抟扶摇而上"之意，《尔雅》曰："扶摇

谓之飙。"郭璞注曰："暴风从下上也"。（与上文连读，先生之改正，有见焉，译文从之。）

④ 黄节引《庄子》曰：鹪鹩巢于深林不过一枝。又曰：斥鷃笑之曰：彼且奚适也？我腾跃而上，不过数仞而下，翱翔蓬蒿之间，此亦飞之至也；而彼且奚适也？此小大之辨也。

⑤ 蒋师爚曰：《尔雅》：艾，水台。《离骚》王逸注曰：白蒿也。

⑥ 黄节曰：《周礼·大宰九职》：二曰园圃、毓草木。郑玄注曰：树果蓏曰圃。园，其藩也。《尔雅·释言》曰：樊，藩也。郭璞注曰：谓藩篱。

⑦ 黄节曰：但尔，犹云但如此也。谓莺鸠之栖树枝，集蓬艾，游圃篱，如此亦自足矣。《庄子》曰：故夫知效一官，行比一乡，德合一君而征一国者，其自视亦若此矣。郭象注曰：亦犹鸟之自得于一方也。"但尔亦自足"，即是斯义。

⑧ 闻人倓引陈祚明曰：用，言焉用也。即是不随黄鹄之意。（原诗"用之"，乃不得不自甘卑行之为，较正面批判，宣布"焉用"，更见无奈，更加深刻更加抉示社会恶势力的横暴，迫使阮籍不得不宁蒙污以行，以偷余生。）蒋师爚曰：用子之"子"谓莺子。本《易》"鸣鹤在阴，其子和之。"《诗》鸤鸠在桑，其子亡兮之"子"。又，吴汝纶曰：子指海鸟。黄节曰：焉以子为追随，即第八章之"宁与燕雀翔，不随黄鹄飞"意。（笔者采用黄节最后之说，本诗前三句赞海鸟之伟，但兹乃副题，是兴，是陪衬。全诗主旨是第四句至第九句，叙弱者的中庸之选，是无奈之选，但对弱者亦是最后之选，故陈祚明"焉用"之说非当。其实只要把末一句的第二字"子"改成"之"。让这个"之"字指代第九句的"自足方案"便可以了。笔者甚至怀疑此处原文本是"之"，现在的"子"很可能是误抄或误植所致。）

【前贤评述】

闻人倓引陈祚明曰：结句乃见本怀，知自有依恋之故，非缘羽翼不宜。（"依恋"二字妙，似是而非，难以确解。本诗第九句是对中庸的肯定性结论，故第十句说：将以君为师追随下去。"用"，是肯定；"焉用"即今语之

"哪用",其义截然相反。先生又错了。)(见注⑧之笔者语。)

黄节引曾国藩曰:似以莺鸠自比,以明不慕高位,不贪远图之意。(曾说为是。难得!)

黄节引王闿运曰:言兴复不能,托之隐遁。(人人皆见。)

黄侃曰:莺鸠虽小,既无大鹏之翼,不美天地之游;然生生之理,未尝不足。用子追随,阮公所以自安于退屈也。(得诗旨。)

【译余骈言】

这一首诗,诗意鲜明,阮籍闻得少帝曹髦东堂讲业之宏论慨然有中兴自任之意,一时之间,折服于少帝的宏猷大志,诗以扶摇天地的海鸟喻之。不知道读者们注意到没有;在前面已有的四十余章中,阮籍还从没有如此地赞美过别人的。他自己当然自视甚高,但他此生最为意气风发之时,不过自美为:"云间有玄鹤,一飞冲青天。"在脱困以后,得意非凡时,也不过说自己:"抗身青云中,网罗非能制。"对尊敬爱戴的司马昭、炎父子,他的比喻是"建木谁能近,射干复婵娟。"乃神话世界中的非凡之具。而在认真严肃的场合,他是把司马昭比之古时的廊庙贤臣国家栋梁:"元凯康哉美","建木谁能近"。即使是为他解厄之后,他感激由衷,也不过称其为华美的大树,自己能得荫其下,并赞其脱困的手段,举重若轻,不见痕迹,达到化境的程度:"临堂翳华树,悠悠念无形。"此外对仰羡不已的各色神仙人物,几乎未赞一辞,顶多说仙人王子乔,延年有术,"独有延年术,可以慰我情。"但是也会取笑他:"兹年在松乔,恍惚诚未央。"众仙姑射子,仙人之美者也,称其服用的龙车豪奢。"六龙服气舆,云盖切天纲。"仅及车仗而已。

但是阮籍听说了这位少帝在讲业时与群臣的互议之后,对这位年才十六岁的英主,对他的胸襟、抱负、学识、气魄,无不倾倒备至,美其所有的一切无不超凡凌俗,所以他将这位少帝比之传说中南冥天池才有的巨鸟("海鸟运天池"),展翅扑翼之间,顾盼阔步之际,举手投足迥异凡常。不过尽管阮籍对这位少帝的崇拜无以复加,理智警告他,经验提醒他,这位年轻英主的前途将充

满凶险，凶多吉少，那是注定的命运。廉颇老矣！廉颇不老，亦难以回天旋运，回想自己不久前从群小庸众之围刚刚脱困，危急之时，已经什么都想过了，什么都想明白了，怎么再能涉险呢？是也，我是无法与之相随辅翼的，算了吧！"羽翼不相宜"，"不若栖树枝！"

这种宁取低栖的选择，在阮籍《忧思吟》诗作中至今已有多次出现，第一次是在司马懿诛灭曹爽集团以后，他初被征辟，依例做了大将军府的参军，（属府内一般文职人员），他深觉司马门下，人事复杂，但又不能再施故伎，辞避而去，他为此惶惶不安，在第八章中抒出了"宁与燕雀翔，不随黄鹄飞"的从政处世原则，一直平安度过了司马懿、司马师二朝。（司马师任上，由于师好图俭朴、守成之虚名，加上阮无尺寸建树之功，亦未获迁升）待司马昭继位，他们主从相得，他的境遇好多了，于是就有了东平相之请。这是司马昭进升大将军府元戎带来的阖府普庆。阮籍的官衔既升为从事中郎，因循已久，依例相应有实职之安排。东平府之行，因不耐其风土之恶，十日即回，仍事旧职，于是发生了"卷之三"的邻里之争的参与。其时他十分兴奋，连写第二十一章及第二十二章两诗，自比为"不鸣则已，一鸣惊人；不飞则已，一飞冲天"的"玄鹤"，顿忘昔日不随黄鹄之所歌。随后在群小环攻下，形势日危，他又只能缩下姿态了，最后在第三十六章中愿不计曲直，退归躬耕，云云。而一旦司马昭为其解去困厄，立即便高唱"双翮凌长风，须臾万里游"，自比正随鸿鹄作豪游。这还是去年秋冬之交间事，半年不到，他又再次哀唱"岂不识宏大，羽翼不相宜了"。关于阮籍的行事处世之风，我们知之可也。与其讥其反复可笑，不如赏其天真率直，尽管他已是四十七岁的年纪了，毕竟在这样的时代里，有率直性情的人是多么稀少呵！在由儒趋仕的队伍中，不少人出于无奈，出于安全，学到了狡猾。但阮子不然，他是出于天性，务求率真之行，痛恨作伪，但也追求实惠。他不能做普通的社会人，头脑聪明，只擅闭门作文，发挥他纯真天然的优长，擅玩精致文字游戏，被后人赞颂。拙以为他的艺术品味高洁，像厌恶作伪一样排斥雕饰之文，一贯遵此而行，幸而造化也不曾亏待他，无论是在活着还是死后。（读者原谅，走笔未免过远了，再回到原题。）

诗中第一节不仅以莺鸠与海鸟对比，歌颂了海鸟的伟大，而且直承自己卑怯渺小，第二节既然自己直承是卑弱的莺鸠，那就索性描绘起莺鸠们卑栖生活的悠闲、富足和自得其乐的生存方式，这是一组强敛嘴角的抽搐，含着泪的微笑，诗人以锐利的笔尖，解剖自己的怯懦，剔开自足的虚假外衣，这是另一种勇敢，是敢于直面自己的丑陋，承认自己卑怯的勇敢，这是对暴行的控诉，对暴政的控诉，我们都懂得这点，我们尊敬这样的流着眼泪在微笑的汉子，不得不陪着他玩味自己的伤痕，我们也各有自己的经历，谁的身上，不是各有自己的伤疤。

能说什么呢！马克思主义告诉我们，人是社会人，社会中有弱者，也有强者，各自研究自己的处世学问，夫"处世"者，是与世相处的人们也，世界是各色人群共同创造的，易言之，社会的存在和运行，有自己的轨道。通俗点说，社会运行的客观规律是上帝创造的，是老天使然的，古人曰，这就是"天道"。

大道之行也，人只能适应，这仍是"庄学"。不学一点老庄，人怎么活啊。

第四十八章（原四十七）
生命辰安在

第四十八章

生命辰安在，① 忧戚涕沾襟。②

高鸟翔山冈，③ 燕雀栖下林。

青云蔽前庭，④ 素琴凄我心。

崇山有鸣鹤，岂可相追寻。

语林小志

仲鼎曾出试题曰："下林"两字，当译何入诗？

曰："唯唯。唯唯。"

今交卷如次。

【今译】

　　我命中的吉运良辰，至今不知何在？
　　想起了便悲戚不已，涕泪沾襟。
　　高飞的大鸟，正翱翔于山冈。
　　我像卑微的燕雀，只能在灌木栖停。

　　乌云渐渐掩上，荫蔽了宅院的前庭。
　　素琴泠泠，凄凉着我的心。
　　高岭上掠过几声激越的鹤唳，
　　那岂是我辈可以去仿效追寻！

【笺注】

① 黄节引《诗・小雅・节南山之什・小弁》曰："天之生我，我辰安在。"按《毛传》：辰，时也。郑笺：此言我所值之辰将安在乎？谓物之吉凶。
② 《论语・述而》注：戚，忧貌。
③ 冈，山脊也。
④ 青，黑色。《书・禹贡》："厥土青黎。"（这乌亮肥沃的黑土。）

【前贤评述】

　　陈沆曰：此首并十四首、三十五首、三十八首……此皆咏悲愤之怀也。非一时所作，非一感而成。粤自正始履霜之年，下穷景元倒柄之岁，触绪抒骚，烦忧命管……但能比类属词，何殊百虑一致。（文辞华美，空无一物，是陈沆所长，但他说的阮诗起讫年月，倒是言之甚确，不知他是怎么推得的？令人起敬，也让我纳闷。）

　　黄侃曰：翔高栖下，皆有命焉，虽欲追随鸣鹤，不可得也。忧戚流涕，素琴凄心，非复常言所能解矣。（"皆有命焉"，不若道，"皆因势焉"。更正确的说法应曰："皆由时焉。"）

黄节曰：此篇解者俱失。《三国志·魏志》二十一裴松之注引《文士传》曰：太祖雅闻阮瑀名，辟之不应，连见逼促，乃逃入山中。太祖使人焚山得瑀，送至，召入。太祖征长安，大延宾客，怒瑀不与语，使就伎人列。瑀善解音，能鼓琴，遂抚弦而歌，太祖大悦。籍为瑀之子。此诗悲生命之不辰，而追念其父之节操也，故用瑀咏史诗："叹气若青云"及《曲礼》"祥琴"、《周易》"鸣鹤"、"子和"，义均可证。按所言"解者俱失"之解，参见下首注。（先生所引有因，他见到本诗第二节有"青云蔽前庭，素琴凄我心"之句，便以为阮籍怀念其先父，想起阮瑀也"善解音、能鼓琴"，瑀的咏史诗中也有类似咏"青云"的诗句，甚至还有咏"祥琴"、"鸣鹤"等字样。但先生的举述仅此，没有任何有思想内容的成句之语，毫无意义。）

【译余骈言】

笔者以为这一首诗是上一首的续篇。

上一首弄清了形势，作出了抉择，无法相随高贵乡公作海鸟之飞后，大大挫伤了阮籍素秉的儒者忠君为则的臣德。他极度感伤，无地自容。诗中充满了悲戚的自惭、自责之情，在集中，堪称佳什。

这首诗很短，仅二节八句。首二句似蓄积良久，以呕心泣肺之势倾倒而出，随之以涕沫淋漓。"忧戚涕沾襟"，何耶？阮公今日困厄既解，网罗已远！朝餐玉食，夕宿丹崖，正在度着美不过来的日子，有何事忧心呢？原来是少年英主降兮，满朝赞赏，我也急欲拍翅相随，偏又不敢也。恼得阮籍又一次大呼"我生命之辰安在？"

接下去两句，高鸟正翔于山冈，银羽健翮，英姿翩爽，令人又爱又羡，这完全是在比喻少帝的风采，而微臣下驷却不得相随，咫尺上下，似燕雀之于鸣鹤。可仰望而不敢攀接焉。痛愧之至，深惭人臣之无为！

下半首，略作拟想。预见乌云蔽于前庭，雷硠挟以丰隆。山雨将至，凶险待发。一击之下，焉有完卵！我独自在空屋抚琴自遣，丁丁之声凄其我心。"青云蔽前庭，素琴凄我心。"

猛听得高岭上划过几声嘹亮的鹤鸣，那凄厉的声音似在宣告将以生命一击，

还我以天潢贵胄的凛然尊严。可是我阮籍素性懦怯，屡以忍辱偷生，苟且至今，又怎敢就此一决，玉石俱焚，前功尽弃呢！"崇山有鸣鹤，岂可相追寻。"

阮籍此诗，比上一首更甚，痛责自己的怯懦、失态、失志和失节，对自己进行了无情的批判斥责。

从儒家观点而言，为臣为吏，无非是择主而从。然而天下英主难得，英主之中，身处微陋而不甘废辱，能奋中兴之志者，尤千百君王中难得一遇之幸也。今英主遇矣，英主中兴之志明矣。汝为臣者，自应助其匡复江山社稷之宏业，雪其外臣篡政凌朝之羞辱，洗其列祖列宗、宗庙蒙尘被污之垢耻。一旦功成，乃为臣之最大荣光；如其不成，杀身成仁，舍生取义，亦忠贞之臣应有之义。当此千载难逢之机，名臣青史进退之际，阮籍却不能尽为臣之责，亏依曹食禄之恩，负儒学名教之罪，当此之际，何以为人！何以为臣！何以为儒！

阮籍自己知道污莫堪言，过莫大矣！耻莫甚矣！为什么！为什么！这样的事情，偏偏让我碰上？老天呀，我命中的吉运良辰，何时才会得出现啊！

第四十九章（原四十八）
鸣鸠嬉庭树

第四十九章

鸣鸠嬉庭树，① 焦明游浮云。

焉见孤翔鸟，翩翩无匹群。②

死生自然理，③ 消散何缤纷。④

【今译】

  吱吱喳喳的雀鸠在庭树间嬉耍，
  翩飞回翔的焦明出没于高天碧云。

  你看见那飘零自伤凄然独飞的孤鸟吗？
  它飞来飞去找不到同伴和族群。

  生生死死，本也是生命的天然历程。
  为什么陨灭之时，竟要如此可怕地狼藉缤纷！

【笺注】

① 黄节曰：《楚辞·九叹》曰：孤雌吟于高墉兮，鸣鸠栖于桑榆。又曰：驾鸾凤以上游兮，从玄鹤与鹪朋。孔鸟飞而送迎兮，腾群鹤于瑶光。王逸注曰：鹪朋，俊鸟。一作鹪明，又作鹪鹏，司马相如《上林赋》张揖注曰：焦明似凤，西方之鸟也。

② 《说文》：翩，疾飞也。《广雅》翩：飞也。《广韵》匹，配也，合也。《礼记·缁衣》注：匹谓知识朋友。

③ 自然。《老子》："我无为而民自先，我好静而民自正。我无事而民自富，我无欲而民自朴。"乃知自然系自为、自行而自成焉。

④ 黄节曰：消散，谓死也。缤纷，《玉篇》，盛也。《类篇》：乱也。消散，魂消气散，形消神散之谓。缤纷，血肉飞溅也。

【前贤评述】

  蒋师爚曰：鸣鸠之嬉，成群者也，以喻朝士；焦明之游，出群者也，以喻匹；（笔者从注①黄节先生引《上林赋，张揖注："焦明似凤"》。）翔鸟之孤，必有成群从之者，以喻司马氏。（嘻，阮文直言孤翔，何来从者？）结出消散之多，（缤纷，有多义在，但诗中为状词，形血肉缤纷也。）所以叹逝。

曾国藩曰：《上林赋》注：焦明似凤，西方之鸟也。此与鸣鸠并举，殊觉不伦。（先生谬矣，首二句，非并举，乃对举也；）末二句与前四句尤为不伦，疑后人所附益也。（前四句喻述三种鸟类：庸众、高贵乡公和自己的生存之状；末二句设想帝党将来举事失败，处死之惨状。先生但见群鸟翩飞，不知嗣宗为诗所谓者何也。呜呼！血泪之哀，枉付聋盲，如此高贤，虚名浪得。）

黄侃曰：焦明远翔，不悉孤鸟无匹之苦。生死万殊，本于天命，岂能相为乎？（叹之无谓，尤无见消散缤纷之哀。）

黄节曰：嗣宗《鸠赋》序云：嘉平中得两鸠子，常食以黍稷，后卒为狗所杀，故为作赋。此诗盖缘是而作欤？言鸣鸠栖于庭树，相与群嬉；焦明之游于浮云，一孤鸟耳，亦有玄鹤孔鸟之相从。然鸠以群而被害，不如焦明之孤而无匹矣。虽生死乃自然常理，唯鸠为狗杀，何以变易之乱如此！此《离骚》所谓"时缤纷以变易兮，又何可以淹留"也。盖因鸣鸠之死，思效焦明远举之词。诗意甚明。（自本卷首章诗起，全部是写嗣宗眼中见高贵乡公朝中所为，而引发的感慨叹喟。此诗与《鸠赋》无关。前赋记所见，乃另一个故事，本诗乃哀与政不慎之危，故只能离群孤处焉。）

【译余骈言】

本诗仅六句，二句一顿，一顿一意，极其短小的一首自伤之诗。阮籍之为此诗，其思绪犹继前诗并前事也。

前诗责自己不敢承担为臣之责，有失儒学之教，这一首诗旨在述说自己不敢挺身而出的原因。曰：

鸟之卑者，雀鸠们在庭树间玩得很是快乐。

鸟之高者，焦明们翱翔远飞，出没于高天碧云。

可怜的孤鸟，它飘零自伤，找不到自己的朋友和族群。

活着和死亡，都是生命的历程，都有其自然的道理，我也不太在意，可怕的是，何必死得那么样的狼藉满地，累及九族，悉皆血肉缤纷。

在阮籍的政治世界里，只有三种人：

第一种，无识无知，无大志之鸣鸠在焉。只于庭树间醉生梦死嬉戏度日，不知大变之将临。盖彼等从无良禽择木而栖之观念和作为。

第二种，焦明也，凤凰之属。所向远大，目标高尚，高鸟哉！难与比附，不用说，这还是指的曹髦少帝也。

第三种，孤翔无匹之独鸟。阮籍自况也。

阮籍深感自己的思想和处境，既不屑与鸣鸠厮混，自辱其身；又不能与焦明随游，无此勇气胆略，更惊惧濒死之可怖：死是总要死的，但是受不了那样的死法，血肉横飞，妇幼相随，尽诛三族！我既预见及此，哪能敢昧死相迎呢！

真是血泪文字。能向自己追责至死，为臣之德，可以矣。

第五十章（原四十九）
步游三衢旁

第五十章

步游三衢旁，① 惆怅念所思。
岂为今朝见，恍忽诚有之。
泽中生乔松。② 万世未可期。
高鸟摩天飞，③ 凌云共游嬉。
岂有孤行士，垂涕悲故时。

【今译】

步行在故乡的大路之旁,
低徊惆怅,想起了当时的少年同窗,
并不是即盼在今天重聚,
却禁不住往事在心中恍惚荡漾。

当年苍翠的乔松如今却淹滞潦泽,
万世长青的期许早就事过泯忘。

你看健鸟们都在作摩天高飞,
出没于层霄青云,展开了双翅翩然翱翔。
哪有自许特立独行的高尚之士,
抹着眼泪为逝去的陈年旧事黯然心伤。

【笺注】

① 黄节曰:《尔雅·释宫》曰:三达谓之剧旁,四达谓之衢。此曰三衢,则三达而谓三衢者。

② 黄节又此《诗·郑风·山有扶苏》曰:山有桥松,隰有游龙。《陆氏音义》曰:桥,亦作乔。按《尚书·禹贡》传:乔,高也。《诗·周南·汉广》传:乔,上竦也。《说文》:乔,高而曲也。吴汝纶曰:乔松生于泽中,乃万世不可得之事。(乔松,应生于高山,今在泽中,生态不宜,当无望其成大树也。)

③《战国策》注:摩,言切近过之。

【前贤评述】

蒋师爚曰:此或过曹爽故居而有感欤?歧路易悲,则三衢恍惚矣;今朝所见,故时已垂涕矣。泽中乔松,谓爽于事业必无所成。高鸟摩天,凌云共游,借司马氏势者已张矣。结以孤行之士无所可悲,乃悲之深也。(擦肩而过也。)

陈沆笺，并见第九章，于此首又曰：所思恍惚，诚冀万一可斯。然泽中乔松，何如高鸟摩云，遗身世外，乌有旷怀之士终日痴念者乎？（依然装作若有所悟，骈字俪句，组织文字，掩饰其莫名所云之惶窘。）

黄节引曾国藩曰：乔松，冀有国桢扶魏祚于将倾者。高鸟自喻其遗世外也。末二句，谓有伯夷之心而不学伯夷之迹也。（高鸟相映，非深消自己，何以付少年豪情。）

黄节引王闿运曰：末二句悲愤之极，托于旷达。（唯诗人有感觉，排闷洞奥，知其所伤者。）

黄侃曰：人情念旧，恍惚如在，怅惘之怀，无时而释。若夫乔松度世，高鸟凌云，岂有如此之忧念哉？（后半乔松、高鸟之评，隔靴搔痒。）

黄节曰：三衢犹言歧路，喻魏晋之交，所思当指魏。"今朝"与"故时"相对。"恍惚诚有之"指所思言，犹《楚辞·九歌》：若有人兮山之阿。（唯此稍近，其余不堪卒对。）"泽中生乔松"言魏之兴复无望，不如远举，与高鸟游嬉，奚必孤行垂涕也！（其所见、所思从未契籍，犹好作大想，絮絮不已。）

【译余骈言】

先称蒋师爚先生有见，这一首诗换了地方场景，甚至诗风也有些改变，只有诗绪犹与前诗相继尔。无侣无群的孤独感，始终羁绊着他。阮籍在京师久居，忧思难已，遂又作故乡陈留之游也。陈留本三河故地，也是繁华之处，故而他先到达的便是三衢通道，故乡的大路之旁。故乡既到，又怎会不想起故乡的故人呢！其实见故乡之人也并不那么紧要，所以诗中直承"岂为今朝见"。无可回避的是触景生情，不由自主地回忆起少年时的学友和少时的岁月。想当初，在同学中因我学业优异而被看好，以为这株苍翠青壮的幼树，将来一定会长成参天挺拔的乔松，成为万年不凋的栋梁之材。谁知道我如今陷于潦泽，枝叶枯黄，躯干衰朽，万年之期早就无望了。

唉，健飞的高鸟都在青云得意，作摩天的游戏；只有我，枉是自许为特立独行的高尚之士，如今却垂泪挥涕，徒然回想着少年的风光。

诗贵情真。这一首回乡写的诗，在《忧思》中显得比较特殊，今昔对比，不由地感情分外沉重。阮子本来因为困于京都，一直为曹马两家的关系及其前途担心着，忧虑着，而又束手无策，彷徨无地。一度想离开漩涡，稍舒郁怀；但是到了故乡，回忆起往昔乡贤对自己的期许，而今天的我却如此无能又无为；乃益增愁绪，涕泪无已。

《世说新语·赏誉·第八》曰：王戎目阮文业清伦有鉴识，汉元以来，未有此人。杜笃《新书》曰："阮武，字文业，陈留尉氏人。武阔达博通，渊雅之士。"《陈留志》曰：武，魏末清河太守。族子籍，年总角，未知名，武见而伟之。以为胜己。

真"小时了了"之谓。

第五十一章（原五十）
清露为凝霜

第五十一章

清露为凝霜，华草成蒿莱。①

谁云君子贤，明达安可能。②

乘云招松乔，③ 呼噏永矣哉。④

【今译】

清冷的露水，都已冻凝成霜，
盈盈的芳草，悉皆蔫枯为柴。

谁在说凡君子者都十分了得，
这样的世道，要做到明达保身，又如何可能？（能，古音耐，见注）

不如乘云远去，跟着仙人赤松、王子乔，
让我们远迈尘俗，涵泳太清，长享其月朗风快。

【笺注】

① 蒿莱，蒿，草之高者。莱，《诗·小雅·十月之交》注：草秽。黄节引《韩诗外传》曰："原宪居鲁，环堵之室茨以蒿莱。"黄节又曰："华草成蒿莱"即《离骚》所云：何昔之芳草兮，今直为此萧艾也。（所解是。）

② 谢榛，《四溟诗话》卷三：阮籍《咏怀》诗：谁云君子贤，明目（达）安可能，……《离骚》纷吾既有此内美兮，又重之以修能。此协耐。师古曰：能读曰耐。

③ 松，赤松子。乔，王子乔。皆古仙人。

④《广韵》噏与吸同，呼噏，《说文》呼，内息也。吸，外息也。永，长也。扬子《方言》：凡施于众长谓之永。

【前贤评述】

曾国藩曰："明达"似指一死生，齐彭殇者言之。（非也。明达，明其所见，达其所期者也。指高层人士的抉择能力，及其抉择行为。朝士们在多种政治集团中能否透过各种政治议论的玄雾，洞察政治锋芒之取向，判断汝本人和他们间可合作的内容和程度，在政治大潮中，趋吉避凶，建立功勋，达到飞黄腾达、荣宗耀祖之目的也。"明达安可能"确是全诗主句。）

黄侃曰：春秋变化，荣悴转移，纵有贤达之材，于此无能措手，招寻松乔，永其呼吸，信有之乎？请从而往矣。（言之近焉。）

黄节曰：《三国志》：魏武帝诏曰：其选明达法理者使持典刑。此诗用明达，谓明达首二句之理。又曰：诗意谓华草顿成蒿莱者，以霜露杀之也。君子比华草。草虽华而不耐冬，君子虽贤而安耐久？是以明达此理，则招松乔学神仙呼噏之术，以求永久而已。嗣宗《大人先生传》曰："吾乃飘摇于天地之外，与造化为友，朝飧汤谷，夕饮西海，将变化迁易，与道周始，此之于万物岂不厚哉！故不通于自然者，不足以言道，暗于昭昭者，不足与达明。"与此诗意略同。（吾意与上略同。）

【译余骈言】

自四十五章，"俦物终始殊"以来，除四十六章稍许宕开外，连续七章，阮籍他全身心都属意在高贵乡公身上，忧心忡忡，不敢明言；左右彷徨，无以为是，真深谙于世而拙以应之一介书生也。可悯！可怜！

这一首小诗，辞短意长，造句分外凝练，第一句凝霜拟秋杀将临，第二句喻当之者无不夭亡，二句总形世途危险。这是嗣宗的忧思所在。清辞被外，凶险于中。凶险之临，往往无影无息，骤然而至。阮及身以来，帝位之变，已易再朝，摄政遭谋，也经多次，每次都是一场浩劫，朝士与焉，或荣或悴，血肉缤纷，惨不忍睹。如今，浩劫的阴影，又将至也，似万马杂沓，天际隐隐一痕白影，若闻雷音已动矣。而当事者，今之少帝也，犹临危不晓，欲凭圣贤之道义，一己之私勇，凛然之正气，与率数十万大军之元戎相抗，其形势至危，蔑以加矣；其前途之凶，无以言矣。如之何？如之何！

赤松焉在？王乔安在？吾将招白云而从之，呼吸其太和，逍遥其永矣。

或曰："贤君子"乃指阮籍自己，是也。

阮虽自命为贤君子，岂愿冒政治风险。然而明达之路安在？世上有这样的

路吗？

他除了掉头不顾，神追松乔，还能怎样？

悯然无计，写到极处，乃有下文开山别寻，另异之思萌焉。

第五十二章（原五十一）
丹心失恩泽

> 第五十二章
>
> 丹心失恩泽，① 重德丧所宜。②
> 善言焉可长，③ 慈惠未易施。④
> 不见南飞燕， 羽翼正差池。⑤
> 高子怨新诗，⑥ 三闾悼乖离。⑦
> 何为混沌氏， 倏忽体貌隳。⑧

【今译】

丹心事君王，壹志不贰恩宠移。
宋襄重德慕仁义，纵敌先渡毁己师。
子元善言长，人过自承人更疑。
乡里小儿太自私，贪欲无尽莫滥施。

小妹新嫁，卫公何事泪如雨。
燕燕南归，比翼参差正欢飞。
《小弁》诗成，亲亲情深，孟子言其与孝违。
一卷《离骚》，千古遗恨，三间泣血楚王弃。

天哪，混沌先生倒啥霉？
倏忽二兄，碎汝头颅酬君赐！

【笺注】

① 丹心失恩泽，指历史上有臣子一心向君，偏遭君王迫害鄙弃，如商之比干，楚之屈原。

② 重德丧所宜，德固宜重，也要看场合，更要掌握尺度。宋襄公姓子，名兹父（也作兹甫）。继齐桓公为诸侯盟主。公元前六三八年伐郑，与救郑的楚兵战于泓水。楚兵强大，他却自居为仁义之师，不重伤敌人，不俘虏上了年纪的敌兵，并要等待楚兵渡河列阵后再战，结果大败受伤，次年不治而死。

③ 善言焉可长，语指司马师也。《汉晋春秋》曰：毌丘俭、王昶闻东军败，各烧屯走。朝议欲贬黜诸将，景王曰："我不听公休，以至于此。此我过也。诸将何罪？"悉原之。时司马文王为监军，统诸军，唯削文爵而已。是岁，雍州刺史陈泰求敕并州并力讨胡，景王从之。未集，而雁门、新兴二郡以为将远役，遂惊反。景王又谢朝士曰："此我过也，非玄伯之责！"阮籍诗中用此典，明景王已死，乃讥其做作过甚，众皆疑其必有深图也。

④ 慈惠未易施，战国时赵简子在中山打猎，追逐一狼，狼向东郭先生求

救,脱险之后,反而要吃东郭先生。此乃明代小说家言,非阮籍所本。其实,阮籍有自己的生活经验,在"卷之三"第三十五章(原三十三)中,因自己心肠沸热,助乡里小儿为谋,事虽成,遭群小攻讦,在危急之中,乡曲之士,反而出卖阮籍,《忧思吟》诗中多次提及此事。第四十四章"岂与乡曲士,携手共言誓";第五十八章"孤恩损惠施";第六十章"岂与蓬户士,弹琴诵言誓";第五十八章"焉知倾侧士,一旦不可持",或皆指此事焉。

⑤ "不见南飞燕"两句是《诗经·国风·邶风·燕燕》一诗之事,诗中说卫君的二妹新嫁,卫君送她,远送于野,愈走愈远,一直到看也看不见了,犹泪下似雨。这里抄其第一章:

燕燕于飞,差池其羽。

之子于归,远送于野。

瞻望弗及,泣涕如雨。

这首诗,描写了一个感人的送别情景,为后人称道。朱子说"譬如画工一般,直是写得他精神出"。不过卫君虽如此伤心,其妹又如何呢?诗人用一对燕子作比喻,说它们正比翼双飞,翅膀摇来摇去,乐不可支呢!人间之事,欢乐与悲伤,往往并不相通。这二句言此时兄妹之情各异。

⑥ 高子怨新诗。说的是《诗经·小雅·小弁》一诗。这是被父亲放逐的儿子所作诉苦之诗。赵岐《孟子章句》说:小弁,是小雅中的一篇,伯奇之诗也,伯奇是个仁人,而父亲虐待他,所以做了《小弁》之诗。孟子在《告子》(下)说,"小弁之怨,亲亲也(歌颂亲情之诗)。亲亲仁也。"(小弁是一首怨诗,但诗中表达的是对父亲的亲情。对父亲表达亲情,是仁的表现。)又说:"小弁,亲之过在奢也。亲之过大而不怨,是愈疏也,愈疏,不孝也。"(小弁这首诗,在记述亲违之痛中,他的毛病是太夸张了。父亲将他逐出家门,他却一点不抱怨,这是他对父亲感情已非常疏远淡薄了。疏远淡薄,那就是不孝!)这一句诗说,儿子作诗,将父亲非亲之为,炫慈过甚,遂被人指出,其中乃蕴非孝之真情。

⑦ 三闾悼乖离。这句指的是屈原写《离骚》之事,屈原在楚怀王宫中任"三闾大夫"一职,(三闾,楚之三户大姓也,"三闾大夫"相当于今日老干部局局长之职。)当然很得信任。后来小人谮之(挑拨离间)王乃疏屈原,因作《离骚》

以见志。司马迁在史记中说："屈平之作《离骚》，盖自怨生也。"

⑧ 混沌氏两句，黄节引《庄子·应帝王篇》曰：南海之帝为儵，北海之帝为忽，中央之帝为混沌。儵与忽时相过于混沌之地，混沌待之甚善。儵与忽谋报混沌之德，曰：人皆有七窍以视、听、食、息，此独无有，尝试凿之。日凿一窍，七日而混沌死。隳，《玉篇》：隳，废也，毁也，损也。

【前贤评述】

陈沆云：……世降运徂，人心不古，混沌日凿，机智日生，德之深而遂陷反噬，任之重而翻失太阿，宜《小弁》之哀怨，三闾之流涕也。（好！文风似旧。文义则距阮诗未远也，若有进益焉。）

黄侃曰：人情至难预察，智力终于有穷。丹心宜于见恩而失恩，重德应无不宜而丧宜，善言宜可长而有时不可长；慈惠宜施而有时不易施。宜臼之孝而见疏于父，屈原之忠而见疑于君，则世事何一足恃乎？混沌之隳，何能不归咎于儵忽耶！（说犹未说。）

黄节曰：诗言魏以恩泽加于司马氏而不能得其丹心，则恩泽失矣。齐王即位，以司马懿为太尉，诏曰："太尉体道正直，尽忠三世。"此重德也，而丧所宜矣。《论语》曰：人之将死，其言也善。明帝疾革，执司马懿手目及子曰：朕忍死待君，君其与爽辅此。懿曰：陛下不见先帝属臣以陛下乎？文帝、明帝皆托孤于司马，此将死之言，阮诗所谓"焉可长"也。司马昭弑高贵乡公，皇太后令以民礼葬之，昭等奏太后曰："伏唯殿下仁慈过隆，虽存大义，犹垂哀矜。臣等之心，实有不忍，以为可加恩以王礼葬之。"太后从之。（昔之深于礼者皆顺水人情焉。鸟巢既覆岂有完卵，毫得厚葬，聊存体面。）

又，贾充受昭之命，使成济弑高贵乡公，昭乃奏太后收成济及其家属付廷尉治罪，太后诏曰："吾妇人，不达大义，以谓济不得便为大逆也。（此乃投桃报李。）然大将军志意恳切，发言恻怆，故听如所奏。当班下远近，使知本末也。"此阮诗所谓"慈惠未易施"也。（书呆子眼里唯见书矣。）"南飞"

用《燕燕》诗义,伤魏之摈弃宗室,不如燕之于飞也。(不伦不类!)《汉书》中山靖王奏对曰:使夫宗室摈却,骨肉冰释,斯伯奇所以疏离,比干所以横分也。《诗》云:"我心忧伤,惄焉如捣。《小弁》为怨,孟子所谓亲亲也。魏明帝太和五年诏曰:古者诸侯朝聘,所以敦睦亲亲也。先帝著令不欲使诸王在京师者,谓幼主在位,母后摄政,防微以渐,关诸盛衰也。朕不见诸王十有二载,其令诸王及宗室公侯各将适子一人朝明年正月。则魏之摈却宗室,一如汉代。阮诗用《小弁》诗义,盖伤之也。皆向曹马事枉凑深失诗意。屈原以楚之同姓而被放逐,作《离骚》。《史记》曰:怀王以不知忠臣之分,疏屈平而信上官大夫、令尹子兰,兵挫地削,亡其六郡,身客死于秦,为天下笑。此不知人之祸也。阮诗用之,亦所以伤也。(仍违诗意。)收言司马氏不知报恩而反行篡弑,亦犹倏忽之凿混沌窍而已矣。"(长言如斯,芜言丛聚,既未明言由,终不及诗旨,径读拙译可也。)

【译余骈言】

这是一首特别有意思的小诗,诗人站在世象复杂的大门前往里窥看,院子里每间屋子,都在演出或文不对题,或适得其反,或荒唐可笑,或愚不可及,或用心过度,或施恩遭噬,或重义丧师,在道德实践中的荒谬后果。全诗共十句,竟密集安排了八个故事,其中一句一事者六,二句一事者二。

第一节四句诗,每句都是一个依照道德原则出发办事失败的故事。

第二节四句,则直接讲三个好心好意做好事,得到的结果与愿望截然相反的故事。

第三节两句,引《庄子》中的一则寓言,倏忽二兄的报恩之谋,岂仅失败,而且极其凶残尴尬,令人啼笑皆非。

阮君通过历史故事、神话寓言和他自己的生活经验,对社会生活中的道德行为提出了一个耐人寻思的问题。那就是当我们根据道德原则出发,从事道德实践时,其正当性和社会意义,是不能由行为人自己来确定,而应当是由实践造成的社会后果来给予评价。阮籍在诗中举出了事忠、重德、善言、慈惠、友

悌、孝亲、报恩，七、八件大家熟知的故事，来说明道德实践者如果单从主观愿望出发，只图标榜自己仁义厚德之名，不考虑接受方的感受，不计及实践后果，而力主所谓的仁义之行，那将造成各种适得其反，甚至令人啼笑皆非的严重后果。而若忠君反失恩，善言惹人烦，又岂在道德实践之失呢！

阮籍作为当时的竹林七贤之首，在名士风流的表象后面，在蔑视礼教的放浪形骸中，其智慧的锋芒，直指汉儒学说逆情悖理，虚假伪善的核心本质，他把老学、庄学的无为学说放到伦理学范畴来进行思考，把儒家的仁义学说放到实践后果的平台上来解剖、辨析，遂使那些伪君子、丑道学难遁其形，其意义之深刻，远非儒家学说的旧藩篱所能容纳。

阮籍为什么在连写七章有关少帝东堂讲业之诗后，忽地讨论起社会众生相来呢？这是有原因的，阮氏正为自己沉陷于前途至危，不能自拔的少帝中兴梦中而万分苦恼，于是他想对自己进行自救、自省，力图说服自己，不要陷入少帝那疯狂冒失的凶险漩涡之中。

本诗看似在嘲笑众生，实际上是告诫自己，世上每多过犹不及、丹心失幸、举仁自戕、施惠反噬等可笑之事，先生又何必自作聪明，陷身不测呢？再说你怎知道，你的努力，你的襄助，不会给被助者帮倒忙，添阻力，更益以艰难呢？

重症当用猛药。阮籍对自己沉迷的、高举仁孝忠义大纛之儒学，一帖之内，连下八味猛药，全面向陋儒之说总攻，矢石不可谓不猛，阵势不可谓不大。这能帮助阮君，从关心少帝的中兴梦中脱身而出吗？

第五十三章（原五十二）
十日出旸谷

第五十三章

十日出旸谷，弭节驰万里。

经天耀四海，倏忽潜蒙汜。①

谁言炎炎久，游没何行俟。②

逝者岂长生，亦去荆与杞。

千载犹崇朝，一餐聊自已。③

是非得失间，焉足相讥理。④

计利知术穷，哀情遽能止。

【今译】

  旸谷里迭连浮出十个日头，
  羲和支起了节杖，载着它们驰行万里。
  一路上径行周天，光耀四海，
  最后倏忽间尽倾于蒙汜。

  谁说气势炎炎的都有些能耐？
  沉没的时候，还特别的不爽利！
  一样的死去，称什么千秋万岁，
  还不是都付与荒荆野杞。

  悠悠千年，也不过短短的顿饭工夫，
  一饭既罢，倏忽千载，如此而已。
  是非得失有什么可议！
  费什么唇舌，讲什么道理。

  一旦计较起得利，堂皇的义理之争也就到了头，
  只是我心头的隐痛，还不能遽然消逝。

【笺注】

① 胡绍英曰：宋玉（应是屈原）《招魂》：十日代出。注，王逸曰：言东方有扶桑之木，十日并在其上。按《三及家书》曰（见《御览》卷四）：本有十日，迭次而运昭无穷。黄节曰：《山海经·海外东经》曰：汤谷上有扶桑，十日所浴。汤谷亦作旸谷。《庄子》曰：昔者十日并出，万物皆照，而况德之进乎日者乎！黄节引《离骚》曰：吾令羲和弭节兮，望崦嵫而勿迫。并引《王逸注》曰：弭，按也。又引《释名》曰：经，径也。又引《楚辞·天问》"日出自汤谷，潜于蒙汜。"

② 黄节又曰：班固《东都赋》曰：焱焱炎炎，扬光飞文。李善注曰：《说文》：

焱，火华也。《字林》：炎，火光。老子《道德经》：炎炎者灭，隆隆者绝。黄节引《淮南子》曰：游没者不求沐浴，已自足其中矣。

③ 崇朝，黄节引《诗·鄘风·蝃蝀》：崇朝其雨。《毛传》曰：崇，终也。从旦至食时为终朝。黄节引蒋师爚曰：一餐者，《鲁论》所谓"终食之间"，《天官书》所谓"如食顷"也。

④ 蒋师爚曰：《玉篇》：理，正也。讥理，谓刺讥以正之。又，《玉篇》：遽，急也。

【前贤评述】

蒋师爚曰："按天无二日，九日之焱炎终不久也。"

黄节引陈沆曰："此达观自遣也。白日经天，有时沦没；运无常隆，理有终极。汉灭魏兴，不旋踵而魏蹙；则将来典午之僭替，亦行可俟也。盛衰倚伏，愚计目前，达人旷观，今古旦暮，则亦何足深较哉！"（陈沆此说宜也，深思有识，理当称之。）

黄节引王闿运曰："知晋室之不久，使奸雄丧胆。"［王闿运先生每有直截了当之言。可惜历史不听先生之言，西晋四朝五十二年，东晋南渡一〇五年司马祚绝，以后东晋列国（成汉、汉、前赵、前凉、后赵、魏、代、前秦、前燕、后秦、后燕、西燕、西秦、后凉、南凉、北凉、南燕、西凉、夏、北燕）二十国，继之南朝（宋、齐、梁、陈），北朝（魏、齐、周）于一七〇年后，为隋一统。前后大乱二七五年。奸雄如疫病蔓生，遍及中华全境。推源其始，肇自三国魏晋也。］

黄侃曰："理无久存，人无不死，正当顺时待尽，忘情毁誉。而争是非于短期之中，竞得失于崇朝之内，计利虽善，未有不穷，以此思哀，哀能止乎。"（亦可。）

【译余骈言】

　　这首诗分前后两部分，各有两节。前半的第一节用的还是《山海经》中日出日落的传说。前文说过，阮籍十一岁上就有过曹魏代汉的经历，近七八年来，又屡见帝室更代的演出，"皇帝"至尊的观念，已经没多少人尊重了。时当末世，中外各国都有这样的情况，年轻时啃马克思主义，尝记得恩格斯有一句打趣话，印象特别深刻。当时在十九世纪四十年代，西欧的民主革命运动蓬蓬勃勃，各国王室政权大多摇摇欲坠，恩格斯说，总有一天，"成打的王冠滚落街头，都没人捡拾。"魏晋之交，汉室已亡，司马专擅，也出现了不少类似之情。这首诗的前半部分，就是用《山海经》的典故来打趣王室大权衰落，天潢贵胄的人头纷纷滚落在地的状景。天有十日，一个个被羲和用大车送至蒙汜，一倾了之。（"经天耀四海，倏忽潜蒙汜。"）

　　太阳（日），本来一直是君王的代称，你看齐王芳便是这样一位皇帝，从小到大，一直皮劣不堪，秽乱宫廷，随改朝纲，既顶着少帝之名，便总有一整套宫廷内奉、百官下僚恭捧着他；如坐在日车上径行周天一般，弭节是少不了的；"十日出旸谷，弭节驰万里。"但到了地头，也就是一路捧着他的僚臣，不就那么一倾，把他倾倒向历史垃圾堆去了。这就是本诗中阮籍要引用《山海经》典故的理由，你看第一节诗和第二节诗的对比，何等强烈，何等有趣！大不敬吗？不，他说的是"山海经"，不敬之言，那是羲和这位引车卖浆者说的。

　　上半截诗，阮籍说的是，君王之轮替，犹日月升沉，天天见之，何足挂齿。看来上一章诗中八个故事排山倒海的齐袭，对阮籍起了作用，天子事业神圣的光环黯淡了，义理之辨的正义性动摇了，阮公的退却披上了正当的外衣。

　　第二节。慨叹历史本就那么简单，没几天都得付之荒荆野杞，"逝者岂常生，亦去荆与杞。"

　　故第三节顺衍而下：悠悠千年，不过顿饭工夫。"崇朝"，就是吃饭之前的一早晨，崇者，谐音终也。黄节先生所注甚是。古人务农，收获不丰，日出便下地劳作，至午前才回来进食，在进食之前都称是"朝间"，所以那餐饭也便叫做"终朝"。"终朝"之称不祥，乃取谐音为"崇朝"。"崇朝"这段时间，在春夏之间可以较长，在秋冬之间可以较短。古代乡间无计时器，大约言之耳。"崇朝

之后，便是"一餐聊自已"。"自已"，自己把自己打发了，结束了。（"千载犹崇朝，一餐聊自已"。）

可见中国旧时农间，收获不丰，大多实行每天一顿主餐的办法。笔者在二十世纪四十年代初尝居江苏常熟县乡间外婆家，其用餐习俗，早餐基本没有，午饭一般在十时半以后，十一时前，恰为午时之前；晚饭在傍晚五时前，以午间剩饭剩菜将就。农忙时，午间犹作，在午后二时许加送冷饭之田头，曰：点心。再参见陈著《阮籍集校注·阮籍年表》："公元二六二年景元三年。阮籍五十三岁，求为步兵校尉。虽去佐职，恒游府大将军府内，朝宴必与焉"，可见终朝一餐，在古代国家官衙，是正式仪规。笔者推测，阮籍求为步兵校尉一职，其主要目的，仍是想与司马昭保持某种距离，其时高贵乡公虽卒，遗情不免，且阮既已获封关内侯，自有相应实职。步兵校尉恰是大将军的直属机构，职级相当，若今之副司级然。史称阮因步兵校尉厨有佳酿而求去，仅是添增阮公的文采风流，假酒为隐而已，官场中从来就是有一套假事真办、真事假办的游戏通则，非数言可尽者也。读者诸君，有志者自宜加勉焉。

既然千年之后，什么也没有了，故"是非得失"，"有什么好讨论（好讥笑、好比较）的呢?"第三节从时间终将淘尽一切历史说起，归结到是非不值得讨论，使我们不能不联想到高贵乡公在讲业间的许多激烈的辩论，这些辩论，有的辞正义严，发人深省；有的言有所寓，闻者自会；更有的慷慨自许，待以来日……胆小的阮籍甚至感到了政治风暴随时有引发之可能。互议之间，自有许多的内容，史书未详，后人就不知道了，但当时未必没有各式各样的传闻。（"是非得失间，焉足相讥理?"）我们似乎看到了这种互相驳难的场景。

其中更有等而下之者，那就从学理高下的讨论，转变成了现实利益多寡的较真。在今天这个时代，讨论问题时直接计算哪一种策略、方案获利更多，从定性转向定量是很正常的，但在汉儒一统的时代，义理之争和计利之争是君子与小人分野所在，君子喻以义，凡事的出发点和归结点都为了义，为了道义，那一种道义高尚，就当不计利害去实行，杀身成仁，舍生取义，是君子之行，所以讨论中的一方对自己的言论举不出义理来支撑，而用实践后果可能产生盈亏来佐证时，阮籍对之数落说；一旦到了用"计算利益"来证明自己的高明时，

那么他的"术"（学术义理）也就"穷尽"了。（"计利知术穷"。）

阮籍对此发出喟叹曰：我不能不对这样的讨论感到悲哀！他们的讨论收束了，我的余哀犹在啊！（"哀情遽能止。"）阮公终于从一个热心帝业的，以道义和天责自任的儒生，蜕化为一个观场的过客。一个无关其事的闲赏者。

第五十四章（原五十三）
自然有成理（前）

第五十四章

自然有成理，生死道有常。①

智巧万端出，大要不易方。②

如何夸毗子，作色怀骄肠。③④

乘轩驱良马，凭几向膏粱。⑤

被服纤罗衣，深榭设闲房。⑥

不见日夕华，⑦翩翩飞路旁。

【今译】

万物育成，俦类各异，
临终趋亡，千古无两。
尽管你智出万端，
到头来总归是天命有常。

为什么那一班巧言令色的吹吹拍拍者，
一个个都骄矜自得，跋扈飞扬。

御的是良马，乘的是华轩，
凭几而坐，饱啖着膏粱。
还穿着绫罗绸缎、一身细软，
住在那高墙大院窈窕深房。

君不见朝荣夕陨的短命之花，
没多久，便翩翩而下，飞坠路旁。

【笺注】

① 成，《国语·吴语》注：犹必也。这一句兴，与下一句对偶成联。第二句才是主句，说的是万物之死亡有常，故上句指万物之成长各有其异。（这一联的主句有错字，第二句原文为"生死道无常"，无常当为"有常"之误。不然无法与上句成联，且第二联下句可作佐证。笔者已将原诗文字作了改正，请读者留意。）

② 大要，黄节曰：《汉书·陈咸传》师古注曰：大要，大归也。《周易·恒卦》曰：风雷恒。君子以立，不易方。孔疏曰：方，犹道也。方，道义、道理也。方正、刚直，喻道义之常莫可圆通也。《论语·先进》：比及三年。可使有勇，且知方也。引申为法度、准则办法《荀子·礼论》"……使夫邪污之气，无由得接焉，是先王立乐之方也"。

③ 夸毗，谄媚，卑屈。《诗·大雅·板》：无为夸毗。《传》：夸毗，以体柔人也。朱熹《集传》：夸，大；毗，附也。小人之于人，不以大言夸之，则以谀言毗之也。《后汉书·崔骃传·达旨》：夫君子非不欲仕也，耻夸毗以求举。（从朱熹：大言曰夸，谀言曰毗，吹吹拍拍也。"夸毗子"，昔之口语，犹今之"马屁精"也。）

④ 色，《说文》：颜气也。《汲冢周书》：喜色油然以出，怒色厉然以侮，欲色姁然以愉，惧色蒲然以下，忧悲之色瞿然以静。色，作色也。

⑤ 膏粱，黄节引《孟子·告子上》注曰：膏粱，美肴细粮者也。膏，油脂，牛羊鸡鸭之属；粱，稻麦之细粮也。

⑥ 榭，《说文》：台有屋也。

⑦ 日夕，陈伯君曰：似可解"日夕"为朝生夕陨之意。（今语"早晚之间"。）

【前贤评述】

黄节引朱嘉徵曰：风时也。时人不强于道术，驰情车马、被服之间，如《曹风》："蜉蝣之羽，衣裳楚楚。"《桧风》："羔裘逍遥，狐裘以朝。"上下同讥焉。

黄节引蒋师爚曰：按生以成始，死以成终，自然有成之理，唯无常乃见自然也。（笔者就原句"自然有成理，生死道无常"作议）怀骄在方（疑"芳"之误。）华者，顷刻而落，翩翩路旁矣。生死何常之有！

黄节引曾国藩曰："大要不易方"云者，谓贫富、贵贱、死生、祸福，皆有自然之理，虽智巧万端，不能越出大限之外。末二句言花有荣必有落，人有盛必有衰也。

黄侃曰："智巧虽多，无所逃于成理。彼夸毗者动自骄矜，而不自知其行同落卉，终于枯槁也。"

【译余骈言】

"集评"中首录黄节引朱嘉徵言曰："风时也。"言之最切。此必当时现实的

"世相"。就如"卷之一·第十章"中那些围绕在前少帝曹芳边上的"轻薄闲游子"们一样；如今七年过去，新少帝曹髦临朝，"夸毗子"们又上场了。这些"新贵"们，虽然出有骏马、食有膏粱、服罗衣、住华房，却说不定旦夕之间，殂于路旁。论狡黠，他们往往智出万端，岂又能迈越大道之常。我若是搞点政治投机，挣点脸面，混点酒肉，不也落到那般下场。（五年不到，籍言应验。）

那是太对不住自己了，这个念头动不得！

此亦自警之诗也。是阮籍心理自疗的另一部分，前二章诗，一言伦理，不无自悖之陋；一言王家事业乃王家之事，是非得失，焉须讥理？何必厕于其间。

这一首诗和下一首诗，是讽觉附于王争的夸毗子们（按笺注中朱熹的说法，乃一群吹吹拍拍者）尽管或取一时之富贵，不多久终将如日夕之华，委颓于路侧。

诗分四节：第一、三节各四句；第二、四节各二句。

第一节总述，曰万物之异，唯在育成之殊，归趋之路则同，一死而已。

第二节，夸毗子们应运而生。

第三节，形夸毗子的风光自得，服用奢华。

第四节，曰此乃日夕之华也，傍晚时分，便委堕于路旁。

阮籍的自警，有意义吗？起作用吗？到本卷后文，第七十四、七十五章，居然也有人来邀约他，诱他以重利厚报，其时阮籍不免也有些动心，好一阵踌躇呀！终于还是守定了心神。本诗之自警，不能不说多少有提前免疫之功。

第五十五章（原五十九）
河上有丈人（后）

第五十五章

河上有丈人，① 纬萧弃明珠。②
甘彼藜藿食，③ 乐是蓬蒿庐。
岂效缤纷子，④ 良马骋轻舆。
朝生衢路旁，⑤ 夕瘗横术隅。
欢笑不终晏，⑥ 俛仰复欷歔。
鉴兹二三者，愤懑从此舒。

【今译】

河边上有一位令人尊敬的长者，
他每天刈苇、织席，却鄙弃千金明珠。
甘美地享用着粗茶淡饭，
愉快地居住在蓬户茅庐。

他不学那些营营竞趋的健儿，
一个个轻车肥马，高视阔步。
朝晨犹驰骋大路，洋洋得意，
夜来已横尸街头，蜷缩一隅。

官场的欢笑，每每笑不到终了，
开场时的弹冠相庆，下场却多是叹息歔欷。
相信你见过了这样两三位人物，
一肚皮的愤愤不平就会烟消云舒。

【笺注】

① 黄节引《庄子·列御寇篇》曰：河上有家贫恃纬萧而食者，其子没于渊得千金之珠，其父谓其子曰："取石来锻（击碎）之。夫千金之珠必在九重之渊而骊龙颔下，子能得珠者，必遭其睡也。使骊龙寤，子尚奚微之有哉？"

② 《说文》：纬，织物之横丝也。《释名》：纬、织也，反复围绕，以为（其）经也。萧《集韵》：萧艾，蒿也。

又引陆氏《释文》曰：纬，强也。萧，荻蒿也。织萧以为畚（为席）而卖之。

③ 《汉书·司马迁传》注：藜草似蓬。《仪礼·公官大夫礼》注：藿，豆叶。黄节引曹植《七启》曰：予甘茝藜藿，未暇此食也。《礼记·内则》注：蓬，御乱之草。《礼记·月令》注：蒿亦蓬、萧之属。《诗·小雅·鹿鸣》传：蒿，莪也。

④ 黄节引张衡《南都赋》李善注曰："骆驿、缤纷，往来众多貌。"

⑤ 黄节引《尔雅》曰：四达谓之衢。《尔雅·释言》：瘗，幽也。疏：谓埋藏。《释文》：瘗，埋也。闻人倓引《说文》曰：术，邑中道也。又引《管子》：里十为术。黄节曰：阮籍《东平赋》曰：则有横术之场。

⑥ 不终晏，《楚辞·离骚》王逸注曰：晏，晚也。

【前贤评述】

黄节引陈祚明曰：趋炎之人，亦有不终者，以是聊快愤懑。（说得好。）

又引蒋师爚曰：此有快于成济兄弟之见杀也。（按《三国志》：敕侍御收济家属付廷尉。注：济兄弟不即服罪，袒而升屋，丑言悖慢，自下射之，方殪。"缤纷子"指成济兄弟言之。朝生路旁，夕瘗术隅，未下狱而射死也。"二三者"诮自贾充令之，即自贾充杀之也。所言非当，也算一说吧。）

又引曾国藩曰："二三者"似亦刺魏臣而二心于晋，旋盛旋败者。（二于晋，必瘗于术耶？塾师蒙训之语也。）

黄侃曰：枯者，对荣之名，不荣何枯？穷者，对达之名，不达何穷？此所以甘为河上丈人，而不乐为衢路之客也。二三者，谓缤纷子也。（所论均是。）

【译余骈言】

本诗实际上是前一首诗的"下篇"，在上一章诗里，其所讽者为夸毗子，这一章所讽者缤纷子也，缤纷子实乃夸毗子之成功者也。一章不足尽意，更为一章尔。

这一首诗，看似阮籍在谈人生体会，以诫后人；其实作诗之时，更大部分是继承前诗所言，不无自诫之意。

第一节，引《庄子·列御寇》中故事，以告诫自己：贪图钱财，贪图荣华富贵，是件危险之事，应当学习河上丈人，甘藿食而乐蓬户。

第二节，举前诗缤纷子反证第一节所云：尽管他们肥马轻舆，洋洋得意，

不过早晚的工夫，说不定就横死无地了。

第三节，阮籍说，这些欢笑不终晏的例子，你若见过两三例，想来就不会再愤愤不平了吧？是谁在愤愤不平呢？就本书而言，还不是嗣宗先生自己吗？

真希望嗣宗先生从此愤懑稍舒。

第五十六章（原五十四）
夸谈快愤懑

第五十六章

夸谈快愤懑，① 情慵发烦心。

西北登不周，东南望邓林。②

旷野弥九州，③ 崇山抗高岑。

一餐度万世，④ 千岁再浮沉。⑤

谁云玉石同，⑥ 泪下不可禁。

【今译】

　　快言豪语使我一畅郁愤，
　　过后的情慵意懒，更让人闷气挠心。

　　西北登上不周山，
　　东南遥望古邓林。
　　九州莽莽，旷野无际，
　　崇山巍巍，崒其高岭。

　　悠悠万世，不过是顿饭工夫，
　　漫漫千年，将经历多少沉浮。
　　是谁在说："照样还不是玉石混同，良莠不分。"
　　闻此言，我潸然泪下，不忍卒听！

【笺注】

① 蒋师爚引《逸周书》曰：华言无实曰夸。又引《国语》："阳瘅愤盈。"韦昭注曰：愤，积也。又引《一切经音义》曰：愤，情感也。

② 黄节引《离骚》王逸注曰：不周，山名。在昆仑山西北。又引《山海经·西山经》：不周之山，并引郭璞传曰："此山形有缺不周匝处，因名。西北不周风自此出也。"黄节曰：《山海经·海外北经》："夸父渴，欲得饮，饮于河渭；河渭不足，北饮大泽，未至，道渴而死，弃其杖，化为邓林。"则邓林在北海外。此云"东南"者，盖嗣宗便口尔，《史记》所言之邓林为《山海经》邓林也。《史记·礼书》曰："汝颖以为险，江汉以为池，阻之于邓林，缘之以方城。"此近楚之邓林，与《山海经》所言者异。

③ 蒋师爚曰：《周礼·大祝》注曰：弥，犹遍也。又，引张衡《西京赋》薛综注曰：抗，举也。崇，《说文》：高也。岑，《说文》：山小而高。

④ 一餐，顿饭工夫。见五十二章注。

⑤ 黄节曰：《诗·小雅·南有嘉鱼之什·菁菁者莪》曰："泛泛杨舟，载沉

载浮。"载，再古通。此云"千岁再浮沉，言千岁之垂，如一浮一沉之顷耳。"（笔者以为，浮沉不当作此解。浮沉，升降也，指千年之间当有无数世运之变迁，故拙译如前。）

⑥ 玉石同，蒋师爚引《楚辞·九章》曰：同糅玉石兮，一概而量。夫唯党人鄙固兮，羌不知余之所藏。又引王逸注曰：贤愚杂厕。禁，《集韵》：制也。止也。

【前贤评述】

黄节引成书曰：夸谈快愤懑，嗣宗一生放言傲物，都是此意。

黄节又引蒋师爚曰：按"夸谈"者，西北登不周六句；（夸毗子卒于路侧）烦心者，玉石概量也。蒋师爚又曰："一餐度万世，"谓仙游也。"千岁再浮沉"是本孟子："五百年必有王者兴"下出再字。（先生掉书袋耳！）

黄节又引曾国藩曰：前八句有远游遗世之志。末二句，言己虽生于浊世，岂其玉石不分，随众人之混混而昧于时代之变迁耶？（非，叹所遇不公尔）。

黄侃曰：夸谈只足暂解愤情。至于情已倦惫，烦冤立兴。唯有远游长生，庶几忧心可释。然有生必灭，无或长存，玉石纵殊，同于灰烬，所以泪下而不可禁也。（先生所论最近。）

【译余骈言】

自五十二章以来，阮籍警觉到了自己的问题。前些时期一直沉湎于对少帝曹髦的崇拜之中，为曹髦在东堂讲业上的雄心、抱负，欲复中兴之业而敬佩折服。本来作为人臣一生，如能与一代英主风云际会，共同恢复中兴大业，原是千古儒臣梦寐以求的理想宏愿。但是阮籍连续写了七章之后，逐渐地恢复了清醒："明达安可能？"如果你想跟着少帝从事中兴事业，那么其前途，只能是一片凶险，一定会再度陷入如司马懿、司马师发动的两场食槽（曹）之斗，死得

惨不可言。何去？何从？那当然是不用说的，阮籍好不容易以怯懦和机智，小心避开了所有的政治运动风险，怎能再涉足其间！因此从五十二章起，就开始警觉起来，提醒自己，要与高贵乡公拉开距离，这当然是件很大又很难之事，必须要淡化，甚至扑灭自己毕生学习的，深入灵魂的儒学忠君至上原则，要从认识上重新否定并建立更有力的伦常观念，那是绝无可能，最多给原来的规则以轻蔑、以无视，才能从思想上多少摆脱少帝的中兴魅力。

思之再三，他想来想去，也想不出善方良策。这也难怪，儒家学说之适合汉以来的中国小农社会，是天造地设的。马克思发现，一定的意识形态，是一定时期生存方式（其中最重要的是生产方式，即生产力水平）的产物。这就是历史，它不是聪明人发明、创造的。

对阮籍而言，想来只能效仿外国寓言里狐狸自慰自愚办法；说是有一只干渴难耐的狐狸，看见葡萄藤高处正悬着几串熟透了的葡萄，他跳呀，跳呀！老够不着，直到精疲力竭，只好放弃。临走时，悻悻地说："算了，这里的葡萄肯定是非常酸的。"从这时起，阮籍开始进入了"酸葡萄"的自疗时期，以拯救自己的儒学蒙眼之危。

"第五十二章"尚还仅用"不可知论"来搅一下局。阮籍对庄周之学，颇有浸淫之工，以此着手，容易消解君国义理之高论，容易击破陈腐悖理之说，如云世事多样，人心难测，好心所为，未必有好报。伦常之首，莫过于忠，屈原忠君，却遭楚怀王厌弃。儒德之先，莫重于仁，宋襄公向敌军施仁，弄得全军覆没。百善之首属孝，小弁诗成，亲情殊深，孟子却言其非孝。友弟曰悌，小妹初嫁，卫公远送泪别，貌似兄妹情深，其实徒扰人新婚之欢。其他如善言人厌，施惠遭怨，……不一一焉。

"第五十三章"看得更深了，所谓了不起的千古帝业，万人争仰的君王之尊，不也都先后化为荆杞荒坟吗？那么为人争抢帝业有何意义呢？有什么是非得失值得争长议短，值得花精力会聚朝臣一较优劣呢？"千载犹崇朝，一餐聊自己。"从长时段的历史观去看，都是不值一提的小事。

"第五十四章"、"第五十五章"两章专从"夸毗子"、"缤纷子"着眼，这帮子人物，专事掀风播雨，辛苦作色，謦折不已，虽然服罗衣、享膏粱、坐华轩、住高房，但是天道恒常，日夕之间，或横死路旁焉。

今"第五十六章"已是第四颗"酸葡萄"了。夫"酸葡萄"之用，只为抑制阮籍慕中兴之名的勃勃豪情。中兴、中兴，无非一预曹魏宗室元脉之兴，便可名垂青史；二在先期入伙，当不废事成之后的公侯之赏。除此之外，还有什么呢？但是阮籍另外有他特殊的痛点，请看本诗所云：

诗共三节十句，第一节二句是"引子"，"夸谈快愤懑"，是指上两章诗，他诅咒"夸毗子"、"缤纷子"，早早就死，不得好死！快骂之时，胸心一畅，骂过之后，情慵意懒。"夸谈快愤懑，情慵发烦心"焉。

第二节四句，情慵意懒，百般无聊，乃思作山川之游：（"西北登不周，东南望邓林。"）但见九州之野，辽旷无比；丛山之雄，层峦叠嶂。

第三节才转向正题，也是四句，分为两截。前二句，从上一节的空间之游，转到对时间的感慨：天下既如此之大，如此之辽阔广袤，不知千载万世以后，天地如何？人世若何？……便想开去了。

阮籍深深地思索以后，告诉自己说：从庄周子齐物观而言，天地悠悠，无始无终；光阴似流，千载易逝，不就那么顿饭光景而已。但是看来不光世界的山丘原野不会大变，人世的花样，也都是老套而已。"一餐度万世，千岁再沉浮。"这一切我都毫无兴味，特别是一想到，如果千年之后，我又偶来重游，再回到那个世界，想来也一定依旧是贤愚同遇，玉石不分。"谁云玉石同，泪下不可禁"我这一辈子已受够了庸众的污秽浊气，难道还要再与他们相共一生吗？想到这里，不由我悲从中来，泪下似淋。

虽如此，通过连续六章诗的譬喻、自遣。他的自我心理治疗基本上解决了左右为难、失据无依的彷徨。

读者可以见到，作为怯懦成性的阮籍，在凶险面前，不得不退让时，他什么都可让，从朝廷易主到他本人的荣华富贵，都可以弃之一旁；但是他人格的尊严不肯让，他高凌于庸众之上的那点骄傲舍不得让。绝难俯首。

当然，这也仅仅是说说而已，我相信不会真那么坚持的。在这里笔者不得不书此一笔，是为了替下一章的议论，留一话由罢了。

笔者曰：以上这些，是笔者对"第五十二章"以来五章诗所组成诗群，它内在思维逻辑的简述。虽然五章诗中，我只调整了其中一诗的位置，（将"原五十九"置于"原五十三"和"原五十四"之间），却实在是笔者最费心思编排出来的一组新诗群，（这也是阮公徘徊于两难之间最痛苦的时刻，）难的是要做到尽可能"不动"或"少变动"阮公遗诗存放的原貌，但是在"少动"的原则前，毕竟"**要讲得通**"是更重要的理由。大家看见，笔者已经屡称以"通解"为归。若背着阮公随意妄为，其行径犹同宵小，这与群小何异？笔者不敢请求诸君原谅，但请大家能给予教正。让我们共同来了却伯君先生的（也是举国同人的）心愿。

第五十七章（原五十五）
人言愿延年

第五十七章

人言愿延年，延年欲焉之。①
黄鹄呼子安，②千秋未可期。
独坐山岩中，恻怆怀所思。③
王子一何好，④猗靡相携持。
悦怿犹今辰，计较在一时。
置此明朝事，⑤日夕将见欺。⑥

【今译】

人人都念叨着长生不老，
长生不老，又能何为？
难道想骑上黄鹄追攀子安，
那可是千秋万载，杳杳无期。

我独个儿坐在山岩深处，
伤心地怀念着心中的你。

王生，王生，好在哪里？
猗靡柔滑，即之欲迷。
那一番欢娱仿佛就发生在今朝，
贪恋着每一刻的相聚，谁也不舍得分离。

本想将这事儿明天细细商议，
旦夕之间，又生恐无端遭他鄙弃。

【笺注】

① 黄节引《玉篇》曰：之，往也。

② 又引《南齐书·州郡志》曰：夏口城据黄鹄矶。按传仙人子安乘黄鹄过此上也。

③ 恻，《说文》：痛也。怆，《说文》：伤也。

④ 王子，笔者于第二十二章中指出，阮籍在《忧思》三卷中曾四用王子晋、王子乔、王子，其真用于指仙人者，仅第五章而已。其呼为王子者有二处，都是指的凡人。二十二章是指司马昭之子司马炎，他的身份是王公之子；而本诗指的是他男性情人，很可能就是前面第二十七章、第三十七章（原三十）中所言男嬖，当时生恐因断袖之好，影响司马昭对他的援手，主动割断了这段恋情。如今一年多过去了，闲来不免返思浮翩焉。

⑤ 明朝事，事，动词。从事、计议之谓。

⑥ 将见欺，阮籍的男性情人，多半是男妓，年轻姣好，故熟客甚多，随时易主。从文中意思，以往这种分分合合已发生多次，故明后天也可能再生被欺之事。

【前贤评述】

笔者按，本诗末"悦怿犹今辰，计较在一时。"用语急迫，限时限刻。众贤以为必遇大事，关乎魏祚国运，于是各引正史，连篇累牍，造成篇幅甚长之累。笔者基本全引，以供读者一览全貌。其实皆空穴之风，自惊自乐尔！

黄节引蒋师爚曰：按《三国志》高贵乡公甘露五年注："帝（髦）见威权日去，召王沈、王经、王业。"谓曰："司马昭之心，路人所知也。吾不能坐受废辱。今日当与卿自出讨之。"经曰："昔鲁昭不忍季氏败走失国，为天下笑。今权在其门久矣。陛下何所资用？"帝曰："行之决矣。正复死何所惧！"于是入白太后。沈、业奔告文王，文王（昭）为之备。帝遂率僮仆数百鼓噪而出。贾充逆帝、战于南阙下，帝自用剑，众欲退，成济曰："事急矣。当云何？"充曰："畜养汝辈，正为今日。"济乃抽戈犯跸。《晋书·文帝纪》：天子以帝三世宰辅，政非己出，又虑废辱，将临轩而行放黜，夜召沈、业，出怀中诏示之，戒严俟旦。沈、业驰告于帝，帝召贾充为之备。天子知事泄，率左右攻相府。诗谓"延年焉之"者，死何所惧之说；"明朝事"者戒严俟旦也；"日夕见欺"指成济犯跸事。（蒋氏见诗中有"计较在一时"，"若置明朝，日夕见欺"，便往曹髦举事之大处推想。乍得一隙，若有可通，乃径弃本诗开首之延年何为，子安何任，猗靡携持均不之顾也。妄也哉，下文另述。）

陈沆曰：此与上章王子皆指少帝也。此少帝讨司马师（应是"昭"）时所作，故其词忧危迫切。"悦怿犹今辰"幸未至死亡也。"计较在一时，"安危皆系此举也。机会之来，间不容发，日夕不图，难必明朝矣。（陈沆以

为指曹芳。陈为美曹芳之诛马之谋，乃置其鬻官卖爵、猗靡宫廷，沈嫚女德等不顾，此或纯儒心中之真价值观耶。）

陈祚明曰："凡为超举求仙之论者，嫉世而思去之，屈原《远游》之旨也。然不忍睠睠之思，纵使身去而心莫能已。"此"高丘"返顾，所以不觉泫然耳。"悦怿"句，幸犹未至死亡也；"计较"句，早宜及时筹策也，然终已无逮矣；"日夕且见欺"，即明旦亦不能待，当时魏祚之危，理势实已如此。（疾痛呼号，哀伤迫切，五内为之崩裂矣。使非此旨，则嵩山王子谁复欺之？）（陈祚明谓，此阮氏自咏也，咏魏祚之危，还说若不是指魏朝，怎会提到仙人子晋被欺。）悲乎，读诗之难，有若是者也！陈祚明云此诗"疾痛呼号，哀伤迫切，五内为之崩裂矣"，余竟未之见；而"卷之三"的第三十五章、第三十六章，阮子痛呼："但恐须臾间，魂气随风飘，"竟无一人留意者，人之见异乃尔！幸当日司马昭识得，即为之解厄脱困，否则，早误了卿卿性命也。

黄节引曾国藩曰：按："日夕将见欺。"似用季平子日入慝作事。黄节曰：《左传·昭公二十公年》：九月戊戌伐季氏。平子登台而请曰："臣请待于沂上以察罪。"弗许。"请囚于费。"弗许。"请以五乘亡。"弗许。子家子曰："君其许之。政自之出久矣。隐民多取食焉，为之徒者众矣。日入慝作，弗可知也。"杜预注曰："慝，奸恶也。日冥，奸人将起叛军助季氏，不可知。"曾氏以为暗用此事，亦与蒋师爚说合。（黄节先生解"日夕将见欺"曰：句与《左传》"日慝而作"同义，所有的做坏事，偷东西都在日没之后。用如许文字，如许学问，释一句口语，慎谨若是。笔者不敢仰其为文之崇正若是焉。接着黄节说本诗的王子是指曹髦，阮君于是呼唤少帝，说你"一何好"，若不计较，延之明天必将见欺。真是莫名其妙！是先生读之不明，还仅是说不清呢？）

黄节曰：王子，用王子晋事，与第二十二章，第六十五章"王子"二字同，意指高贵乡公也。（阮诗在上三章中有"王子"二字，是也，人共见之。

可惜黄节就是不肯说阮诗在三章诗中三及高贵乡公，意欲何为？）

又曰：《毛诗》曰"悦怿女美。"《释文》曰："说，本又作悦。"郑笺曰："悦怿"当作"说释"正义曰：宜为书说而陈释之"此诗用悦怿，宜作说释，谓高贵乡公与王经待讨司马昭时相说释也。"（古文字之多义性，当然迫使读者不得不作多种意义之揣测，但黄节坚说此处"悦怿"应读作说"说释"，恰与上下句难合：诗中前两句曰："王子一何好？猗靡相携持。"即今语"王生为啥这样好？亲热拥抱太迷人。"紧接下句"悦怿犹今辰"，我们应当选择阮籍所忆"欢乐仿佛犹在今早呢"？还是选择少帝对王经说，"今晨要举行政变了"呢？这是很容易分辨的。）

或曰：正是"王子"以下三句："猗靡相携持，悦怿犹今辰"及"计较在一时"这些亲密情话也可以用作君臣之谊解：第一句或言高贵乡公恳切提携诸臣，第二句经黄节考，是欲策划于今辰举事，第三句言当及时动手。以上三句尚能梳理成与曹髦起事相关之语。但阮籍为诗难道可以将他们君臣间的称谓、互美之辞，轻率、亲昵到说"王子一何好"吗？再说末一句"日夕将见欺"，究竟是谁欺谁呢？是君欺臣？臣欺君呢？还是说少帝曹髦若不抓住今日举事，明日必被司马昭所欺！即使这样，那么又如何解说上文："长生焉用"？"山中独坐"，"心怀所思"。"所思"在古诗中，不是常用以指"所念情人"吗？

蒋师爚又道是指成济，这是硬拉一个司马集团的死党来冒顶，且不说他在曹髦动手事件中仅是受曹髦率宫人围攻司马昭宅院的护卫，他杀了少帝，配说"天子被他见欺"吗？将先生自己所引的《晋书》注，其语即严正曰："指成济犯跸事。"他犯的是天下第一大罪：弑君！连司马昭都只能支支吾吾。蒋先生听不出"被见欺"三字只能用在亲爱者之间玩负心把戏时的怨詈声口吗？笔者每与前贤所解不同，总是从全诗整体来理解，再会通诗中一字一句之用意。总是从黄节之教，决不"摭字以就事"者，才一路走到了这里。

而陈沆先生以为，此诗乃"少帝（曹芳）讨司马师时所作，故其词忧

危迫切。'悦怿犹今辰'，幸未至死亡也。'计较在一时'，安危皆系此举也。机会之来，间不容发，日夕不图，难必明朝矣。"天哪！"悦怿犹今辰"可以形容"存亡之危，间不容发"吗？"悦怿"两字除了直语欣悦欢乐，难道有它义可用？这位状元公的学问、设想真正令人绝倒！

齐王芳，素顽劣无能，焉得亲自策划指挥，以为"安危皆系此举，机会之来，间不容发"等语。陈氏为文，最是奢靡虚华，前已多次指出，此处更造不实之辞，以张声势，不可与语焉。

黄侃曰：神仙之事，千载难期，纵复延年，终难自保。晨朝相悦，夕便见欺，方知预期明朝犹为图远而忽近也。（先生末句有违作者原诗句意，阮君末句本谓：我将即时前赴与欢，若明朝再处，这早晚之间可能便被他欺弄。）

陈伯君曰："高贵乡公与王沈、王经、王业等密谋讨昭，此何等机密事！且夜召沈、业……戒严重俟旦。"亦不过一夕间事，阮氏何能与知，而于当日忧危迫切，形诸吟咏，如蒋师爚、陈沆、陈祚明、黄节等等所言耶？

罗仲鼎曰：陈先生的批驳有相当道理，但也有漏洞。这首诗如果真如黄节等所说是为高贵乡公而作，当然也不一定非作于当日不可，事件发生之后，一切真相大白，也可对比抒发感慨。问题的关键还在于阮籍总的政治态度，在于他与曹魏集团的关系远不如司马集团尤其是司马昭的关系密切，因而从情理上说，对曹髦的死亡不大可能产生如此危迫之情。因此，此诗后半部分的含义，大概还在于刺世和愤世，诗人慨叹纷纷乱世，交道不终，人情反复无常，往往"晨朝相悦，夕便见欺"，因而令人悲惋不已。当然这个"所思"在诗人心中可能实有所指，但斯人已殁，年代又远，可能永远成为疑案了。（罗先生的驳辞如果置之平日，自可细评逻辑，但事实上幼帝甫亡，太后为阿谀典午，一口咬定天子欲谋她性命，一片舆论皆谓曹髦丧心病狂，岂能有是非，逻辑之辩？）

【译余骈言】

并不是说这一章诗有多重要，正相反。但是在这一章诗中，诸贤理会的诗意诗旨，与笔者的所见差异甚大，不可不辨之。笔者以为，要弄清诗中所指"王子"是谁，最重要的线索须看同诗所咏。若事关朝廷，则是朝中人氏，若舒及长生仙游自是神仙者流，若叙男女情爱。则应是嬖宠之辛也，可怜大多学者，见"王子"字样，便专意在王姓先生身上寻觅，瞠然无视"延年欲焉之"、"恻怆怀所思"、"猗靡相携持"、"悦怿在今辰"等十分有特色的心理情思，肢体语言，空自悬想宫廷斗争，曹马互搏。自是南辕北辙，无功而终。很明显，此诗是作者经心理调适后，决心不预曹马政争，为排遣无聊，又往深山访道觅药。在觅得好药之后，欲验药之灵验，不免浮想联翩，逐一检点旧侣，忽而想到分离已久的王姓男友，分离之事见"卷之二"的第二十七章、第三十七章，便急不择日，欲往重拾旧好也。

笔者所以坚持这首诗是阮籍在怀念史所未载的男性情人之诗，是根据阮籍一贯的文风和习惯作出延伸判断的。

盖阮籍是个外形放诞任性、蔑视礼教的不羁狂人，而在骨子里是个儒学深入骨髓，无以易之的儒生。他遵礼而行，比一般人的守礼仪规制更加严格。他的遵礼，出于内心上认识到遵礼者非以礼人，实是礼己，是对自己立身行事的认可。他是极骄傲自负的，因此不肯殆忽，也从来没有殆忽过。这是他已经写了近六十章的《忧思》之诗可以证明的。

专题调查：阮籍的语言习惯
阮籍从不用轻慢之言语人

先看他是怎样议及大人物的，蒋师爚以为诗中所说"王子一何好？"是指高贵乡公。须知高贵乡公曹髦，是阮籍最为热爱、崇敬的有抱负，有理想的天纵英才，是真正的天潢贵胄，在《忧思吟》中，曹髦第一次出场是在第四十五章，阮籍把他喻之为"芝英耀华堂"。其用语之华贵、尊荣，诗中无出其右。而曹髦于东堂讲业之时，阮籍虽限于官职较低，未与其盛，但得闻之后不胜仰羡，赞

美其为"海鸟运天池"（第四十七章）；"崇山有鸣鹤"（第四十八章），绝非人间凡品。

陈沆以为阮籍此诗所咏者是齐王曹芳。曹芳之劣，秽及史书，但曹芳毕竟是少帝，"卷之一"中的第十章就是阮籍愤慨其荒唐之劣行而专咏者，但阮籍所有愤怒的火力却都是射向那些攀附者的。"轻薄闲游子，俯仰乍浮沉。捷径从狭路，僶俛趋荒淫"（见"第十章"）于主事者却无一语风及。盖曹芳乃膺少帝之尊，在阮籍所受之儒训，为臣不得议帝王之过也。

曹芳于嘉平六年终于被废。虽然其人毫不足取，但既然是堂堂一朝皇帝，被臣下所废，阮籍其时，虽然缺乏制度建设重要性的概念，但已理会得其"事情"本身，其"规矩"被破坏，远比帝王其个人的废存重要。不能不引起阮籍的无限感慨，这种感慨不免有伤世风颓败，不君、不臣的叹喟，其中多少有悯叹君王见逐，悍臣逼宫之意，这可是直接对时政的批评，罪名严重，他不该说，不能说，而心中的感慨又不能不说，最后曲曲绕绕，诳编了一个回乡旅途所见风景的故事，夹进一句"是时鹑火中"，以专记少帝的被废之时间。写罢又惶恐不已，再补一诗申明是旅途独行所见之天文记述，"悠悠分旷野"（见第十六、十七章）诗中并无一语对少帝批评或不当之谓。这就是阮籍行文中对帝王的态度和造语。故不可能如今在诗中大呼"王子一何好"并紧接以"猗靡相携持"等轻狂之语。

出现在阮籍生活中次于皇帝一级的要数大将军曹爽和太傅司马懿父子了。曹爽出现在"第十一章"中，其时他们兄弟三人，已死去一年了。曹爽被诛可谓咎由自取，先敌于人，却虑事不周丧于司马之手。周年祭之时，仅语及一句，曰："高蔡相追寻"，是纯客观的描述，略有讽嘲之意而已。

而司马一家三人，都是阮籍的主子，阮籍怯以世变，决定以中庸之道相随，不徐不疾，不温不火"宁与燕雀翔"（第八章）终未有一言语及。

司马昭是阮籍命中的贵人。昭公自己说比较喜欢阮籍，待曹爽诛灭，司马一家独掌朝柄之后，他曾想将自己的儿子与阮籍的女儿联姻，结果阮籍大醉六十日，不曾与言，司马昭继位大将军之后，恰逢阮籍陷于里巷小儿众谤之灾，不得不仰求司马昭相救，整个"卷之三"都是阮籍写给司马昭的诗。向有力者求

救，用辞自是十分恭敬，最常用的是称司马昭是建木，称司马炎是射干，两者都神话中仙界之物，建木，更含庙堂栋梁之意，非常恰当。事成之后更称司马昭是荫庇阮籍的大树，是古代贤臣八元八凯那样的功臣。既未有失礼失敬之处，亦无有随口阿谀之为。

即使对于被诛了的何晏之辈，同为文士，在第十一章招魂中也称他为三楚秀士，不加损侮之言。李丰、苏铄，皆为曹芳帝党之人，谋反失败，阮籍但以李斯、苏秦相比，称其为"求仁自得仁，岂复叹咨嗟"，微讽而已。

于那些失势的王族则称之为"十日出旸谷"（第五十三章）。谑矣。然而取笑得恰似其分。读此诗前半不能不为阮籍描绘羲和御者的一本正经绝倒。

凡此种种，笔者可以坦言：正是在全部"三马同槽"诗中，根据阮籍的精确描述，虽然其辞或假之古史典籍，或引用山海志异，或形诸方外仙物，但只要根据其人之行之事，每能找到阮籍所指代者在现实世界的原型人物，从而以此着手，帮助还原出阮籍写作该诗的历史背景和写作动机。

第十章。诗讽少帝曹芳也，却无一语相及，仅在诗末谓周灵王的小王子王子晋者学仙有成，以映照今王子（少帝）之顽劣无成。

第十一章。"朱华振芬芳，高蔡相追寻"似纪蔡灵侯春日出游，实指曹爽兄弟因高平陵之游入陷丧身。所比身份悉当。

第十三章。以昔之苏、李，比今之苏李，皆求仁得仁，不智所为。

第十五章。以少年自承，隐代夏侯泰初，学而而已，枉抛心力；毕于丘墓，荣名安之！

第二十三章。以王子、青鸟喻司马昭遣子来抚。

第二十六章。以建木、射干分喻典午昭、炎父子。

第二十八章。以仰运天地喻司马之处于朝廷中枢。

第三十二章。以太极、昆岳仙境，拟典午所在之朝廷中枢。

第三十八章。以祥云朝日喻典午之尊。

第三十九章。以堂前华树拟典午之恩庇。

第四十一章。以持大弓、倚长剑之前古豪侠以颂典午武德。

第四十二章。以临难不顾,垂声后世之武德,颂献典午。

第四十三章。以八元八凯的勋迹拟典午厥功至伟。

第四十五章。以芝英辉耀华堂拟少帝髦之高贵。

第四十七章。以海鸟运天池喻少帝之高远志尚。

第四十八章。以崇山鹤鸣喻少帝东堂讲业的豪迈心志。

第五十三章。以十日沉水喻诸王殒天。

……

可见阮籍为诗,从无以轻慢之言语语人者,明"王子一何好"这样的口语,不可能用以少帝之称。在阅读"王子一何好"之句时,切不要丢了前面有"怀所思"三字,后面有"猗靡相携持"一句。的确,少天子曹芳,素乏君尊,《魏书》尝曰:"帝(曹芳)至后园竹间戏,或与从官携手其行。熙曰:'从者不宜与至尊相提携。'帝怒,复以弹弹熙。"事实上,曹芳与从人之间,何止"携手而行"!《魏书》还记有芳曾"延小优郭怀、袁信等于建始芙蓉殿前裸袒游戏,使与保林女尚等为乱"。可见"猗靡相携持"有其事矣,但又岂是阮籍本诗所语者?阮君何来啧啧称美之语"王子一何好"耶?语为慢亵之语,无疑也,事却指屡与阮君私情所好者。正人君子难与语焉。

将以上所总,我们再来考察本诗之所述。"王子一何好!"("王子、王子,你为什么那样好!")于陈沆所说的曹芳自是毫不相干,然将此用之于阮籍一生最最敬爱的高贵乡公岂非更是大谬!其造语之随便、轻率、失礼、紊乱,真是到了无以复加的地步,此岂阮籍之所为?此岂阮籍之所肯为!蒋师爚更荒唐的是称末句"日夕将见欺",乃"指成济犯跸事"!成济何人?大将军府护院也,官职不详,其兄成倅与其共事,同进退,乃一骑督也。小小骑督,奉命阻遏而已,怎配说得上是"见欺"帝君之人!他犯的是天下第一大罪:弑君之罪,哪可以轻轻地以"见欺"二字语之。蒋君引史曰:"成济犯跸",才是正确的写法。

可见此诗之用语,与以往阮籍诸诗中描绘正经人物的用语迥乎不同,故二陈及蒋氏之言,绝不敢从。而阮籍本人于男风固颇有宿好,综看全诗起讫,除

了断定其为一篇思念旧侣的情诗之外，难有他说矣。

又，第三十九章谢恩诗，喻典午为大树之荫，更进喻为无形之木。于此亦可见阮籍于所咏之诗，实有不得不一申欲言之强烈冲动在焉，这种冲动，是阮籍生命里的价值观与眼见之时事发生了激烈的冲撞所致，他要尽一切可能，略抒其感激积郁，虽有丢却性命之险亦在所不惜。他也确信，本人的才智聪明可以行之无碍，因而一篇又一篇，为我们、为他本人自己，构筑一座一座诗的迷宫。事实证明，阮籍是成功了。不仅当时人不识，即使二千年间的后来读者，也无人能识，众议嘈嘈，空留一地鸡毛。

阮籍诗作，所以被人称为十分难懂，其原因之一便是诗中真正要说的话，往往只是一句、两句，而其他的诗文都是这两句的技术辅助，这种技术性文句，有时要占全诗七八十以上。笔者在最初就举"第四章"为例。该诗本来只想说一句"政祸之来，似兰草之被新霜，遇之则摧"，为此，却用了八句文字，为其铺垫前后。其写作手法请读者留意。你要读懂阮籍诗，就必须要分辨哪些是主句？哪些是从句？甚至于是衍文？这项工作看似在全诗中找出这一、二句十分困难，其实不然，因为这一、二句担任主骨的文句，总是处在全诗中最突出、显著的位置上，而其他诗句，往往是用过的旧文，或渲染的景句，或仅仅是为了文义的连贯。虽然这样说，但的确容易受其他辅助文句的干扰。特别困难的是这样两个难点：一方面随着阮籍世故的加深、文学技巧的提高，他在表述心中欲写之事时，文句愈来愈含蓄平淡，出语自然，使人不见其心底波澜；另一方面，有些诗篇，明明看到阮公有话要说，甚至已经在诗句中流露出了他的感慨平章，也许在当时、当年是件人人所知的丑事丑行，但年代久远，早已湮没无闻。大家知道古代史书都专为帝王作纪、乡相作传的，小一点的人物，特别是弱势的人物很难进入史家视野。于是，作为今天的读者，虽然或许感觉到这些文句后面有故事，也因无史料印证，说不出任何话来，徒然让《忧思吟》中的这些不平之鸣回荡于疑而未晓的读者心中，惆怅无已，这真是无可奈何啊！

现在说说这"第五十七章"的作者写作立场，明述笔者之所见曰：这一章

诗，也和"卷之三"的十八章一样，阮籍也是闲到脊梁背冒油的时分。故可以断定是在高贵乡公讲业已完，举事之前的期间所作。阮籍弄明白了自己的身份处境：第一，他对高贵乡公心情虽热，但他仅是大将军府的从事中郎，官级不够，与少帝说不上话；第二，高贵乡公一时间尚未识阮公心志，以为他是个放浪形骸的玄学之士，不知道阮是个内心依旧守着儒学，热心帝王事业的儒生，先验地对于朝廷有一种认同。刘汉既亡，曹魏为继，即使是像曹芳那样不成器的天子，败亡之时，也作不胜感慨之语；何况新来的高贵乡公"文同陈思，武类太祖"，是少有的英彦少帝，在阮籍来说，真是倾心已极。最为难处的是他不久前刚刚领受了司马昭对他的一份极大恩情，把他从困厄中拯救出来。大恩未报，怎忍背之！一面是有恩于身，一面是大义所在，他真不知道如何是好！唯一的办法是故作置身事外，不闻不问。从第五十二章起，他就开始转向掉头，不再心系少帝的中兴大业。即使如此，社会的不公，才志之难申，依旧使他常常创痛难言。

现在让笔者来一叙本诗。这一首诗乃索性想再度沉醉于男风之好，以感官的恣乐来转移自己的思绪，所以坐在山中便逐一检点以往的情侣。他为什么去山中呢？从本诗的第一节四句，他嘲笑升遐无期，长生何事，可以揣测，大约是去访药寻道的。从长生何事自问，既不能从政高蹈，又寻不着仙者，剩下的只有寻找声色之娱了。这是唯一的选择。用不着提醒读者，前文"第十八章"，我们已经见过阮君的自述：

视彼桃李花，谁能久荧荧。
君子在何许？叹息未合并！

那语气索求，和本章第三节的"王子一何好？猗靡相携持。"何其相似，那么地熟悉！那么地热切！

于是，第二节便逐一检点当年的旧侣，一想起他以前的男友，那一股热切的劲儿，便使他完全沉湎其中了。笔者不禁猜想，阮公这一次山中访道，一定觅到了好药，并且刚刚试服甫毕，正在燥热之时。

诗中第三节的焦点，唯在男色上，生怕晚了一步，又再次受骗落空。（上

一次其实是阮公自己在急难关头甩了男友的。阮曾多次将小过委人,殊属不智,乏勇懦陋!)想到这点,马上掷笔而去了。诗也即此结束。

读本章诗,若明其所云,则知作者自"第五十二章"以来,已努力跳出了"少帝中兴热"的漩涡,不仅再未以社会政治生态作为主题,而且更连社会丑态也不再指斥了,他径自掉入自己的声色圈中了。对此,我们应当庆贺他呢?还是不由不叹一声"呜呼!"

第五十八章（原五十六）
贵贱在天命（一）

第五十八章

贵贱在天命，穷达自有时。

婉娈佞邪子，①随利来相欺。②

孤恩损惠施，③但为谗夫嗤。④

鹡鸰鸣云中，⑤载飞靡所期。⑥

焉知倾侧士，一旦不可持。⑦

【今译】

富贵贫贱，悉在天命；
穷厄顺达，自有其时。

伶俐狡猾的佞邪哥，
你凭什么闻到点微利就来对我施虐相欺。
用刻薄辜恩的手段，回报曾给你的优遇；
如此作为，连告密进谗的也在鄙嗤！

我卑弱的同命兄弟，正远远地在云中哀鸣，
他们飞呀、飞呀，怕再不会有什么归期。
你们这些左右逢源的反复之徒，
总有一天会山穷水尽痛哭哀涕。

【笺注】

① 婉娈，少好貌。

佞邪子，佞，奸诈。邪，邪恶。奸邪小人。

② 随利，黄节曰：《汉书·地理志》曰：周人之失，巧为趋利，贵财贱义，高富下贫。随利，犹趋利也。又，"随"与"追"古通用。《离骚》曰：背绳墨而追曲兮。王逸注曰：追，犹随也。《史记·礼书》曰：追俗为制。皆随、追通用之证。则"随利"犹"追利"也。

③ 孤，《集韵》：负也。黄节曰：李陵《答苏武书》曰："陵虽孤恩，汉亦负德。""孤恩损惠施"，与其五十一诗"丹心失恩泽，慈惠未易施"意同。

④ 谗，《庄子·渔父》篇：好言人之恶谓之谗。《荀子·修身》"伤良曰谗。"《说苑·臣术》：蔽善者国之谗也。黄节引《荀子》曰：谗夫多进反复言语。

嗤，《玉篇》笑貌。

⑤ 鹡鸰，黄节引《诗·小雅·小宛》曰：题彼鹡鸰，载飞载鸣。笺曰：载之言则也。《尔雅·释鸟》：鹡鸰雝渠。《诗·小雅·常棣》："脊令在原，兄弟急难。"

传：" 脊令，雝渠也。飞则鸣，行则摇，不能自舍耳。"笺云："雝渠，水鸟，而今在原，失其常处，则飞则鸣求其类，天性也。"黄节又引东方朔《答客难》曰："此士之所以日夜孳孳也，修学敏行而不敢怠也。譬彼鹡鸰，飞且鸣矣。"按胡绍英笺云：善曰：《毛诗》曰：题彼鹡鸰，载飞载鸣。今《小宛》作脊令。按鹡鸰鸟之飞鸣不息，犹士之孜孜不怠，因取以譬焉。传：脊令不能自舍，君子有取节尔。笺曰："则飞则鸣，翼也，口也，不有止息。"皆其义矣。

⑥ 黄节曰："靡所期，"犹言无期也。

⑦ 倾侧士，《礼记·曲礼》："倾则奸。"注："视流则容侧，必有不正之心存乎胸中，此君子所以慎也。"《尚书·洪范》"无返无侧。"注："不偏邪也。"此处指诗中佞邪子及鹡鸰鸟等，吾顺利之时，便来趋附。有难之时，便远扬他飞。甚或刻薄相欺焉。

持，黄节曰：犹保持也。按《诗·大雅·兔罝》疏：执而不释谓之持，是手执之也。

【前贤评述】

黄节引蒋师爚曰："佞邪子，谗夫，倾侧士，谓王沈、王业一流。'孤恩损惠施'悼高贵乡公也，'鹡鸰鸣云中'以况王经。《三国志》注：《世语》曰：王沈、王业驰告文王，尚书王经以正直不出。《晋诸公赞》曰：沈业将出，呼王经，经不从，曰：吾子行矣。"（非是，沈、业之徒，典午设伏于少帝左右者，其所用心者，不在阮籍身上。非本诗所指。"孤恩损惠施"，用之曹髦显系未当，但曹髦在时人心中之高尚岂仅清清而已。）

吴汝纶曰："言自修之士固靡所归矣；不知倾侧者何以亦不可久也。"（随时而变，左倾右侧。若坚守一贯，何言其为倾侧者！）

黄侃曰：倾侧之士，孤恩损惠。穷达异状，则离合殊情。势交、利交，何能终持耶？（言之是。若能更进言谓阮公何以在此时将此语入诗，便明而达焉！）

黄节曰：孟子曰：万乘之国，弑其君者必千乘之家，千乘之国，弑其君者，必百乘之家。万取千焉，千取百焉，不为还多矣；苟为后义而先利，不夺不餍。此"利"字指弑君篡国言。黄节又曰：载飞无期，似指太后诏收经诣廷尉事，倾侧士似指成济兄弟。济既弑高贵乡公，司马昭又奏太后收济家属付廷尉治罪。《魏氏春秋》曰：成济兄弟不即伏罪，袒而升屋，丑言悖慢，自下射之，方殪。诗，所谓"焉知倾侧士，一旦不可恃"也。（先生之意谓"倾侧士"者，一旦倾侧，便遭不测之遇焉，此说与诗中"随利相欺"、"孤恩损惠"、"载飞靡所期"有异焉；但倾侧士们，其所行等而愈下，本无原则、操守，随时随利而动则一也。）

【译余骈言】

从本诗起，先后五诗，组成新的诗群故事，首尾俱全，前三首毕尽故事本身，后二首，乃酬谢典午之作也。为清段落，在原文的标题后标"一"至"五"为识。

在陈伯君先生所缉《前贤评述》中，蒋、吴、二黄均言此诗系记高贵乡公案中诸参与者。笔者对此难以附同。

关于上一章的诗义，笔者已考之为阮籍思念男性情侣所为。从前面的诗作来看，凡阮籍咏及个人的情恋之诗，从无有两章以上相继者，上一章的文辞流利轻滑，起手四句便对世人千秋之愿给予轻嘲，一笔宕开。第二节写到情人王生了，再动起情来。这些已在前文作了详述。

但是本诗的文风却大异前诗，阮籍表现得异常愤慨、激烈，你们听一听他的开场语："人之贵贱，那是天命；否泰穷达，时运未至耳！""你们这些坏坯子，凭什么趁我困厄之时来逐利欺人！"那疾言愤斥之语，明明是指佞邪子们欺侮到了阮籍的头上。

第二节四句，前两句继续描绘佞邪子的无耻嘴脸，"孤恩损惠施"，这一句表明那逐利来欺的佞邪子，本是以前相熟之人，大约都是同僚吧，以前是受过阮籍好处的，现在却来反噬恩人。这是阮籍从来没想到的。说"从来"，是指阮

籍《忧思吟》中前面的作品，在前面诸作中，阮籍最最厌恶的小人，总是指"逸夫"一类人物，如钟会之流，但这一次似乎原来的"逸夫"不但没有再损他，反而出言讥笑佞邪子们的不德。从这两句诗中，他将佞邪子与以前一直是最痛恶的逸夫小人相比。我们更有理由说，这里的佞邪子等，都指的阮籍身边之敌，而非笔者所指参与高贵乡公举事的集会，而中途驰告司马昭的王沈、王业者。

第三节的笔锋都指向阮籍素来相熟交往的朋友们，他们如今看到阮籍又出事了，虽然不乏同情之思，但都躲得远远的，避祸而去也。在诗中阮籍上一句用了《诗经·小雅·赏棣》的典故称他们为同命兄弟，接着不失时机地又用《诗经·小雅·小宛》中的话，在下一句里讽刺鹡鸰们载飞载鸣远他而去，再无归期。

最后两句，"焉知倾侧士，一旦不可持"，概括作结。"倾侧士"者，今谓反复之徒也。据黄节说"倾侧士"似指"成济兄弟"。笔者认为成济兄弟仅是执行司马昭集团旨意的工具，他们的弑君之罪在历史学家看来也许是大罪，但他们的道德行为实无大过可言，若从职业道德相责，更说不上有什么过错，以及反复之行，除非黄节将"倾侧士"解作"倾覆社稷之士"，那未免太过分了吧！（且也不具资格。）

在笔者读来，末二句是全诗的总结。佞邪子当年微贱时受过阮籍惠施，当时必有奉承之后报吧！阮君健忘已不记其德。如今此番乃阮籍遭困，便逐利来欺，阮便称此即倾侧之行也。鹡鸰们的习性本是两面的，据说最早发现这一特性的是周文公，《国语》曰：周文公之诗曰："兄弟阋于墙，外御其侮。"对内窝里斗，对外一起上。不料千余年后的鹡鸰改了做法，兄弟有难，载飞载鸣，避之唯恐不及。故窃以为在阮籍眼中，两者都是倾侧士也。读者们觉得黄节所解和笔者所解，何者稍近文义耶？

译解诗文本义，就这首诗来说也并不难，只要顺从阮君本人所呈现的内容，按照其诗意展开的内在逻辑，不妄加字外之义，大致也就这样了。令人不解的是，为啥阮籍又在本诗中诉说起朝中的佞邪小人乘他不幸之时，又对他进行了新的攻击；为什么他昔日的朋友们见他惹上了麻烦，又纷纷远避而去？阮籍在

这之前，并没有露出过愤激之辞，也不曾有一丝影射权贵们的不当之为，为什么又陷入了不幸和麻烦之中呢？

从第一节开头的愤慨之语，我们就知道阮公又遇到了新的麻烦。再就以下诗中连斥佞邪子、脊令鸟等倾侧士，可见为敌者甚众，这个麻烦还不小哩！也许阮籍的生活中又有了新的故事，一组新题材的诗群又诞生了。

我们且来看一看他下一章诗又咏些什么？

第五十九章（原五十七）
惊风振四野（二）

第五十九章

惊风振四野，① 回云荫堂隅。②
床帷为谁设，几杖为谁扶。③
虽非明君子，岂暗桑与榆。④
世有此聋聩，⑤ 芒芒将焉如。⑥
翩翩从风飞，⑦ 悠悠去故居。
离麾玉山下，⑧ 遗弃毁与誉。⑨

【今译】

狂风在野地肆虐，

乱云影里掩藏着一处堂隅。

床帏犹在，不知当年是为谁所设？

几杖斜拄，昔日又谁在持扶。

即使算不上什么明达君子，

岂不知人生有衰老迟暮。

世界上偏有这么一个又盲又聋的汉子，

旷野茫茫，不知他将走向何处？

摇摇晃晃，似乎在随风飘荡，

悠悠颤颤，就这样离开了故居。

他来到了距西王母不远的玉山之下，

从此以后，再不想听到世上的褒贬毁誉。

【笺注】

① 振，《广韵》：动也。又同震。

② 回云，云絮回绕，为风所乱。

③ 黄节引《释名》曰：床前帷四褵。

又引《礼记·曲礼》上：大夫七十而致仕，若不得谢，必赐之几杖。

④ 暗，《庄子·齐物论》注，黯暗，不明貌。蒋师爚引《淮南子》曰："日西垂景在于树端，谓之桑榆"。桑榆，以喻人之晚年，犹日景之西垂也。暗，疑为"闇"之误。闇，知晓之意。（甚是）。

⑤ 黄节引《说文》曰："聋，无闻也。"《类编》"瞆，目无精也。"

⑥ 黄节引《诗·商颂·鴥》毛传："芒芒，大貌。"按《孟子·公孙丑（上）》注："芒芒，罢倦之貌。"如，往也。

⑦ 翩翩从风飞，"谓奉策"。黄节引《毛诗·鄘风·载驰》毛传曰："悠悠，

远貌。""悠悠去故居,""魏故而晋新也。"（其"奉策","魏故而晋新"之谓,大谬焉。终阮籍一生,于五十四岁上,景元四年,为郑冲作《劝晋王笺》。冬十月,诏以征蜀诸将献捷交至,复命大将军昭进爵位,如前诏,昭乃受命。司马昭只封了魏国的晋王。接着,也就在这年冬阮籍便死了。何来"悠悠去故居",先远故魏而趋新晋焉,阮籍能预知司马昭命他儿子司马炎夺魏为晋邪？）

⑧蒋师爚曰：《礼记·曲礼》注,离,雁也。"两",疑植字有误,原文或"网"也。网罗谓之罹。《周礼·巾车》："建大麾以田。"大麾,色黑。（麾者,旌旗之属,作指挥用。《周礼·春官·巾车》：建大麾。因而也可解作指挥,招手的动词,通"挥"、"扐"。《书·牧誓》王左杖黄钺,右秉白旄以麾。）

黄节曰："离麾"当作"离靡"。为"靡"之本字,传写去"非",又反手为"毛"遂误作"麾"。司马相如《上林赋》曰："布获闳泽,延曼太原,离靡广衍。"李善注曰：离靡,离而邪靡,不绝之貌也。（文人饱学,愈演愈远也。）离,力尔切。蒋师爚以麾为大麾,盖官骑排执之以为前导者,恐非是。玉山,传说西王母所居,见《山海经·西山经》。

离麾,如离骚之离,乃罹也。故"离麾"。犹罹麾也。麾,军旗,行军作战指挥所用,《墨子·号令》"城上以麾指之"。"离麾玉山下,"依傍玉山西王母的大麾左右也。三年前,阮籍陷里中群小之攻,向司马昭申救,昭遣其子司马炎往抚,籍为诗谢之,称炎为西王母信使青鸟焉。（"青鸟明我心","卷之三"第二十二章。）今阮又向司马昭求救,以西王母居地玉山指代遥接第二十二章故事也。

玉山,《山海经·西山经》,玉山是西王母所居也。清毕沅以为在肃州西七一里,昆仑之连麓。

⑨《孟子·离娄（上）》：有不虞之誉,有求全之毁。《庄子·盗跖》篇：好面誉人者,亦好背而毁云。《韵会》：毛氏曰：忌其人而毁之,媚其人而誉之。

【前贤评述】

曾国藩曰："首四句有时移势异,举目山河之感。（拟言之奢,乃若亡斧者自惊也。曾氏不识阮籍故以描述语叙自身移居后之零落。）翩翩二句,

言时移势殊，我亦遗世远举，不效世之聋瞶贪恋禄位，茫然不知玉步之已改也。"（阮氏为诗之时，晋尚未受魏禅。此乃三数年后之事，未之当也。但是，曾氏的确见到了阮诗诗风的显著变化。）

黄节引王闿运曰："言魏之将亡，路人皆知，追怨爽、晏之聋瞶也。"（释述不当。若谓爽、晏之既聋且瞶，其时爽晏二人已诛八年矣，距魏之将亡，尚有六年之远。）

黄侃曰：常人亦知有死，非唯明达能知。而溺情名利者，则忽如聋瞶，忘其身之易消。唯明达者乃能决弃毁誉，长往不返也。（亦思之远远者。）

黄节曰：此诗盖责当时之大臣，受魏帝恩礼者，不知国之将亡，故愤而为屈子之远游也。（阮公自蒋济、曹爽征辟以来，屡托病辞辟，司马懿征之，为避爽党之嫌，不得不应，应也不乐，见"第九章"。参见本书末《阮籍年表升迁订正》一文。及司马昭执政，臣主相谐，无所事，亦未获迁，故阮氏对曹马政权及芳帝从未有推恩之念。司马师废芳，愤其妄为，无怜少主焉。先生之言未当。）

蒋师爚曰："按此有所不足于郑冲也。《晋书·郑冲传》：冲，开封人，位登台辅，不预世事。魏帝告禅，使奉策；武帝践阼，拜太傅，抗表致仕，赐几杖、床帷，官骑二十人。"

以下乃伯君先生评语，原文相连，笔者为其分行区之。笔者之言，求之床帷，几杖云云，辞颇有据。然考之《晋书·阮籍传》，籍以景元四年冬卒，而魏禅于晋乃咸熙二年，是籍死后经二年魏祚始尽。又《郑冲传》以泰始九年抗表致仕，赐几杖、床帷，则更在籍死后十年矣，诗中何由及之？蒋氏言之，未之深考耳。（先生所考甚是，这是一种谨细严肃的态度，笔者于本书亦勉力追效焉，不敢有一事之失。）

陈伯君曰："《晋书·山涛传》：帝以涛清俭无以供养，特给日契，加赐床、帐、茵褥，礼秩崇重，时莫为比。"又，《晋书·王祥传》赐几杖、床

帷、簟褥。（先生另供二例，再见蒋议之言未必。可惜先生未曾明阮君诗中何以先叙几杖、床帷之陈，继有聋聩之焉如，后有离麾玉山之行？固亦抉字敷文之陋！）

【译余骈言】

上章之末，笔者尝云，"且看下一章所咏为何。"冀次章得见更多信息也。果尔，此章在背景信息上甚胜于上章。笔者遇到了在"卷之三"中所熟悉的用词："玉山"。夫玉山者，西王母所居焉。前第二十二章曾记有西王母派来青鸟使者抚慰阮籍之事，乃知"离麾玉山下，"系阮籍欲再托庇于司马昭大将军之隐语也。读者只要解得这句，全诗诗意必将了然矣。

本诗第一节的写法，特别有现代感，完全用画面语言作大场景俯视式的描述。先是从狂风呼啸开始，继以乱云迅旋，然后在云缝之中下视，由房舍的全景，推进为中景，见室内之陈设，从床帷……变为几杖斜凭的特写，再退回来，室内空无一人。真仿佛是一段长镜头的视频语言。

就诗的内容来说，这又是一首阮籍向司马昭申援的求援书。阮籍急难之时，依旧向他求援，且依旧用的"卷之三"定下的老方法。诗中第一节不欲人知者，此乃求援之事也。但假首两句，示意形势之危，身处之险，故作描述状。三、四句谓，人去楼空，不欲居矣。

阮马之间有一点令人特别感动，又令人异常纳闷之处，感动的是阮籍不仅深信典午见诗以后，必将救他，而且首先知道典午是一定懂得他诗中求援之意的；而典午也悉如阮籍所信，不久就出手为他弥平灾祸。史载二人不过常与谈戏耳，神契乃尔！令人费解的是阮籍既信典午必识诗意，且更信除典午之外，虽天下滔滔，必无人再能识诗中请托援手之意。果不其然，阮马二人不仅视当时无数贤君了、恶小人于不顾，且视千百年后名贤宿儒亦尽皆瞆聋之辈也。笔者何幸，能得见此奇事。

第二节乃自遣之辞，"虽非明君子，岂暗桑与榆"，承认自己行为失当，实属不智，年岁渐长，应知桑榆之迫。也许阮籍真的长大了，也许这是阮籍再次

向司马昭求援，使得他进一步认识到了这位比他年龄小一岁的大将军，确是能力非凡，沉稳有宜。总之他不再像以前那样，一面夸耀自己，一面委过于人，现在总算懂得应当默默地咽下自己惹来的所有麻烦。"世有此聋聩"称自己既聋且聩，即不敏不察之意，自承过失在己也。行文近末，终于吐露求援之意，他在原地待不下去了，不得不离开了故居（"悠悠去故居"）希望能托庇于麾下，（"离麾玉山下"）不问面临将来的是荣是辱，但愿脱困而已。"遗弃毁与誉"，大概有两方面的含义，其一交代愿接受的处理底线，我不计荣辱都可以接受，请大将军放手施行；其二多少也透露出阮籍这次又遭众谤的起因，与毁、誉有关。不像上一次遭困是介入了家族间的财产之争。

因毁誉之争，引起轩然大波，在阮籍身上只能是这样一件事。

《晋书·阮籍传》：性至孝。母终，正与人围棋，对者求止，籍留与决赌。既而饮酒二斗，举声一号，吐血数升。及将葬，食一蒸肫，饮二斗酒，然后临诀，直言："穷矣！"举声一号，因又吐血数升。毁瘠骨立，殆致灭性。裴楷往吊之，籍散发箕踞，醉而直视，楷吊喭毕便去。或问楷：凡吊者，主哭，客乃为礼。籍既不哭，君何为哭？楷曰：阮籍既方外之士，故不崇礼典。我俗中之士，故以轨仪自居。时人叹为两得。

籍又能为青白眼，见礼俗之士，以白眼对之。及嵇喜来吊，籍作白眼，喜不怿而退。喜弟康闻之，乃赍酒挟琴造焉，籍大悦，乃见青眼。由是礼法之士疾之若仇，而帝每保护之。

《三国志·王粲传》注引《魏氏春秋》曰："籍旷达不羁，不拘礼俗。性至孝，居丧虽不率常检，而毁几至灭性。"

《世说新语·任诞篇》：阮籍当葬母，蒸一肥豚，饮酒二斗，然后临诀，直言："穷矣！"都得一号，因吐血，废顿良久。注引邓粲《晋纪》曰：籍母将死，与人围棋如故，对者求止，籍不肯，留与决赌。既而饮酒三斗，举声一号，呕血数升，废顿久之。

《名士传》曰：阮籍丧亲，不率常礼。裴楷往吊之，遇籍方醉，散发箕

踞，旁若无人。楷哭泣尽哀而退，了无异色。其安同异如此。又引戴逵论之曰：若裴公之制吊，欲冥外以护内，有达意也，有弘防也。《太平御览》卷五六一引《裴楷别传》曰：裴楷少知名而风情朗吾。初，陈留阮籍遭母丧，楷弱冠往吊，籍未离丧位，神志晏然，至乃纵情啸咏，旁若无人。楷不为改容，行止自若，遂便率情独哭，哭毕而退，威容举动无异。

《三国志·王粲传》注引《魏氏春秋》曰：籍口不论人过，而自然高迈，故为礼法之士何曾等深所仇疾，大将军司马文王常保持之，卒以寿终。《世说新语·任诞篇》：阮籍遭母丧，在晋文王坐进酒肉，司隶何曾亦在坐，曰："明公方以孝治天下，而阮籍以重丧显于公坐饮酒食肉，宜流之海外，以正风教。"文王曰："嗣宗毁顿如此，君不能共忧之，何谓？且有疾而饮酒食肉，固丧礼也。"籍饮啖不辍，神色自若。注引干宝《晋纪》曰："何曾尝谓阮籍曰：卿恣情任性，败俗之人也！……复言之于太祖。籍饮啖不辍。故魏晋之间，有被发夷傲之事，背死忘生之人，反谓行礼者，籍为之也。"

《魏氏春秋》曰：籍性至孝，居丧虽不率常礼，而毁几灭性。然为文俗之士何曾等深所仇疾，大将军司马昭爱其通伟而不加害也。《晋书·何曾传》：时步兵校尉恃才放诞，居丧无礼，曾面质于文帝座曰："卿纵情背礼，败俗之人，今忠贤执政，综核名实，若卿之曹，不可长也。"因言于帝曰："公方以孝治天下，而听阮籍以重哀饮酒食肉于公座，宜摈四裔，无令污染华夏。"帝曰："此子羸病若此，君不能为吾忍耶？"（请读者留意"宜摈四裔"这四个字，在下一章中我们将重见之。）

在这些材料里，记述的重心都落在阮籍丧母后，何曾与司马昭的对话上，就史家而言，固当如此。然其原初之时，必有许多礼俗之士，不堪阮籍丧母后的不守礼制之行，非议良久，形成共识，以为谴谪阮籍必有把握，遂有何曾面责于典午之事。笔者以为阮籍所写的上一章诗和本章之诗都是即记礼俗人士之非议种种也。嵇康《与山巨源绝交书》云："（阮籍）至为礼法之士所绳，疾之如仇"。可见当时朝野风气，可见阮籍当时处境之危。或曰："君所引材料均记其

丧母前后之行,阮籍面临丧母之大恸,能无一言见之于此求援诗耶?"曰:"岂有陋者若斯乎!阮籍诗中若有一言语及母丧,岂非将求援之私大白于天下,岂非尽显阮马二人之私谊哉。"("卷之三"司马昭遣子为使,抚慰阮籍,笔者虚拟典午之意,称其雅不愿将其亲亲仇仇之私,揭诸与众,乃其一贯所仍也。)

第六十章（原五十八）
危冠切浮云（三）

> 第六十章
>
> 危冠切浮云，长剑出天外。①
>
> 细故何足虑，高度跨一世。
>
> 非子为我御，逍遥游荒裔。②
>
> 顾谢西王母，③吾将从此逝。
>
> 岂与蓬户士，弹琴诵言誓。

【今译】

危危高冠触浮云，
烨烨长剑倚天际。
琐琐细故，何足挂齿；
襟怀高迈，睥睨一世。

善驭的非子为我驾起马车，
逍遥以游兮如今正"远赴荒裔"。

回身谢别西王母，
吾将从此作远逝。
岂能再与蓬户辈，
琴酒斯昵复盟誓。

【笺注】

① 黄节引《楚辞·涉江》曰："带长铗之陆离兮，冠切云之崔巍。"并引王逸注曰："言己内修忠信之志，外带长利之剑。戴崔巍之冠，其高切青云也。"

② 蒋师爚引《史记·秦本纪》曰："非子居犬丘，好马及畜，善养息亡。周孝王召使主马于海珠区汧渭之间，马大藩息。"曾国藩曰："非子，秦之先世。"荒裔，《史记·五帝纪》："乃流四凶族迁于四裔。"贾逵注："四裔之地，去王城四千里。"

③ 西王母，黄节引《山海经·海内北经》曰："西王母梯几而戴胜杖，其南有三青鸟，为西王母取食。"《卷之三·第二十二章》曾纪西王母遣青鸟为信使，往抚阮籍。此章遥接前事径称司马昭为西王母又再为阮母丧失仪脱困焉。

【前贤评述】

黄节引陈祚明曰：此与"鸿鹄相随飞"一章（第四十四章）略同。（慧眼所见，确属同一心境，同一诗旨。）彼云"网罗孰能制"故知乡曲士，言

彼徒也；此云"弹琴诵言誓"似蓬户士亦有志而无权者；志异辞同，隐士也。思之计之而不得，复欲置之，直以为细故矣。（语甚无谓！）

黄节引蒋师爚曰：此即嗣宗所谓大人先生也。谢西王母，仙亦不足学矣。（笔者读之，与之有异。"谢"之一字，虽不无辞别之用，但更是隆重感谢之谢，盖西王母者，司马昭指代之隐语也。卷之三中已用之在先。又，世本无仙，更不必学也。）

曾国藩曰：此首亦有高举遗世之意。黄节又引曾国藩曰：末二句似讥拘守礼法之士。（曾氏既不曾读懂过"卷之三"诸诗，也不知上引《晋书·何曾传》何曾尝向司马昭面谗阮籍，谓其于母丧之期，食肉饮酒，"宜摈四裔"的话。盛名之下，出语尤慎，未必害人，必将损己。）

黄侃曰：远游负俗，阮公所以见嫉于礼法之士，殆以此欤？（先生谬矣，阮君此诗非谓自己远游负俗，见嫉于人；而是前两诗所言，母丧失仪，遭众疾评。得典午之援后，围评即止，乃洋洋然宣称，尔等本欲将予"宜摈四裔"。今日有善驭之非子，送我远游荒裔，"哈哈，君等将何如哉！"）（所失与曾公若。）

【译余骈言】

一直以来，笔者所解均与昔贤有别，余不能接受诸贤之说，唯以作者之文辞为准。虽然如此，心中犹不免一直惶惶焉、惴惴焉。直到读完此诗，乃敢放下心来，大胆地、快乐地向诸君宣称：这"第五十八章"、"第五十九章"、"第六十章"三章，乃是作于阮籍丧母之后，因守丧不依成法，遭群小攻讦，再向司马求援之诗。这样阐释是完全正确的，因为现在有了两个不可撼摇的证据。

第一个证据。"离麾玉山下"，离麾。离通罹，罹麾，托庇于大将军麾下。窃前曾以为是托庇司马昭大将军之言，果然，典午得诗，即为之当众宥释其事。那经过，大约就是他公开劝说何曾的话："此子羸病若此，君不能为吾忍耶！"此言一出，谁能不听司马昭大将军之言，再坚要阮籍守礼哉？阮籍之厄遂烟消

云散也。本诗便作于司马昭放话之后。阮籍于诗中便大言炎炎，一开头就借屈原之诗句说：我的帽儿高高，我的佩剑长长，我自有我高尚的节操，远大的胸怀，哪在乎小小的波澜挫折。

　　第二个证据是第二节的前两句。曾国藩以为有高举遗世之意，非也。这二句是回敬何曾的。上一章诗，笔者曾引《三国志·王粲传》注引《魏氏春秋》，及《世说新语·任诞篇》记何曾面诉于司马昭曰："公方以孝治下天，而听阮籍以重哀饮酒食肉于公座，宜摈四裔，无令污染华夏。"故今日阮籍回敬之歌曰："非子为我御，逍遥游荒裔。"他是唱给何曾听的：现今我果然来到了荒裔，但是逍逍遥遥地来的，是最好的御手非子送我来的！其高兴之情、得意之状，栩栩然似在眼前！这和他上一次从乡里纷争中脱困后说的："鸿鹄相随飞，飞飞适荒裔。""抗身青云中，网罗孰能制。"何其相似乃尔，几乎是同出一辙。一样的得意口吻，一样是说给对方人所听。见"第四十四章"。这不是笔者猜中诗意的铁证么，虽三首诗中未及丧母一事，又何妨哉！

　　不是诗中已完整地、报复性地使用了何曾先前的进谗之语了吗？这个谗词难道能用于别处吗？有此谗词，乃见此处记丧母事之确证尔，其实无此一证，从三首诗的前后内容，首咏遭众围评，次咏将离家无依，三咏脱困谢别，这才是内在的逻辑脉理，至于众人皆知的母丧失仪之事状，一般不会出现在阮的求援诗中，司马昭身居高位，心怀远图，不欲人知其为应阮之求情而出面作言，只肯示人是自己有见阮子赢弱而怜之，乃宅心仁厚而非私己者有托焉。于阮籍自更不愿人知其遭众人之困而卑词乞求有力者垂援之事。

　　"卷之三"全是阮籍致典午之"私信"，事过即渺，兹三章乃又为母丧失仪遭困，不得已，复为故智相求。

　　接下去的第二节三、四句乃是感谢司马昭之言，上一首诗用玉山，乃西王母所居之地，这一首，径称西王母，都是指司马昭也，这是"卷之三"以来，一直使用的隐指手法，西王母者，仙界第一人也。"吾将从此逝"，非将从仙远逝也，乃是向西王母保证，我今后将远小人而防君子，不再重犯这类过失了；我一定会走避得远远的。

　　最后两句及蓬户士，乃是故意隐避所指，把上一卷"第二十章"家族纷争时

的同伙再牵出来障人眼目。("蓬户士",也可译成"乡巴佬",即"不开眼界的"、"没见识的"等等,直斥对方也。)其实这次的对手都是朝中同僚,都是"倾侧士"们,困厄既解,不说为好。

笔者至此,敢以向读者快乐地宣布:看来,笔者阐释的解诗法至今尚未出过差错,每一件事的背景,主要是向诗中去求,先理会诗文中的诗情、诗意。诗文中虽没有具体证据,但包含了作者的写作动机、写作背景。阮籍写诗,确是不轻易动笔,而动笔之前必有其不得不吐之块垒在胸;而其动笔之时,则已有不可移易之指代物在焉。这就是具体之证物。得其二者,不再深探,亦骊珠在握也。

笔者乃胼胝之徒,偶涉文坛,若有所得,不免手舞足蹈,贱相露也。读者窃笑,窃犹自乐不止。由来其远哉。

第六十一章（原六十）
儒者通六艺（四）

第六十一章

儒者通六艺，立志不可干。①
违礼不为动，非法不肯言。②
渴饮清泉流，饥食并一箪。③
岁时无以祀，衣服常苦寒。④
屣履咏南风，缊袍笑华轩。⑤⑥
信道守诗书，义不受一餐。⑦
烈烈褒贬辞，老氏用长叹。

【今译】

真正的儒者精通六艺,
其行唯贞,其志弥坚。
违礼之奉,不为所动,
不当之思,不肯妄言。

口渴时只饮清洌泉水,
饥饿时似颜渊乐甘一箪。
岁时献祭,尝垂手而祀,
衣食服用,常年熬尽苦寒。

跂一双蔽履却高咏《南风》之歌,
着一件破棉袍,照样讪笑华轩。
成天恪守着诗书道义,
一饭不受,显示他洁身清廉。

永远是义正辞严褒贬烈烈,
老子见了也不由得掉头长叹。

【笺注】

① 丁福何引《周礼·地官》:六艺:礼、乐、射、御、书、数。《庄子·天运篇》曰:孔子谓老聃曰:丘治诗、书、礼、乐、易、春秋六经,自以为久矣,孰知其故矣。黄节引《史记·孔子世家》曰:孔子以诗、书、礼、乐、教弟子,盖三千焉。身通六艺者七十有二人。又引《汉书》颜师古注曰:六艺,六经也。

黄节引《说文》曰:干,犯也。又,求取。干谒、干进、干禄之干。

② 蒋师爚引《论语·颜渊章》曰:非礼勿动。又引《孝经》曰:非先王之法言不敢言。

③ 黄节引《论语·雍也章》曰:一箪食,一瓢饮。《篇海》:箪,竹苇器。

郑成康曰：盛饭者：圆曰箪，方曰笥。

④《尔雅·释诂》：祀，祭也。又《释天》：春祭曰祠，夏祭曰礿，秋祭曰尝，冬祭曰蒸。

⑤黄节引《后汉书·崔骃传》李贤注曰：屣履，谓纳履曳之而行，言匆遽也。（非，穷且困矣。）

又，古诗，无名氏作《南风》：南风之薰兮，可以解吾民之愠兮。

⑥《礼·玉藻》注：缊，赤黄之间色，所谓韨也。黄节引《论语·子罕章》曰：衣敝缊袍与衣狐貉者立而不耻者，其由也欤！

闻人倓曰：轩，大夫车。

⑦黄节引谢承《后汉书》曰：闻人统家贫无马，行则负担，卧则无被，连麋皮以自覆，不受人一餐之馈。

【前贤评述】

黄节引朱嘉徵曰："刺小儒也。讽收调音旨，实尊儒于老氏之上。"（所见不差，唯不知阮君何以此时创作此诗。）

又引沈德潜曰："儒者守义老氏守雌，道既不同，宜联言而长叹。魏晋人崇尚老、庄，然此诗方各从其志，无进退两家意。"（亦如上一则所谓）。

闻人倓引陈祚明曰："怀方执高之士，褒贬断然，而不知犯老氏之诫，公故叹之。"（亦如上一则所谓。）。

陈沆曰："此叹汉党锢诸儒危行而不言逊，守正而不达权，故章末以老规儒也。乌用月旦之许，清流之目哉！"（末二句之议，仿佛其事，却不知所云。行文如昔，难有所进焉。）

黄节引方东树曰："十三句说儒者，一句结收，章法绝奇。言外见己非不知儒术，但己之道不同耳。"（见枝末而不见本干，终焉不识本事。）

黄侃曰："儒者自修如此，自苦如彼，守诗书而不变，待褒贬而无惭。

以老氏之道观之，徒堪叹息耳。"（末句不当。此处仅言老氏见之虽称其论过苛，中心实亦仰之。）

黄节曰："烈烈褒贬辞，老氏用长叹。"蒋师爚以为即老子"天下皆知美之为美，其恶已；皆知善之为善，斯不善已"之义。（过凿。）

节案《庄子·天运》曰：孔子谓老聃曰：丘治诗、书、礼、乐、易、春秋六经，自以为久矣，孰知其故矣。以奸者七十二君，论先王之道而明周召之迹，一君无所钩用。甚矣夫！人之难说也！道之难明耶？老子曰：夫六经者，先王之陈迹也，岂其所以迹哉？今子之所言犹迹也。夫迹，履之所以出，而迹岂履哉？

又《庄子》曰：老聃曰："下有桀、跖，上有曾、史，而儒、墨毕起，于是乎喜怒相疑，愚智相欺，善否相非，诞信相讥，而天下衰矣。"以证本诗所言，似较蒋说为近。（与蒋说犹一而二，二而一者。）

【译余骈言】

这是一首善意的讽刺诗。调侃地描绘一位精通六艺、志尚高洁的寒儒。他恪守礼制，严以修身律己，非礼勿言，非礼勿动。真正做到了孔夫子第一高足，颜渊般的高风，虽贫穷得仅以清水煮菜豆（藿食）度日，未尝自堕其志。逢年祭祖，无一物可祀，而不以其陋，不改其诚。岁时苦寒，缊袍无温，犹讪笑华轩中不学之辈。最出色的一笔是描写这位儒者足无完履而口咏《南风》不辍，高诵诗中南风之薰，以慰脚肿冻裂之苦，这是含泪的讪笑，是最高的幽默，包含了作者至诚的敬意。真所谓穷且益坚，不坠青云之志也。一饭不受，凛然高义，世有颓败，拄杖而出，烈烈贬褒，侃侃无已。《论语·子罕》曰："衣敝缊袍与衣狐貉者立而不耻者，其由也欤！"这样的儒者，是何等的令人敬仰！

阮籍生当东汉末世，礼乐崩坏，世风日颓，但经数百年的儒学经营，儒家思想已深入人心，一方面它提倡愚忠愚孝，蒙蔽了不少人眼睛，一方面提倡修身律己，是是非非，养就了千秋儒生的道德风尚，厥功至伟，是难以一言可尽者。

吾友读笔者以上所述,喟然而叹曰:读先生所写"概述",再回看本章所辑前贤评述七则,差踰何止道里矣,既有先生之文,何事搜集前述,浪费纸页,岂意在增益书价乎?

某曰:唯唯,书前有语,乃助读者见识新旧治学方法之异也。并识何以一千七百年来,始终无人解破阮诗之由哉。

阮籍在世,当时的第一老臣郑冲就是一位德行颇嘉的儒师,满朝文武,谁不敬之。《晋书·列传第三》曰:郑冲起自寒微,卓尔立操,清恬寡欲,耽玩经史,遂博究儒术及百家之言。有姿望,动必循礼,任真自守。……冲以儒雅为德,莅职无干局之誉,箪食缊袍,不营资产,世以此重之。

在上一章中那个在司马昭前面斥阮籍的何曾,也是一位名儒,史称其:曾性至孝,闺门整肃,自少及长,无声乐嬖幸之好。年老之后,与妻相见,皆正衣冠,相待如宾。己南向,妻北面,再拜上酒,酬酢既毕便出。一岁如此者不过再三焉。(《晋书·列传第三》。)

读本诗者,不是影影绰绰可以见到他们的模样吗?再举一例:阮籍和嵇康的好友山涛:涛早孤,居贫,少有器量,介然不群。性好庄老,每隐身自晦。与嵇康、吕安善,后遇阮籍,便为竹林之交,著忘言之契。康后坐事,临诛,谓子绍曰:"巨源在,汝不孤矣。"出为冀州刺史,冀州俗薄,无相推毂。涛甄拔隐屈,搜访贤才,旌命三十余人,皆显名当时。人怀慕尚,风俗颇革。

初,涛布衣家贫,谓妻韩氏曰:"忍饥寒,我后当作三公,但不知卿堪公夫人不耳!"及居荣贵,贞慎俭约,虽爵同千乘,而无嫔媵。禄赐俸秩,散之亲故。以太康四年薨,时年七十九。左长史范晷等上言:"涛旧第,屋十间,子孙不相容。"帝为之立室。也是值得一提的人物。

或曰:阮籍何事,在司马昭为其平却众讦之后,造此委婉讽儒之作耶?曰:请读下一章诗,诸君或可得之。

第六十二章（原六十一）
少年学击剑（五）

第六十二章

少年学击剑，妙技过曲成。①

英风截云霓，超世发奇声。②

挥剑临沙漠，③饮马九野坰。④

旗帜何翩翩，但闻金鼓鸣。⑤

军旅令人悲，烈烈有哀情。⑥

念我平常时，⑦悔恨从此生。

【今译】

少年时候学击剑,
剑技精妙超曲成。
英姿风发截云霓,
威名驰世有奇声。

将军一剑临大漠,
饮马九野天地迥。
猎猎旗帜向风翻,
不闻马嘶闻鼓鸣。

军旅帐静夜生悲,
忧心烈烈有哀情。
念我平生多驰驱,
白发满头悔恨生。

【笺注】

① 曲成,黄节曰:《史记·日者传》:褚先生曰:齐张仲,曲成侯,以善击刺,学用剑立名天下。节按:《汉书·地理志》:东莱郡有曲成县,又《王子侯表》有曲成侯万岁,而表称涿郡。唯《汉·志》涿郡,有成县而无曲成县。且涿郡非齐地。则是《史记》所称齐张仲曲成侯当指东莱之曲成。此诗诸本皆作曲城。《史记·建元以来王子侯者年表》有曲成侯,与《汉书》同。而《高祖功臣侯年表》又有曲成侯,钱大昕云《汉·志》曲成县属东莱,即此曲成也,与《王子侯表》之曲成异。则此诗依《功臣年表》作曲成,亦与《日者传》之曲成为一矣。

② 《说文》:霓,屈虹。青、赤或白色,阴气也。黄节引《庄子·说剑篇》曰:上决浮云,下绝地纪。黄节曰:声,誉也。(霓,今气象学称"副虹",在虹之下,色较淡者。)

③ 黄节引李陵《别歌》曰:径万里兮度沙漠,为君将兮奋匈奴。

④饮，《玉篇》：咽水也。又引《孟子·告子》夏日则饮水。黄节曰：古乐府有《饮马长城窟行》。

黄节引《吕氏春秋》曰：天有九野，地有九州。又引冯衍《自论》李贤注曰：九野，谓九州之野。又引《尔雅》曰：牧外谓之野，野外谓之林，林外谓之坰。又引《诗·鲁颂·駉之什·駉》，传曰：坰，远野。

⑤《说文》帜，旌旗之属。翩翩，谓乘风飞扬也。黄节引吴子曰：凡战之法，昼以旌旗幡麾为节，夜以金鼓笳笛为节。

⑥黄节引《诗·小雅·鹿鸣之什·采薇》郑笺曰：烈烈，忧貌。

⑦黄节曰：首句"少年"乃追溯之词。"平常时"，谓少年时也。"平常"犹"平生"，第五章诗曰：平生少年时。

【前贤评述】

黄节引蒋师爚曰：按，旗帜翩翩，但闻金鼓，则是兵终不交，仗，终不接也；击刺无所用之矣，其能不有哀情而生悔恨乎？此寓言于击刺之少年也。（谬也。是赞？是贬？当在语气中见之，先生或好读时文，但见圣贤之言，故尔。）

黄节又引陈沆曰：悔所学之无用，其志欲何为哉？与"炎光延万里"篇旷激不伦，性情则一。（陈先生亦有所见？此诗确乎不合时宜，不合历史。但能见性情，能见不伦，却未之见阮籍遭讦，未之见阮籍何以脱困，终无以知阮君此诗之旨也。）

黄节又引曾国藩曰："少年欲从军立功而晚节悔恨者，念仇敌不在吴蜀而在堂帘之间也。"（虽然失之吴越，却亦别有所见。唯所见非阮籍所书者也，郢书燕说各有因缘邪？）

黄侃曰：少年任侠，有轻死之心，及至临军旅，闻金鼓，而悔恨立生。则知怀生恶死，有生之所期。客气虚憍，焉足恃乎！（上章及本章所集之诸贤汇评，都可见中国历来文字中素乏幽默之趣，文人造语都代圣贤立言。毕恭毕敬，遂遗陋若是。唯阮籍不受拘束。嬉笑怒骂，随心为文。枯木千

章何如一花独放！）

【译余骈言】

　　这首诗和上一首诗并作，上一首颂寒儒，这一首歌武将；上一首是副车，是陪作，这一首方是主者。故上一首可以讽刺揶揄，这一首尽恭敬崇隆之善。这一首诗是献给大将军司马昭的，感谢大将军又一次垂手援救之德也。

　　第一节叙武者少时剑技之善，第二节颂其既壮建边功之伟，第三节宕开一步，谓将军征伐，岂为立功封爵，自有其更宏大之悲悯远志，衷心自知，不得不尔。悲凉落寞，世无人能识其博大胸怀也。

　　不过，这是一首艺术创作，并非以某人为原型，更不曾以司马昭为范式。诗献大将军，仅是表达武人一生劳苦，是国中值得纪念值得敬重之士，此非巧言若佞，何晏之流可方，见真武者非矜尚武杀伐之勇，其宅心仁厚，岂浅者得窥哉？

　　纵观阮籍自起意酬答典午之恩，写武功厥伟之作已是第四首了，开始二首，都有旨意未达之陋。直到这一章，把一个建功边陲的老将从学艺到守边，形象写得饱满肆酣，壮采似见，遥领盛唐风范。事实上，诗中艺术形象，也多为唐人采之化用入诗，如："独立三边静，身轻一剑知"；如："一剑身轻十四州"，更有（宋词）如"将军白发征夫泪"等等。都可隐隐见到立功边陲，鬓白未归，说不清，道不明，君恩已酬，室家长空，忠孝得失，血泪无语的魏晋以来的老兵形象。这是中华大地上以尸骨和血泪，凝铸成的文学形象，英雄的光芒褪去以后，沉淀于斯者，是经过岁月锉磨，身担责任重荷，加之于命运的簸弄，庸众的鄙讽，锈蚀出黝黑的青铜底色，才是我们民族的本真，本质。痛也哉！今日黄口小儿不之知也。

　　我们回头看去，自"卷之四"以来，先是阮籍被少帝曹髦的东堂讲业所打动，为其少年硕彦，抱负宏大，欲效往圣以中兴自任而震撼。阮籍既敬复忧，深知以卵击石，其事至危。虽然从来英主罕有，人臣得以相从，风云际会，乃千古

奇艳。但嗣宗仅一介文士，每见政变之屠，血肉缤纷，三族尽夷，为之怵怛终日。故虽有仰敬企羡之心，终不敢越步雷池。踌躇再三，交搏不已，屡以诗文遣譬而止，终于心智调适有成，重启猗靡之思。不幸才成一章绮诗，便为母丧失仪，陷入群僚攻讦之祸而中断。不得不再申求典午之庇。从第五十八章以来，凡诗五章皆纪其事，并事竟之谢恩诗在焉。

"卷之四"·前，毕于斯。

卷之四·前（第四十五章——第六十二章）写作顺序还原列表
天子：曹髦　　辅政：司马昭

章次	公元	年号	例句	内容	背景
	二五四年秋	正元元年	无诗	高贵乡公曹髦入宫	
卷之三	公元二五五年	正元二年			
第四十五章（原四十四） 第四十六章（原四十五） 第四十七章（原四十六） 第四十八章（原四十七） 第四十九章（原四十八） 第五十章（原四十九） 第五十一章（原五十）	公元二五六年春	甘露元年（六月改元）	俦物终始殊 幽兰不可佩 莺鸠飞桑榆 生命辰安在 鸣鸠嬉庭树 步游三衢旁 清露为凝霜	琅玕生高山，芝英耀华堂。 修竹隐山阴，射干临增城。 岂不识宏大，羽翼不相宜。 崇山有鸣鹤，岂可相追寻。 焉见孤翔鸟，翩翩无匹群。 泽中生乔松，万世未可期。 谁云君子贤，明达安可能。	少帝曹髦东堂讲业
第五十二章（原五十一） 第五十三章（原五十二） 第五十四章（原五十三） 第五十五章（原五十九） 第五十六章（原五十四）	公元二五六年夏		丹心失恩泽 十日出旸谷 自然有成理（前） 河上有丈人（后） 夸谈快愤懑	不见南飞燕，羽翼正差池。 是非得失间，焉足相讥理。 如何夸毗子，作色怀骄阳。 鉴兹二三者，愤懑从此抒。 谁云玉石同，泪下不可禁。	自我排遣
第五十七章（原五十五）			人言愿延年	王子亦何好，猗靡相携持。	遐思
第五十八章（原五十六）一 第五十九章（原五十七）二 第六十章（原五十八）三	公元二五七年秋冬	甘露二年	贵贱在天命 惊风振四野 危冠切浮云	鹡鸰鸣云中，载飞靡所期。 离麾玉山下，遗弃毁与誉。 非子为我御，逍遥游荒裔。	母丧遭讦
第六十一章（原六十）四 第六十二章（原六十一）五			儒者通六艺 少年学击剑	渴饮清泉流，饥食并一箪。 挥剑临沙漠，饮马九野垌。	谢恩

卷之四・后

"三马同槽"梦谶之三（后）
天子奋臂昆冈玉崩　步兵肠断掷笔绝唱

第六十三章 至 第八十二章

公元二五八年夏——公元二六〇年五月

（甘露三年——甘露五年）

小　引

　　从现在开始，阮籍为"三马同槽"写的《忧思吟》进入了最后的半卷，故事不长了，只剩下司马昭的最后一击，全在这最后二十章中。

　　笔者对原诗将一如既往尽可能"字字精求"，逐字逐句进行对应译述。同时，力求在整体上、通篇上，不要误陷于主旨线索的迷失。为此，笔者将不时作些小阶段性回顾，提醒读者留意阮籍他是如何把握诗旨的，如何在司马家族最后一击之前，调整他的应对心态。暂时当然没有问题，他在司马昭大将军的帮助下，刚刚走出母丧违仪之失。不仅向大将军作了致谢（很得体的一颂文士、一颂武者二诗，其文艺水准达到了他罕有的高度）；而且向大将军保证，今后将改正前误，再不与"君子"、"小人"等厮缠一起，招惹是非。

　　"卷之四·后"是阮籍"三马同槽忧思吟"的最后之诗，内容甚多。二十章诗中：

　　一、先有杂诗三章（第六十三章至第六十五章），乃阮籍为摆脱对朝中曹马之斗的焦虑，故意转移自己注意力而制作的几章闲杂小诗。三诗皆若不经意无聊之作，其实是阮籍强自进行心理调适，人置于外而心注于朝的激烈思想交锋的作品，屡屡欲言无语，断断续续，迤行经年，诗不成咏者再，是天人交战后，战场上所遗残金断铁，故不依前"卷之二"、"卷之三"旧例，再归之卷外风月之吟，请读者留意焉。

二、次有六十六章至六十九章四首，这一组诗，是卷之四中最为沉重、转折之笔。踌躇经年，竟得四章，四诗既咏，于事虽若无补，实乃奋袂决出，直击心结之作，阮籍夫子终于在忠义两难之前作了艰难的抉择，从此卸脱了其最痛苦的有违忠君大义的精神负担。功耶？罪耶？岂数语能明？笔者之责，要在不离阮文，转述其义而已，其余非所计焉。

三、家中爱妾与嫡子争产之事陡起，阮为之焦头烂额，又不便启口，先后有诗六章之多，皆吞吞吐吐，不伶不俐者，殊属可笑又可怜。

四、朝中曹马之斗，随着高贵乡公年岁既长，复权之心愈切，阮虽避身于漩涡之外，偏偏有帝党之徒，带着厚礼前来招邀入伙，尚幸嗣宗守住心神，未为所动。有二诗略述前后犹豫（见七十四章、七十五章）。

五、甘露五年五月。少帝曹髦年及二十，已为成人。不愿坐受废辱，率殿中宿卫、苍头、官僮往讨司马昭，卒于壶侧车中。嗣宗闻之至哀，有诗五章。

高贵乡公之死，乃必然之事，阮籍虽早有心理准备，但对儒学价值观冲击之甚，实为毕生最严重的一次经历。

"三马食槽"之梦谶，至此基本再现完毕。

忧思之咏，从此辍笔。

四年之后，阮籍死了。卒年五十四岁。

再一年，司马昭也死了，也是五十四岁。

曹魏根基全失，再无回天之力，曹奂只能将魏家江山宗庙，尽数禅移给司马炎，以换取后半生体面的衣食之奉。

第六十三章（原六十二）
平昼整衣冠

> 卷之四·后
>
> 第六十三章
>
> 平昼整衣冠，① 思见客与宾。②
>
> 宾客者谁子？倏忽若飞尘。
>
> 裳衣佩云气，言语究灵神。③
>
> 须臾相背弃，何时见斯人！

【今译】

大白天让我端正衣冠，
想来是要会见佳宾。

不知道来客是谁？
倏忽间就到了，走动时还带着一溜烟尘。
大汗淋漓，上下衣裳都冒着热气，
言语超玄，听起来非巫非神。

一霎间，突然就走了，
不知道何时再见其人。

【笺注】

① 昼，《说文》：日之出入，与夜为界。平昼，犹《孟子·告子》之言"平旦"，谓天平明之时也。昼，白天。平，平素、平常。《战国策·赵策·二》赵灵王平昼闲居。

② 蒋师爚曰：承宾引客用一"与"字者何？《周礼·大行人》：掌大宾之礼及大客之仪。注：大宾，要服以内诸侯，大客谓其卿孤。黄节曰：此诗不必强分宾、客，诗言思见宾客耳。"与"字乃助辞。《国语》注曰：与，辞也。

③ 究灵神，究，达，至。神，神仙，灵，巫也。《楚辞·九歌·东皇太一》："灵偃蹇兮姣服。"究灵神，是否像乎巫神焉。

【前贤评述】

黄节引蒋师爚曰：裳衣，言语，都涉神幻，岂伊楚骚人物耶？觌面失之，是所不能已已。

又引曾国藩曰："此首或指孙登、嵇康之流。"（所语非当。孙、嵇虽或初见，皆传闻久熟之同道者，何遽来莽撞若兹，行似飞尘，浑身水汽，

倏而弃走无闻焉！）

又引王闿运曰：言举朝无人。（未详其语。）

黄侃曰：眼中之人，忽为尘土。虽复裳衣华美，言语通神，而重见之因意失。阮公其有悲于叔夜，泰初之事乎？（触景生情，人所难免。然非嗣宗之意。泰初被诛，倏已五载；叔夜死时，阮已束笔。先生读书，详尾忽首，难见全豹。）

【译余骈言】

这又是阮籍身处清闲，无以为事所记的一首小诗，一个生活中的小插曲。魏晋之时好尚玄道之学和神仙之说，社会上便有相应的人物装扮出演。阮籍，名人也，有人会举荐来见，自然希望通过阮籍再介绍更上人仕，以至成为徐福之流，出入宫廷，交往上层，这样的事儿，自古以来延至今日尚未绝迹，且中外都有。

这位贵宾的言辞虽则玄妙，大概准备不够充分，与阮籍一交谈，阮籍本来就不信神，可能问了几个实在的问题，他招架不住，就一溜烟走了。也是聪明之法，在没有完全溃败之时，先自撤退。

阮籍生活在魏晋之交，一度对神仙异事的传闻，非常热衷。自己也花过不少时间和精力进行搜集研究。在本书中，笔者便记得他的两则轶事，一在诗外，一在诗中。

诗外的一则，见《晋书·阮籍传》：

> 籍尝于苏门山遇孙登，与商略终古及栖神导气之术，登皆不应，籍因长啸而退。至半岭，闻声若鸾凤之音，响乎岩谷，乃登之啸也。

这一则故事一直引为美谈。阮孙两人虽未交谈，但似乎意气相通。阮籍先退，边啸边走，走到两人见不着了，登亦长啸致意。后来见面不？未之闻也。文笔空灵，有神龙若见鳞爪，惝兮忽兮之妙。

笔者属意此文，对其玄妙之绘，尚属其次。对于阮籍怎样向孙登求教的态度，则十分赞赏。认为阮籍问学过程，既恭敬认真，又十分严谨。先与之"商略

终古"，乃是考量这位有道之士的一般知识素养，孙登既脱略人世，大概对人世之事有许多不屑和不满。阮籍素习儒学，后好老庄之学，对儒、老、庄及终古先王后圣之为，也有不少疑难之处，一直想请高人指教，于是逐一相询，欲先知孙登之学深浅，若如何晏、司马师、夏侯泰初般，便不妨执礼就教。不料孙登听而不言，良久不与语。籍再问之栖神导气之术，孙登有鉴于阮籍先之问，皆非泛泛。再听后面所问，亦多在自己的疑难痛痒之处，殊难具答，甚或觉阮籍之问，正是其心中疑处，皆欲问而无处问者。听之良久，得益不少。乃安坐以待，腼颜他向。阮见其不言，遂啸而退焉，其意舒舒然，啸声起处，若曰：

"天地解分兮六合并，星辰陨兮日月颓，我腾而上将何怀？"袅袅欲息。

（诗甚佳，仿佛描绘了现代天文学小宇宙崩坍，地球毁灭的场景，不知何以设想乃尔？）

有倾，有啸声应自谷底，若鸾凤之音，响乎岩谷，其辞惝恍：

"君自何处来？吾向去处迈；长啸一声别，青山碧水长自在！"

后无闻焉。

诗中的故事见"卷之三"三十四章，尝记就在两年前，根据他对大量神仙传说的考查，发现凡"去海外采药的，无一身归"，和历来的记述太不相符（估计这也是请教孙登的问题之一），他当时尝于诗中告之司马昭，并且推想，如真有仙界之说，想来列仙也已停止了修龄之术的修习，转而研究于冲虚焉。

如果我们还记得上面两则轶事，想来今天这位言语究神灵的朋友，一定在须臾间，落荒而走了。（有粗心的读者，把诗中"须臾相背弃"读作"一会儿又告别而去！"）那离文太远了，明明是"背弃"，背之而弃也，而且是两人"同时而为"者，故曰"相"也。故笔者赞那先生，"在没有全面溃败时，先行撤退"，是聪明的办法。

阮籍在母丧失仪之危解除之后，看来心情甚好，闲得无事，就微末小事自娱文笔，排遣无聊，不必多所关注。是的，阮籍正闲着，闲得无所事事，盛暑过后，清商相继，他居然为自己安排了一场郊游。

第六十四章（原六十三）
多虑令志散

> 第六十四章
>
> 多虑令志散，① 寂寞使人忧。
>
> 翱翔观陂泽，② 抚剑登轻舟。
>
> 但愿长闲暇，后岁复来游。③

【今译】

多思多虑让人思想烦乱,
长处寂寞又叫人无端伤忧。

我来到泽畔观看鸟儿们下上翩飞,
手按着长剑,登上了一叶轻舟。

天清水碧,但愿多一点这样的闲暇,
它年无事,定当再来此重游。

【笺注】

① 蒋师爚引子华子曰:"意之所存谓之志,志之所造谓之思,思而有所顾慕谓之虑。"《说文》:虑,谋思也……思有所图曰虑。又曰:志者,心之所之也。散,这里作混乱解。又曰:寂,无人声也。又曰:寂寞,无声也。忧,情绪不振也。

② 《礼记·月令》注:蓄水曰陂。《说文》:陂,阪也,一曰池也。黄节曰:扬雄《解嘲》曰:唯寂唯漠,守德之宅。此诗首二句意谓多欲虑者不能寂寞则令志散,其好言寂寞者又类扬雄之美新(按"新",乃王莽国号)而自使心忧。离去此辈则唯有翱翔陂泽,抚剑登舟而已。

③ 黄节引《诗·陈风·泽陂》曰:彼泽之陂,有蒲有荷。有美一人,伤如之何?《诗》序曰:刺时也。诗言抚剑登舟,往观陂泽以寻伤心之人,更期之后岁来游也。

【前贤评述】

曾国藩曰:此首自述其韬精退志,欢物自怡之景。黄节引吴汝纶曰:此正忧生之嗟,恐后不能复游也。(各有所见。)

黄侃曰:此诗有山枢之意。按《诗·唐风·山有枢》序:"山有枢,刺

晋昭公也。不能修道以正其国，有财不能用，有钟鼓不能以自乐，有朝廷不能洒扫，政荒民散，将以危亡，四邻谋取其国家而不知，国人作诗以刺之也。"（小题大作。）

【译余骈言】

此诗述其假日游憩也，阮籍故意走入这种境界，不仅提醒并约束自己走出曹马纷争的漩涡，不要管你无法管的事，而且信守今后"远君子，防小人"之诺，宁作闲游，也不再与群小往还。看来自司马昭为其解脱母丧众责之危后，司马昭对其的恩德又加了一分，他的倾向性也不得不进一步落在远避主君的策略上。因此，这两首诗都努力在寻找消闲的题材。

这一首小诗，有两点可留意，读者均见之矣。

一、上一首诗在盛夏之中，那位巫神先生走路又急，一进来浑身汗湿，云蒸气腾，阮籍对他作了合乎他身份的描述，惹得蒋师爚和曾国藩都以为他在阮籍眼中，不是孙登，嵇康者流，也是楚骚之人物。

如今，见读此诗，已是早秋嫩凉时分了。

二、阮公无山水之好。他出来偶作闲游是故意遣散心志，免得日夜记挂曹马之争，但是他确是无心寄意山水者，写了三行，便结束了。他全部看到的，只一句陂泽和水鸟而已。远不如以前诗中有几首写春夜景色那样清峻有致。虽然那只是在家中推窗而望，或是在城边小道上驱车所见，总之，从文字的内容，从诗篇的长短而言，他认真安排了一次出游，有四个字可以概括，曰："心不在焉"。

第六十五章（原六十四）
朝出上东门

第六十五章

朝出上东门，遥望首阳基。

松柏郁森沉，鹂黄相与嬉。①

逍遥九曲间，② 徘徊欲何之？

念我平居时，郁然思妖姬。③

【今译】

清早走出上东门，
遥望首阳正巍巍。
山上松柏郁森森，
黄鹂交鸣相与嬉。

逍遥来到九曲间，
此行徘徊欲何之？
念我平素闲居时，
郁然有思每在小妖（姣）姬。

【笺注】

① 《广韵》黄鹂，仓庚也。一名黄莺。黄节引张衡《东京赋》李善注曰：《尔雅》曰：鸧鹒，鵹黄也。郭璞曰：鹂，黄黑也。

② 黄节曰：《水经》曰：谷水又东过河南县北，东南入于洛，又自乐里道屈而东，出阳渠，亦谓之九曲渎。《河南十二县境簿》云：九曲渎在河内巩县西，西至洛阳。又按傅畅《晋书》云：都水使者陈狼凿运渠，从洛口入，注九曲，至东阳门。郦注曰：是以阮嗣宗《咏怀》诗所谓："朝出上东门，遥望首阳岑，"首阳峰，洛阳最高峰也，高仅220米，晨辉首照者。又云："逍遥九曲间，徘徊欲何之"者也。逍遥，《水经注》作遥遥。

③ 平居时，犹言平素闲居之时。黄节引《广韵》曰：郁，幽也。悠，思也。《书·五子之歌》：郁陶乎吾心。疏疏郁陶，愤结积聚之意。宋玉《神女赋》：近之既妖。梁章钜云：妖当作姣，方与上姣丽画一。曹植《七启》：然后姣人。胡绍煐曰：善曰《毛诗》曰：佼人僚兮。（依注，则正文当作佼。）

（平居思妖姬。阮籍既不与君子小人交往，只能买欢坊间，妖姬者，调笑之语也，通指妖媚迎人之商女也，正人君子黄节者，本难与言之。）

【前贤评述】

黄节引潘瑮曰：嗣宗反复首阳之叹而有"徘徊何之"之悲，且"郁然思妖姬，"盖罪祸胎厉阶之心，中若切齿而意则婉扬。嗟乎！（潘氏于诗中得见"切齿，"余陋而未识，渠又未之言，嗟乎！）

曾国藩曰：首二句与第九首相似，而"基"字不如"岑"字之稳，（非仅趁韵，用字在此也是严谨的。首阳峰是洛阳城外第一高峰，第一缕阳光，首照其峰，故称首阳峰。山既高，山体必大，基者，山体本身也，出城以后，不得不绕而行也，若用岑字，即直言小山，又焉能遥而望之者？没有什么"基字不如岑字"稳之类，若有深思之语。）末句"思妖姬"语尤不伦，疑非阮公诗，后人附益之耳。（"语尤不伦。"愕然有见焉，然见之何晚，抑且仅见于字面也。）

黄侃曰："妃匹之情，理无隔绝。世人或疑末句不类嗣宗之言，嗣宗岂忘情者哉？"（此言答曾氏所语，唯先生通达如此，集中难得一人也。）

黄节曰："妖姬，盖指妲己也。望首阳而思夷齐，因及纣之所以亡也。以妖姬指妲己，犹箕子《麦秀》歌以狡童指纣。嗣宗《咏怀》四言诗曰：容华艳色，旷世特彰。妖冶殊丽，婉若清扬。鬓发蛾眉，绵邈流光。藻采绮靡，从风遗芳。泯泯乱昏，在昔二王。瑶台璇室，长夜金梁。殷氏放夏，周剪纣商。于戏后昆，可为悲伤"。证以此诗，盖悲魏明帝也。（揣拟过远，我从下文陈伯君之说。）

陈伯君曰：陈德文以"妖姬"句，为罪胎厉阶，黄节先生以为系指妲己。但如此解，与上句"念我平居时"似不相属。阮氏《清思赋》末云："既不以万物累心兮，岂一女子之足思。"似可参考。（毕竟伯君先生能从平常人心观之。）

蔡曰：前贤四者，曾、侃、节、陈四者之议，明显地看到新文艺思想随着时代脚步逐渐迈进的印痕。

【译余骈言】

这一首诗，和前几首诗一样。阮籍着意放浪形骸，逃离政治漩涡，欲以游览好景来转移自己无法不关注的曹马之争，但他的心思依旧落在高贵乡公的一举一动上，既盼望少帝有所作为，能振起曹魏中兴之业，又担心年青少帝毕竟敌不过司马一家三朝经营之功。前景的失败是不可逃避的命运。

上一首诗，尝云："后岁复来游，"这首诗的后半截，从上东门走到了九曲间，从地名看，似乎应是陂泽之地，一年不到，他又来了。

上一首诗"翱翔观泽陂"似是秋天景色，盖水鸟逐食而居，河洛中游入秋以后，正北方寒冰初凝之时，北鸟不得不南飞过境也。而这一首诗，虽也是记游之诗，但现时的风景已是"黄鹂相与嬉"，进入早春鸣禽交尾时节了。时间上的衔接，还可以上推本卷（下）的第一首诗，那非巫非神的宾者闯进来时，正大汗淋漓，满身水湿，显然正在盛夏之时，可见自"第六十三章"至本诗的第六十五章，已经快一年了。也就是说近一年来，他只写了三首诗，总共二十二句。他也向司马昭信守着在母丧脱困后的诺言：再不与无见识的邻里、僚侣往还。这期间，阮籍始终饱食终日，无所事事，他努力在扮演一个不关心政治活动，不为政治时事转移其对锦衣玉食留恋之人。努力把自己扮成一个碌碌无为的庸人，这是他唯一的办法。也许他沉湎其中也不乏乐趣，饱暖之暇，不免情思翩然。常常想起昔时往还的情侣，这一次似乎是个女性，而且年龄不大，娇小玲珑之属。这在当时，是达官贵人的常事，人不为怪，阮君也不避此讳。既然写进诗中，坦然自认是酒色之徒也。这使我们读者想起"卷之一"第六章卖瓜的东陵侯，他也屡劝萧何装作无见识的庸吏，然汉王不为所移也。

阮籍也不为之所移。三首杂诗，一年许的光阴，尽交付于无聊中了。而在无聊的积埋中，无时无地无不见他为焦躁所困。焦躁者何？何去何从？不知所向也。既不能言，又能告之于谁？且他人所教，阮君又岂能心从随服……

总而言之，这三首小诗所记，表明阮君近一年来，是谨守着他与司马昭在"第六十章"中的约言："顾谢西王母，吾将从此逝，岂与蓬户士，弹琴诵言誓"的。

不过，我们从他的认真守约精神中，也可以看到，他的认真态度，纯粹是

一种单方面的自我守约，司马昭也好，社会上其他人士也好，并没有与之谛过任何条约、许诺。也正因为如此，他的脑海中，始终盘旋着他为自设的矛盾而苦恼着。他深感一方面少天子有中兴之梦，是人臣必应相从的天经地义，另一方面，他明白少天子的中兴之思，是几乎不可能成事的。其直接的利害冲突者，乃是他的恩主司马昭也，不仅忠义两难，而且形势至危，少天子一方是决无胜算可言者，是绝对行不通他中兴雄图的。

若按常理而言，能不能的形势既在，自然只好应天顺运，但对阮籍来说，自小从儒学之教，君为臣纲，是天下唯一正大、唯一应当实行的、遵从的大道理，否则何以称臣，何以为儒，岂不是狗屎不若也。

天哪！这就是阮籍这位儒生正在苦恼着的第一大事，最近，他似乎看到了某些答案，他心中的天平正在向另一边倾斜。那是怎么一回事啊？

第六十六章（原六十五）
王子十五年

第六十六章

王子十五年，游衍伊洛滨。

朱颜茂春华，① 辩慧怀清真。

焉见浮丘公，举手谢时人。

轻荡易恍惚，② 飘飘弃其身。

飞飞鸣且翔，挥翼且酸辛。

【今译】

昔有王子年十五，
游衍每在伊洛滨。
朱颜娇且美，灿烂若春卉，
慧舌肆辩方，清纯复天真。

为什么让他去见浮丘公呀？
从此一去绝音尘。
少年轻狂没方向，
随随便便就走丢了人。

天宇浩茫，洁白的仙鹤在且鸣且翔，
缓缓地挥动双翼，流露出无限酸辛。

【笺注】

① 黄节引《诗·大雅·生民之什·板》曰：及尔游衍。传：游，行。衍，溢也。游衍，盖如今言漫游之意。《易·无妄卦》注：茂，盛也。《诗·大雅·生民》茂，美也。黄节引《逸周书》曰：晋平公使叔誉于周，见太子晋而与之言，五称而五穷，逡巡而退，其言不遂，叔誉曰：太子晋行年十五，而臣弗能与言。黄节又曰：辩慧，盖指《逸周书》太子晋与叔誉，师旷相答问之辞。太子晋游伊间，见浮丘公；举手谢时人。李善引《列仙传》曰：王子乔（晋）者，周灵王太子晋也。好吹笙，作凤凰鸣。游伊洛之间，道士浮丘公接以上嵩山（三十余年）后，于缑山乘白鹤驻山头，举手谢时人。数日而去。

② 黄节曰：轻荡四句，用《列仙传》王子晋事，鸣翔，挥翼，谓作凤鸣，乘白鹤事。

【前贤评述】

黄节引朱嘉徵曰：吊嵇康也。康好锻以亡其身，如舞曲"淮南王"，自

言尊痛惜之也。（王子晋事，太为辽远，故朱生以近事嵇康拟之，下一则何焯以明帝托孤宣五拟之，亦出此意，皆妄测之为。）

黄节引何焯曰：阮公《忧思》（即"咏怀"），所选止十七篇，作者之要指已具矣。唯其间尚有"王子十五年"一篇言明帝不能辨宣王之奸，轻以爱子付托，最为深永。（"所选止十七篇"，指"昭明文选"所辑也。"轻以爱子付托"，岂能单以责懿，更有曹爽在焉。唯阮公此诗意不在托孤之误，诗旨专语少年心理发育期，好事轻荡，易为人所误耳。）

黄节引蒋师爚曰："此伤常道乡公也。"《三国志》纪，禅位司马，公年二十，即位之年，年方十五。"焉见浮丘公"，以况司马昭之诡幻也。"轻荡弃身"，已有高贵乡公前鉴，徒酸辛而已矣。（高贵乡公犹在，何来常道乡公之现！）

陈沆曰："此言明帝不能辨司马懿之奸，轻以爱子付托也。不然，子晋得仙，何谓有弃身之叹？无亦有不遇浮丘而与世长谢者乎？哀哀王子，何为遇此乎！"

黄节引陈祚明曰：子晋得仙，何为有弃身之叹？千载而上，曷用伤之？复有不遇浮丘而与世长谢者。哀哀王子，何党之乎！

张琦曰：此伤高贵乡公。（是。）

黄侃曰：神仙竟无可信。子晋缑岭之游，人传仙去；然飘飘恍忽，竟与死去何殊！观于此诗，而阮公忧生之情，大可见矣。

黄节曰：《逸周书》王子曰：吾后三年上宾于帝所。孔晁注曰：王子年十七而卒。则是十五时未遇浮丘也。诗言王子十五，未即上宾，以喻高贵初年不遽折。又曰：嗣宗之死，在常道乡公景元四年，又二年而魏始禅于晋，嗣宗不及睹魏禅，则"弃身"之辞岂得谓指常道乡公？蒋师爚说实误。盖此诗乃预伤高贵乡公而作也。《魏志》：高贵乡公卒年二十，在位凡六年。则

即位之时年当十五。诗中称其辩慧，如《志》载帝幸太学问诸儒事可证。陈寿评曰：高贵公才慧夙成，好问尚辞，然轻躁忿肆，自蹈大祸。则诗言轻荡弃身，匪高贵其何指？至何焯谓此诗言明帝轻以爱子付托奸臣，其所谓爱子者指齐王芳，亦误。考芳即位之年九岁，在位十五年，无辩慧可称；后虽被废，迁居别宫，晋泰始十年始卒，无弃身之事。何氏未之深考耳。又，于引朱嘉徵说后曰：此又一说，亦可采。（黄节先生所辩甚是，容下文详述之。）

【译外骈言】

第一节中"王子十五年"及"朱颜茂春华，辩慧怀清真"，后贤多称最切近高贵乡公其人、其事。陈寿更谓，高贵乡公才慧夙成，好问尚辞，然轻躁忿肆，自蹈大祸。则诗言轻荡其身，匪高贵公将何指？此诗以王子晋随浮丘公而弃其身，既是借喻之辞，亦乃设想之辞，盖阮籍为诗之时高贵乡公尚未被害也。末二句也是阮籍以王子晋故事，预忧高贵乡公他日所遇，将无善终也。

这一首表面是叙王子入山故事之诗，其实是特地表达阮籍对高贵乡公的担忧。曹马之争，在阮籍想来，其必然的结果总是曹髦被害。屡忧不止，遂钩出王子晋走失之事，还原一个十五岁少年当时所谓成仙之应有情状。这首诗同时表明，阮籍对神仙故事中凡人成仙之说，几乎不曾相信过，他之前种种仙游之说，都仅仅利用故事来表达他厌弃人间之说辞耳！

在少帝东堂讲业以后，其中兴之意，时人皆知也，想来定有阿谀之徒，图谋宦禄，党附少帝，肆言煽播焉。嗣宗忧之，乃托喻子晋之惑于浮丘公，所罹不测之厄也。但诗中除了叙少帝朱颜美丽及辩才可贵外，仅在末句表达哀痛，其对少帝人望和理想的尊重，已在诗中淡退。这可能是情绪上的疲劳，也不无阮籍对正宗儒家学说中君君思想的淡化所致。从历史观来说，人类思想的进步之途，岂尽名贤所积，世事每多出人意外。

诗分三节，第一节，尽道小王子的年轻、美丽和聪明；第二节写其误遇匪人，乃入山走失；最后两句，遥想白鹤浮空，且鸣且翔，缓缓挥翼，渐渐远去，杳没青冥，空留下无限酸辛。

本诗从周王子耽于神仙之说起咏,以见阮公犹在耽思曹马之斗的结局,少帝仅有一腔少年热情,处世经验不足,易受人簸弄,如周太子王子晋,受浮丘公蛊惑,入山访道,不知所终。

　　末二句,虽情思渺渺,但无限酸辛者,非哀曹魏一脉,其中兴之业,显然终将杳然而去也。这末二句,虽是余文,实乃阮籍为诗时最关心者,不然,当如陈思明所言,阮既无神仙之思,"千载而上,曷用伤之?"

　　阮公诗意若是,则其忠义两端所困,那倾向的天平,岂不是已有了比较明显的倾斜。

第六十七章（原六十六）
寒门不可出

第六十七章

寒门不可出，海水焉可浮！①
朱明不相见，奄昧独无候。②
持瓜思东陵，③黄雀诚独羞。
失势在须臾，带剑上吾丘。④
悼彼桑林子，⑤涕下自交流。
假乘汧渭间，⑥鞍马去行游。

【今译】

　　黄帝仙去的寒门,怎可相从!
　　孔夫子欲往的东海,又岂能追浮?
　　漫天的阴霾,晦沉得日头也看不清,
　　谁人知吾,一直在昏暗中独停久候。

　　捧起瓜儿就想到东陵侯以聪明全身,
　　黄雀,黄雀,你逐利丧命羞也不羞?

　　当初我遭诬失势,也不过没几天的事儿,
　　就有人提剑相侮,踏上吾家坟头。
　　想起义士桑林子,他一饭之恩务必相报,
　　不由不让我羞愧得潺缓涕下,纵横泗流。

　　驾着车,来到了汧渭郊野,
　　鞍鞯既整,且信马由缰,随意趁游。

【笺注】

　　① 黄节引《楚辞·远游》曰:舒并节以驰骛兮,逴绝垠乎寒门。并引王逸注:寒门,北极之门。按司马相如《大人赋》:轶先驱于寒门。应劭曰:寒门,北极之门也。《史记·孝武本纪》:齐人公孙卿曰:申功,齐人也。与安期生通。受黄帝言,无书……其后黄帝接万灵明廷。明廷者,甘泉也。所谓寒门者,谷口也。《集解》:徐广曰:寒,一作塞。《汉书·音义》曰:黄帝仙于寒门也。《索隐》:服虔云:寒门,黄帝所仙之处。小颜曰:谷,中山之谷口。汉时为县,今呼为冶谷。去甘泉八十里。盛夏凛然,故曰寒门。阮氏《清思赋》:临寒门而长辞。汪师韩《文选理学权舆》卷八塞门条:颜延之《赭白马赋》云:简伟塞门。注曰:塞,紫塞也。有关故曰门。塞或为寒,非也。按马生北地,即作寒门亦可。《楚辞》曰:逴绝垠于寒门。张衡《思玄赋》曰:望寒门之绝垠兮。闻人倓亦主此说。

黄节引《论语·公冶长》曰：道不行，乘桴浮于海。

② 蒋师爚曰：朱明不相见，谓日暮。《汉书·艺文志》：今其技术晻昧。师古曰：晻与暗同。黄节曰：《尔雅》曰：夏为朱明。郭璞曰：气赤而光明。闻人倓曰：奄昧犹言玄冥。候，语辞。无候，犹不相见。黄帝曰：奄昧，晻昧也。奄从省文。《说文》曰：晻，日不明也。《春秋繁露》曰：号为诸侯者，宜谨视所候，奉之天也。《王制正义》引《春秋元命苞》曰：侯者候也。候王顺逆也。

③ 东陵瓜，见第六章。黄雀，见第十一章。

④《诗纪》（梅鼎祚本同）引《丹铅余录》云：《汉武故事》：汉武帝崩后，忽见形，谓陵令薛平曰：我虽失势，犹为汝君，奈何令吏卒上吾陵磨剑乎？（平顿首谢）因不见。推向陵旁，果有方石，可以为砺，吏卒尝资磨刀剑。霍光欲斩之，张安世曰：神道茫昧，不宜为法。故阮公《咏怀》诗曰：失势在须臾，带剑上吾丘。（黄节据《水·经·渭水注》引此文。阮公失势之咏，乃谓其母丧守孝失仪，遭朝中群僚欺侮。见阮诗第五十八章至第六十二章自纪诗。并见《晋书·何曾传》所载。）

⑤ 闻人倓引《左传·宣二年》：初，宣子田于首山，舍于翳桑，见灵辄饿，问其病，曰：不食三日矣。食之，舍其半，问之，曰：宦三年矣，未知母之存否？今近焉，请以遗之。使尽之，而为之箪食与肉，置诸橐以与之。既而与为公介，倒戟以御公徒，而免之。问何故？曰翳桑之饿人也。问其名居，不告而退，遂自亡也。按翳桑之桑，未必为桑林。如以诗中所指为翳桑之饿人，则涕下字亦无所据。阮诗未必系用此事。（诗中桑林子，正用此事。阮自愧不能如桑之一饭之恩必报，文意有所指也。笔者私忖，阮君忠义之选已决。欲告之首，司马昭也，读者请留意，后文七十四章最后一节。"路端便娟子"，阮君机灵着呢，他清楚昭公不动声色地关注着他的此事动情，他便也乘机先递个信去。主臣互信的基础恰恰先是臣主互贼！笔者受教也。）

《庄子·子木篇》：孔子问子桑雩曰：吾再逐于鲁，伐树于宋，削迹于卫，穷于商周，围于陈蔡之间。吾犯此数患，亲交益疏，徒友益散，何与？子桑雩曰：子独不闻假人之亡之？林回弃千金之璧，负赤子而趋。或曰：为其布与！赤子之布寡矣；为其累与？赤子之累多矣。弃千金之璧，负赤子而趋，何也？

林回曰：彼以利合，此以天属也。夫以利合者，迫穷祸患害相弃也；以天属者，迫穷祸患害相收也。夫相收之与相弃亦远矣。

又《庄子·大宗师篇》：子桑雽、孟子反、子琴张三人相与友，曰：孰能相与于无相与，相为于无相为，孰能登天游雾，挠挑无极，相忘以生，无所终穷？三人相视而笑，莫逆于心，遂相与友。莫然有间，而子桑雽死，未葬。孔子闻之，使子贡往侍事焉。或编曲，或鼓琴，相和而歌曰："嗟来桑户乎？嗟来桑户乎！而已反其真，而我犹为人猗！"（附此以供参考。）

⑥《左传·桓六年》：申儒曰：取于物为假。黄节曰：假，借也。乘，车也。汧水出汧县蒲谷乡弦中谷。渭，《说文》：水出陇西首阳渭首亭南谷。闻人倓引《史记》：非子居犬丘。孝王召使主马于汧渭之间，马大蕃息。

【前贤评述】

闻人倓引陈祚明曰：岂伤故大将军耶？（指曹爽）一、二言势不可弃，险不可冒，罹祸之后欲为东陵布衣不可，事息亦人不畏之矣。桑林之悼，惭无灵辄也，宛曲深隐。（各人读诗，所见不一，余唯从诗中字义，联系诗后背景揣释。）

蒋师爚曰：青门故侯，黄雀公子，事不足怪也。独不计魏武魏文尚有在天之灵乎？寓言茂陵，不是浪征幻事，隶以桑林涕下，聊张疑阵耳。（"聊张疑阵"，说得好，夫子自道也。）

黄节又引陈沆曰：东陵之种瓜可为，黄雀之贪利可耻；而乃徒以势利之故，带剑上丘，顿背故土，曾不念昔者曾受桑林一饭之恩乎？此刺背魏附贼之辈。（专事牵涉，跳脱逻辑，难与言理。）

吴汝纶曰：失势二句，就魏主之见凌侮，以刺讥司马氏，言转瞬又将为人凌侮也。（陈伯君先生谓时人，大多预定阮乃反司马者。）

黄侃曰：亦言神仙难信，富贵无常；一旦失势，虽则以汉武之雄主，吏卒得上其丘冢而磨剑。物情若此，何为而不放游终生乎？（所见甚是，

但仅言其一，于诗旨犹相隔甚远。）

黄节曰：《周易》曰：离也者，明也。万物皆相见，南方之卦也。圣人南面而听天下，向明而治，盖取诸此也。此诗用此义，以喻君也。黄节于引《汉武故事》后曰：此言司马氏之目无魏武魏文也。又于引《左传》文后曰：此言求如灵辄之报赵宣者以报魏犹无其人焉，所以涕下也。（皆无谓之语，集中诸评，大略如此。）

【译余骈言】

这一章诗是十分重要，又十分难读的诗。

先说它的重要。

阮籍当下，最重要的是他既然判清了高贵乡公他日与司马家为争夺政权必有一搏，搏的结果是曹家必输，输的结果很可能通常是尽夷三族，此外廊庙易姓，自在意中。于是他决定退出从来依儒学所训、应当忠于臣纲的规矩，公开宣布在今后的曹马斗争中不再参与任何一方。阮籍已经在过去的两场屠曹故事中，看见血流飘杵，吓怕了胆，他想一定得提前昭告公众：我不是拥帝一党，我不会在未来参加曹家的中兴夺权之争。以为他日小王举事成败，自己有言在先云。

难读难解的原因有三，一是用典多，十二句诗中，竟然用了六个典故。二是用典之意，语焉未明。有的引典正用，持为理论根据（如黄帝的仙于寒门、桑林子回报赠饭之恩）有的引典乃是陪衬，"副车"（如孔子浮海）并无实义。三是全诗多言语未清，陡然而住，忽然他向之句。但是在笔者弄清了阮籍为诗旨意后，也就理解了他的难处，他的无可如何，他之不得不为此晦涩难明之诗的因由。

全诗共四节，作诗归旨依旧系在曹马之斗。

上一章讲了周太子年轻孟浪，误信匪人，陷身不测，以拟今之少天子，亦在稚年，故前景可危，其用心已明确当舍却专依少帝之所向焉。

第一节四句云："寒门不可出"，原出《楚辞·远游》："舒并节以驰骛兮，逴绝垠乎寒门。"屈诗意谓若纵意远游绝驰，终有到达天地边缘的寒门之时，寒门乃黄帝升仙之地。屈原是忠君之臣，若依循屈子之所为，终有一天会走到走投无路的。但我是阮籍，我不欲附随少帝趋此不智之绝路！

第二句"海水不可浮"，是孔夫子对自己的学说在神州大地推行不开时说的话，若有一天我的主张行不通，看来只能乘木筏远去海外了。这后一句话，夫子有远游海外之拟，显然于阮籍近况无关，阮君亦从无推行自己学说的经历，他的儒学主张中亦无标新立异之说。故第二句乃陪衬之"副车"也。有用的是前一句，终于在这里，表达了阮籍比较明确的选择，曰：忠君之行不可为也，那是一条绝塞死路。

至于朱明不见，奄昧无俟，无非说自己往昔之思，曾一度孤独地徘徊在糊涂状态中尔，今天之作出如此抉择，实乃长期思虑踌躇而决之者。

阮籍为什么舍弃从少天子中兴呢？第二节两句作出了明明白白的回答。东陵侯全身于乱世，无疑是我最佳的榜样，而那自作聪明的黄雀，自以为眼前有利可图，却不料贪利而亡。以这样的短视之智，拿出来卖弄，无疑只能落得误人误己的下场。

第三节，阮籍称，我之所以不取事君之路，尚有一个重要的缘由。他说，我曾先后两次陷入不幸，当时，我的宦友、我的邻里，都纷纷在我困难时，或离之而去，或落井下石，那样的滋味我已受够了，在此前后，只有司马昭大将军两次为我援手，使我得于脱困，想起古贤桑林子，一饭之恩必报，而大将军两次救我于危难绝境，我至今无以申谢，令我愧赧无地，涕泪交流。

"寒门不可出"，即"帝意不可从"，这是阮籍自曹髦入宫以来，经四、五年的思想斗争，最后喊出的最勇敢、果决的结论。以他毕生的儒学教养，以为他写下了一句"寒门不可出"，那就是说出了"黄帝的道路不可遵行"。就是明确表述了他不追随帝王之路，也就是不追随今天少帝的中兴之路了。在阮籍而言，自以为这样一来就完成了他在这场曹马之斗中的政治选择了。今天，他算公开了自己的政治立场，立此存照，以后勿谓言之不预也。这就是我们的阮籍。

其实大家看见："寒门不可出"是三千年之前轩辕帝的一则口述历史，于今

日曹马斗争何干！有谁会明白，阮籍写下这五个字，竟寄寓着阮籍的政治立场选择，不仅如此，而且还兼作他的公开宣言。在本章诗所辑六则前贤评述中，仅陈祚明注意到第一、二句诗，以为是阮籍在提醒读者："冒险须谨慎！"谁也不可能知道，"寒门不可出"竟然是阮籍为行将到来的曹马之斗，提前宣告的政治宣言！

但是，阮籍却自以为我已向全社会交代清楚了，我的责任尽到了。这就是阮籍的思想方法，这就是阮籍的行为逻辑！他完成了几年来犹豫不决的思想斗争，这么一来，他以为也告诉了公众，从此他决心承担起背儒悖纲的恶名，坦荡以对，明明白白地接受去吧！

不过背地里的阮籍，也许并不这样光明，他的小算盘早计算好了，曹马之争，司马必胜，他的未来未必亏到哪里去！毕竟，这个判断是他的选择前提啊！

最后，阮君再不曾说什么，不言而行，无语而去也，他走了。曾经一度使阮籍痛苦彷徨的忠义两难，终于在这一首诗里作出了明确的抉择，他心底的重荷终于解脱了，他的为难也终于摆脱了。他不是从为臣儒纲的道义律条、儒学责任这些名教大义来进行选择的，而是从自己个人的切身安危出发，作出了最实际的选择，他不曾守住儒学的底线，在儒学的底线下面还有一条最后的、生命本能的生物底线，他已经退到最后了，他见过二马食槽的两次大惨剧，他经历过怵惕终日，惶恐不已洗颈就戮的日子。他受不了。他没有那么勇敢，那么坚强，他怯懦了。这不是他的过错，他也分担过儒学学说颠顶的后果，在这样复杂凶险的环境中，阮籍至少未曾推波助澜，小心翼翼，安安稳稳做着一个良民的角色。"穷则独善其身。"这是全社会应当宽容的底线。

他在本诗的末尾，没有发什么豪言壮语，也未曾抗声高论他的选择，他驾着马车出游了，徜徉在汧渭之间夏日的滨河之地，轻松地走了。

笔者一路跟随阮君走到这里，不断揣摩他的思想。笔者今年八十余矣，一路上跟随着比我年长或同龄的多少士人走到如今，总觉得不应苛责他们，不应当将暴政的暴力转嫁到他们的负担上去，我深悉在刑求之前，人们会本能地紧

抓住最后一根漂在水面的稻草，特别是如果这根绳索还系着某些光荣的标牌，很少人能够拒绝。想起这些，我眼前总是浮现起苏俄刑室里加米涅夫、布哈林等求死不能的刑馀之身。笔者以为，在忠义两难的面前，阮公实际上是很高兴上天赐给他两难借口的，这至少为他自己存了点体面，我以为我懂他。

时间尽管过去了近一千七百余年，我们，我和嗣宗先生，其实都经历过同样的况味。

第六十八章（原六十七）
洪生资制度

第六十八章

洪生资制度，①被服正有常。

尊卑设次序，事物齐纪纲。②

容饰整颜色，磬折执圭璋。③

堂上置玄酒，室中盛稻粱。④

外厉贞素谈，户内灭芬芳。⑤

放口从衷出，复说道义方。⑥

委曲周旋仪，⑦姿态愁我肠。

【今译】

洪生此公，崇礼守制，
衣服冠戴，齐整有常。
尊卑等级，循依次序，
行事进退，守纪遵纲。

颜容始终端整，神色永远庄重，
鞠躬礼拜，手执圭璋。
厅堂上恭陈着清冽玄酒，
房室内盛设了稻麦高粱。

表面上严肃清峻装正经，
背地里卑鄙龌龊太肮脏。
一不小心，肆口吐出了真言，
马上又把道义的滥调高唱。

他一直在曲意逢迎，周旋如仪，
那装腔作势的模样，真气断我肝肠。

【笺注】

① 黄节曰：扬雄《羽猎赋》曰：于兹乎洪生钜儒，俄轩冕，杂衣裳，修唐典，匡雅儒，揖让于前。鸿、洪古通，《尚书》洪水，《史记·河渠书》作鸿水可证。《易·乾卦》释文：资，取也。

② 蒋师爚引《诗·大雅·假乐》：之纲之纪。按郑笺云：成王能为天下之纲纪，谓立法度以理治之也。

③ 磬折，见第八章注。《说文》：圭，瑞玉也。上圆下方。《周礼·春官·典瑞》：王执镇圭，公执桓圭，候执信圭，伯执躬圭。《诗·大雅·棫朴》：济济辟王，左右奉璋。《毛传》：半圭曰璋。

④ 黄节引《礼记·礼运》曰：玄酒在室。又引郑注曰：玄酒，清水也。

⑤《尔雅·释注》曰：厉，作也。芬芳，参见第四十六章（原四十五）注引《离骚》王逸注。

⑥ 黄节曰：《论语·微子》曰：隐居放言。放口犹放言也。《左氏传·隐三年》曰：信不由衷。从衷犹由衷也。方，端整、崇正、堂皇之谓。

⑦《诗·召南·羔羊》：委蛇委蛇。郑笺曰：委蛇，委曲自得之貌。

【前贤评述】

黄节引陈祚明曰：礼固人生所资，岂可废乎？自有托礼以文其伪，信其奸者，而礼乃为天下患。观此诗，知嗣宗之荡轶绳检，有激使然，非其本意也。（然。）

陈祚明又曰：起四句本言礼教之重。（一个"重"字，见陈氏所处时代的价值观。）"容饰"以下即咏作伪者，一气直下，不作转顿，使人不觉。又曰：末四句意曲而语有致。放口，则不由衷而似从衷出也。委曲周旋。妄态可悦而其情叵测，佞态可玩，可悦，略识嗣宗笔意。爰使人愁。又曰：典午城府深阻，饰貌愚人，此盖嫉之。与赵女谦柔同旨。（所言非而实是，赵女弱而无奈，乃第二十一章中故事。洪生阴而欺人，一样作伪，女为自卫，生为谋利也。岂可等视，非嗣宗有意。）

黄节引蒋师爚曰：洪生资制度，非制度则不成其为洪生矣。"灭芬芳"、"说道义"，嬉笑何啻怒骂。籍本传所以云："礼法之士疾之若仇"也。（"非制度则不成其为洪生矣"，较"非洪生无以资制度"更透彻，更深刻也。佳评难得。）

曾国藩曰：此首似诫司马懿厚貌深情，善自厉饰。（曾公积习难改。）

黄节引王闿运曰：晏、玄清谈，以风度自许，"外厉"以下数句似指之。（有所见焉。但未必指晏玄清谈，清谈者"坐谈终日，言不及义"焉。性自两属。）

黄侃曰：此与《大人先生传》同旨。言礼法之士深为可憎，委曲周旋令人愁损。盖不待世士嫉阮公，阮公已先恶世士矣。（亦佳。）

黄节曰：嗣宗《大人先生传》：或遗大人先生书曰："天下之贵莫贵于君子。服有常色，貌有常则，言有常度，行有常式；立则磬折，拱若抱鼓，动静有节，趋步商羽，进退周旋，咸有规矩。""诵周孔之遗训，叹唐虞之道德，唯法是修，唯礼是克，手执圭璧，足履绳墨。""此诚士君子之高致，古今不易之美行也。今先生乃被发而居巨海之中，与若君子者远，吾恐世之叹先生而非之也。"于是大人先生乃迨然而叹曰："若之云尚何通哉！夫大人者，乃与造物同体，天地并生，逍遥浮世，与道俱成，变化聚散，不常其形。天地制域于内，而浮明开达于外，天地之永固，非世俗之所及也。"与此诗用意正同。（极妙之语，但已远逾本诗之旨意。）

【译余骈言】

洪生在这里是文学性的一个典型形象，在古代社会普遍提倡礼法的社会中，这种伪善的双重人格，应当有相当的普遍性。正是社会上存在不少的伪礼者，才催生了如竹林七贤们的放浪形骸的行为，他们的行为是对伪儒们的批判、抗议和反击。用以支持他们行为的理论武器那就是道家学说的"真"。庄生道："真者，精诚之至也"。又曰："故圣人法天贵真，不拘于俗"（《渔父》），故竹林七贤们特别强调行为的率真，以表明他们强调的是表里如一。

阮籍诗中描绘的洪生，无疑非常生动，非常有真实感，在全部作品中，从人物创作来说，真可谓翘楚之作，不仅在艺术上十分成功，即使社会学的意义，也深有价值。

但是，就译述者来说，笔者自定的首责，既不在用艺术笔触正确生动地描述其形象，也不在开掘这位典型人物生成的社会土壤、文化背景，甚至也不把迻译的忠实性当作首要任务，笔者最关注的是如何回答这样一个问题：为什么在这个时间节点上，阮籍要创造"洪生"这样一个伪儒形象？洪生其人的出现，对于阮籍不得不公开弃置曹髦的中兴大业有什么关联？笔者撰述此书的用意，

每与其他研究者的分歧所在往往也就在这里。决不以解其字义、句义、诗义为满足，每一首诗，除了那另类的"卷之三"外，都想弄清楚阮籍在创作之时，面临怎样不忍卒睹的时政大事，有悖儒学价值观的逆行叛伦之为，促使他不得不在忧思满腔中，书泄其积郁。

题目出得很大，但是答案得由阮籍自己回答，别人只能揣摩而已，嗣宗既死，只有笔者在此弄笔，责无旁贷矣，笔者认真回答道，思之再三，只有一个很可笑的不成理由的理由。

"洪生其人"是阮籍痛苦的产物，是阮籍为精神自疗法自行制造的一件产品。除了他本人自己外，谁也不会理睬的一只画工斑烂的纸老虎，一件自娱的精神玩具。原来一自他在六十七章中说了"**黄帝仙去的寒门，岂可相从！**"他从此羞愧无地，他觉得如今中土之人，都听到了他的无义、无耻，违背儒学基本原则的言论，他已经丧尽廉耻，毫无儒格，难以在世上再现脸面了，他痛苦之极、难受之极。情急无聊之下，于是创作了"洪生其人"一诗。诗成，他公诸于众，指着诗道："瞧！你们休说我阮籍无耻，天下还有比我更无耻的洪生伪儒在焉。"这难道不是一个极可笑的理由吗？

从道德伦理学来说，本来各人有各人的道德实践，我的高尚既不能抵消你的堕落、你的卑鄙又怎能减消我的罪业？这完全是一种不伦不类的作为，于事无补之行。但这就是阮籍，阮籍的可笑做法，而且这样一番毫无意义的不通之举，居然缓解了阮籍自惭自陋的痛苦，接着在下一章"第六十八章"我们就会看到，他的痛苦已霍然而愈，无忧无虑，挽上晨风鸟，一起纵辔山水，悠游天下焉。他乐得无休无止，甚至自警于己，莫要乐过了头，身子骨要扛不住的（"绮靡存亡门"）。可见，他的自惭病既愈之后，便再也不将心思用在为儒之责与王家事业上了。

这就是我们的阮籍先生，真心祝他健康！

第六十九章（原六十八）
北临乾昧溪

> 第六十九章
>
> 北临乾昧溪，西行游少任。①
> 遥顾望天津，驰荡乐我心。②
> 绮靡存亡门，一游不再寻。③
> 倪遇晨风鸟，飞驾出南林。④
> 漭漾瑶光中，⑤忽忽肆荒淫。⑥
> 休息晏清都，超世又谁禁。⑦

【今译】

玩水北上乾眜溪，
游山西去陟少任。
遥望渭水浮长桥，
春光骀荡舒我心。

固知靡曼纵乐伤性命，
此番游罢不再寻。
偏是路遇晨风鸟，
挥鞭跃马出南林。

春水千里碧波平，
春云春气佐春情。
春困双宿晏清都，
超尘迈俗又谁禁！

【笺注】

① 黄节引《山海经·东山经》曰：橄螽之山，北临乾眜，食水出焉，而东北流注于海。

黄节又引《说文》曰：少，不多也。又引李善注王粲《登楼赋》引杜预《左氏传》注曰：任，当也。黄节曰：少任，言不任也。

② 蒋师爚引《水经·渭水注》曰：秦始皇作离宫于渭水南北，以像天宫。故《三辅皇图》：渭水贯都以象天汉，桥横南北以法牵牛。黄节引《尔雅·释天》曰：析木之津，箕斗之间，汉津也。黄节引《庄子·天下篇》陆氏《释文》曰：骀，放也。荡，动荡之意。《礼记·月令》：仲冬，诸生荡。（注：荡谓物动萌芽也。蒋生从《水经·渭水注》以及《三辅皇图》两书中记有秦时在渭水筑离宫并桥横于渭水之说，以为注说，其实这里的浮桥，本是三国时通行所用，"卷之一"叙司马懿军变，便专谓司马师率三千士卒，阻浮桥以截曹爽归途。本诗非咏古典，

所记乃阮籍此时之行程也。引典宜切，岂可轻忽，且莫以为愈古愈佳也。)

③ 黄节曰：绮靡，疑作猗靡，见"第二章"之注。按：《说文》：绮，文缯也。《周礼·地官·司市》注：靡，谓侈靡也。《玉篇》侈靡，奢侈也。司马相如《上林赋》：靡曼美色于后。纣使师延作靡靡之乐。绮靡，声色之意，故曰：存亡门。黄注《第二章》诗解"猗靡"为"委蛇"，于此未必是。("存亡门"二句。道家方术言：男子御女有术，可补益长生，否则纵乐过甚，耗精促寿。此说又见"第四十六章"在描述"葛藟延幽谷，绵绵瓜瓞生"时，不忘加上一句调侃"乐极消精神。")

④ 蒋师爚引《诗·秦风·晨风》曰："鴥彼晨风，郁彼北林。"《毛传》曰：晨风，鹯也。(按，《晨风》一诗凡三章，是一个被丈夫遗弃了的妇女所歌：

鴥彼晨风，郁彼北林。未见君子，忧心钦钦。如何，如何？忘我实多！

山有苞栎，隰有六駮。未见君子，忧心靡乐。如何如何？忘我实多！

山有苞棣，隰有树檖。未见君子，忧心如醉。如何如何？忘我实多！

故"晨风鸟"三字在阮诗中即"已婚妇"之代词也，她是嗣宗新结识的女友。)

⑤ 黄节曰：漭漾，罔象，音同。《楚辞·远游》曰：览方外之荒忽兮，沛罔象而自浮。王逸注曰：水与天合，物漂流也。又《大人先生传》曰：徜徉回翔兮漭漾之外。又，黄节引《淮南子》曰：取焉而不损，酌焉而不竭，莫知其所由出，是谓瑶光。

⑥ 肆，放纵；荒，荒唐；淫，男女苟配以外，有过度、过分、沉溺之意。"肆荒淫"，过度的放纵自己荒唐行为。黄节曰："荒淫，言荒忽，淫放也。荒忽见上。"《楚辞·远游》曰：质消铄以汋约兮，神要眇以淫放。

⑦ 黄节又引《远游》曰：集重阳入帝宫兮，造旬始而观清都。洪兴祖补注引《列子·周穆王第三》曰：(王实以为)清都，紫微，钧天广乐，帝之所居。

黄节曰：禁，止也。又曰："漭漾"以下，盖仿屈原《远游》。(非，阮君自记其所游。)

【前贤评述】

黄节引蒋师爚曰：此嗣宗拜东平相后所作也。(遥望秦墟，想其绮丽，

慨然于入之者为亡门，出之者为存门，一时游兴，顿已衰飒矣。何似飞驾瑶光游仙为得乎！）西行者，自东平归也。"游少任，"谓不胜其游。蒋师爚又曰：此云"遇晨风"，"飞驾出南林"者，"晨风"即《第一章》所谓"翔鸟鸣北林"也。"驾出南林，斯不与同途矣。"（都是秦墟两字害了他遐想无限，不可遏也。）

黄侃曰：此亦远游肆志之语。（直承原诗，简单明白。）

黄节曰：此诗用"天津"盖指秦墟言之，以喻魏都也。又曰：嗣宗《大人先生传》曰：秦破六国，并兼其他。娇盛色，崇靡丽，凿南山以为阙，表东海以为门。辟万室而不绝，图无穷而永存。美宫室而盛帷幨，击钟鼓而扬其章，广苑囿而深池沼，兴渭北而建咸阳。木曾未及成林，而荆棘已聚夫阿房。时代存而迭处，故先得而后亡。诗言"绮靡存亡门，一游不再寻"，言无意于君门也。秦墟者，存亡所自出；门者，万物所自出也。庄子曰：有乎生，有乎死，有乎出，有乎入。入出而无所见其形，是为天门。郭注曰：重天门者，万物之都门也。存亡，犹生死也。又曰：诗言"傥遇顺风鸟，飞驾出南林"，"以晨风喻从晋诸臣，彼出北林而我出南林，不与之同途也。"

上述诸评，唯黄侃所云略近，曰：远游肆志也。其志亦非大志，放荡之心声耳！黄节及蒋师爚二人都为《水经注》所误，跌入秦墟的旧坑里了，然后又为"存亡门"三字所惑，其实，阮君所望之"天津"，并非史载秦时咸阳之余墟，乃是魏末洛阳外之浮桥也，控出入之咽钥。"第十一章"文末，陈伯君先生引《三国志·曹爽传》曾经提及："十年正月，车驾朝高平陵，爽兄弟皆从。宣王（司马懿）部勒兵马，先据武库，遂出屯洛水浮桥。……遂免爽兄弟。"此即本诗阮君所见之"天津"也。黄蒋二氏舍近就远，白白地代阮籍发了一通思古之感慨。

【译余骈言】

至于本诗所言内容，实在异常简单，直接接续"第六十七章"文末二句："假

乘汧渭间，鞍马去行游。"所游何地？涉水，登山耳。"北临乾昧溪，西行游少任。"游乐如何？"驰荡乐我心"也。黄节注"驰荡"，引《礼记·月令》曰：仲冬，诸生荡，万物动萌也。驰荡，放荡也。其时车上载一美人，即所遇晨风鸟也，晨风鸟者，《诗经·秦风》中一个夫妻不谐，离家出走的已婚女子也。一路上两人驰荡不止，乐之过甚，阮君自知太过，戒曰："绮靡存亡门，一游不再寻。"下不为例也，唯这次在例禁之先尔。"漭漾瑶光中"，飘荡在碧波瑶光之上，——双宿于水边之上清都道观。何以知其为道观，原注引《楚辞·远游》句："造旬始而观清都。"古人用语每以物名为动词，乃知此句曰：观（宿）于清都也、"忽忽肆荒淫"春光无多，忽忽而过，焉得不稍纵荒唐之行。"超世又谁禁"此处乃清幽之地，超迈尘俗，岂有闲人呵禁耶？

这样的解读，太简单了！许多人很难接受，特别像黄节先生，据陈伯君先生说，他是为振奋民族的道德和精神，特地为阮籍作注的。笔者又能奈之何！此系文本所示，黄节先生固然可敬，阮籍先生也只是做了机缘来临时，发挥了造化赋予的本能。黄蒋之辈把阮籍设想得如何如何，那是黄蒋等自己的事。

我们跟随着阮籍一路走来，熟悉他的生活习性，对于人们私生活，例不过问。作为笔者，唯见文本耳。传译是否正确，原文俱在，前后推详，读者当能辨之。

前七章诗梳理

　　这七首诗（六十三章至六十九章），不到全书总量的十分之一，但值得对之略作梳理。因为这七章诗的写作经过，留下了阮籍清晰的思想移动痕迹，不仅耐人寻味，而且决定了他往后的出处取向。阮籍母丧，守孝失仪脱困后，与司马昭之约，远君子，避小人，离群索居，记无聊之事，然其心思犹在朝阙焉。

　　六十三章，甘露三年盛暑，有巫者来访，言谈未惬，须臾即弃。

　　六十四章，同年秋，闲游陂泽，登舟观鸟。

　　六十五章，甘露四年春，出东门，游九曲，见鹍黄相嬉，郁然有思。

　　六十六章，念昔日周王子，年少轻荡，误信匪言，入山走失，不见有终，令人叹惋。

　　阮不与曹马之斗既久（三年许）乃得以从远距离上，换一个视角，重新审视少帝中兴之为焉。他摆脱了对少帝天纵英才、未来中兴之主的膜拜，回到了面对一个普通聪慧少年的评价，尽管其"朱颜茂春华，辩慧怀清真"，惹人怜爱，使人敬重。但是毕竟年少识浅，更乏政治阅历，东堂讲业之誉，也佐养其骄躁轻荡之习。史载：

傅畅《晋诸公赞》曰：帝（髦）常与护军司马望、侍中王沈、散骑常侍裴秀、黄门侍郎钟会等讲宴于东堂，并属文论……帝性急，请召欲速。秀等在内职，到得及时，以望在外，特给追锋车、虎贲卒五人，每有集会，望辄奔驰而至。

这一段记载，不仅状其性急骄躁，骄妄之习渐长，尤令人惊讶的，其周围所属并与文论者，大半皆系司马昭亲旧，甚至有其所遣伏线在焉。此辈慕荣图利，人品卑劣，在朝中皆属首出者。累卵之危若是，少帝未察焉。

这一章，笔向子晋，思属曹髦。末云"飞飞鸣且翔，挥翼且酸辛"，曹髦中兴之事未举，阮已为之预哀焉。在曹马君臣之斗中，嗣宗无取于君之志决也。

　　六十七章，阮再为诗，进一步探究自己在曹马之斗中，舍君臣大义的正当性。诗中举两大理由：甲，身当乱世，保命为先。黄雀之羞，失在妄图眼前之利。东陵侯种瓜全身遗范垂世。乙，桑林子一饭之恩必报。司马昭素与其善，二度援其于众弃之危中，难与遽离哉。

　　六十八章，阮仍为自己弃君臣大义自责，必欲找到平衡自己道义之失的理由，乃举世上伪儒者为例，言自己虽有失儒学之教，然犹比伪儒者为恶稍胜，乃极尽其状，形容之，鄙弃之。

　　六十九章，阮籍抉择既定，失德背儒之咎乃释，心情轻松，因有上清都之游焉。

第七十章（原六十九）
人知结交易

第七十章

人知结交易，交友诚独难。

险路多疑惑，明珠未可干。①

彼求飧太牢，我欲并一餐。②

损益生怨毒，③咄咄复何言。④

【今译】

世人但知结交易，交友之道真也难！

夜深路黑险疑多，欲献明珠令人惮。
彼羡饕餮贪牛羊，我欲日夜并一餐。

利害多寡怨毒生，惊诧莫名复何言。

【笺注】

① 曾国藩曰：明珠句似用邹阳"明珠暗投"之意。干，即投也。《史记·邹阳传》：乃从狱中上书曰："……臣闻明月之珠，夜光之璧，以暗投人于道路，人无不按剑相眄者，何则？无因而到前也。"

黄节曰：张衡《四愁诗》曰："美人赠我貂襜褕，何以报之明月珠。"其自序曰：屈原以美人为君子，以珍宝为仁义。黄节又评曾国藩曰："似用邹阳明珠暗投之意，恐非。"

陈伯君曰：黄解太曲，仍以曾说为当。（说得是。这应当是阮诗出典。）

② 黄节引《老子》曰：众人熙熙，如飨太牢。《诗·小雅·彤弓》笺：大饮宾曰飨。《仪礼·士昏礼》注：以酒食劳人曰飨。《公羊传·庄四年》注：牛酒曰犒，加羹饭曰飨。《说文》：牢，闲养牛马圈也。《礼·王制》天子社稷皆太牢，诸侯社稷皆少牢。太牢谓牛，少牢谓羊。并一餐，二餐合为一餐。

③ 《论语·季氏章》：孔子曰：益者三友，损者三友。友直，友谅，友多闻，益矣。友便辟，友善柔，友便佞，损矣。（疑此非阮诗损益本意。前贤评述中黄节引朱嘉徵曰：损益一乖其度，恩怨遂去如万里，言之甚是。损益，今谓之利害也。）

④ 《韵令》：咄咄，惊怪声也。黄节曰：《春秋·襄公三十年·左氏传》曰：或呼于宋大夫庙曰："嘻！出出！"杜预注曰：出出，诫伯姬。郑注《周礼》引作"诎诎"。"咄咄"，当即"出出"，告诫之意。

【前贤评述】

黄节引朱嘉徵曰:太牢,一餐,人易知耳。损益一乖其度,(四字大佳!)恩怨遂去如万里,盖可忽乎哉!嗣宗有言:世之好异者,不顾其本,各言我而已矣。语堪百思。(引阮公言殊佳。)

黄节引陈祚明曰:言己与典午两情不合如此。(陈以尘世普遍观念议阮焉,固知阮与人不合,便套在典午身上!以美阮籍、非典午焉。岂知凡吾读者已尽知阮马背人之习也。)

又引蒋师爚曰:此戒利交也。

又引曾国藩曰:(并一餐即并日而食也。)将损彼之有余,益我之不足,而怨毒已生,言公道不可持也。(曾语有疵。若己真有损彼之事在焉,岂能不怨!再,"并一餐",我欲省俭,并朝食及晚餐合一焉。)

又引王闿运曰:明帝托孤于懿,故云交难。(奇思异想!)

黄侃曰:朋友交亲,亦难终恃,爱憎一异,善恶随殊。故有投明珠而见疑,求一餐而获戾,怨毒之兴,非人所及察也。

黄节曰:(陈祚明、王闿运)均以此诗对司马氏言,恐非阮旨。(皆无聊之甚,唯黄侃先生所会略近。曰:怨毒乃损益所生,是一篇主旨,本诗旨咏家争,所好之殊,托言也)。

【译余骈言】

阮籍一生,交友甚少。盖自视甚高而白眼向人,平生无挚友焉。(于二十四章尝向司马昭坦言:"心肠未相好,谁云亮我情。")于言语尤谨慎,终不语人长短,人不知其所向,安敢托之于肺腑耶?此诗虽是言交友之难,但诗中所言难交之由,亦多在技术细节,无关大要,如先云明珠不宜暗投,则何不择日白昼相馈?如次云彼嗜牛羊,君尚清淡,何不烹两宜之肴;再云损益生则怨毒起,君固无损人益己之求乎?何作此叹!

诗云，"嘤其鸣矣，求其友声"，阮籍一生终无有使其在学识上，人格上钦佩爱慕之人，亦无在学识上，虽不如其优，而在人格上感情上有使其欲往结交之人；故阮籍在性格上，不甚坚强，在情商上是个多少有些缺陷，过于自守的病态者。终其一生，极意向慕者，高贵乡公曹髦是也。如两人同是儒生，于少康、殷宗的中兴之美，各有所称，则或可结为同道。今少帝所尚者乃帝王之业，志在匡复曹姓秉政，兹岂阮籍一文吏之所向耶？故其间实很难产生和建立友谊关系矣。

再说在竹林七贤中，嵇康、山涛皆属人中龙凤，前者至性至贞，后者乃勤乃谨，无论人品、学识、能力皆一时上选，而阮籍与之皆泛泛焉。反而嵇康与山涛虽政途取向各异，但彼此心中，实可以托之生死焉。岂阮公诗中一再称咏之河上丈人可方比者！

再如司马昭其人，不必说司马昭两次相救，即以司马昭在三国末世统一中国之功，阮籍就始终未识其厥功至伟，及用兵之周密。他写的几首颂诗，颂固颂也，都未及典午真正有功于廊庙社稷之大处，尤不知中土百姓安土稼穑之重要，更不识于中原统一之伟功，颇令笔者失望，籍在司马昭身上，非但情少德寡，且又无知欠识，阮马两人并世，笔者敬典午而不取嗣宗也。司马昭卓立史书，固俨然一丘阜，而阮籍者，仅修竹数竿耳，临风摇曳，点缀于时。

这首诗，在阮籍来说，有点像是对"卷之三"第五十八章一诗的回应。在前诗中说，我的朋友那么少，而敌人常常冒出一大堆，为什么？于是便有了这样的回应。很自然，由阮籍来写"交友"这个题材的诗作，肯定是不成功的，连泛泛之谓也达不到。然则，阮子又何必来写这一首他很不擅长的题材呢？其实，这是个幌子而已，参阅他以下六章诗意，乃知他真正在烦心的是一件难以说出口的家事之争。何以难说，无非自己的家人两边都在争夺财产么！一时之间，阮公面子攸关，没法明言矣！乃转转弯弯，或托譬于友道（亲爱者）难处，忽喻明珠难投（讨好不成），忽喻口味难调（多寡难匀）。吞吞吐吐，尽非真言，直到最后才吐出真相："损益生怨毒，咄嗟复何言。"（利害攸关生怨毒，天哪，这种事情怎么说！）这件魔魇就这样缠得他日夜不安。从诗中看来，他至少从本章开始，一直相继有六章之多，第六章托言心慕神仙，依旧无法解脱。也就是

说，最后忧思悯怀虽已搁笔不写，魔魇犹在……

阮籍才写了八句诗，笔者便断言其作诗之旨在诗外，难免惹人讥嘲。这也是逞能自招者，在文本上且未见所云，便先言其末，即使成真，也招人所嫌："君，仙之人兮？！"

但是笔者读阮君诗已七十章矣，尚未见阮有无事长吟之习，每每先不举事者，必有大事隐矣，如集中第一章但咏明月清风，夜不能寐，而胸中所郁，典午诛杀曹爽全家，已逾三月矣。故诗中无事，未必胸中无事；诗中虽无事，郁气积焉，笔者有觉焉，笔者知之焉。知之而不与读者言，笔者失也。于是乎逞能招嫌，"虞兮虞兮奈若何！"请读者教我，请读者恕我。

原七十（已移往"卷之三"第三十八章）

　　此诗应是"第三十七章"（原三十）的改正版，写毕已失时效，阮君不愿弃之，乱置为七十章，今已还原貌。

有悲则有情，无悲亦无思。
苟非婴网罟，何必万里畿。

翔风拂重霄，庆云招所晞。
灰心寄枯宅，……

原七十一（已移往"卷之四·后"第八十一章）

木槿荣丘墓，煌煌有光色。
白日颓林中，翩翩零路侧。

蟋蟀吟户牖，蟪蛄鸣荆棘。
蜉蝣玩三朝，……

第七十一章（原七十二）
修途驰轩车

> 第七十一章
>
> 修途驰轩车，① 长川载轻舟。
>
> 性命岂自然，② 势路有所由。③
>
> 高名令志惑，重利使心忧。
>
> 亲昵怀反侧，④ 骨肉还相仇。
>
> 更希毁珠玉，⑤ 可用登遨游。⑥

【今译】

　　长长的驿道便利轩车驰驱，
　　滔滔的大河最宜放流轻舟。
　　人们的命运岂仅是由上苍安排，
　　权门势路的外力，也决定了走向的左右。

　　高官显宦的威仪怎不使人心动，
　　财赀金珠的魔力更让人又羡又忧。
　　床上的亲昵，留不住私心向外的背叛，
　　自己的骨肉，见利忘义也会得喋血相仇。

　　世上最难得是弃珠毁玉的高士，
　　这样的君子，才可放心与之偕游。

【笺注】

①轩车，黄节曰：轩，曲辀藩车也。《周礼·藩蔽》注：藩谓车旁御风尘者。

②性命，《易·乾》乾道变化，各正性命。《疏》：性者天生之质，若刚柔迟速之别；命者人所禀受，若贵贱夭寿之属是也。后统称人的生命为性命。

③势路，权势荐引路，唐之前，尚无科举制度，唯权势者推荐，世界各国皆如此。

④昵，《书·说命》传：昵，近也。

⑤毁珠玉，可能是当时习用的成语典故，意为人格高尚，志向远大，不以珠玉为意。但今已久废不用。参见《第五十六章》："河上有丈人，纬萧弃明珠。"

⑥黄节曰《一切经音义》引《仓颉篇》曰：用，以也。《春秋·隐·五年·公羊传》：何休曰：登，读言"得"，齐人语也。黄节按"可用登遨游。"如《毛诗·邶风》毛传所谓"可以遨游忘忧也。"

【前人评述】

周海樵编《诗隽腹腴》引孙不庵云：钟、邓为司马氏用而皆不令终，由高名、重利为之祸也，嗣宗其知之矣。（钟、邓最后岁月，正是辉煌之时，功成谋逆，即遭诛杀，时景元四年十月。阮籍亦于是冬先卒，临终之前，实未之知也。）

黄节引陈祚明曰：世路、人情，知之早矣。珠玉之毁，盖言勿顾令名。（珠玉之毁，正河丈欲守其令名者。见注⑤陈君所语，或口误焉。）

又引蒋师爚曰：势路有二，曰名，曰利。趋之则性命不顾，安知骨肉！（名与利，非势路本身，势路者权势荐引之路也，路之终端方为名利。）

又引曾国藩曰：首四句，刺驰骛于名利之途者。"势路有所由，"谓赵孟能贱之也。（曾氏所评过苛，汉晋之时，名义上实行郡县制，实际上分封未废，官吏皆由贵族门阀垄断。时无科举制度，寒士非由势路权门之荐不能仕，是当时卷之三阮籍不得司马回音，大呼"势路有穷达，咨嗟安可长"不以为惭也。）

又引吴汝纶曰："性命"二句，言人之仆仆舟车，非性命如此，乃名利使然。（言之是。但此节诗意，重在说修途，长川之助也。）

黄侃曰：修途所以容轩车，长川所以浮轻舟。物有相召（益）。事有相因，故高名致惑，重利致忧，亲戚致仇，珠玉致盗。唯超然于世表者，乃可以无累也。（先生所言三句，乃笔者阐述此诗所本。）

黄节曰：诗谓修途宜驰轩车，以其可蔽风雨；长川宜载轻舟，以其可利溯游也。又曰：此诗则谓舟车之险，当从人事，不能委之自然也。（先生所言亦是，但黄侃在前，复何为靡费之辞。首句蔽风雨，非修途之能，次句长川送舟，焉利溯游；溯上而行者，风之助也。末句阮诗兼取自然与人事二者，先生并弃二择，偏之乎！）

【译余骈言】

　　本诗十句分三节。第一节，首二句本意谓，轩车虽宜驰驱，须假之修途；轻舟之利载，亦须得长川之助，犹人之顺否，除学业禀赋优异外，更须辅以权门势路之相助。这一节，旨意在末句，阮子有所感慨也。盖阮家虽非布衣，亦非望族，史载他家宅所在，位处路南，坐南向北乏阳背阴，故富者不取，南贫而北富，时人尽知。他的出身显然影响了他的仕途不太顺利。在重视门阀的年代里，大批寒士都有不平之鸣。但是第一节诗仅是引子，或是用以譬说后文的先导焉。

　　第二节，才是阮籍真正要说的话，不过，"高名"句还是陪衬，起兴而已，重心是在第二句的"利"字上。亲昵者何以反侧？骨肉之切，何以成仇？与名无干，唯与利关涉，何况乃是重利。重利之重有二义，一为厚重之重，二为重视之重，拙取前义，与上句高名之高，都是副词，骈之较切。故知阮子要在诗中发感慨的，实在只有那么一句而已。由此可见，阮籍如今的诗艺，从技术上讲真称得上炉火纯青了。娓娓道来，造境精妙，起手之笔有江河万里之势，丝毫不见攀附牵强之痕。第二节转入本题，依旧字字精干，无铺叙松浮之陋，前两句仿佛已道尽名利之害，似乎是其毕生经验谈，且情义双兼，令人动容，孰知笔之所指，仅述家中私事耳！私事者何？下文第七十七章可见其详，其实亲昵反侧，骨肉相仇，无非利之从中作祟尔！

　　第三节按"亲昵反侧，骨肉相仇"，阮公于兹悉道家争之实由。"亲昵"两字，较"燕婉"之谓尤且亵近。"燕婉"，闺谊相好；"亲昵"，肌肤相触言辞相昵之亲焉；"燕婉"状姊妹、戚姒之情；"亲昵"除母孺之外，乃男女相悦、相欢，难与人言之好也。

　　《西厢记》第三本"张君瑞害相思杂剧"第四折，"小红娘问汤药，张君瑞害相思"：

　　"［末看药方大笑科］［末云］小娘子——不知这首诗意，小姐待和小生'里也波'哩。""里也波"者。难与人言之"言"欤！

　　"反"，反向；"侧"旁侧。反侧，变动不已，或此或彼之谓。骨肉，亲出之子女也。

"亲昵反侧，骨肉相仇"两句，都少了一个主词，乃"我"也。反侧，所反其谁欤？反我也，逆我向"人"也，"人"者。女之娘家人也。相仇，仇向何人？仇向阮家焉。

或曰："亲昵反侧，骨肉相仇"两句乃谓妾媵、嫡子同时向我发难，所为何事耶？曰：互争家产也。斯亲昵者，非指正妻，乃阮公姬妾也。正妻嫡配，名份已定。且年长色衰，阮公或久未敦伦。姬妾后置，挟枕边亲昵，欲为其亲（庶出）子多争私产，乃与其嫡子之利有歧焉。一边是枕席所欢，一边是宗脉之维，双方各有伦常与现实优势，争之不下，断之不听，阮公苦之久矣。除七十章"损益生怨毒"，本章"骨肉还相仇"外，相继还有四章，续言其事，及本书竟，犹还未了。天可怜见！

最后，举毁珠弃玉之高士作陪，为全诗结。这一件家事像梦魇一样，一直纠缠到第七十八章，这其间，诗写了不少，题材亦广，但字里行间，时见其心不在焉的恍惚状。夫陷身家事，虽大将军亦无力相助焉。

第七十二章（原七十三）
横术有奇士

第七十二章

横术有奇士，①
黄骏服其箱。②
朝起瀛洲野，
日夕宿明光。③
再抚四海外，④
羽翼自飞扬。
去置世上事，
岂足愁我肠。
一去长离绝，
千载复相望？

【今译】

　　大街上来了位奇异的仙者，
　　一匹黄骠马驮了他的箱囊。
　　清早起身于瀛洲之野，
　　及晚便投止在北方的明光。

　　余暇时更去海外远游，
　　舒张开双翼任由其自在飞扬。
　　我也想丢开那些烦人的俗累，
　　尘世的一切岂让我牵肚挂肠。

　　一去之后将是长长的分离，
　　千年以后，谁管他是不是别来无恙？

【笺注】

　　① 横术，邑中道路也。
　　② 服箱，《诗·小雅·谷风之什·大东》曰：睆彼牵牛，不以服箱。郑司农注曰：服，读为负。毛传曰：箱，大车之箱也。
　　③ 明光，《楚辞·九怀》夕宿乎明光，注曰：明光，丹丘也。《楚辞》：仍羽人于丹丘兮。王逸注：（因就众仙于明光也。）丹丘昼夜常明。（丹丘，顾名思义，红色的山丘也，今谓之丹霞地貌，甘肃张掖者最著，新疆南北及全国各地都有。又，将丹丘注为明光，不确。明光者，顾名思义，当指北极地区，白夜之境也，其地更在丹丘之北者。）
　　④ 黄节曰：《庄子》曰：其热焦火，其寒凝冰，其疾俯仰之间而再抚四海之外者，其唯人心乎！再，语辞。抚，安抚，抚慰之谓。
　　又：《毛诗·小雅·鸿雁之什·沔水》曰：鴥彼飞隼，载飞载扬。"再抚四海外，羽翼自飞扬，"言其去之疾速也。

【前贤评述】

曾国藩曰：前六句拟刺贾充、钟会之徒。（设想恢奇，令人莫之臆测。）

黄节曰：此诗盖有慕奇士，如《大人生生传》所云：安期逃乎蓬山，甪里潜乎丹水。弃世务之众为，何细事之足赖者。又云：先生从此去矣。天下莫知其所终极。与此诗意正同。蒋师爚未悟"再抚四海"两句意，以为指功名一流；曾国藩且以前六句为刺贾充、钟会之徒，则大谬矣。（先生之言，甚是。）

【译余骈言】

本诗是一首阮籍式的游仙诗，读来令人忍俊不禁。

先二句仿佛是前第十九章的重现，也是在街头偶遇一位中亚商贩，一人一马，马背上驮着各色箱囊，遂引起了阮子的冥冥遐思。他设想这位商贩若隐迹风尘的仙者，清早还在东瀛的郊野，傍晚将宿于丹丘的明光。

第二节说，仙人可能再将四海遨游，那自然是在他的空余之暇，反正一展开双翅，便可任意飞翔，那将是何等的自由自在。接着，他转问自己：我岂有什么丢不开的人间眷恋，近日陷身的家务纷争已太教人恼心，诗称欲去之世上事，实仅指家中庶嫡争产之事尔。倒不如跟着这位仙者一起去遨游世界。

他刚刚问过自己，有没有放不下的人间眷恋，接着便想到我若跟了仙者去浪游，这一去怕不止是千年沧桑吧，千载之后，我如果重回人间，（"千载复相望"）那时候，会是在怎样的场景，重见我的妻女儿郎？他们还在不在呀？我去了之后，他们间婆媳相争，兄弟阋墙，姑嫂勃豀，又会闹成什么样子呢？

就这么短短的一阵子大街驻足，说的是不再牵肠挂肚，写下来的却是"千载之后，要不要再相望？"难舍之情，不言而见。阮籍的一场游仙之梦便醒了，又回到了人间福地！无他，促使他快速回返人间的，实在是时时提心吊胆的家事纷争之两造焉。

第七十三章（原七十四）
猗欤上世士

第七十三章

猗欤上世士，① 恬淡志安贫。
季叶道陵迟，② 驰骛纷垢尘。③
宁子岂不类，扬歌谁肯殉？④
栖栖非我偶，⑤ 徨徨非己伦。
咄嗟荣辱事，⑥ 去来味道真。⑦
道真信可娱，⑧ 清洁存精神。
巢由抗高节，⑨ 从此适河滨。

【今译】

美哉，上古的贤人高士！
他们都恬淡清心，乐道安贫。
如今这世界，正是大道衰微的末世景象，
到处都是逐利之徒的乌烟浊尘。

问：饲牛的宁戚，难道不也是追求名利？
不，他扬歌自荐，殉身用世，岂常人所能！
孔夫子一生不也栖栖惶惶到处碰壁，
惭愧，他的主张和作为实非我同伦。

难也夫，最难处的是荣辱关己，
得失之间，你很可以寻味那大道的本真。
那大道的真谛，颇值得我们细细把玩，
你只有清心洁操，才守得住心神。

那巢、由二位秉持着高尚的情怀，
便一直安适地常住在河滨。

【笺注】

① 猗与，黄节引《诗》猗与漆沮。(《周颂·臣工之什·潜》)郑笺曰：猗与(欤)，叹美之言也。

② 黄节又引《诗·商颂·长发》毛传曰：叶，世也。黄节又曰：《荀子·宥坐篇》曰：三尺之岸而虚车不能登也。百仞之山，任负车登焉。何则？陵迟(陵，升登之行，迟，缓慢。陵迟并置，缓慢升登之。今之谓渐变也。)故也。数仞之墙而民不逾也。(陡变之故，)百仞之山，而竖子冯而游焉，陵迟故也。今夫世之陵迟亦久矣，而能使民勿逾乎？注：王肃云：世道陵迟，陂陀。言礼义毁坏之意。

③《汉书音义》：直骋曰驰，乱驰曰骛。《玉篇》：驰，走奔也。骛，奔也，疾也。

④黄节引《淮南子》曰：宁戚欲干齐桓公，困穷无以自达，于是为商旅任车以商于齐，暮宿于郭门外。桓公郊迎客，夜开门，辟任车，爝火甚众。戚饭牛车下，击牛角而疾商歌；桓公闻之，曰：异哉！非常人也。命后车载之，因授以政。

殉，《庄子》曰：圣人则以身殉天下。并引陆氏《释文》曰：崔云：杀身从之曰殉。

⑤黄节引《论语·宪问章》曰：丘何为是栖栖者欤？又引班固《汉书·叙传》曰：是以圣哲之治，栖栖皇皇。并引师古注曰："不安之意也。"

⑥咄嗟，易度也，犹言呼吸之间。字本"作嗜"，古有作嗜歌《世说》：石崇作豆粥，咄嗟立办。黄节曰：曹植《赠白马王彪》诗曰：咄嗟令心悲。咄嗟即咄嗜，谓呼吸之间。诗言荣辱无常，咄嗟顿异也。

⑦黄节又曰：去来，犹往来也。《易》曰：日往则月来，月往则日来，日月相推而明生焉。寒往则暑来，暑往则寒来，寒暑相推而岁成焉。往者屈也，来者信也。尺蠖之屈，以求信也；龙蛇之蛰，以存身也；精义入神，以致用也；利用安身，以崇德也。

黄节又曰：《老子》曰：味无味。王弼注曰：以恬淡为味。

⑧黄节引《庄子》曰：故若颜阖者，真恶富贵也。故曰：道之真以治身，其绪馀以为国家，其土苴以治天下。黄节又引《史记·龟策传》曰：圣王设稽神求问之道者，以为后世衰微，愚不师智，人各自安，化分为百室，道散而无垠，故推归之至微，要洁于精神也。

⑨黄节引《高士传》曰：许由字武仲。阳城槐里人。为人据义履方，邪席不坐，邪膳不食。后隐于沛泽之中。尧让天下于许由，许由不受而逃去。于是遁耕于中岳颍水之阳，箕山之下，终身无经天下之色。尧又召为九州长，由不欲闻之，洗耳于颍水滨。时其友巢父牵犊欲饮之，见由洗耳，问其故，对曰："尧欲召我为九州长，恶闻其声，是故洗耳。"巢父曰："子若处高岸深谷，谁能见子。子故浮游，欲闻求其名誉，污我犊口。"牵上流饮之。

蔡按，信，通伸，伸张。《后汉书·桓帝纪》："杜绝邪伪请托之原，令廉白守道者得信其操也。"

黄节曰：清洁句与垢尘相应，盖指洗耳事。

【前贤评述】

曾国藩曰：宁子二句，谓宁戚非全不知道者，而饭牛之歌果为何事而肯以身殉之也。薄宁戚而慕巢、由，阮公之志事著矣。咄嗟犹须臾也。言荣来辱去，辱来荣去，不过须臾间事，吾但味吾道真而已。（薄宁戚，谬也，不见阮公次句即为释之，慕巢由，非阮公所向，其志所在，达而已矣。）

黄侃曰：不能合于道真而驰骛于尘俗者，虽如宁戚之讴歌求用于世，栖栖皇皇，犹羞于偶。必若巢、由抗节，乃获我也。（也把阮籍看高太甚！）

【译余骈言】

笔者以为，本诗看似议论甚大，愤季叶之陵迟，仰巢由之抗节。累及评骘宁戚，非议孔丘，实由诗亦自有其叙事逻辑，一进入它的逻辑漩涡，连作者也无法驾驭其左右，阮籍在自己筑就的漩涡里挣扎，既不能脱困而出，又无法讲清为诗之旨，非常无助，十分尴尬，何等可笑。

为什么这样说，笔者以为，当阮籍写第一节四句之时，他的本意正在为家庭纠纷烦恼，即为家庭成员互争财产在痛苦着，因而劈头二句，就羡慕上古高士之安贫乐道。但他偏又不愿意直接让人把此诗与家中争产联系起来，第三、四句便故意推向社会，总的批评人心不古，世风日下。

既曰世风日下，第二节便只能顺势而走，于是一会儿讲，宁戚，也是古代贤臣，他不也追求名利吗？说过之后，便觉若有不妥焉，何必把追求私利与上文相连，无乃自彰其家丑之陋，于是又扯出孔子的栖栖皇皇，孔子奔趋各国可是为仁不为利呀，以障乱上文牵及宁戚逐利之言。

第三节才回到前面的家庭争利之事。他慨叹家属争利难以理析之苦，只因事关他本人的名誉体面。争利者都是他的家庭成员，他不得不回护隐避其事，

故无法依理、依情直言其事，他自己也苦笑了：（"道真信可娱"）大道的真谛竟是那么有趣，那么的难以伺候，那么的无可奈何！虽然阮籍十分清醒，各方争执，无非就是贪欲作祟，若能清心洁身，精神自可树立。（"清洁存精神"）末二句拉出巢、由二人，聊以回应开头二句，敷衍结尾。

阮籍为苦恼而著诗，一落笔，又想回避其事，因而说了一大堆不想说清的体面话，总之，是一顿不能讲、不肯讲、讲也讲不清的乱话，聊泄情绪而已。

历史资讯

司马昭机变鸩小同

司马昭（文王），他就是在这样严酷、凶险的环境中，接过魏之最高军事统帅之职的，其性格、其行为、其狐疑的习惯和其果决的判断已经成了他日常行动的随时反应。这里不妨再举一个前曾言及之例：当时东汉大儒郑玄是众所敬仰的名士，他的嫡孙郑小同，也是少有天赋，精通六经之艺，贤名著于乡，众人所嘉者。称他虽具质直不渝之性，却恪恭静默，长年孝亲，不治可见之美、不竞人间之名的优秀硕彦之士。在前面叙少帝讲业时提到过他，他虽非太傅，但也参与对少帝授业，他的官职，是"侍中"。《魏氏春秋》记载了这样一件事：

某日，小同诣司马文王（司马昭），文王有密疏，（疏，下属上奏之条陈）未之屏也（没有收藏起来）。如厕还，谓之曰："卿见吾疏乎？"对曰："否。"文王犹疑而鸩之，卒。（文王依旧心存狐疑，用毒药杀了他。）

史书虽然未载密疏之内容，不过稍稍想一想，上疏者谁？和密疏内容都极易猜知，密疏所陈，其中一定讲少帝在东堂讲业，颇有中兴自任之意，群臣鼓舞，拥戴者不少，甚至可能包括钟会等等，大将军须密切注视其事，休待曹髦做大，形成气候，不如近日处置为上。夫郑小同乃少帝讲师团成员，有直接面帝之机会，故司马昭不得不立即诛除之，实容不得其走出大将军府也。而上疏之人，必为侍中王沈，散骑常侍王业，二者之一。据《晋书》云：（甘露五年）五月戊子夜，此二人皆曹髦举事时，便驰告司马昭者，乃知二人皆典午预伏于

少帝近侧之细作也。

阮籍也许并不知这一则故事,但"司马昭之心路人皆知!"如今高贵乡公欲挑战司马昭既握之权,实属凶多吉少。故阮籍惊惶不已,不知如何是好。

* * * * *

光阴似箭,日月如梭,三国故事演绎至今,曹魏一朝受禅立国已四十年矣,魏少君曹髦,他是第四代天子(曹丕、曹叡、曹芳、曹髦),今又届及冠之年,他的脾性急躁,已颇耐不住了;司马昭也深悉火候,日夜相伺在侧,读上文,诸君须知非仅司马昭一如父兄之残忍、果断。且曹马决战的事变,有迅雷一触即发之势,随时立至焉。

再读以下阮诗,更可见到双方砺兵秣马,整装以备,已见战鼓欲擂之势。

第七十四章（原七十五）
梁东有芳草（前）

第七十四章

梁东有芳草，① 一朝再三荣。

色容艳姿美，光华耀倾城。

岂为明哲士，② 妖蛊诒媚生。③

轻薄在一时，安知百世名。

路端便娟子，④ 但恐日月倾。

焉见冥灵木，⑤ 悠悠竟无形。

【今译】

都说梁东有芳卉，
一日数开花荧荧。
花容明艳姿影美。
光华焕耀足倾城。

岂为一介明哲士，
便效妖蛊谄媚生。
轻薄或取一时荣，
终将泯丧百世名。

大路尽头的美君子，
惴惴不安，恐吾误陷一世倾。
君不闻，楚南有木号冥灵，
悠悠万世，凌云千尺，谁人见其真实形。

【笺注】

① 《尔雅·释地》：堤，谓之梁。《说文》梁，水桥也。（非，阮子直用建筑梁木之梁，梁，代指少帝讲业之所在。梁东，即太极东堂也。本诗作者阮籍，又突然另起一意，另叙一不得不叙之突发事件。笔者请读者留意这件事的突发性和重要性，打断了原诗正常叙述的连贯性，请读者见谅，更请读者仔细涵味。）

又，黄节引《尔雅》曰：木谓之华，草谓之荣。（第一节的句谓曹髦也，出语虽庄，用词与前异也。岂乃事变在即，隐避愈甚耶？）

② 黄节又引《诗·大雅·荡之什·烝民》曰：既明且哲，以保其身。《尔雅·释言》：哲，智也。杨子《方言》哲，知也。

③ 黄节曰：《左氏传》曰：子产曰：在周易，女惑男，谓之蛊。张衡《西京赋》曰：妖蛊艳夫夏姬。李善曰：蛊音古。

④ 黄节引《楚辞·大招》王逸注曰：便娟，好貌也。

⑤ 黄节又引《庄子·逍遥游篇》曰：楚之南有冥灵者，以五百岁为春，五百岁为秋。并引释文曰：李颐云：冥灵，木名也。江南生。以叶生为春，叶落为秋。此木以二千岁为一年。又引《淮南子》曰：夫无形者，物之大祖也。（大象无形，见"第三十九章"指司马昭也。）

【前贤评述】

黄侃曰：妖蛊，笑明哲之图名而自甘佚乐，于生理诚得矣，其若终于灰灭何！必若冥灵长寿，乃后为得也。（先生或前文未见，冥灵之言者，前文第三十九章曾咏也。）

黄节曰：《易林》曰：文山紫芝，雍、梁朱草。阮诗用"梁"字皆借言魏，屡见上文。《离骚》曰：何昔日之芳草兮，今直为此萧艾也！王逸注曰：言往昔芬芳之草，今皆直为萧艾而已。以言往日明智之士，今皆伴愚狂惑不顾也。节案：《晋书·王祥传》：琅玡临沂人。即今山东沂州，在魏之东，故曰梁东。又曰："此诗前人无释之者。"起六句即用《离骚》芳草、萧艾意。"一朝三荣"必有所指，或即王祥之流欤？《晋书·王祥传》曰：汉末遭乱，祥避地庐江，隐居三十余年，不应州郡之命。后举秀才，除温令，累迁大司农。高贵乡公即位，封关内侯，拜光禄勋，转司隶校尉，迁太常，封万岁亭侯。天子幸太学，命祥为三老，祥南面几杖，以师道自居。高贵乡公既被弑，顷之，拜司空，转太尉，加侍中。祥有清达之名，不能忠魏而委曲于时，嗣宗疾之，此诗所由作欤？"便娟子"，阮以之况昭，而叹轻薄者之见不及此也。王闿运以为指贾充诸人汲汲禅代，不知己之独有千秋，则是以芳草比贾充等，恐非阮旨。（王祥自矜其将"梁东"解魏东，前人无释之者。笔者效之，自诩拙文解之为"东堂"，若尤胜于王解乎！一笑。）

【译余骈言】

这一首诗也缺乏背景，但是以我和阮籍的交情，以我熟读了七十余首"忧思

吟"的经验，我知道他在写什么。事起突然，凭空出现，阮公不得不中断前议，径书新事焉。读者们完全可以不信我的证据不足之言，只要你们能编得与上下文更谐协，文意更贴切的叙事逻辑，我愿意洗耳恭听。

这首诗里有故事，故事与年轻的少帝曹髦有关。第一节的诗虽然写的是芳草，但是打造诗句的材料，全是精金美玉，所有的好话都往上堆。我太熟悉阮夫子了，他心眼小，性气高，在他嘴里，无人得配好话，哪怕神仙也遭他取笑，能在阮籍诗中坐享好话的至今只有高贵乡公一人，这次也不例外，写的就是他。诗中劈头第一句便云"梁东有芳草"，梁，于此非指古魏国，也非指河梁之类水工建筑物，梁乃大厦堂屋之梁，"梁东"即少帝讲业之"太极东堂"也。这又是阮籍为避人耳目的一项发明。"一朝再三荣"者，言其于东堂讲业，于所读经典，每有新见，议论纵横，群臣悦服，阮籍为之又惊又羡。入朝不久，便嘉行美声，时时流传。"色容艳姿美"，照屈原的楚辞笔法，香草、美人所指的都是君王。"光华耀倾城"，说如今他是全城唯一热议的耀眼明星；故第一节诗，就牢牢地以曹髦东堂讲业扣住了高贵乡公，他的讲业，时见新论，群臣悦服。

第二节说是的他自己新遇到的奇事，少帝之贵，既如上文，他对我这一介明哲之士，居然遣使从人以下流的妖蛊手段，来媚赠礼物，疑指以封赠散骑常侍官爵以进行笼络，欲使我入其彀中。次二句说，我如果一时轻狂难持，为其所惑，必负百世之清名。阮籍告诫自己说：不妄动！不妄动！来者尽管是曹髦所遣，也决不能冒失轻投，免致遗恨无穷。

第三节阮君接着讲，我的朋友美君子（便娟子），正在大路那端，惴惴不安地观察我与这位说客的举动，生怕我心动难守，天下倾侧。或曰：便娟子，乃是司马昭指代也，说的正是。阮籍是大将军府属员，少帝欲对他笼络示好，焉得不先达典午，典午一定在仔细观察阮籍的反应和动静，事关曹马两姓大事，不得不尔。故诗中以日月将倾为喻。诗中更杜撰出一个"便娟子"（夫"娟"，固美好之辞，"便"者，乃含轻侧、两宜、变通等义在焉），热切关心此事。这时候，我（阮籍）从面前这位说客火燎心急的兜售举动中，想起了大象无形、至言无语的冥灵木，那可正是悠悠千载、无终无始的气象。于是也就更坚定了

自己的初衷。["便娟子"三字难免有两可之解，为免生嫌，阮诗（接着便）专以冥灵木尊崇之。]

笔者以为，这几句话也是说给司马昭听的，以安其心，甚至其中还匿藏着阮籍式的狡黠，他知道司马昭派人暗中监视着他，这是曹马斗争的一部分，以阮籍之性自不无耿介，乃于诗中点出焉。

又，阮籍原来的职衔是大将军府的从事中郎，高贵乡公曹髦初临朝时，对阮籍未予重视（见"第四十六章"）。但是，史载少帝曾封他为"关内侯"，又迁为"散骑常侍"。作此诗时，籍任中郎之职已十年矣，如今得迁公侯之属，变成贵族身份了。且既为常侍，也可得近少帝也。笔者未见晋封日期，疑即本诗中"说客"带来的"蛊惑""谀媚"之礼。史无可考，聊存一得之见耳。（恳请读者不吝指正）。

按，关内侯、散骑常侍，均系虚衔，除身份、待遇提高外，并不与实职挂钩。据陈伯君先生考：二年后（公元二六二年），阮籍求为步兵校尉（未离大将军所属）传称为慕美酿而往，乃其不脱本性佯称之辞。其实当是司马昭酬其相随美意，投以报李之德焉。

陈伯君先生在其《阮籍集校注》的"附录三·阮籍年表"中云：公元二五四年，封为关内侯，徙散骑常侍。此说之年月不当。陈伯君先生材料来自《晋史》："高贵乡公即位，封关内侯，徙散骑常侍。"原文仅云于高贵乡公在位时获封耳，未曾言明时日，但决非即位之初。理由即高贵乡公既来之后，阮在《忧思吟》中有过"幽兰不可佩，朱草为谁荣"的不遇之叹，（参见第四十六、第四十七、第四十八）且其时司马师未卒，曹髦更不会有此动作也。

第七十五章（原七十六）
秋驾安可学（后）

第七十五章

秋驾安可学，① 东野穷路旁。②

纶深鱼渊潜，罾设鸟高翔。③

泛泛乘轻舟，④ 演漾靡所望。

吹嘘谁以益，江湖相捐忘。⑤

都冶难为颜，修容是我常。

兹年在松乔，⑥ 恍惚诚未央。⑦

【今译】

秋驾的神技岂可随便去学，
善驭的东野还不是车覆人亡。
钓线长，鱼远扬；弓矢强，鸟高翔。
所羡愈奢，愈失所望。

春水方生，我真想荡一回轻舟，
孰道水天混茫，那又岂是我原初的所望！
涸辙之鱼，相嘘何益，
江湖浩荡，又弄得大家相弃相忘。

美人儿最为难是每一次现身都要艳冠群芳。
而整一整仪容，在我们最为寻常。
长生之术最用心的当数仙人王子乔，
莫名其妙，至今也没搞出点名堂。

【笺注】

① 《淮南子·道应训》尹需学御三年而无得焉，私自苦痛，常寝想之，中夜梦受秋驾于师。明日往朝，师望之。谓之曰：吾非爱道于子也，恐子不可与也。今日将教子以秋驾。尹需反走北面拜曰：臣有天幸！今夕因梦受之。故老子曰：致虚极，守静笃，万物并作，吾以观其复也。注：秋驾，善御之术。梅鼎祚本注：秋驾作税驾者误。《诗纪》、《汉魏诗纪》及补本注引《庄子》逸篇，文较《淮南》为简。《汉魏诗纪》并引司马彪曰：秋驾，法驾也。蒋师爚曰：今本《庄子》逸。《汉书·礼乐志》曰：飞龙秋，游上天。《苏林》曰：秋，飞貌也。师古曰：庄子有秋驾之法者，亦言驾马腾骧于秋收后之田畴也。

② 黄节引《韩诗外传》曰：颜渊侍坐，鲁定公于台，东野毕御马于台下，定公曰：善哉！东野毕之御也。颜渊曰：善则善矣。其马将佚。定公不悦。颜渊退。俄而厩人以东野毕马败闻矣。公趋驾召颜渊，颜渊至，定公曰：不识吾

子以何知之？颜渊曰：臣以政知之。昔者舜工于使人，造父工于使马，舜不穷其民，造父不极其马，是以舜无佚民，造父无佚马。今东野毕之御，历险致远，马力殚矣，然犹策之不已；所以知佚也。兽穷则啮，鸟穷则啄，人穷则诈。自古及今，穷其下能不危者，未之有也。（注得好。）

③ 黄节引《诗·小雅·鱼藻之什·采绿》毛传曰：纶，钓缴也。又引《周礼·夏官·司弓失》曰：矰先用诸弋射。并引注曰：矰，高也，可以弋飞鸟。

④ 又引《诗·邶风·柏舟》毛传曰：泛泛、流貌。蒋师爚引《说文》曰：演，长流也。漾，水貌。闻人倓曰：演漾，水流而动貌。黄节曰："演"，疑"潢"之误。非当。司马相如《上林赋》曰灏溔潢漾。《楚辞·九辩》曰：然，潢漾而不可带。《论衡》曰：瀁漾无涯。潢漾，瀁漾皆与潢漾同义。"縻所望"犹无涯也。若作"演漾"，则双声字，于文学性更稍胜也。

⑤ 黄节引《庄子·大宗师篇》曰：泉涸，鱼相处于陆，相呴以湿，相濡以沫，不如相忘于江湖。并引注曰：与其不足而相爱，岂若有余而相忘。黄节引《说文》曰：谁，何也。又引《汉书·刘向传》注曰：以，由也。《说文》捐，弃也。

⑥ 黄节曰：兹，益也。兹年，言养生也。宋祁曰：兹字当从水旁。蒋师爚曰：兹年在松桥，"在"，谓置之也。松乔仙者。（按，兹，这，这些。这些修年之术一直是松乔在研究。）

⑦ 黄节引《淮南·原道训》注曰，恍惚，无形貌也。

蒋师爚曰：《诗·小雅·鸿雁之什·庭燎》曰：夜未央。《释文》曰：央，《说文》云：久也，已也。今《说文》失载。（"未央"者，远远没有尽头之意。）

【前贤评述】

黄节引朱嘉徵曰：叹道丧也。夫道生象，象生而法以立矣。若道之既亡，法安所附而立？老、庄故以礼为伪首，法为盗竽，不如两相忘而化于道。（象生、法立之说，言之玄焉，不取。）

方东树曰：……言东野不解御之深理而妄言能学秋驾，故以致败。以喻人不知道术而游于世，遂妄致殃悔。……能不以身轻入，则可以保生而

年比松乔也。……叔夜（嵇康）赠二郭意亦同。中散以龙性被诛，阮公为司马所保，其迹不同而人品无异。以诗论之，似嵇不如阮耳。（所言未当，请参拙译。）

黄节又引方东树曰：起二句往复开合作一段，"纶深"二句，横空盘硬，先言不轻以身入世，"泛泛"四句衍承之，正喻夹行。"都冶"以下乃入正意。……此诗意接而语不接。（不轻入世，略近之。末句亦非正意，表达不清，难以理析，一如前云，又一例耳。）

黄节引曾国藩曰："秋驾"二句，方有才者终致蹉跌。（何以必然乎？秋驾之复，失之逞能，才不胜务，车为之倾。）

黄侃曰：智计不能终用，唯有循常。江海之鱼，不羡呴沫。慎戒容止，不在都妍。所异于常理而恍惚难知者，独松乔耳。自此以往，亦畴能出于恒理之外哉？（所言仿佛略近。松乔无得，前"卷之三"三十四章尝谓"采药无旋返，神仙志不符"已讽之矣，无谓其讳理焉。）

黄节曰：案"鱼鸟"二句，盖用《庄子·大宗师篇》：且汝梦为鸟而历乎天，梦为鱼而没于渊意。郭注曰：言无往而不自得也。（行文无当。）

【译余骈言】

阮籍此诗的内容，在笔者读来，与上一首诗多少有些关联，乃其后果思考的关联。上一首诗似有帝党人氏见少帝奋志欲动，欲来诱说阮籍一起拥髦中兴，以博将来成事之日的荣华富贵。虽为阮籍逐走，阮君心中或尚有未释之芥蒂，犹在探究自己行事、选择是否得当？会不会错失了飞黄腾达的一次好机会，会不会从此枉抛了十年寒暑心力，以后无缘再售……因作此诗，探究自己的中庸之道是否得宜。

至于本章，"前贤评述"中所辑朱、方、诸言，笔者虽反复辨揣，竟不知所云。反不如阮籍之诗，虽文意幽曲，设辞恢奇，心志忐忑，忽焉而欣，忽焉若失，尚不乏常人心理，可资揣摩。乃将吾所会者，不惮谫陋，逐句廓述于下，

请读者教焉。

第一节前二句，乃阮公自警之言，谓人之行事，不可贪多务得，不可穷力而求，不可逞才以驰；夫不测之险，每生于极顺畅之时焉。次二句赓言虽欲尽善而为者，未必能达尽美之报，技愈进，术愈工，所引起的客观反应往往亦愈烈，莫不如适度为宜。

第二节四句，每二句一议，都在述说过犹不及之害。夫春水方生，溶溶泄泄，清澈可爱，遂生泛舟弄水之雅；若是一片汪洋，狂风簸水，浊浪滔天，舟樯倾侧，望而生畏，又岂存泛舟玩水之兴耶？

又若涸辙之鱼，相嘘互濡，怜爱之意生焉，其时爱助之能力无也。一旦流入江湖，演演洋洋，浩渺无际，遂相失而相忘，且怜爱之意亦乌有哉。

第三节亦二句一事，先嘲都冶子难以为妆，再讥王子晋修年之药无功。以明事之成否，不在专术未工，不在情意不专，冥冥中另有机杼，非人智能及焉。

由是，籍之惴惴之意稍安，打消了趋赴高贵乡公帝党集团博取富贵的念头。

老实说，阮籍之诗，文辞固善，旨意猥琐，属意所在，每在损益估较之前后。其性虽鄙、其智乃敏，故不敢贪多务得，厮守中庸之道者，怯懦所致也。怯懦乃人性所然，不必讪笑，但引经据典，诡辞满纸，只在回护利害之计算，此岂老学所示或孔学之训耶？季叶陵迟，竹贤若是，夫复何言！不若"司马昭之心，路人皆知"，伺机而动之堂堂正正也！固知丛林之中，有大道存焉，儒学殆毁，新德迺生，人既共处，自有其律，吾寄所望于后来之渺茫焉。

第七十六章（原七十七）
咄嗟行至老

第七十六章

咄嗟行至老，黾俯常苦忧。①

临川羡洪波，同始异支流。

百年何足言，但苦怨与仇。

仇怨者谁子，耳目还相羞。②

声色为胡越，③ 人情自逼遒。④

招彼玄通士，⑤ 去来归羡游。⑥

【今译】

呼嗟岁月，行行渐老，
匍匐辛劳，更患苦忧。
凭川远眺望，令人羡慕大江流，
源头涓涓始一脉，支流百派、沟壑纵横任自由。

惶惶百年，休言长短，
人生最苦，陷于怨仇。
仇怨者谁，如此相詈？
相近在耳目，相争相诟更相羞。

声色俱厉，势同胡越，
本来是一家，亲情浇薄肆凶遒。
谁能为我招得玄通士，
偕与广大世界纵逸共浪游。

【笺注】

① 黾俛。黄节曰：《诗·邶风·谷风》曰：黾勉同心。《释文》曰：黾本作僶。（黾勉犹努力也。）

② 羞，耻也。黄节引《淮南子》曰：夫目察秋毫之末而耳不闻雷霆之音，耳调金石之声而目不见泰山之高。

③ 又引《淮南子》曰：自其异者视之，肝胆胡越。

④ 遒，迫。黄节曰：《楚辞·招魂》曰：公曹并进，遒相迫些。王逸注曰：遒亦迫也。迫，逼义通。《广韵》曰：逼，迫也。（遒，今谓其势强劲也。）

⑤ 玄通士，黄节引《老子》曰：古之善为士者，微妙玄通，深不可识。

⑥ 归美游。曾国藩曰：末句疑有误字。吴汝纶曰：美与衍通借。美游犹云游衍。黄节曰："去来归美游"谓往来游衍也。刘淇曰：归，终竟之辞也。美与衍通。《诗·大雅·生民之什·板》曰：及尔游衍。《毛传》曰：游，行。衍，溢也。

郑笺曰：往来游溢相从。归美游，未见例句确解。就字义而言，拟从《毛传》及郑笺。"去来归"三字一义，随意游行也，羨通衍，宽裕、优裕之谓；美游，愉快的嬉游。笔者译诗乃作"浪游"。

蔡曰：尝见包世臣《李申耆先生传》："君短身硕腹，豹颅刚目，……终日手口无停辍，……其所藏书，卷逾五万，皆手加丹铅，校羨脱，正错误，……""羨"，其义与逸通。

【前贤评述】

蒋师爚曰：《晋书·石崇传》：赵王伦专权，崇甥欧建与伦有隙。崇有伎曰绿珠，孙秀求之，崇不许。秀劝伦诛崇、建，遂矫诏收崇、建等赴东市，被害死。诗盖此其事。……崇死年五十二。咄嗟至老，诮其死于安乐，只如顷刻间事。傴俯、苦忧，谓秀自小更仕之显宦。（谬哉。）

黄节引曾国藩曰：此首谓死不足忧，但恐有平生亲好迫之，（善哉，曾公居然一语便中。再言则妄。）死于非命。"同始异支流"谓少年相好之人中道异趣也。仇怨非他，乃平生亲匿，朝夕闻见之人，一旦异趣，谈笑之际，睇眒之间，已成胡越。此有忧生之叹矣。（"临川羨洪波，同始异支流"譬家族人口生蕃之始，父母子女同在一屋，相安无事。后来子孙日繁，利害之争亦日多。阮籍叹曰：若能似巨川然，源头始一脉，支流百派各自由，无争无吵，何等自在！）

黄侃曰：死生非所虑，而怨仇难预防。亲若耳目，尚成胡越，其体（此字当是"馀"之误）亦何足赖哉！（略近。）

黄节曰：蒋师爚以此诗为刺赵王伦杀石崇事，无论附会无理，即以年月考之，亦相去太远。嗣宗卒于魏元帝景元四年，而石崇事在晋惠帝永康元年，中间相距凡三十九年，安得有此？蒋氏可谓失考之甚矣，失于附会而不自知。读阮诗者所宜以之为戒也。（好！）

【译余骈言】

本诗所云，实为"第七十一章"以来之继续，续写家争之苦恼与感慨。在前几章中，作者吞吞吐吐，未尽其意，或顾左右而言他，或已及本事，又为羞及自身而踟蹰，转言称此乃季叶陵迟之征。笔锋偏转，遂不知所云矣。

前面二章因有政治掮客来说项，共助少帝成事。兹事体大，不得不立待阮公，见其何以处之。庆幸嗣宗并未转志，客既去，睹关内侯爵位，晔晔在焉，不日所遇或赓有殊荣待之，不免中心忐忑，希冀之火复燃，乃自问曰：中庸之选当否？莫陷深坑！或失良机？进退莫定，乃作"第七十五章"坚中庸之志以灭妄念。

其时家中争财互仇之事愈演愈烈，本诗乃不得不直面相对也。全诗分三节。第一节直书其事：人生将老，苦忧未已。由忧生羡，乃羡长川之同始而异流，各不相扰，仍在沟壑之中，无所相争。而川原之上，犹既济自若泽及田畴。阮籍无意之中，直接触及了家庭制度之弊端，也提出了解决此弊端的根本之策，（笔者称道其"同始异支流"之说，隐然具今日"核心家庭"之论。）但家庭制度之大事，每以家运国脉拟之，其因其由更深植于社会发展之时代中，又岂能片言立决者。

故第二节、第三节，虽言之无颜，尴尬之极，却亦无计以对。为诗之法，唯转求玄士耳！玄通之士复奈何，顿足而去装糊涂。

夫家庭制度，根植于人们的生存方式、生产方式之中，并不是简单的观念问题，阮君希羡的办法，也许是唯一的不解之解。（三年以后，公元二六三年，景元四年冬，阮籍先生果真仙逝了。）这不是笔者在此应对的问题，笔者的责任是尽可能将书中各章，以里巷市井粗白之语，还原出阮籍的为诗之意；至于评骘是非，月旦优劣，那是读者们的事也。

第七十七章（原七十八）
昔有神仙氏

第七十七章

昔有神仙氏，乃处射山阿。①

乘云御飞龙，嘘吸叽琼华。②

可闻不可见，慷慨叹咨嗟。③

自伤非畴类，愁苦来相加。④

下学而上达，⑤忽忽将如何？

【今译】

往年有一群翩翩仙子，

就住在姑射山的丛翠之窐。

都说她们能御云驱龙，逍遥于兰天碧空，

一路上还畅饮着天府的玉液琼华。

只听闻她们芳艳四传，从未曾与之谋面迎迓，

想起了不由便慷慨浩叹，长吁漫嗟！

毕竟是仙凡有异，非其之俦，

思乎及兹，方晓识吾愁也难解。

"下学而上达，知我者其天乎！"

世间上若真有仙者，将如何解脱我心中的伤痛耶！

【笺注】

① 山阿。《楚辞·山鬼》：若有人兮山之阿。注：阿，曲隅也。参见"卷之二"第十三章。

② 乘云御飞龙 嘘吸叽琼华。蒋师爚引《说文》曰：嘘，吹也。黄节引《庄子》曰：风起北方……孰嘘吸是，孰居无事而披拂是。（这两句是第二十章阮籍自为之诗的节写。）

又引《说文》曰：叽，小食也。

黄节引司马相如《大人赋》曰：呼吸沆瀣兮餐朝霞，咀噍芝英兮叽琼华。并引张揖注曰：叽，食也。琼树生昆仑，西流沙滨，大三百围，高万尺。华，蕊也。食之长生。（蔡曰："琼树生昆仑，西流砂漠"。今称之木化石也。）

③ 咨嗟，黄节曰：《释诂》曰：嗟，咨嗟也。邢昺疏曰：皆叹也。此诗"叹"即咨嗟也，"咨嗟"即叹也。合三字言之，犹《诗·邶风·终风》谑浪笑傲，皆戏谑也，而合四字言之，同一例。

④ 畴，《尚书·洪范》传：畴，类也。《战国策》：令髡，贤者之畴也。注：畴，类也。（诗中畴类，指姑射等"仙者"也。）

⑤ 黄节引《论语·宪问章》曰："下学而上达，知我者其天乎。"（这一句注文，是本诗最有意义的提示和阐释。直截顶门，一语中的，非前清宿儒，熟烂四书，今人焉能及兹。）

【前贤评述】

黄节引蒋师爚曰：按嗣宗于苏门山遇孙登，与商略终古及栖神导气之术，登皆不应。归著《大人先生传》。第六十章及此诗所由作也。（非也，参下文拙著。）

黄节引曾国藩曰：终身履冰，下学上达，皆嗣宗吃紧为人处。（此非曾氏故甚其事者，实乃曾氏一生做人心得，治学心得，非读书所得，乃其在双层夹缝中挣扎所得。双层夹缝者，为奴之不易，一也，为异族之奴，尤不易，二也，余生也晚，正处日寇沦陷时期，从小即闻"亡国奴"三字，惜年未及龀，长者讳言，儿童不识。老来方识毕生为奴之辱所不堪者，年龄稍大于我之长者，三百年来久沦为异族之奴，尤不堪其久久矣，乃识民族革命之重确大于民主革命焉。而极少数以为民主革命大于民族革命者，亦言之有因焉，非其时其人，难与言欤。）

黄节引王闿运曰：下学而上达，是歇后语，言知我其天也。（黄节附记：凡予所采王闿运之说，皆得之湘潭周大烈氏所藏王氏乎批原本。承教了。）

黄侃曰：下学而上达，言学神仙之事。忽忽将如何者，本命不相待，所以愁苦难禁，自伤非类也。

【译余骈言】

本诗乃上一章末句之衍也。全诗十句，分三节。末节两句，诗之要旨所在，所引《论语·宪问》之句，典雅中透显无奈，谁忍为诘耶？

"下学而上达，知我者，其天乎？"用今天的口语说，便是："知道我为难和尴尬者，那就只有老天了！"在古人口里，"天"这位先生至大至神，无形无象，无声无臭，无所不在，并无所不是，更无从捉摸。它大似宇宙，又潜入灵魂，化成命运，宇宙间万物全体，都归它司管，连天地三界的仙、魔、巫、神、佛、道，他什么都是，也无一真是。虚无缥缈，玄之又玄……阮籍显然无意在诗中讨论"天"之为何！

阮籍在本诗中，一心想着如何去"招彼玄通士，去来归羡游"？我们已读遍了他的七八十章诗篇，他诗中的神仙我们太熟悉了。念叨得最多的是仙人王子乔，就是那位短命夭折、入山走失的周天子之后，他在十年前就出现在"第十章"中，以他的学仙有成，修龄有得的成就，来映照当时的无赖天子曹芳。阮籍难道会请这样的仙郎为伴？不！不！这是不可能的，阮籍在诗中虽然经常提起这位仙友，但细细考察，人品不佳，先是长寿之术久修无成，前面"七十五章"刚刚说他"兹年在松乔，恍惚诚未央"，再是小王子年幼轻佻，太不成熟。阮籍一阵思想斗争，最后决定舍君自全，便因为想到王子年幼，"轻荡易恍惚"，若是相与遨游，他已经有过轻率走失，不知所终的经历。

是也，王子年幼，实非旅中佳伴，那么羡门、赤松又如何？不，不！阮籍此番是为逃离繁杂的人世而外出浪游的，羡门、赤松，皆德行高尚，每以天下为念，动辄以国是先重，这样的长者，非属同旅所宜者。

是也，在阮籍的出游经历中，游得最欢快的，当数两年之前，暮春时节，偕"晨风鸟"那番湖上之旅，至今想起就"潢漾瑶光中，忽忽肆荒淫"。令人神往不已。如今晨风鸟已适良人，不宜再寻，有这样的神仙伴侣，那才是绝佳之旅。想到这里，阮籍的记忆中恍然浮现起五年前一则民间传闻。道是太行山东南，有姑射山焉，山中女仙四五，居山阿，骖六龙，浮朱渊，息兰房；罗袜步尘，凌波水上；嘘息琼华，呼气似霜……记得当时还将之入诗，辑在"第二十章"，是也！是也，欲作世外之游，非姑射莫属，兴到诗至，"第七十七章"第一节四句一挥而就。

可惜，念想毕竟是灵想、遐想、幻等而已。第二节诗便又回到了现实世界：

> 可闻不可见，慷慨叹咨嗟。自伤非俦类，愁苦来相加。

徒增唏嘘耳。诗的最后，空留下一行伤痛的叹息。"这世上若真有其天也，难道又真能懂我的伤痛！"但愿阮郎凭借这首小诗，能稍释他牵扯不尽的烦恼。

这是一首虚拟的小诗，阮侍中困愁若斯，当然可以稍事幻等，娱其私志焉。诗写得好不好，心志所属高不高，又何必锱铢必较呢！

幸而，比神仙世界更有力的一位全能主宰即将登场，"牠"的出现，将会解决一切问题。其实，世上有许多问题是无法解决的，问题的出现和存在，自有它们的因果和机遇。恰似一位机灵的律师，不是让事主对打不赢的官司充满希望，而是利用繁复的诉讼程序使当事人主动撤诉，离开这场官司。

"牠"*是怎么做的呢？请看下一章。

---

* 牠。耶稣教传入中国后，杜撰"牠"字，为全能上帝耶和华之代词。今译《新旧约全书》(圣经)已废弃不用。此字乃笔者幼时所见。

历史资讯

少年天子玉碎壶侧 "三马同槽"第三出

据《晋书·帝纪第二·文帝》曰：景元元年夏四月，……天子（少帝，高贵乡公曹髦）既以帝（司马昭）三世宰辅，政非己出，情不能安，又虑废辱，将临轩召百僚而行放黜。

五月戊子夜，使冗从仆射李昭等发甲于凌云台，召侍中王沈、散骑常侍王业、尚书王经，出怀中黄素诏示之，戒严俟旦。沈、业驰告于帝，帝召护军贾充叱诸将曰：公畜养汝辈，正为今日耳！太子舍人成济抽戈犯跸，刺之，刃出于背，天子崩于车中。

据《三国志·魏书·三少帝纪第四》曰：五月己丑，高贵乡公卒，年二十。皇太后令曰：吾以不德，遭家不造，昔援立东海王子髦，以为明帝嗣，见其好书疏文章，冀可成济，而情性暴戾，日月滋甚。吾数呵责，遂更忿恚，造作丑逆不道之言以诬谤吾，遂隔绝两宫。其所言道，不可忍听，非天地所覆载。吾即密有令语大将军，不可以奉宗庙，恐颠覆社稷，死无面目以见先帝。大将军以其尚幼，谓当改心为善，殷勤执据。而此儿忿戾，所行益甚，举弩遥射吾宫，祝当令中吾项，箭亲堕吾前。吾语大将军，不可不废之，前后数十。此儿具闻，自知罪重，便图为弑逆，赂遗吾左右人，令因吾服药，密因酖毒，重相设计。事已觉露，直欲因际会举兵入西宫杀吾，出取大将军，呼侍中王沈、散骑常侍王业、尚书王经，出怀中黄素诏

示之，言今日便当施行。吾之危殆，过于累卵。吾老寡，岂复多惜余命邪？但伤先帝遗意不遂，社稷颠覆为痛耳。赖宗庙之灵，沈、业即驰语大将军，得先严警，而此儿便将左右出云龙门，雷战鼓，躬自拔刃，与左右杂卫共入兵阵间，为前锋所害。此儿既行悖逆不道，而又自陷大祸，重令吾悼心不可言。凶逆无状，其收经及家属，皆诣廷尉。

《汉晋春秋》曰：帝（曹髦）见权威日去，不胜其忿。乃召侍中王沈、尚书王经，散骑常侍王业，谓曰："司马昭之心，路人皆知也。吾不能坐受废辱，今日当与卿（等）自出讨之。"王经曰：昔鲁昭公不忍季氏，败走失国，为天下笑。今权在其门，为日久矣，朝廷四方皆为之致死，不顾逆顺之理，非一日也。且宿卫空阙，兵甲寡弱，陛下何所致用，而一旦如此，无乃欲疾而更深之邪？祸殆不测，宜见重详。帝乃出怀中版令投地，曰：行之决矣。正使死，何所惧！况不必死邪！于是入白太后，沈、业奔走告文王，文王为之备。帝遂帅僮仆数百，鼓噪而出。文王弟屯骑校尉伷入，遇帝于东止车门，左右呵之，伷众奔走。中护军贾充又逆帝战于南阙下，帝自用剑。众欲退，太子舍人成济问充曰：事急矣，当云何？充曰：畜养汝等，正谓今日。今日之事，无所问也。济即前刺帝，刃出于背。文王闻，大惊，自投于地曰：天下其谓我何！大傅孚奔往，枕帝股而哭，哀甚曰：杀陛下者，臣之罪也。

《魏氏春秋》曰：戊子夜，帝（曹髦）自将冗从仆射李昭、黄门从官焦伯等下陵云台，铠仗授兵，欲因际会，自出讨文王。会雨，有司奏去阳，遂见王经等出黄素诏于怀曰：是可忍也，孰不可忍也！今日便当决行此事。入白太后，遂拔剑升辇，帅殿中宿卫苍头官僮击战鼓，出云龙门。贾充自外而入，帝师溃散，犹称天子，手剑奋击，众莫敢逼。充帅厉将士，骑督成倅弟成济以矛进，帝崩于师。时暴雨雷霆，晦瞑。

《魏末传》曰：贾充呼帐下督成济谓曰：司马家事若败，汝等岂复有种乎？何不出击！倅兄弟二人乃帅帐下人出，顾曰：当杀邪？执邪？充曰：

杀之。兵交，帝曰：（曹髦）放仗！大将军士皆放仗。济兄弟因前刺帝，帝倒车下。

《三国志》（魏书·三少帝纪第四）：戊申，大将军文王上言：高贵乡公率将从驾人兵，拔刃鸣金鼓向臣所止；惧兵刃相接，即敕将士不得有所伤害，违令以军法从事。骑督成倅弟太子舍人济，横入兵阵伤公，遂至陨命；辄收济行军法。臣闻人臣之节，有死无二，事上之义，不敢逃难。前者变故卒至，祸同发机，诚欲委身守死，唯命所裁。然唯本谋乃欲上危皇太后，倾覆宗庙。臣忝当大任，义在安国，惧虽身死，罪责弥重。欲遵伊、周之权，以安社稷之难，即骆驿申敕，不得迫近辇舆，而济遽入阵间，以致大变。哀恒痛恨，五内摧裂，不知何地可以陨坠？科律大逆无道，父母妻子同产皆斩。济凶戾悖逆，干国乱纪，罪不容诛。辄敕侍御史收济家属，付廷尉，结正其罪。太后诏曰：夫五刑之罪，莫于不孝。夫人有子不孝，尚告治之，此儿岂复成人主邪？吾妇人不达大义，以谓济不得便为大逆也。然大将军志意恳切，发言恻怆，故听如所奏。当班下远近，使知本末也。

《魏氏春秋》曰：成济兄弟，不即伏罪，袒而升屋，丑言悖慢；自下射之，乃殪。

* * * * *

以上乃辑各书所言。有曰：尽信书，不如无书。此话过矣。书中必有信息，信息有真有伪，后人治史，当于各种信息中滤去噪音，存其本真，还原出事件尽可能的真相，容后人知悉。

第七十八章（原七十九）
林中有奇鸟（一）

第七十八章

林中有奇鸟，自言是凤凰。①

清朝饮醴泉，②日夕栖山冈。③

高鸣彻九州，延颈望八荒。

适逢商风起，羽翼自摧藏。

一去昆仑西，何时复回翔？

但恨处非位，怆恨使心伤。

【今译】

树林深处有一匹奇鸟，
它把自己认定是高贵的凤凰。
清朝饮的是清冽醴泉，
晚间栖息在巍巍山冈。

高亢嘹亮的鸣声响遍九州。
延颈四望，远眺八荒。
陡然间一阵商风飙掠而过，
华贵的毛羽遂为之摧伤。

就这样便西去了玉石昆冈，
不知道何时再会得回翔？
不亦悲乎！它只是想回到自己应有的位置，
想起来就叫人痛绝肝肠。

【笺注】

① 凤凰，黄节引《山海经》曰：丹穴之山有鸟焉，其状如鹄，五彩，名凤凰。传说中的神鸟，雄为凤，雌为凰。《管子·封禅》：今凤凰麒麟不来，嘉谷不生。《后汉书·杨终传》：帝东巡狩，凤凰黄龙并集。

② 醴泉，醴酒，奠醴之酒，白水也，美泉也。

③ 黄节引《诗·大雅·生民之什·卷阿》曰：凤凰鸣矣，于彼高冈。

【前贤评述】

黄节引陈祚明曰：可知远引之怀，特为处非其位，度无所济，唯可洁身。（隔墙若言：隔靴有痒兮。）

又引沈德潜曰："凤凰本以鸣国家之盛，今九州八荒无可展翅，而远之

昆仑之西，于洁身之道得矣，其如处非其位何！所以怆然心伤也。"（泯无所知。）

蒋师爚曰：此盖为山涛作。《晋书》涛传：少有器重，介然不群。遇阮籍，著忘年之契。钟会作乱于蜀，文帝西征，谓涛曰：西偏吾自了之，后事深以委卿。及武帝受禅，失权臣意，出为冀州刺史。（妄及。）

黄节引曾国藩曰：凤凰，本阮公自况也。（诗云"何时复回翔"，阮公何时已在远隐，正享远游之乐？随口胡言！）

张琦曰：似系叔夜之辞。（笔者考之，咏怀之诗终于曹髦之卒，时与叔夜之死未及。）

黄侃曰：奇若凤凰，亦有摧藏之叹。（诸议，唯先生若近。）

黄节曰："但恨处非位"句，陈祚明以为：阮公自明因处非其位，所以远引。沈德潜以为：虽可远引，但昆仑之西非凤凰所处，所以心伤。两说不同。陈说非位就未远引时言，沈说非位就已远引后言。陈说与第四十六章："幽兰不可佩，朱草为谁荣"意有合，沈说则于第三十二章"天阶路殊绝，云汉邈无梁"意有合，故并存之。至蒋师爚谓《晋书·山涛传》武帝受禅：涛失权臣意，出为冀州刺史，此诗盖为涛作。考涛之此事在阮公卒后，安得有此？蒋氏之失，与所论五十九、七十六两诗同。（先生辩山涛事甚是，其余可参以下拙文。）

【译余骈言】

这是一章十分重要，因而十分隐避之诗，可以说乃《忧思吟》八十二章中重要之作，与前贤评述中所猜，或咏山涛，或咏叔夜，或为自况者皆不同，此诗乃为痛悼高贵乡公于日前起事，壮烈牺牲而写，不仅兹诗咏斯，往下第七十九章、第八十章、第八十一章、第八十二章亦咏斯事。在阮公晚年，此心所属，都遥寄少帝曹髦，虽不能见，也无由得言，实乃阮籍心目中最为景仰、爱慕、怜惜的少

帝，也是曹氏家族最后一颗明丽夺目的流星，关怀殷切，无以加焉。

阮籍作此诗，自是极斟酌为之。时虽已擢为关内侯散骑侍中，但屡受大将军恩德，其又能如何哉。但悲痛不可或释之时，隐约纪其事焉。

阮籍此诗，虽无一言道及高贵乡公，不得不尔。夫曹髦已死，且被政治定案。曰：平素"情性暴戾，日月滋甚"，（其行事）"忿戾，所行益甚"（三国志·魏书）。司马昭说他："欲上危皇太后，倾覆宗庙。"皇太后说他："造作丑逆不道之言以诬谤吾……其所言道，不可忍听，非天地所覆载。"为此，令大将军曰："（此儿）不可以奉宗庙，恐颠覆社稷死无面目以见先帝。"（同上书）在这样情况下，阮籍当然不能写明，诗悼高贵乡公曹髦。否则，其先尝与帝党有褒封瓜葛之嫌，其后有伤悼之作，死将无地矣。

且看诗中所言：诗凡三节，每节四句，共十二句。诗中真意随诗附识曰：

　　林中有奇鸟，自言是凤凰。——凤凰，非凡鸟也，乃最高贵之属，自言者，人欲否之，自当其任也。

　　清朝饮醴泉，日夕栖山冈。——饮醴泉，喻读圣贤书；栖山冈，修身自励，不处下潦。

　　高鸣彻九州，延颈望八荒。——东堂讲业，语惊四座。志在远图，匡复其曹氏祖姓之尊荣。

　　适逢商风起，羽翼自摧藏。——命摧商风。商风，秋风也，秋属金，死于兵乱也。下句着一"自"字，明此乃天子自为之主动举事焉。何以主动？《汉晋春秋》有记：帝见权威日去，不胜其忿。谓曰：司马昭之心，路人皆知也，吾不能坐受废辱。

阮君用商风为句的另一重要原因乃旨在隐蔽。少帝这次率众举事被害，本在五月之初。托言商风者，商风，《礼记·月令》："孟秋之月……其音

商。"秋风也，秋属金，指少君卒于兵刃。此外，更具有误导读者的作用，采用的依旧是"第十四章"以秋代春的手法。后文"第七十九章"称"季秋革"，亦皆兹用。

一去昆仑西，何时复回翔。——魂逝西方，焉能重回。

但恨处非位，怆悢使心伤。——处非位。虽贵为天子，但受制典午，废辱不远。阮籍见如此少年英主卒于一旦，能不心伤！

此诗乃阮籍精心之构，概括曹髦临朝六年以来主要大事，句句都有着落，证据显明若是，但史传恶谥不绝，君其奈何？

第七十九章（原八十）
出门望佳人（二）

第七十九章

出门望佳人，佳人岂在兹？

三山招松乔，万世谁与期？①

存亡有长短，慷慨将焉知。

忽忽朝日隤，② 行行将何之？

不见季秋草，摧折在今时？

【今译】

出门望佳人,
绝世佳人已远逝。
我向蓬岛问松乔,
茫茫人海,滔滔千载,谁更与之期?

生命长短莫惶叹,
此君慷慨有谁知?
朝日忽忽,初升不久便隳隤,
行行无地,乾坤不容复何之?

君不见,可怜最是霜覆深秋草,
谁人知其摧残夭折于今时?

【笺注】

① 期,待也。(见《庄子·寓言篇》注。)《玉篇》:期,契约也。
② 隤,《说文》下坠也。

【前贤评述】

黄节引陈祚明曰:"摧折在今兹(时)"亦同"日夕见欺"之虐。("亦同",同字下得不知所云。)

蒋师爚曰:"存亡有长短",本屈原《卜居》:"尺有所短,寸有所长"之义。谓存者未必长,仁者未必短。……此有"字从深心人看出,慷慨便涉浅。"黄节又引蒋师爚曰:"忽忽朝日隤"喻曹氏享国不永也。(蒋氏尚谓不知诗云者。诗中所言"慷慨"句记少帝举事也,其语情义俱佳,深见阮籍勇敢之行,正义之心。实平生仅见。瞽者焉知!)

黄节引曾国藩曰:"望佳人而不见,招松乔而不来,将抱孤芳而长逝

耳。"（其辞也情深，唯此时阮公，无意见松乔，更无意及长游之拟。嗣宗伤心至哀，非孤芳自怀矣。哭错了死者！）

黄侃曰：佳人既不可见，松乔复不可期，唯有伊郁以殁；悲伤之至也。

黄节曰：《三国志·曹爽传》裴松之注引《魏氏春秋》曰：爽既罢兵，曰：我不失作富家翁。桓范哭曰：曹子丹佳人，生汝兄弟，犊耳！何图今日坐汝等族灭矣？子丹，曹真字也。《晋书》阮籍本传曰：曹爽辅政，召为参军，籍因以疾辞，屏于田里。岁余而爽诛。此诗盖悲曹爽之见诛，己虽屏居而不能与松乔逃世也。"存亡有长短，慷慨将焉知。"长短，谓长短术也。《汉书·张汤传》注：师古曰：短长术兴于六国时，长短其语隐谬，用相激怒也。张晏曰：苏秦、张仪之谋，趣彼为短，归此为长。《战国策》名长短术也。《曹爽传》曰：范说爽使车驾幸许昌，招外兵，爽兄弟犹豫未决，范重谓羲曰：当今日，卿门户求贫贱复可得乎？且匹夫持质一人，尚欲望活，今卿与天子相随，令于天下，谁敢不应者？羲犹不能纳，此诗所谓长短也。言图存于亡，自有策在，惜范之慷慨陈辞，而爽不足以知之耳。（拟想甚细，设想昔曹爽曾有征辟嗣宗之谊，故爽死而阮感其德，乃成此诗，亦一说也。但是人皆知爽因胆怯贪生，如何当得起"慷慨"两字，非伦不类，嗣宗必不之为也。以上见诸人皆知阮诗有悼人之意却无一知其为曹髦也。）

【译余骈言】

这是阮籍悼念高贵乡公曹髦之诗的第二首，在前一首诗（第七十八章）里，阮籍概括了他作为天子临朝六年的事绩。他是在前任天子曹芳被废以后，作为替补者选出来的，朝政的实权始终在司马家手中，先是司马师秉政，半年不到，临阵疮发，司马师死了，由司马昭继承。曹髦作为曹家后人，继绍了天子之位，虽然日子非常不好过，实际上只是个傀儡皇帝的角色，但是他为了家族的荣誉，个人的尊严，一直在努力地坚持着君王的型范和帝王的责任，从入宫开始，便大赦天下，并在服用上"减乘舆服御，后宫用度及罢尚方御府百工技巧靡丽无益

之物"，尚清俭之行，垂范朝野。在学习上，勤修典籍，明圣人之训，且苦读精研，颇有所见。东堂讲业时，议论纵横，群儒悦服，尝组织讨论汉高祖刘邦与夏少康孰优之辩，诸臣以为天下重器，王者天授，圣德应期，受命创业，自以高祖为优。少帝曰："自古帝王……互有高下。""汤、武、高祖虽俱受命，贤圣之分所觉悬殊。""少康生于灭亡之后，降为诸侯之隶，崎岖逃难，仅以身免，能布其德而非其谋，卒灭过、戈，克复禹绩，祀夏配天，不失旧物，非至德宠仁，岂济斯勋？汉高祖因土崩之势，仗一时之权，专任智力以成功业，行事动静，多违圣检……宜高夏康而下汉祖矣。"言语之间，有效少康中兴之志，其意显甚。

公元二五九年，高贵乡公年已二十，自觉身为成人，再不愿负傀儡之羞，曰：司马昭之心路人皆知也，吾不能坐受废辱，今日当……出自讨之。

前一诗罢，阮籍觉有未尽之意，首先是在感情上犹未臻达对高贵乡公猝死之哀，更重要的是前诗仅述少帝高贵乡公以皇裔自奉，聪颖远志，然其最重要的，足以千古流芳的英勇献身，未在诗中得以表达，仅及一"自"字而已，以明此乃主动之为。显然未畅其意。本章乃赓咏曰：

出门望佳人，佳人岂在兹？——佳人已矣，我欲往悼。

三山招松乔，万世谁与期。——天上的诸仙，你们见到过他吗？玉人一去，万世难追！

存亡有长短，慷慨将焉知。——英雄逝也，焉论寿夭；慷慨赴义，举世同哭！

忽忽朝日陨，行行将何之。——英年似朝阳，一旦陨落葬深谷，行行欲何之，天地不仁去何速！

不见季秋草，摧折在今时。——怜君身亦深秋草，金飙转处霜骤覆。又，"季秋"二字，亦阮公故意误导之技。其时尚在五月，故为"季秋"者，

犹"第十四章"之故智，旨在隐蔽焉。阮公悼诗从"第七十八章"之第一诗起，便一直在强调"摧之商风"，直到"第八十一章"直接以秋虫说事，都是此技！

如果说上一首诗是赋体诗，铺陈详尽，巨细靡遗，那么这是一首咏叹诗，诗人在这里痛天地之不仁，伤少君英年早逝，摧心悲歌，泣血以哀，真挚之情，悲痛之伤！仰敬之意尽矣。

一般人以为，"佳人者"，不过是诗人理想的寄托和象征，未必实有所指。其实是不熟悉古人的用辞之习。《三国志·曹爽传》裴松之注引《魏氏春秋》："桓范哭曰：曹子丹佳人，生汝兄弟，犊耳！"子丹，曹真字也，曹爽之父。

第八十章 （原八十一）
昔有神仙者（三）

第八十章

昔有神仙者，羡门及松乔。①

噏习九阳间，②升遐叽云霄。③

人生乐长久，百年自言辽。④

白日陨隅谷，⑤一夕不再朝。

岂若遗世物，登明遂飘摇。⑥

【今译】

往时传闻有神仙,

羡门、赤松、王子乔。

日常尚修炼,呼吸九阳边,

乘风入高天,倚云吮碧霄。

人生所好乐长生,

百年之寿也,亦应可称遥。

可怜白日陨深谷,

今夕之后,从此不再有明朝。

终于抛却尘世之物累,

择此吉日羽化飞升远飘摇。

【笺注】

① 羡门子,赤松子,王子乔,都是传说中的仙人,都可见前注。

② 噏,同吸。贾谊《旱云赋》曰:阳风吸习而槁槀。又本作翕,王延寿《灵光殿赋》曰:祥风翕习以飒洒。李善注曰:翕习,盛貌。(李善所引不当。翕,通吸,翕习,练习呼吸吐纳之术,乃道家所习养生术也。)

九阳。黄节引《楚辞·远游》曰:朝濯发于汤谷兮,夕晞余身兮九阳。并引王逸注:"九阳"谓天地之涯也。《楚辞·远游》:集重阳,入帝宫。注释阳为天,天有九重,故曰重阳。

③《书·太甲》:若陟遐必自迩。《尔雅·释诂》:陟,升也。叽,啼哭。

④ 黄节引王引之《经传释词》曰:言,语辞。又引《说文》曰:辽,远也。此处之"言"字当非语辞,盖谓人生不过百年而自云长久而乐之。

⑤ 黄节《列子》曰:夸父不量力,欲追日影,逐之于隅谷之际。按,"白日",阮籍借指为君王也。

又,"不再朝",阮明指"不再临朝"也。诗译,殊难表达兼指之意。

⑥蒋师爚曰:"登明之明,当是时"之误。《三国志·管辂传》注:登时之验。王嘉《拾遗记》:使者令猛兽发声,帝登时颠蹶掩耳。黄节引《淮南子》曰:日出于汤谷,浴于咸池,拂于扶桑,是谓晨明。登于扶桑之上,爰始将行,是谓朏明。又引张衡《思玄赋》曰:超逾腾跃绝世俗,飘飘神举逞所欲。(以上谓登明是登时之误,无据。即使原文谓"登明"就是"登时",亦不可解。)

宋·沈括《梦溪笔谈·七象数》曰:"登明者,正月三阳始兆于地上,见龙在田,天下文明,故曰登明。"如是,登明者,吉日之名也,较近。

【前贤评述】

黄节引蒋师爚曰:白日一韵,即上首所谓"忽忽朝日隤"也。(此说是也。这二句乃阮籍常用的古神话中"日"东出于汤谷,西没于蒙汜的传说,以此喻帝王的生命仅一夕之寿,而人生百年,自言辽矣。在"卷之四·上"五十三章中曾以八句描绘之。)

【译余骈言】

这是一首写得最是无话可说、又不欲不写的诗。不欲不写者,忧伤未已矣。因之亦写得最为贫乏无趣,一旦将敬重的人驱往了神仙世界,驱往一种极端单调、贫乏的世界,就不可能遣释他心头对现实世界的憎恨、不满,甚至不能宣说自己的痛苦。

但阮籍犹未释然,他至少想说一句,如今你到了不再有利益争逐的天界,祝你一声平安,祝你终于摆脱了尘世的污浊,可以在没有迫害、没有羞辱的平安天坛,永享悠闲快乐和安宁,等等类似之言。这是他的积习使然,也是全社会的习惯思维和肌肉记忆一样不由自主。他说的仅是这样一句:"终于能抛却物累择吉登天,随心所欲地逍遥了。"天哪!居然对一直以奋斗为终身事业、绝不甘庸碌一生的高贵乡公说如此之话。岂不是对充满激情理想之少帝最大的羞辱,最不堪的祝祷,但这的确是阮籍自己的心声,发自肺腑的唯一的心声,这已经是他最大的努力了。他自己长期构筑起来的坚厚外壳,什么也不透露,总是以最无意义的话语,回答一切挑战。他一直安全着。也仅此而已。

第八十一章（原七十一）
木槿荣丘墓（四）

阮籍此诗原为殿尾而作，亦为全书束笔之作，作后又觉不妥，复另为一妥帖之诗。今仍将此诗重置于终章"第八十二章"之前，全其初衷。

第八十一章

木槿荣丘墓，煌煌有光色。①
白日颓林中，翩翩零路侧。②
蟋蟀吟户牖，蠨蛸鸣荆棘。③
蜉蝣玩三朝，采采修羽翼。④
衣裳为谁施，⑤俯仰自收拭。⑥
生命几何时，慷慨各努力。

【今译】

木槿花鲜艳地开在坟头，

烨烨煌煌好颜色。

太阳西沉树林后，

花瓣儿纷纷零落大路侧。

窗下蟋蟀唧唧叫，

荆中蟪蛄啼不息。

蜉蝣欢享三朝命，

得意洋洋拂羽翼。

美丽的衣裳谁所赠呀？

齐齐楚楚细收拾。

吾生在世无多时，

奋起精神各努力。

【笺注】

① 木槿，灌木，夏秋开花，粉色。朝开夕陨，前五十四章（原五十三）称之"日夕华"。闻人倓引潘尼曰："朝菌者，蔓朝荣而暮落，世谓之木槿，或谓之日及。诗人屈原以为舜华，仲父宣尼以为朝菌。其物向晨而结，逮明而布，见阳而盛，终日而陨。不以其异乎，何名之多也！"黄节引《礼记·月令》曰：仲夏之月，木槿荣。煌，《玉篇》：光，明也。

② 颓，坠也。《诗·鄘风·定之方中》传：零，落也。《广雅》翩翩，飞也。

③ 蟋蟀，"第十四章"有注。闻人倓引《古今注》："蟋蟀——名吟蛩。秋初生，得寒则鸣。"蟪蛄，见"第二十四章"注。荆棘，见"第三章"注。

④ 黄节曰：《诗·曹风·蜉蝣》曰：蜉蝣之羽，衣裳楚楚。蜉蝣之羽，采采衣服。《毛传曰》：蜉蝣，梁略也。朝生夕死，犹有羽翼以自修饰。采采，众多也。蜉蝣，亦作浮游，《淮南子》曰：浮游不过三日。高诱注曰：生三日死也。

⑤黄节引《诗》毛传曰：施，移也。（施，给予。《国语·吴》："施民所欲，去民所恶。"施予惠予。《汉书·五四·苏建传》附苏武，武所得赏赐，尽以施予昆弟，故家不余财。《新五代史·张筠传》然筠为人好施予，以其富，故所至不为聚敛，民赖以安。）

⑥黄节曰："收拭"疑"修饰"之误。按：收，收敛之意，见《礼·玉藻》疏及《仪礼·士冠礼》注。拭，《尔雅·释诂》清也。《礼·杂记》注：静也。《六书故》：以巾拭濡也。《增韵》收拭，揩也。

【前贤评述】

　　黄节引陈祚明曰：讥富贵之不常也。（未见阮诗积极之义。）

　　曾国藩曰：此首有冉冉将老，修名不立之感。（未见阮诗积极之义。）

　　吴汝纶曰："生命"二句指上木槿、蜉蝣等不知生命之短而孳孳为利也。慷慨努力，如上篇求仁得仁耳。皆非美辞。（未见阮诗积极之义。）

　　黄节引王闿运曰：言亡国之臣与国俱亡，木槿共白日俱颓也。国犹未亡，臣各恋禄，蜉蝣于三朝修翼也。（别有所解，终是未共前诗合读。）

　　黄侃曰：少年盛自修饰，不悟于老之易乘。末二句犹《诗》言："子有衣裳，弗曳弗娄。"慷慨努力，非劝其立修名也。（自具别见，奈之何。）

　　黄节曰：末二句指上木槿、蜉蝣等不知生命之短；慷慨努力，谓木槿之荣，蟋蟀之吟，蟪蛄之鸣，蜉蝣之修也，非美之辞。（终是只见字面。）

【译余骈言】

　　在《忧思吟》最后一章之文末，陈伯君先生于"前贤评述"中辑有曾国藩之评曰：这一章和第四十五章、第七十一章（即本诗也），两章语竟重复，别无精义等言。又辑黄节先生评曰：两章"辞章略同"。曾公甚至以为第八十二章是"后人附益的。"

笔者仔细寻味三章之义，觉得上述说法有其原因，但完全属"皮相"之见，只见字面景物，其评述则是完全失当的。首先，四十五章已见前述，乃高贵乡公初到时所作，其文辞大异后作，不知何以黄节先生随口附同，其次，为完整地向读者介绍本诗（"原七十一章"）和"第八十二章"的差别，并还原阮公何以先后撰此两诗的写作过程、写作异同，及其写作原由，特将本诗和下章详加比较，乃知两章作意固有很大的不同也。

新观念的萌生使阮籍再写结尾之章

七十八章、七十九章、八十章，前面三诗写罢，阮籍悼念少帝曹髦的悲痛之意稍释，也许要暂此搁笔。容他时再续其他的"忧思"之作。然而，阮籍身处其时，怎能放得下高贵乡公被害的阴影呢？悲痛之意稍释，难免不能不检点自己悲痛的理由是否正当？特别是他身处司马昭大将军的长期恩荫之下，这一边是上峰恩护之厚义，那一边是朝廷廊庙之忠职，作为一介儒生，在忠义二端之前，他不能不意识到自己的行为，其实是对两者都有亏欠的，既不能为敬爱的少帝效忠随其恢复中兴大业。（他对这件事始终抱十分现实的态度，不是少帝不应当中兴，而是根本不具备曹魏中兴的条件，妄想已非所宜，妄动难免以卵击石。故一直远离漩涡，畏闻其事。）同时又不能回报典午之恩，二度重获再生之德，在"第六十七章"，他责备自己："悼彼桑林子，涕下自交流。"儒学根本的忠、义大端，一齐回聚到心头，向他要一个明白的说法。

幸而阮籍身处汉季魏末，五十余年的人生经历，既见过汉魏禅让，又面临魏朝的风雨飘摇。他见过曹操父子的独峙群雄，也见过曹芳少帝的无赖之行尤甚汉献。既然时处季叶，群乱蜂起，胜者为王，势所必然。他于是脱释了曩昔以曹姓为元脉正宗的陈见，能平心静气地看待时代形势的变化和个人努力的意义了。这种新观念的萌生，不啻是阮籍认识上的一次飞跃，观念上的一场新生。

于是他重新写下对曹髦之死的新评价。诸君将看到，阮籍基本上划清了与儒学忠君至上的界限。儒学的基本点有二：忠和孝。孝，出自人的本真孺慕之情，人之天性也。中原尤其以农业种植经济为生，家族是基本的生产单元。儒

家遂以家族中生命的传绪、天然的父子伦理，推演为君臣秩序的天道。本来，在"父先子后、父育子养"与"君上臣下、君贵臣贱"二者之间，并无共轭的可拟之处。儒家学说却将二者硬扯在一起，以树立天地之间，唯君王为至尊的法统理论。

阮籍未必能完全看清这一点，但至少在当时的三国政局演变中，认识到了皇权不是一姓之私物。天下之物，天下人皆可取之，故曹髦之死，不必以其姓曹而高贵相礼，曹髦作为个体，自有其才华和抱负可为世所重。这一番认识对阮籍而言，实在是一场深刻的世界观变革。

"且住！"有贤君子按捺不住讪笑曰：老兄你侃侃而谈，煞有介事，请问证据何在？古有郢书燕说之雅，大言炎炎，罔顾原义；今固有社会现实主义之妙论，先生见"食槽忧思"已临末章，欲兜售汝光明美丽的结尾高潮耶？

非也。笔者固重视现代意识的价值，但决无意为阮籍著作膏沐涂泽，强扮新潮人物出场谢幕的打算。这一切都是阮诗中自谓之意。不信试看原诗：原七十一章现标为"第八十一章"。

本诗（原置七十一）作为结尾诗的译余骈言

本诗，（原七十一）与"卷之三"的（原七十）并置，两诗文义皆与前后之诗不相属，显见都是阮籍亲自剔出，又不忍舍弃，乃别置一旁之佳诗也。

全诗十二句，四句一节，共三节。第一节四句，以墓前木槿喻已毕命之曹髦，喻其芳华之短促也。无疑，这个比喻是贴切的，曹髦谢世，不过二十岁耳，以人生而言，夭于"崇朝"也。诗以木槿为喻，不仅贴切，对阮籍来说，尤其是大胆，而大胆本之于观念的颠覆。

我们记得前面"第四十五章"曹髦登场，阮籍给他的比喻是"芝英耀华堂"的芝英。即灵芝之花。（那也是从少帝高贵乡公的封号上生发的。）灵芝是仙草，仙草上的花英，那是指环上的钻石，高贵绝伦。

接着少帝在东堂讲业，誉满朝野，阮籍在"第四十七章"中喻为"海鸟运天

池"的海鸟，那是神话中羽翼垂天的巨鸟，是出没青冥纵横宇宙的神物。

在"第四十八章"将曹髦讲业中以中兴自任的抱负，称之为不可企仰的"崇山有鸣鹤"，以鹤鸣之嘹亮，颂其志向之高尚。

夫三章既然，而现在，阮籍以庄周视天地万物为同一的齐物观视之，遂以木槿喻少帝也。这种变化是空前的。当然诗人并不是因少帝既败便以木槿相侮，他只是取木槿朝荣夕偃的特征与少帝人寿不永相似。第二句诗"煌煌有光色"便极颂其作为有异彩，精神发光华了。第一节诗是总写曹髦之一生。其中第三、四句尤值得注意，明写曹髦短短的一生已经结束，而且结局悲惨；但造语平谈，无取哀荣之意。以日喻之，夕颓林中，无云霞之璀璨；以花喻之，委蜕路旁，不惭泥污其芳洁。四句诗合而读之，真可谓一丛木槿花的纪念碑，一位不得志的少年英主的墓志铭。（"木槿荣丘墓"）朱槿与丘墓互相焕映并荣焉。

第二节起，诗人把一个个体的事迹，放大到一类生命现象来发挥。他将时时出现在诗篇中的三种虫豸：蟋蟀、蟪蛄和蜉蝣，给予了新视角的描述。蟋蟀依旧低吟于牖下，蟪蛄仍是潜鸣于荆棘，但都不再着意渲染它们的悲绪伤愁，命在危亡的象征意义，而仅仅是平静地将它们的生存状态作了描述。星旋日移，固然生命的途程正在走向衰亡，但那仅仅是一番过程。最令人感动的是阮籍对蜉蝣的赞美，这类幼弱的生命仅有三朝之寿，但是它们自己却对之无比珍惜，无比自豪，一方面它们要尽情地享受生命给予的快乐（"玩三朝"），另一方面努力在青春里展示着躯体的美丽，大有以一介虫豸，张扬其生命灿烂之意，更兼孟夫子与众共乐之义。

"衣裳为谁施，俯仰自收拾。"装扮吧！装扮得更美丽吧，为了你自己，为了这个世界！

"生命几何时，慷慨各努力。"生命何论长短，躯体何论大小。激昂慷慨地，各自奋发努力吧，为了你自己，为了这个世界！

何等积极昂扬！何其豪迈无前！这是阮籍君吗？这是一个"昔年十四五，志尚好诗书。""被褐怀珠玉，颜闵相与期。"热心仕途、一门心思出人头地的一个传统官僚吗？这是一个前瞻后顾，忧心不已的懦弱书生吗？

笔者认为，这是我们在本书中读到的最有积极昂扬意义的诗句，阮籍把庄子思想中万物齐一的观念，作了迥乎不同的极具昂扬精神的阐释。阮君能通过高贵乡公一场鲁莽的举动，认识了个体生命中的高贵精神。这是一场人生的顿悟，这是一场对众生平等的新认识。他在这场事变中，蜕去了儒学陈腐礼制的羁绊，获得了主体观念的自尊意识，对个体的人格有了新的理解。这一场觉醒其意义非凡，他本将此诗用以谢幕之用，那么，他谢别的是陈腐儒学，获得的是自由智识者竹贤称号的新生。可敬！可喜！可贺！让我们一起击缶而歌！为了你自己，为了这个美丽精彩的世界！

阮籍不得不抽去新作，另写安全之诗

若将上诗殿尾，无疑将把本书提升到一个新的高境界。但是，阮籍在获得新知的同时，不得不面对现实的政治生态，他接着就发现，若将这首新写悼诗殿尾那是万万不行的，因为这首悼诗，虽然没有任何对死者的赞颂，但毕竟死者是前少帝曹髦，这是明显的对官方结论的异议，此其一。再则自"第七十八章"以来，对前少主之逝一悼再悼，至今已第四首了，但诗文中从未有一言，语及新登基的少帝陈留王曹奂者，两两相形，何以掩其心迹呢！一旦为人发觉密告，那是太危险了，于是他不得不对这两点进行弥补，于是便有了现在的"第八十二章"，最后出现的"第八十二章"，其所咏固未超前作，仅补叙一新人耳，在阮籍本身，从来对新帝不存特别敬意，想高贵乡公初临时，他也毫无表示，正忙着在邻里前逞能与谋哩！

下一首重写的新诗，一登场，便为多人批评，数落它与前诗（即本诗"第八十一章"）词意相近，别无精义。但是这些批评家，当他们读原诗（即本诗）时，也未予好评，一口咬定它是非美之辞，（不是好话。）最难听的是曾国藩说这首诗可能是后人之作，被增附于此。

这也难怪，那些批评者，看到原诗（即本诗）中出场的是木槿花，这新写的一首也是木槿花，当然很不耐烦。这使我想起鲁迅写他儿时在乡下与小伙伴一起看社戏。刚才已见过老旦唱戏了，老旦苍颜素服是最无趣的脚色，这回老

旦又出场了,而且还坐下来唱!那将唱到何时得歇?至于两次老旦出场,唱些什么?唱的是同一出戏?还是两出戏?孩子们实在无心留意,也不想留意。我们的批评家们也是如此,他们无心留意作者让木槿花出来干什么?据说是阮籍在咏冉冉将老,有修名不立之伤。那也真是见仁见智,人见人异了。

"第八十二章"诗共十句,前二节各四句,每节各咏一人物。

第一节咏前少帝如墓前的木槿花,开着美丽的红花,花儿虽然鲜艳,却没开满三朝,狂风过处,横摧其葩;

第二节,咏新少帝来临。前七十九章叙曹髦之死云,"一去昆仑西。"今曹奂即位,乃称其来自《山海经·西山经》云:

黄节引《山海经·西山经》曰:槐江之山,其上多青雄黄,多藏琅玕,其阳多丹粟。

丹粟,诗中转称丹禾。第二节咏新帝登基的内容,便随少帝之名氏(讳奂,字景明)及《西山经》所载展开:"垂影临增城,余光照九阿。"堂皇高崇,身份悉称。

短短两节诗,前者方陨,后者已临,故第三节诗叹曰:那些少年郎,见世上人事前后相继,会发些什么感慨呢?

把这样两句诗殿于诗尾,想来在他的心底,多少还存着一些希冀,希望这个世界未必如他见到的那样烂透。多少会有个把少年,若是知得此事,心底或许会有些波澜、余烬,为中原大地略存些火种……

全诗简明利落,显出了阮籍的为诗之能,几乎毫无瑕疵,也确如曾国藩所讥:"别无精义。"但是既然此诗重作,旨在避祸,其余也就勿计了。好在前诗现已编为"第八十一章",阮籍想表达的,笔者也已经表达如前。

于是,阮籍真地搁笔了。作为读者,真钦佩他能束笔于高贵乡公毕命之时。这位年轻人短短的、光彩夺目的一生,祝祷他将寄栖在阮籍未能畅咏的晦涩歌

章中，回荡于历史的夜空里。

阮公大概绝对不会料到，长夜漫漫，无边无际，三年之后他死了……五年之后，魏国亡了……五十三年后，西晋亡了……一百五十七年后，东晋也亡了……三百二十年后，代晋而兴的南北各国也都亡尽了……再三百年，大唐也亡了……阮公的千年之祭正处南宋末期，凄凄惶惶，自顾无暇。既然千年无闻，第二个千年，肯定过得更快迅，君不见，我们不是刚送走了它……

阮公晚年，据说省得了默而自遗。如今阮公死了，真个默焉了，默焉者又何止是阮郎其人，阮郎伤心的断续的五千言长诗，不也一样地层叠着、沉默着。一如浑厚千尺的黄土中原，它蓄积了多少伤心者的千古血泪啊！只有汗牛盈栋言不及义的研究文献可与之相比。一般地垒叠千尺，腐腥扑鼻，蔚为奇观！引为我民族士人的精神图腾，让后继者匍匐倾倒，继续永恒的无聊游戏。

第八十二章
墓前荧荧者（五）

第八十二章

墓前荧荧者，木槿耀朱华。①
荣好未终朝，连飙陨其葩。②
岂若西山草，琅玕与丹禾。③
垂影临增城，余光照九阿。④
宁微少年子，⑤日夕叹咨嗟。⑥

【今译】

坟前有一丛繁茂小树，
那是木槿在开着美丽的红花。
花儿虽好，却开不到傍晚，
疾风飙处，吹残了她的娇葩。

继来者乃西山的奇异仙株，
萧萧碧琅玕，澄澄新丹禾。
斜阳影里焕层楼，
余光脉脉照九阿。

这次第，难道就没有个把知情少年？
日夕既下，轻轻地吐一声叹息咨嗟！

【笺注】

① 木槿，黄节引《礼记·月令》曰："仲夏木槿荣"。《淮南子·时则训》：仲夏之月……木槿荣。注：木槿朝荣暮落。树高五、六尺，其叶与安石榴相似也。

② 黄节曰：《尔雅》曰：扶摇谓之猋。郭璞注曰：暴风从下上。连飙犹《诗》所云：终风且暴，不日有暴也。葩，《说文》华也。

③ 黄节引《山海经·西山经》曰：槐江之山，其上多青雄黄，多藏琅玕，其阳多丹粟。

垂影，新到少帝陈留王曹奂，字景明。武帝孙。这两句全从他名字上生发。影即景也，景，太阳也、阳光也。

增城，黄节曰：《淮南子·地形训》曰：掘昆仑虚以下，地中有增城九重。高诱注曰：增，重也。《文选》李善注引作"层"，增、层古通用。

④ 蒋师爚曰：《尔雅》：大陵曰阿。九阿，谓光所照者非一处，犹《礼记·檀弓》所谓九京也。黄节曰：《穆天子传》曰：天子西征，升九阿。郭璞注曰：疑

今西安县十里九阪也。

⑤宁，黄节曰：犹岂也。蒋师爚引《礼记·檀弓》注：微犹无也。

⑥叹咨嗟，叹即咨嗟，咨嗟即叹。此句谓：既已日夕，料群儿难为咨嗟矣。

【前贤评述】

曾国藩曰："此与四十四首（即今四十五）、七十一首（即上一首）语意重复，别无精义，疑亦后人附益之也。"

黄侃曰：岂无少年之人，而日久终可嗟叹。自非琅玕、丹禾，亦焉能与天地齐寿乎？

黄节曰：此首与其四十四首、其七十一辞意略同。

阮籍说过，夜深路险，明珠未可干，看来大白天或日华之下也与鱼目无异也。

【译余骈言】

阮籍忧思之歌凡八十二章，此其终笔之作也。估计亦不再为诗焉。其始于司马懿执政，曹爽集团覆灭之后三月许，时在公元二四九年春四、五月间；正是阮籍四十岁之年。终于公元二六〇年六月，司马昭当政之时，常道乡公即位之初。首尾凡十二年，时阮籍五十一岁焉。三年后阮公死于任上，司马昭在世之时。

此诗是专为高贵乡公写的最后之诗，其时常道乡公即皇帝位，乃合并书于一诗。

《三国志》（魏书·三少帝纪第四）曰：陈留王讳奂，字景明，武帝孙，燕王宇子也。甘露三年，封安次县常道乡公。高贵乡公卒，公卿议迎立公，六月甲寅，入于洛阳，见皇太后，是日即皇帝位于太极前殿。

在所有纪念高贵乡公被害而写的五章中，以此章最为斟酌，宜其为终笔之作也。除了第一节，总体未见其佳，犹不如先作也。

全诗十句，三节，末一节仅二句，成例也。此诗第一节，其意义已见于前八十一章，不赘。形式重于内容，补充了曹奂接任之事，便一结了之，此乃阮公本意。

第一节哀先君之早逝，以坟前木槿为喻，最为适宜，接着两句既盛赞其花好且荣，复哀其惨遭不测，生命早殒。以此为辞，奠先帝于地下，阮公脱释也。重要的是在本诗中，阮籍多少表述了少帝之死系被害而致的真相，读者当已读过前面所录的四、五种正史资料，大多罔顾事实，以污水洒泼其身的，此即煌煌史笔也。唯阮籍执正义之辞，明书其被害之因，虽系曲笔借喻，亦不能不为之敬仰也。

叙陈留王曹奂即位。斯亦曹家孙辈也。前者命丧斧钺，后者曹姓继替。七十八章叙曹髦之死云："一去昆仑西。"此诗即将曹奂之即位喻其来自《山海经·西山经》云。

　　黄节引《山海经·西山经》曰："槐江之山，其上多青雄黄，多藏琅玕，其阳多丹粟。"

丹粟，即诗中改称之丹禾也。在"卷之四"（前）的第一咏第四十六章中，曾有句："修竹隐山阴，射干临增城。"笔者尝曰：此乃嗣宗自谓也，其时不无妒忌之心。此处则不然，琅玕二字，虽后世指为修竹，此乃纯《西山经》中偶出之文。诗人或不无得意，但诗中所借喻者，唯丹禾一物而已。

少帝之名为奂，奂者，鲜艳明亮也，故以丹禾为喻；又少帝字景明，景与影通，故诗曰：垂影临增城，增城即重城，可作天仙宫阙之喻。末句更以少帝名奂，赞其余光昭九阿，凡此第二节四句，均为新帝之颂无疑。"九阿"乃重泉之地，与时世无关，似风似咏，耐人寻味。

最后两句诗，是对这冷漠世界最后一点微弱的期待。诗人在此吐出的失望之意更浓。（笔者无端走神，忽地又想起了鲁迅所写的阿Q之死，"二十年之后，又是一个！"阿Q无师自通地喊出了一句。人群里轰然响起一阵喊好。——这是我年轻时记下的文句。除了鲁迅，我们这个民族太缺少幽默感了。擅长的多是

失忆……曹髦死时，连这样的看客也没有，时代就这点进步吗？在寂静之中，我听到了阮籍手里毛笔坠地的声音——笃。）

笔者见到的阮籍是一位娴于文的诗人，曾、黄等都说最后二诗太为雷同，且无甚新意。笔者则深为阮文之精到叹服，尤其是两章之前四句，轻重之用，妙达毫巅，悉与笔者所释诗旨相合，务请读者回头再读一遍。但阮籍他对为文在社会后果上的重视，更高于诗文属义之精，尽管原诗（即今之第八十一章）对高贵乡公的处理更有意义，更为恰当，但并不表明阮籍自己认识到了这点。阮君作为当事人，一切都在渐变中，宜其无所觉之焉。

因之，他一定要将陈留王曹奂即位之事书之入诗，才算完成了他的使命。毕竟《忧思吟》一书是他的作品，阮公既有此愿，我们没理由去勉强他。

"三马同槽"阿瞒一梦，其谶尽现也。阮籍适与其时，虽获典午征辟之幸，亦不得不面对三马啮曹之惨剧。乱世孑遗，虽不免惊怵悲恐，但惠人以见识、教训，实远胜于太平时日之盛世风物，阮籍的心智成长，实有赖于兹。但是他却因之更加沉默了，连忧思之作也搁笔了。

现实的历史，有时会用比历史学家想象的更加无语，更无所作为来描绘一个民族的生命史。读者见之，仁智自得。"希望之为虚妄，正与绝望相同。"这还是鲁迅的话。百年易逝，鲁迅纸上的遗闻，愈加希微矣！

历史资讯

《晋书》小摘二则

甲　三马同槽

《晋书》一百三十卷，臧荣绪撰。它不从"奉天承运"第一个登基的武皇帝司马炎起记，却远绍其祖，以司马懿为首记，懿在世七十三年，其奠基晋祚，固厥功至伟、唯史臣更欲全纪司马先祖对家族事业之专注、勇毅、残忍，乃毕尽其二子师、昭之全功，更录其子孙对先祖开业之功的感受。司马是努力的一家，更是成功的一家。

魏武察帝（懿）有雄豪志，闻有狼顾相，欲验之。乃召使前行，令反顾，面正向后而身不动。又尝梦三马同食一槽，甚恶焉。因谓太子丕曰："司马懿非人臣也，必预汝家事。"太子素与懿善，每相全佑，故免。

帝（懿）于是勤于吏职，夜以忘寝，至于刍牧之间，悉皆临履，由是魏武意遂安。及平公孙文懿，大行杀戮。诛曹爽之际，支党皆夷及三族，男女无少长，姑姊妹女子之适人者怒杀之，既而竟迁魏鼎云。

乙　子孙蒙羞

史臣之笔既述懿能行勤勉忍耐为人臣之式范；又记懿呕凶残忍臻非人之恶，两极聚于一身焉。

引其子孙自谓之辞于次：

（晋）明帝（绍）时，王遵侍坐。帝问前世所以得天下，遵乃陈帝创业始，及文帝末高贵乡公事。明帝以面覆床曰："若以公言，晋祚复安得长远！"

史臣之笔有深意焉，撷狼顾相及三马同槽梦以概司马二代三世奠晋基之业，其所行之凶残，子孙皆无颜以对。阮籍身当其时，忧思八十二章，血泪相和，远溢诗外。笔者受《晋书》之教，乃以曹操"三马同槽之梦"为总纲，引领阮诗各卷所咏；赓抄司马三世史实以副，编定兹书。

卷之四·后（第六十三章——第八十二章）写作顺序还原列表

天子　曹髦　　辅政　司马昭

章次	公元	年号	首句	内容	诗旨
第六十三章（原六十二） 第六十四章（原六十三）	估计写作时间		平昼整衣冠 多虑令志散	裳衣佩云气，言语究灵神。 翱翔观陂泽，抚剑登轻舟。	回避
第六十五章（原六十四）			朝出上东门	念我平居时，郁然思妖姬。	
第六十六章（原六十五） 第六十七章（原六十六） 第六十八章（原六十七） 第六十九章（原六十八）	二五八年	甘露三年	王子十五年 寒门不可出 洪生资制度 北临乾昧溪	朱颜茂春华，辩慧怀清真。 悼彼桑林子，涕下自交流。 外厉贞素谈，户内灭芬芳。 傥遇晨风鸟，飞驾出南林。	抉择
第七十章（原六十九） （原七十） （原七十一） 第七十一章（原七十二） 第七十二章（原七十三） 第七十三章（原七十四）	至 二五九年	至 甘露四年	人知结交易 有悲则有情 木槿荣丘墓 修途驰轩车 横术有奇士 猗欤上世士	损益生怨毒，咄咄复何言。 （移置三十八） （移置八十一） 亲昵还反侧，骨肉还相仇。 去置世上事，岂足愁我肠。 咄嗟荣辱事，去来味道真。	家争
第七十四章（原七十五） 第七十五章（原七十六）	二六〇年五月	甘露五年五月	梁东有芳草 秋驾安可学	轻薄在一时，安知百世名。 泛泛乘轻舟，演漾靡所望。	犹豫
第七十六章（原七十七） 第七十七章（原七十八）			咄嗟行至老 昔有神仙氏	仇怨者谁子，耳目还相羞。 自伤非俦类，愁苦来相加。	家争
第七十八章（原七十九） 第七十九章（原八十） 第八十章（原八十一） 第八十一章（原七十一） 第八十二章	二六〇年七月	甘露五年六月	林中有奇鸟 出门望佳人 昔有神仙者 木槿荣丘墓 墓前荧荧者	一去昆仑西，何时复回翔。 不见季秋草，摧折在今时。 白日陨隅谷，一夕不再朝。 蜉蝣玩三朝，采采修羽翼。 荣好未终朝，余光照九阿。	悼曹髦

跋　尾

阮籍及《忧思吟》写作年表

公元	年号	阮籍年龄	朝廷主政	典午传绪	背景及事件	卷别	对应诗章
210	建安十五年	1	刘汉魏武文帝明帝	司马懿	阮籍出生		（无诗）
212		3			阮父瑀卒		
220		11			曹操卒，魏文帝受禅		
226		17			魏明帝即位		
239	景初三年	30			明帝卒，曹芳即位，时八岁		
249	嘉平元年	40	少帝曹芳		司马懿诛曹爽集团 阮籍任大将军府参军 少帝曹芳十八岁，唬弄朝政 司马昭欲与联姻，醉酒辞避	卷之一	第一章至第七章 第八章至第九章 第十章 （无诗）
250	嘉平二年	41			曹爽被诛周年		十一章
251	嘉平三年	42			司马懿卒，司马师继大将军		（无诗）
254	嘉平六年二月	45		司马师	卷外曲（一首） 李丰、苏铄、夏侯玄阴图谋反事泄，为司马师扑杀	卷之二	十二章 十三章至十五章
254	嘉平六年九月				废黜曹芳，曹髦继位		十六章至十七章
255	正元二年春	46			司马师卒，司马昭继大将军		（无诗）
255	正元二年春夏（六月改元）			司马昭	阮籍有东平相之请，十日即归。闲来无事	卷之三	（有东平赋）
255	甘露元年秋冬				阮籍参与乡里纷争，结怨群小，司马昭暗地相救。		卷外曲三章 二十一章至四十四章
256	甘露元年二月	47	少帝曹髦		高贵乡公曹髦讲业东堂 有所思	卷之四·前	四十五章至五十六章 五十七章
	甘露二年	48					
258	甘露三年春	49			阮母卒，籍未遵礼制，遭群小攻讦，司马昭又救之。		五十八章至六十二章
259	甘露三四年	50		司马昭	杂诗 决疑 家争 决疑	卷之四·后	六十三章至六十五章 六十六章至六十九章 七十章至七十三章 七十四章至七十五章
260	甘露五年五月	51			说客 封关内侯 徙散骑常侍 哀少帝曹髦夭亡		七十六章至七十七章 七十八章至八十二章
262	景元四年二月	53	少帝曹奂		阮请往步兵营任校尉		（无诗）
263	景元四年冬	54			为郑冲作《劝晋王笺》		
263					阮籍卒		
264	咸熙元年				司马昭卒		
265	咸熙二年		司马炎登帝位，国号晋		魏元帝曹奂禅位于晋		

附：晋书卷四十九

阮籍传

阮籍字嗣宗，陈留尉氏人也。父瑀，魏丞相掾，知名于世。籍容貌瑰杰，志气宏放，傲然独得，任性不羁，而喜怒不形于色。或闭户视书，累月不出；或登临山水，经日忘归。博览群籍，尤好《庄》《老》。嗜酒能啸，善弹琴。当其得意，忽忘形骸。时人多谓之痴，唯族兄文业每叹服之，以为胜己，由是咸共称异。

籍尝随叔父至东郡，兖州刺史王昶请与相见，终日不开一言，自以不能测。太尉蒋济闻其有隽才而辟之，籍诣都亭奏记曰："伏唯明公以含一之德，据上台之位，英豪翘首，俊贤抗足。开府之日，人人自以为掾属；辟书始下，而下走为首。昔子夏在于西河之上，而文侯拥彗；邹子处于黍谷之阴，而昭王陪乘。夫布衣韦带之士，孤居特立，王公大人所以礼下之者，为道存也。今籍无邹卜之道，而有其陋，猥见采择，无以称当。方将耕于东皋之阳，输黍稷之余税。负薪疲病，足力不强，补吏之召，非所克堪。乞回谬恩，以光清举。"初，济恐籍不至，得记欣然。遣卒迎之，而籍已去，济大怒。于是乡亲共喻之，乃就吏。后谢病归。复为尚书郎，少时，又以病免。及曹爽辅政，召为参军。籍因以疾辞，屏于田里。岁余而爽诛，时人服其远识。宣帝为太傅，命籍为从事中郎。及帝崩，复为景帝大司马从事中郎。高贵乡公即位，封关内侯，徙散骑常侍。

籍本有济世志，属魏晋之际，天下多故，名士少有全者，籍由是不与世事，

遂酣饮为常。文帝初欲为武帝求婚于籍，籍醉六十日，不得言而止。钟会数以时事问之，欲因其可否而致之罪，皆以酣醉获免。及文帝辅政，籍尝从容言于帝曰："籍平生曾游东平，乐其风土。"帝大悦，即拜东平相。籍乘驴到郡，坏府舍屏鄣，使内外相望，法令清简，旬日而还。帝引为大将军从事中郎。有司言有子杀母者，籍曰："嘻！杀父乃可，至杀母乎！"坐者怪其失言。帝曰："杀父，天下之极恶，而以为可乎？"籍曰："禽兽知母而不知父，杀父，禽兽之类也。杀母，禽兽之不若。"众乃悦服。

籍闻步兵厨营人善酿，有贮酒三百斛，乃求为步兵校尉。遗落世事，虽去佐职，恒游府内，朝宴必与焉。会帝让九锡，公卿将劝进，使籍为其辞。籍沉醉忘作，临诣府，使取之，见籍方据案醉眠。使者以告，籍便书案，使写之，无所改窜。辞甚清壮，为时所重。籍虽不拘礼教，然发言玄远，口不臧否人物。性至孝，母终，正与人围棋，对者求止，籍留与决赌。既而饮酒二斗，举声一号，吐血数升。及将葬，食一蒸肫，饮二斗酒，然后临诀，直言穷矣，举声一号，因又吐血数升，毁瘠骨立，殆致灭性。裴楷往吊之，籍散发箕踞，醉而直视，楷吊唁毕便去。或问楷："凡吊者，主哭，客乃为礼。籍既不哭，君何为哭？"楷曰："阮籍既方外之士，故不崇礼典。我俗中之士，故以轨仪自居。"时人叹为两得。籍又能为青白眼，见礼俗之士，以白眼对之。及嵇喜来吊，籍作白眼，喜不怿而退。喜弟康闻之，乃赍酒挟琴造焉，籍大悦，乃见青眼。由是礼法之士疾之若仇，而帝每保护之。

籍嫂尝归宁，籍相见与别。或讥之，籍曰："礼岂为我设邪！"邻家少妇有美色，当垆沽酒。籍尝诣饮，醉，便卧其侧。籍既不自嫌，其夫察之，亦不疑也。兵家女有才色，未嫁而死。籍不识其父兄，径往哭之，尽哀而还。其外坦荡而内淳至，皆此类也。时率意独驾，不由径路，车迹所穷，辄恸哭而反。尝登广武，观楚、汉战处，叹曰："时无英雄，使竖子成名！"登武牢山，望京邑而叹，于是赋《豪杰诗》。景元四年冬卒，时年五十四。

籍能属文，初不留思。作《咏怀诗》八十余篇，为世所重。著《达庄论》，叙无为之贵。文多不录。籍尝于苏门山遇孙登，与商略终古及栖神导气之术，登皆不应，籍因长啸而退。至半岭，闻有声若鸾凤之音，响乎岩谷，乃登之啸

也。遂归著《大人先生传》，其略曰："世人所谓君子，唯法是修，唯礼是克。手执圭璧，足履绳墨。行欲为目前检，言欲为无穷则。少称乡党，长闻邻国。上欲图三公，下不失九州牧。独不见群虱之处裈中，逃乎深缝，匿乎坏絮，自以为吉宅也。行不敢离缝际，动不敢出裈裆，自以为得绳墨也。然炎丘火流，焦邑灭都，群虱处于裈中而不能出也。君子之处域内，何异夫虱之处裈中乎！"此亦籍之胸怀本趣也。

子浑，字长成，有父风。少慕通达，不饰小节。籍谓曰："仲容已豫吾此流，汝不得复尔！"太康中，为太子庶子。

咸字仲容。父熙，武都太守。咸任达不拘，与叔父籍为竹林之游，当世礼法者讥其所为。咸与籍居道南，诸阮居道北，北阮富而南阮贫。七月七日，北阮盛晒衣服，皆锦绮粲目，咸以竿挂大布犊鼻于庭。人或怪之，答曰："未能免俗，聊复尔耳！"

调查研究

陈伯君《阮籍集校注》中"阮籍年表"职官升迁的订正

（1）原文：

公元二四〇年

正始三年，阮籍三十三岁，魏太尉将济辟之，诣都亭奏记（文载集中）而去。于是乡亲共喻之，及就吏。复为尚书郎，少时，又以病免。

（2）原文：

公元二四七年

正始八年，阮籍三十八岁。曹爽辅政，召为参军，因以疾辞，屏于田里。

（3）原文：

公元二四九年

嘉平元年（正始十三年四月改元），阮籍四十岁。前年辞曹爽参军后而爽诛，时人服其远识，为魏太傅司马懿从事中郎。

订正。阮籍入仕，应在这一年的秋季，阮籍素不以司马懿逆君之行为然，自不肯腼颜以辞爽之事告懿，以博任进。其所辟官职不大，估计仍以参军叙用。

理由。《忧思吟》第八章记有深秋景象："回风吹四壁，寒鸟相因依。"他被

辟以后，表白了他准备和典午有限合作的态度："宁与燕雀翔，不随黄鹄飞。"夫"宁与"者，不得不接受低下之职也，如接高位而不乐与同僚交接，当径述宁守身独处，无论僚职之高低焉。

又，第九章已在隆冬时分，诗咏："凝霜沾衣襟，寒风振山岗。"籍不禁自伤凋零（"悽怆伤我心"）。可见直至年底，其地位和待遇都未好转。

夫"从事中郎"是大将军府仅有的三个文职高级官员之一（一名司马、两名中郎），秩一千石，后来司马昭征蜀时，奉天子西征，次于长安。是时魏诸王侯，悉在邺城，昭命从事中郎山涛行军司事镇于邺。（当时大将军远征，每奉天子同行，对行军打仗多有不便，但不得不如此者，盖小皇是个宝贝，大将军挟天子以令诸侯，一旦天子有失，为他人所得，大将军便可能为他人反制焉。其他曹姓诸王亦可能为他人唆使利用，故山阳的责任亦大矣哉），可见大将军府的中郎之职，并非尔尔。

公元二五一年嘉平三年。阮籍四十二岁，八月司马懿卒，诏以其子卫将军师为抚军大将军，录尚书事。（事在嘉平四年正月。）

（4）原文：嘉平五年，阮籍四十三岁。复为魏大将军司马师从事中郎。

订正。陈伯君先生《阮籍籍校注》传记资料《晋书阮籍传》笺注称:《太平御览》卷二百三十八引《竹林七贤》传曰："阮籍字嗣宗，为太傅司马宣参军，迁景王大将军从事中郎。"又引《通典》曰："从事中郎，汉末官也。……在主簿上，所掌与长史同。"

这一次升迁为中郎，显然是司马师升任为大将军的"随喜"礼赏。

（5）公元二五四年。

陈伯君先生撰：魏高贵乡公正元二年（齐王芳被废，嘉平六年十日改元），阮籍四十五岁，封关内侯，徙散骑常侍。

订正。集中又称："正元元年（应为正元二年），拜东平相，旬日而还。司马昭为大将军从事中郎。"与上文并不相悖。"拜东平相者"，任东平主事也。其事在先，时阮籍四十六岁，封关内侯，徙散骑常侍，时在甘露五年，阮籍

五十一岁矣。

理由：① 集中有《首阳山赋》一文，文前有后添之小序云："正元元年秋，余尚为中郎，在大将军府南墙下，北望首阳山，作赋曰"云云。

② 序中所言，是年冬前，犹为大将军府中郎也。

③ 其时少帝曹髦初临，辅政司马师遇之甚苛，晋迁名单，自有辅政上表建议，少帝无权处置也。且籍与朝廷大事例不插言，他局厕大将军府从员，天子亦不会深知其人。

④ 阮籍其时有《忧思吟》第四十六章深叹士之不遇："幽兰不可佩，朱草若为荣。"可见其失望落寞之情，其时朝中晋迁之有者，钟会迁黄门侍郎，当是其寿春之役，军功卓著，司马师表之。

（6）公元二五五年

正元二年二月，阮籍四十六岁。司马师目疮迸裂，卒于军中，诏以司马昭为大将军录尚书事。五月籍请为东平相，不十日而返，仍引为大将军府从事中郎。

（7）公元二六〇年，春，少帝封阮为关内侯，散骑常侍。

来源：《忧思吟》"第七十四章"及"第七十五章"

是年阮籍五十一岁，少天子曹髦二十岁矣。天子年已及冠，长大成人，更以朝夕仰吞司马昭鼻息为憾，愤欲萌动，乃遣从人笼络阮籍，史籍未载，仅见于幽思中两章。"第七十四章"中见阮籍先咏少帝之贤（以美相喻），第二节先二句却说不意少帝无端作出了诒媚之行，按着便自警不可妄动。以及更有人窥觊在侧，更用前咏之诗直指昭公。"第七十五章"又再诫自己恪守中庸。前后再无有关之文。笔者十分重视这两章诗，贿赂之语及礼品，均系笔者情测。祈请读者指正。

再，少帝遣人（必是主动献计于帝者）见籍之先，本知阮乃大将军府从员，必先由少帝与昭相语，兹乃示惠之善意，昭无可推辞，亦欲一见阮籍心思，乃三者合演了一出小剧焉。只是苦了阮籍，无端受一番折磨，幸而未露本相，

险哉！

曹髦于是年五月举事，故说客之来当于春节之后。

陈伯君《阮籍集校注》（阮籍传·笺注④）：《北堂书钞》卷五十八引《七贤传》云："高贵乡公以阮籍为散骑常侍，非其好也。"可佐证上说。

（8）公元二六二年，吕安、嵇康皆为昭所杀。籍求去步兵校尉，佯称闻步兵厨营人善酿，有贮酒三百斛。

（9）公元二六三年，阮籍五十四年，二月司马昭升晋王（籍代郑冲作《对晋王笺》），籍于是年冬疾卒，十一月邓艾帅万余人，夺险破蜀，刘禅降。

钟会见大军悉在外，蜀中天险可凭，潜使密与邓艾谋逆。昭早作防备，先授诏监军卫瓘、右将军胡烈，攻会，斩之；发槛车征艾。

书尾赘语

公元二六〇年五月,高贵乡公曹髦死了,阮籍《忧思吟》停咏了,诗人的哽咽凝住在"第八十二章"。他悲愤不已,怆然掷笔,从此绝作。

但是历史没有停住,历史既不随阮籍的情绪起伏,也不以曹魏政权的盛衰为意也。历史从来自行其是,它是一股巨流,一种力量,随着历史环境的挟束,浩荡千里,莽无所向,或回复吞吐,或疾速奔驰。顺之者,莫明其所往,稍事回旋,已远泻无际;逆之者,漂木卷石,寸草不留。余下的,一地浊流,滔滔而去,夫子曰:"逝者如斯夫!"偶见一湾清池,得高岸之庇,苹蘩漂漾,翠叶舒浮;或见一泓水弧,跳跃空中,珠滴星散,映日生辉,乃水石所激,散成绮霞也。这些也是历史,历史的一支一脉。历史之行也,自有其不可思议之妙,随机幻化而花样百出焉。

笔者与兹,有意在阮籍未卒之前,随采两则,以见历史面貌之多样丰富,悉与阮公在时,所见所想殊异焉。

公元二六二年,竹林七贤之嵇康,因晤接来访之钟会,态度倨傲,会乃谮于司马昭曰:"主公不必以天下事为忧,但是要留心嵇康,康言论放荡,非毁典谟,帝王者不宜容,昔齐戮华士,鲁诛少正卯,诚以害时乱教,故圣贤去之。宜因衅除之,以淳风俗。"昭既昵听信会,遂害之。

将刑东方，太学生三千人，请以为师，弗许。康见日影，索瑟弹之，曰："昔袁仲尼尝从吾学'广陵散'，吾每靳固之，广陵散于今绝矣！时年四十，海内士子，莫不痛之。"（《晋书》卷四十九）

壮哉，康见日影犹斜，临刑尚有时也，乃索瑟而鼓，瑟音浏亮飞扬，听者莫不动容焉，嵇康被刑之时，胸中忆念，心中愤激，皆无可言说，唯在艺事，唯在琴曲，其生死之危，无所念及也。广陵一曲，诚史家之绝唱也，我中华之人，有此一曲，足以顾盼左右，岸雄于世哉！虽西贤阿基米德，何以及之！

然笔者于兹，尤所礼敬者，固在戮康之刑卒也。若无该卒之解人达意，授康以瑟，何来一曲广陵散艳称千古耶？复何以见嵇康氏胸怀浩荡，了无尘鞅之高风夙怀也！嵇康固绝世风流，而玉成于康者，非刑卒不可也。

夫刑卒之徒，文不解识丁，武不能从伍，唯孔武胆勇，乃任斯不齿之贱业。兹乃文化之风流播，熏沐既久，仁性萌矣，渠见日影未正，不误时辰，慨然授瑟于康。呜呼！无刑卒世更无广陵散也，无刑卒何以见千古奇士嵇康之风采耶！为此绝世芳艳浩荡凄美之事，非仅嵇康刑卒两人之力所共造，实乃上古千百余年，播煽仁义所化焉。历史之力，其伟若是哉！历史之所向，非人智能及焉。

一千六百年后，中原犹昔日之黄土，农耕之获犹是经济之主源。唯历史文化，渐渐变也，所尚者异焉。呜呼，斯岂又狱吏一已一意之所为耶！历史大流荒莽所向，无非历史文化在范型世人也。

一年之后，公元二六三年，阮籍的恩主司马昭先生欠身而起，若有动作焉。史尝有纪，刘汉西、东两朝绵延近四百年，及其末，乃有余绪三国见也。魏、蜀、吴三国先创之祖，若曹操、刘备、孙权辈皆豪杰也。各以其长崛起于乱世之中，为后世所津津乐道者。复见其再传子孙，则大多耽于小国寡君南面之乐，淘淘然，无所求矣。民间小说《三国演义》有两句脍炙人口的话："天下大势，合久必分，分久必合"。刘汉的解体，无疑是中国建立了大一统体制后的第一次崩裂。新诞生的三国小君，各仗其地利和资源之优，势力相若，互持不下，再

无一统中原的志向和雄图。

唠唠嘈嘈，二三十年过去，悄悄地在曹魏朝中的宫闱夹缝中，养大了一个深有心机的人物：司马懿，他积毕生的勤奋和智慧，以一个外姓臣隶，受主上赏识，连续做了两朝的托孤重臣。皇帝小儿的无能，僚吏的贪腐荒疏，被他窥准时机，奋然一跃，扑杀了与他比肩班列的同僚曹爽，军政双揽，成了魏国真正的主子。当然后果也是极其严重的，曹姓余子，眼见大宝被夺，一再有勇敢者前来明争暗抢，十余年间纷争不休，两朝三天子，一降一黜一诛，与事僚吏，尽诛三族，这些故事，已略见于本书各卷的"历史资讯"中不赘。

如今历史已进行到公元二六三年。正是司马懿次子司马昭主政之时。曹马两家先祖的雄图大略，权谋机变，育成了而今司马昭的文武双全，更且歌哭俱能，足可胜任任何一场大戏了。

眼看着少天子年年为他诏封进升，他却另有自己的盘算，现在他的眼光正审视着魏、蜀、吴三国的形势。

> 是夏，帝（昭）将伐蜀，乃谋众曰：自定寿春以来息役六年，治兵精甲，以拟二虏。略计取吴，作战船，通水道，当用千余万功，此十万人，百数十日事也。又南土下湿，必生疾疫。
>
> 今宜先取蜀，三年之后，因巴蜀顺流之势，水陆并道，以灭虢定虢，吞韩并魏之势也。计蜀战士九万，居守成都及备他郡，不下四万，然则余众不过五万。今绊姜维于沓中，使不得东启，直指骆谷，出其空虚之地，以袭汉中。彼若婴城守险，兵势必散，首尾离绝。举大众以屠城，散锐卒以略野，剑阁不暇守险，关头不能自存。以刘禅之暗，而边城外破，士女内震，其亡可知也。（《晋书》卷二）
>
> 于是征四方之兵十八万，使邓艾自狄道攻姜维于沓中，雍州刺史诸葛自祁山军于武街，绝维归路，镇西将军钟会帅前将军李辅、征蜀护军胡烈等自骆谷袭汉中。

秋八月，军发洛阳，大奋将士，陈师誓众。将军邓敦渭蜀未可讨，昭斩以徇。

九月，又使天水大守王颀攻维营，陇西太守，牵弘邀其前，金城太守，杨颀趣甘松，钟会分为二队，入自斜谷，使李畏围王含于乐城，又使部将易恺攻将斌于汉城。会直指阳安，护军胡烈攻陷关城，姜维闻之，引还，王颀追败于疆川，维与张翼、廖化合军守剑阁，钟会攻之。

十月，诸侯献捷交至。（同上书，同卷）

这一仗取蜀之战，《晋书》不吝篇幅，详细记录了战前的敌情分析，确定了战争的主攻目标，拟定了分兵合围的作战方针，临战前又投入大量机动兵力，四面合击，锐不可当。所以战争发展十分顺利，仅一个月，就全面击溃蜀军，接着"十一月，邓艾帅万余人自陇平，逾绝险至江由，破蜀将诸葛瞻于绵竹，斩瞻，传首。进军雒县，刘禅降。"

战争结束，诏封司马昭为晋王，昭再次辞让，由司空老臣郑冲率群官劝进。史称《劝晋王笺》一文是由阮籍所撰，当好事者授意焉，知籍乃昭公所赏者，使典礼添彩，毕收全功。后人评阮此文曰："阮步兵不讳为此，诚有遐患。乃其布辞蕴义，深合大雅之体，去谀闻饰说远矣。"文中除"诚有遐患"四字，看完本书的读者或有异议外，评论也算公允。

阮籍提笔为文，究竟是什么心情，什么滋味，后人尽可仁智各异，自乐其见。值得为诸君一告的是，司马昭在功满盛誉之际，居然未曾疏惕失警，征蜀二大功臣，先皆膺嘉荣，表邓艾为太尉，钟会为司徒。会既据蜀，乃念大军远征在外，麾驱随心，且又蜀道险阻，乃遣密使谮艾共谋叛逆。是时魏诸王侯悉在邺城，命从事中郎山涛，行军司事，镇于邺，遣护军贾充持节，督诸军，据汉中，以槛车征邓艾，临军卫瓘、右将军胡烈攻会，斩之。邓艾亦见杀。

呜呼，走狗之烹何其迅也！阮籍已在上年冬先逝焉，想其阴魂未远，或闻后祭之告而稍释于地下焉。

笔者以为，昭公辞却少帝年年为之晋封盛举，一二月间便轻取蜀险，了断汉荫余祚。其事可与一千五百年后西欧拿破仑在教皇面前夺冕自封之豪情可拟。天下英雄，不负苍生，不负皇天，更不负自己，亲力亲为。何惮乎众小颜色哉！

再一年，公元二六五年秋八月，昭卒，时年五十五。

阮籍十二年间"忧思吟"所及诸人并短命的曹魏一朝，以及虽称一代风流，实属汉末回光返照的三国余烬，仅仅苟延了五十年，终于耗尽了华夏大地上第一个大一统，秦汉封建政权体制的精气，随着一次小冰期的到来，胡马南嘶，悉随历史长流远逝而去也。

书成三读，感慨系之。末章用"景德燃灯录"中故事。

有纪六章

往寻　天府娜嬛，千载嗟鸣；伯君付钥，遣余往寻。

别怀　人言人云，吾心靡从。悲喜怫郁，别有幽衷。

宗史　撒盐飞絮，美彼狡童；惭我无那，倚史为宗。

互榷　诗史互榷，奇许交通；三马同槽，忧思千重。

封墨　风微雨歇，寒日曈曈。向壁三载，淡墨初封。

独行　手携只履，挈杖葱岭。达摩西去，趔趄独行。

2020年9月　秋雨竟日

图书在版编目（CIP）数据

忧思吟/(三国·魏) 阮籍撰；蔡乃中译述. -- 上海：上海文艺出版社，2022.3
ISBN 978-7-5321-8021-9
Ⅰ.①忧… Ⅱ.①阮… ②蔡… Ⅲ.①中国文学—古典文学研究 Ⅳ.①I206.2
中国版本图书馆CIP数据核字(2021)第208271号

发 行 人：毕　胜
责任编辑：毛静彦
封面设计：周志武

书　　名：忧思吟
作　　者：[三国·魏] 阮籍
译　　述：蔡乃中
出　　版：上海世纪出版集团　上海文艺出版社
地　　址：上海市闵行区号景路159弄A座2楼　201101
发　　行：上海文艺出版社发行中心
　　　　　上海市闵行区号景路159弄A座2楼206室　201101　www.ewen.co
印　　刷：崇明裕安印刷厂
开　　本：720×1000　1/16
印　　张：36.75
插　　页：3
字　　数：560,000
印　　次：2022年3月第1版　2022年3月第1次印刷
ＩＳＢＮ：978-7-5321-8021-9/Ⅰ·6356
定　　价：108.00元

告 读 者：如发现本书有质量问题请与印刷厂质量科联系　T: 021-59404766